〈일러두기〉

구성한 PBL에 대한 선생님의 이해를 돕기 위해 해당 교육과정 성취기준과 관련 교과서 내용을 안내하였습니다.

다만 교과서 내용과 관련하여 검인정 교과서로 학습하는 교과의 경우(음악, 미술, 실과, 체육, 영어) 출판사에 따라

교과서의 쪽수가 달라지는 관계로 이 책에서는 국정 교과서에 한해 관련 교과서 내용을 첨부하였습니다.

초등 PBL 프로젝트 수업 레시피

발행일	2021년 10월 31일 초판 1쇄 발행
지은이	안부영
발행인	방득일
편 집	박현주, 허현정, 한해원
디자인	강수경
마케팅	김지훈

발행처	맘에드림
주 소	서울시 도봉구 노해로 379 대성빌딩 902호
전 화	02-2269-0425
팩 스	02-2269-0426
e-mail	momdreampub@naver.com

ISBN 979-11-89404-53-6 93370

수업에서 바로 적용하는 전학년/초등

PBL 프로젝트 수업 레시피

안부영 지음

맘에 드림

선생님의 수업에서 오로지 선생님만 가지고 계신 '무기'는 무엇인가요?

"도대체, 왜 이걸 하는 거지?"

프로젝트 수업과 PBL 수업을 해야'만' 했던 제가 가진 처음 감정은 '불만'이었습니다. 대한민국에서 유행이 가장 빨리 창조되고 사라지는, 단연 독보적인 분야 중 하나인 우리나라 교육에서 또다시 등장한 새로운 교육 방식은 저를 무척지치게 했고 냉소적으로 만들었습니다.

초등교육으로 박사 학위를 받고 20년이 넘는 기간 동안 초등학교에서 근무한 저는, 이 교육 방법이 가장 좋은 것이고 이 방법을 사용하면 아이들이 무척좋아한다는 말을 그다지 신뢰하지 않았습니다. 교육은 자연과학과 다르게 눈으로 보이는 성과가 쉽게 드러나지 않는 분야이므로 그 방법이 가장 좋은지 아닌지 현재의 우리는 알 수 없고, 아이들이 좋아하지 않는다고 해서 가르쳐야할 내용을 가르치지 않는 것은 아니기 때문입니다. 그런 저에게 프로젝트 수업이나 PBL 수업은 또다시 광풍처럼 불어닥칠 교육의 유행 바람 중 하나였을뿐이었습니다.

하지만 불운인지 행운인지, 저는 프로젝트 수업과 PBL 수업으로 1년 단위 수업을 계획하는 학교에 발령을 받았습니다. 전임교에서는 전인교육의 회오리에 시달렸고, 그 전전임교에서는 열린 교육의 파도에 시달렸기 때문에 교육적 유행으로 다가오는 수업 방법에 대해서 질색할 만큼의 거부감을 가지고 있었던 저를 운명은 또 그 수렁으로 밀어 넣었습니다. 저는 3년의 시간 동안 학기당 100차시가 넘는 프로젝트를 짜거나 학기당 80차시가 넘는 PBL 수업을 계획하고 운영해야 했습니다. 프로젝트건 PBL이건 꼴도 보기 싫었습니다. 누가 '피' 발음만 해도 때려 주고 싶은 심정이었습니다. 해야 하니까 했고, 하라니까 했던 3년의 시간이 지나 저는 새로운 학교로 이동을 하였습니다.

새로운 학교에서는 어떠한 교육 패러다임도 강요하지 않았습니다. 아니, 강요할 수 없었습니다. 그 학교는 학급당 평균 학생 수가 37, 38명이었으니까요. 저는 첫해 1학년 40명을 맡았습니다. 한 명이 1분만 발표해도 40분의 수업이 훌쩍 넘어가고 제가 한 학생당 30초만 피드백을 해 주어도 20분의 시간이 필요했습니다. 과거에 제가 알고 있던 수업 방식으로는 도저히, 제대로 된 수업을 할 수 없었습니다.

그래서 저는 뒤도 돌아보지 않고 헤어짐을 고했던 PBL 수업을 다시 가져오게 되었습니다.

1년 동안 PBL 수업을 적용하고 나서 저는 많이 변화했습니다. 왜 진작 좀 더

적극적으로 이 수업을 활용하지 않았던가 하는 후회를, 교육 방법에 대한 후회를 난생처음 하였습니다. 제가 수업 공개를 할 때면 교내의 다른 선생님들은 교과 선생님과 수업을 바꾸어서라도 제 수업을 참관하려고 노력하셨습니다. 수업을 참관한 교생들은 수업의 방식을 어떻게 떠올렸는지, 어떤 참고자료가 있는지를 소개받고 싶어 했습니다. 우리 반 37명의 학생들은 그 어떤 경우에라도 우리 반의 가장 최고의 모습을 '공부하는 장면'으로 꼽았습니다. 아이들의 입에서는 "어렵지만 재미있다.", "힘들지만 뿌듯하다.", "우리가 학생이 아니라 학자인 것 같다."며 배움을 통해 일어난 인지적 짜릿함에 열광했습니다. 다른 반 학생들 중 몇몇은 자기 반과는 다른 수업을 진행하는 우리 반에서 일주일이라도 수업을 받고 싶다고 담임선생님에게 조르기도 하였습니다(그 담임교사는 결국 화가 나서 저더러 일주일만 데리고 가라는 전화를 하는 해프닝도 있었습니다).

그냥 교과서에 있으니까 배웠고 외웠던 내용을 생활 속 문제와 관련지어 해결하는 과정을 통해 학생들 상호 간 교수가 일어나고 상호 간 진정한 협력이 일어났습니다. 저와 아이들 사이에서도 교수는 일어났습니다. 완벽하다고 생각했던 PBL 문제에서 아이들의 지적은, 정말 결코 제가 생각하지 못했던 것이었으므로 저의 아둔함과 아이들의 비판적 사고에 감탄도 했습니다.

1년 동안 함께 연구하고 같이 탐구하며, 같은 배움의 호흡을 마련할 수 있었던 것은 오로지 'PBL 수업' 덕분이었습니다. 수업을 하면서 제가 느꼈던 감격과 흥분을 선생님들도 경험해 보시면 좋겠습니다. 이 책은 수많은 수업 방식

중에서 나만의 방식을 아직 찾고 계신 선생님이나 프로젝트나 PBL 수업을 시도하고 싶지만 엄두를 내지 못하는 선생님, 혹은 너무 많은 학생들로 인해 제대로 된 수업을 하지 못해 괴로우신 선생님, 통상적인 수업이 아니라 새로운 수업 방식을 찾고 계신 선생님을 위해 각 학년별로 학기에 따라 5개의 PBL 수업을 제공해 두었습니다. 이 책에 수록된 내용을 그대로 따라만 하셔도 PBL 수업의 재미를 느끼실 수 있으실 겁니다. 이 책이 선생님들의 수업에서 전환점을 일으키는 단초가 되길 바랍니다. 이 책이 처음의 의도대로 소임을 다하였다면 그것은 전적으로 선생님들 덕분일 것입니다.

"교직에서 버티려면 너만의 무기를 만들어야 해. 업무에서, 그리고 수업에서."

첫 발령을 받은 학교의 교장 선생님께서 저에게 해 주신 말씀입니다. 저는 이 말이 스물네 살의 아무것도 모르는 철부지 신규 교사에게 교직 선배가 해 줄 수 있는 최고의 조언이었다 생각합니다. 교직 경력이 20년이 넘어서야 저는 수업에서 저만의 무기를 찾은 것 같습니다. 이제 선생님들 차례입니다.

"수업에서 선생님의 무기는 무엇인가요?"

2021년 10월

안 부 영

차례

1장

1학년 **PBL** 프로젝트 수업 레시피

친구의 이름을 이어요

글자 쓰기 + 수 알기 = 친구에 대해 더 알기

수업 흐름 ✕　관련 교과 ✕　관련 교과서 내용 ✕

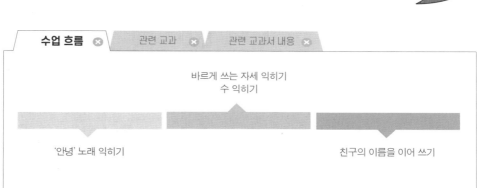

바르게 쓰는 자세 익히기
수 익히기

'안녕' 노래 익히기

친구의 이름을 이어 쓰기

관련 교과	성취기준
국어	[2국03-01] 글자를 바르게 쓴다.
수학	[2수01-01] 0과 100까지의 수 개념을 이해하고, 수를 세고 읽고 쓸 수 있다.
즐거운생활	[2즐01-01] 친구와 친해질 수 있는 놀이를 한다.
슬기로운생활	[2슬01-02] 여러 친구의 다양한 특성을 이해하고 친구와 잘 지내는 방법을 알아본다.

교과	학습 목표	쪽
국어	바르게 쓰는 자세 익히기 선생님과 친구의 이름 쓰기	18~19 28~29
수학	수를 써 볼까요(2)	16~17
봄	친구야, 안녕 친해지고 싶어요	30~31 36~37

수업 계획 의도

제가 1학년 담임을 하면서 놀랐던 것 중의 하나가, 아이들이 한 학기가 지나도록 같이 생활하는 친구의 이름을 몰라서 "이 아이" 혹은 "저 애"라고 부르는 것이었습니다. 심지어 앞뒤로 앉은 친구의 이름을 모를 때도 많았습니다. 아이들은 그냥 "야"라고 그 친구를 불러도 불편함이나 어색함을 느끼지 못하였기 때문이 아닐까 싶습니다.

이 활동은 학급 생활의 가장 기본인 친구의 이름을 한글 익히기와 관련지어 이해하도록 설계하였습니다. 또한 친구에 대해 더 자세히 알기 위해 수학과의 수 알기와도 관련을 지었습니다. 친구네 가족이 몇 명인지, 친구는 형제 중에 몇째인지, 친구가 좋아하는 숫자나 친구의 번호와 같은 정보를 알고 친구에게 더 친근감을 느끼고 친구의 이름을 바르게 읽고 쓸 줄 알도록 하는 데 초점을 두었습니다.

1~2차시 　노래를 부르며 친구 이름 익히기

▷ 놀며 배우기 1

- 자신의 짝이나 앞뒤에 앉은 친구와 인사하며 서로 이름을 익히고, 친구의
　이름을 넣어 '안녕' 노래 부르기

▷ 놀며 배우기 2

- 노래를 부르며 교실 안을 돌아다니다가 '안녕' 하는 부분에서 만난 친구의
　이름을 부르며 인사하기

3~4차시 　이름을 써서 친구들에게 보여 주기

▷ 글씨 쓸 때의 바른 자세와 바르게 연필을 쥐는 방법 알기

▷ 바른 자세로 자신의 이름을 쓰기

▷ 갤러리 워크 활동하기

- 모두 자리에서 일어나 앞서 이름을 익힌 친구의 자리에 찾아가기
- 내가 들은 이름과 비교하며 친구의 이름이 무엇인지 확인하기
- 친구가 바른 모양으로 자신의 이름을 썼는지 확인하기

5차시 　수 익히기

▷ 6~9까지의 수를 바른 모양으로 쓰기

▷ 6~9까지의 수를 바르게 읽기

▷ 놀며 배우기 1

- 우리 분단에서 나와 이름에서의 성이 같은 친구가 몇 명인지 찾아보기
- 그 수를 공책에 쓰고 발표하기
- 우리 반에서 나와 이름에서의 성이 같은 남자 친구가 몇 명인지 찾아보기
- 그 수를 공책에 쓰고 발표하기
- 우리 반에서 나와 이름에서의 성이 같은 여자 친구가 몇 명인지 찾아보기
- 그 수를 공책에 쓰고 발표하기

▷ 놀며 배우기 2

- 배운 노래를 부르며 친구들끼리 원을 그리며 돌다가 선생님이 외치는 수에
  맞게 모이기
- 모인 친구들과 이름을 말하며 서로 인사하기

▷ 놀며 배우기 3

- 선생님이 말씀하는 수와 관련 있는 친구들끼리 인사하기
  예 선생님이 외친 수: 7
"우리 집은 7층입니다.", "나는 일곱 살입니다.", "내가 좋아하는 숫자는 7입
니다."

6차시 **친구에 대해 더 자세히 알기**

▷ 놀며 배우기

- 선생님이 나누어 주신 우리 반 자리표를 보고 각 자리에 앉아 있는 친구 이
  름 말하기

- 친구의 얼굴을 보고 이름을 말할 수 있는 자리에 ○ 표 하기
- ○ 표가 없는 자리의 친구에게 가서 친구와 이야기를 나누기
- ○ 표가 없는 자리의 친구에 대해 알게 된 점 세 가지 소개하기

7~8차시 친구의 이름 이어 쓰기

▷ 놀이 학습 1

- 모둠별로 앉아 선생님께 도화지 1장 받기
- 선생님께서 불러주시는 이름을 도화지 가운데에 쓰기
- 선생님이 불러 주신 이름의 글자와 같은 글자가 있는 친구를 찾아 그 친구의 이름 쓰기
- 이름을 쓴 친구와 같은 글자의 이름을 가진 친구를 찾아 계속 쓰기
  (이때 이름만 써도 되고, 성을 같이 써도 됩니다.)

  예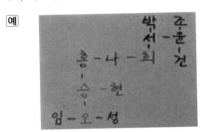

- 가장 많이 쓴 모둠 확인하기

▷ 놀이 학습 2

- 모둠별로 앉아 선생님께 도화지 1장 받기
- 선생님이 불러 주시는 이름을 도화지 가운데에 쓰기
- 선생님이 불러 주신 이름의 글자와 같은 글자가 있는 친구를 찾아 그 친구의 이름 쓰기
  예 조윤건-건호-호랑이-이가연

- 이름을 쓴 친구와 같은 글자의 이름을 가진 친구를 찾아 계속 쓰기
  (단, 친구의 이름을 잇기가 어렵다면 동물 이름이나 꽃 이름, 사물 이름 등
  을 중간에 넣을 수도 있음)

도움이 되는 안내!

이 수업은 글자를 바르게 읽고 쓰는 것이 중심 활동이므로 최대한 글자를 많이 쓸 수 있도록 허용해 주세요.

더하기

모둠별 이름 쓰기 활동을 할 때 학생들에게 각각 서로 다른 색의 사인펜을 가지고 글자를 쓰도록 하면 학생들의 글자 익히기 수준이 어느 정도인지 파악하기가 쉽습니다. 또 한 번씩 돌아가며 이름 쓰기를 하였는지도 평가할 수 있습니다.

되짚기

글자의 소리와 글자와의 관계를 이해하며 글자를 바르게 쓸 수 있나요?
친구와 친해지기 활동에 적극적으로 참여하며 친구와 교우 관계를 형성하려고 노력하나요?

이 수업의 포인트

친구의 이름을 이용하여 글자 익히기를 합니다.
놀이를 하면서 자연스럽게 친구에 대해 알게 됩니다.

꼭꼭 숨었니?

글자 알기 + 우리 학교에 대해 알기 = 글자 모양 구별하기

수업 흐름 ✕	관련 교과 ✕	관련 교과서 내용 ✕

우리 학교의 여러 장소를 부르는
이름에서 글자 찾기

글자의 모양 알기

여러 장소를 부르는 말에
들어가는 글자 알기

수업 흐름 ⊗ | **관련 교과** ⊗ | 관련 교과서 내용 ⊗

관련 교과	성취기준
국어	[2국03-01] 글자를 바르게 쓴다. [2국04-01] 한글 자모의 이름과 소릿값을 알고 정확하게 발음하고 쓴다.
슬기로운 생활	[2슬01-01] 학교 안과 밖, 교실을 둘러보면서 위치와 학교생활 모습 등을 알아본다.

수업 흐름 ⊗ | 관련 교과 ⊗ | **관련 교과서 내용** ⊗

교과	학습 목표	쪽
국어	자음자의 모양 알기	34~39
봄	이런 교실도 있어요	26~29

수업 계획 의도

제가 6학년 담임을 하면서 당황스러웠던 것 중 하나는, 학생들이 생각보다 학교의 구조를 잘 모른다는 것이었습니다. 아이들 대부분이 교무실이나 행정실, 방송실과 같이 본인들의 생활과 밀접한 공간의 위치를 몰라 교사에게 오히려 물어보는 경우도 있었습니다.

초등학교 1학년 학생들에게는 특히 학교의 구조를 아는 것이 중요합니다. 우리 반을 제대로 찾지 못해 다른 반에 들어가 있는 경우가 3월 말까지도 간혹 일어나기도 하고, 급식 후 다른 층으로 가서 교실을 찾지 못하고 배회하는 학생도 있기 때문입니다. 이 활동은 한글 익히기와 관련지어 학교에 있는 각 공간의 위치와 그 공간에서 하는 일을 익히는 데 중점을 두어 설계하였습니다.

자음자의 모양 알고 자음자 찾기

▷ 자음자의 모양 알기

 - 교과서를 보고 제시된 그림에서 자음자의 모양을 찾기

▷ 놀며 배우기 1

 - 내가 가지고 있는 물건(책, 연필, 지우개, 필통)에서 자음자의 모양을 찾기
 - 우리 교실에 있는 물건 중에서 자음자의 모양을 찾기

▷ 놀며 배우기 2

 - 선생님이 불러 주신 자음자를 우리 교실에서 찾기
   예 선생님이 불러 주신 자음자: ㄱ
   "내 이름에 기역이 있습니다.", "교실 앞에 붙여져 있는 글자(행복하고 즐거운 우리 반)에 기역이 있습니다.", "우리 반에 있는 책에 저 글자가 있습니다.", "칠판의 '공부할 문제'라고 되어 있는 판에도 있습니다."

> **도움이 되는 안내!**
>
> 신문지나 전단지 등을 미리 준비해서 같은 모양의 글자를 찾아보는 것도 재미있어요.

자음자의 모양 알고 자음자 찾기

▷ 선생님을 따라 학교 구경하기

 - 선생님을 따라다니며 우리 학교에 어떤 공간이 있는지 확인하기
 - 각 공간을 부르는 이름이 무엇인지 선생님을 따라 말하기
   예 교무실, 행정실, 과학실, 급식실 등.

- 선생님이 보여 주신 글자 카드를 보고 각 공간을 부르는 이름이 적혀 있는 표지판에서 같은 글자를 찾기

  예 선생님이 보여 주신 글자 카드: '행정실', '음악실', '체육관(강당)' 등.
- 초성만 보고 우리 학교의 어떤 공간을 나타내는지 맞히기

  예 'ㄱㅁㅅ=교무실', 'ㄱㅅㅅ=급식실' 등.

5차시 우리 학교 공간을 이용한 글자 익히기

▷ 놀며 배우기 1

- 선생님이 보여 주신 그림을 보고 우리 학교의 어떤 장소인지 생각하기

> **도움이 되는 안내!**
>
> 이제 막 초등학교에 입학한 학생들에게는 학교 안에서 유의미한 장소를 먼저 소개하는 것이 중요합니다. 예를 들어, 교무실이나 행정실보다는 보건실이나 도서실과 같이 아이들이 평소 많이 이용하는 장소를 선정해 주세요.

- 선생님이 보여 주신 그림의 장소를 부르는 이름을 머릿속으로 생각한 후 소리 내어 말하기
- 선생님이 보여 주신 그림의 장소를 부르는 이름에 들어가는 글자를 아는 대로 쓰기(칠판에 글자 카드를 붙여 놓고 거기에서 찾아보도록 할 수도 있고, 자신이 가지고 있는 공책에 해당 글자를 써 보도록 할 수도 있습니다.)

▷ 놀며 배우기 2

- 책상을 치우고 분단별로 사물함 쪽에 앉기
- 교사는 칠판에 우리 학교의 여러 장소를 찍은 사진을 붙이기
- 게임 규칙(분단별로 이루어지는 경기로, 각 분단에서 한 명씩 먼저 경기를

펼치는 릴레이 경기임)을 알기
- 출발선에 맞추어 한 명씩 서기
- 자신의 순서가 되면 출발선에 서 있다가 선생님이 보여 주신 글자가 들어 있는 공간의 그림을 먼저 찾기

▷ 선생님이 'ㅂㄱㅅ'을 보여 주시면 칠판에 붙여진 사진 중 보건실 사진을 찾기
- 사진을 들고 친구들 앞에서 보이며 그 공간의 이름을 말하고, 그 공간에서는 어떤 일을 하는지 설명하기
　　예 "이곳은 보건실입니다. 보건실은 아픈 학생을 치료해 주는 곳입니다."

더하기

이 활동 이후 추가적으로 '우리 반에 이름 붙이기' 활동을 할 수 있습니다. 1학년 2반과 같은 이름도 있지만 우리 반 학생들이 꿈과 사랑을 키울 수 있도록 새롭게 이름을 지어 주자고 하고, 학생들에게 '말로' 이름을 지어 보도록 할 수 있습니다. 한 학생이 발표하고 나면 그 학생이 발표한 이름에서 어떤 자음자가 있었는지 생각해 보도록 할 수도 있습니다.

되짚기

우리 학교의 각 공간 이름과 그곳은 어떤 곳인지 말할 수 있나요?
자음의 모양을 구별하고 바르게 쓸 수 있나요?

이 수업의 포인트

스스로의 필요에 따라 학교 안 시설을 이용할 수 있어야 합니다.
모양이 비슷한 자음자를 구별하고 자음자를 바르게 쓸 수 있어야 합니다.

03

너의 이름은?

봄이 되면 볼 수 있는 것 찾기 + 글자의 짜임 알기 + 길이나 크기를 비교하기 = 봄이 되면 볼 수 있는 것을 알기

수업 흐름 ⊗   관련 교과 ⊗   관련 교과서 내용 ⊗

봄에 볼 수 있는 것 분류하기

봄이 되면 볼 수 있는 것 찾기   글자의 짜임 알기

관련 교과	성취기준
국어	[2국03-01] 글자를 바르게 쓴다.
수학	[2수03-01] 구체물의 길이, 들이, 무게, 넓이를 비교하여 각각 '길다/짧다', '많다/적다', '무겁다/가볍다', '넓다/좁다' 등을 구별하여 말할 수 있다.
슬기로운 생활	[2슬02-03] 봄이 되어 볼 수 있는 다양한 동식물을 찾아본다.

교과	학습 목표	쪽
국어	받침있는 글자의 짜임 알기	156~161
수학	어느 것이 더 무거울까요? 어느 쪽이 더 넓을까요?	96~97 98~99
봄	봄에 볼 수 있는 것들을 찾기	56~61

수업 계획 의도

한글은 초성과 중성, 종성을 조합하여 글자를 만들어 냅니다. 그래서 한글은 낱자 하나만 달라도 의미가 달라지는 경우가 아주 많습니다. 예를 들어, '강'이나 '창'은 똑같은 중성과 종성으로 이루어졌지만 초성이 달라서 완전히 다른 낱말이 되었습니다. 이처럼 한글의 구조를 알면 글자를 익히는 데 좀 더 도움이 됩니다. 이 활동은 봄이 되어 볼 수 있는 여러 가지 동식물의 이름에서 한글의 자음을 이해하여 글자를 익힐 수 있도록 설계하였습니다.

봄에 대해 알기

▷ 봄 풍경을 담은 사진을 보면서 봄이 되면 볼 수 있는 것을 찾기

- 교과서에 제시된 사진이나 선생님이 보여 주신 사진을 보면서 봄이 되면 볼 수 있는 것을 찾아보기
- 봄에 볼 수 있는 작은 식물 알기

  예 냉이, 달래, 유채, 쑥, 민들레, 고사리 등.
- 봄에 꽃이 피는 나무 알기

  예 벚나무, 사과나무, 목련, 복숭아나무, 배나무 등.
- 봄에 볼 수 있는 동물 알기

  예 개구리, 뱀, 나비, 벌 등.

> **도움이 되는 안내!**
>
> 아이들은 식물을 구별하기 어려워합니다. 마트 등을 이용하면 달래, 냉이, 유채, 쑥과 같은 나물을 구입할 수 있습니다. 여러 나물을 소량 구매한 후 직접 보여 주시는 것도 봄에 볼 수 있는 식물을 알게 하는 데 도움이 됩니다.

▷ 놀며 배우기 1

- 빙고 놀이 하기(3×3 빙고 칸에 봄이 되면 볼 수 있는 것을 쓴 후 2줄 빙고 하기)

▷ 놀며 배우기 2

- 스무고개 놀이 하기: 한 친구가 봄이 되면 볼 수 있는 것 중 하나를 마음속으로 선택하면 다른 친구가 질문을 통해 친구가 떠올린 것이 무엇인지 알아내기

봄에 볼 수 있는 것들을 기준을 정해 나누기

▷ 봄에 볼 수 있는 것 중 크기가 가장 큰 것 찾기

- 봄에 볼 수 있는 것 중에 가장 크기가 큰 것은 무엇이라고 생각하는지 이야기하기

    예 "벚나무, 나무는 크기 때문입니다."

    "곰, 겨울 동안 겨울잠을 자고 나서 봄이 되면 깨는데, 곰은 엄청 큽니다."

> **도움이 되는 안내!**
>
> 분류를 하려면 먼저 기준을 세워야 합니다. 하지만 1학년에서는 '크다/작다', '넓다/좁다'의 개념을 이해하는 데에 초점을 맞추어야 하므로 지나치게 세밀한 기준은 세우지 않도록 합니다.

▷ 봄에 볼 수 있는 것 중 가장 작은 것 찾기

- 봄에 볼 수 있는 것 중에서 가장 크기가 작은 것은 무엇이라고 생각하는지 이야기하기

    예 "개미, 개미는 제 손톱보다 더 작기 때문입니다."

    "쑥, 엄마와 쑥을 캤는데 그때 쑥이 진짜 작았습니다."

▷ 봄에 볼 수 있는 것 중 가장 넓은 것 찾기

- 봄에 볼 수 있는 것 중에서 가장 넓은 것과 좁은 것이 무엇인지 찾기

    예 가장 넓은 것: "봄동, 마트에서 봄동을 보았는데 잎이 모두 벌어져서 넓게 보였습니다."

    가장 좁은 것: "고사리, TV에서 고사리를 보았는데 고사리는 줄기만 있었기 때문입니다."

봄에 볼 수 있는 것을 이용해 글자의 짜임 알기

▷ 봄에 볼 수 있는 것의 글자를 살펴보기

- 선생님이 보여 주신 사진(민들레와 진달래)를 보고 어떤 차이가 있는지 발표하기

- 선생님이 보여 주신 사진의 이름이 무엇인지 알아맞히기
  (교사는 각각의 사진 밑에 '민들레'와 '진달래'라는 글자를 붙여 줍니다.)

- 선생님이 붙여 준 이름을 보면서 두 이름에서 **굵게 강조된** 부분이 어떻게 다른지 찾기
  예 "'민'과 '진'은 처음의 자음자만 다르고, 모음자와 마지막 자음자는 모두 같습니다.", "'들'과 '달'은 자음자는 모두 같지만, 모음자가 다릅니다."

- 선생님이 보여 주신 '개구리'와 '개나리' 글자를 보면서 **굵게 강조된** 부분이 어떻게 다른지 찾기
  예 "'구'와 '나'는 자음자와 모음자가 모두 다릅니다."

- '민들레'와 '진달래'의 '민'과 '진'처럼 첫 번째 자음자가 달라서 뜻이 다른 낱말을 생각해 보기
  예 김/님, 날/말, 공/콩, 국/둑, 글/들 등.

> **도움이 되는 안내!**
>
> 아이들에게는 이 활동이 어려울 수 있습니다. 그럴 때에는 국어책이나 국어 활동에서 글자를 찾아보라고 해도 좋습니다.

- '민들레'와 '진달래'의 '들'과 '달'처럼 모음자가 달라서 뜻이 다른 낱말을 생각해 보기.
  예 달/돌, 강/공, 밥/법, 산/손, 연/안

- 선생님이 보여 주신 '곰'과 '공' 글자를 보면서 두 글자가 어떻게 다른지 찾기

예 "'곰'과 '공'은 처음의 자음자는 같고 모음자도 같은데, 받침으로 오는 자
　　　　　음자가 다릅니다."

　- '곰'과 '공'처럼 받침으로 오는 자음자가 달라서 뜻이 다른 낱말을 생각해 보기
　　　예 국/굴, 밥/발, 술/숨, 달/담, 몸/목 등.

▷ 글자의 짜임 알기

　- 진달래, 민들레, 개구리, 개나리를 통해서 글자의 짜임 알기
　　(글자는 초성, 중성, 종성으로 이루어져 있음을 알기)
　- 봄에 볼 수 있는 것들의 이름을 살펴보고 그 이름은 어떻게 짜여 있는지 말
　　해 보기
　　　예 "달팽이의 '달'은 ㄷ, ㅏ, ㄹ로 짜여 있습니다."

▷ 놀며 배우기 1

　- 선생님이 보여 주신 자음자와 모음자를 이용하여 봄에 볼 수 있는 것의 이
　　름을 만들어 보기
　　　예 'ㄱㅆㅜ'를 보고 '쑥'이라고 말하기

> **도움이 되는 안내!**
>
> 처음에는 만들 수 있는 글자에 대한 자음자와 모음자만 제공합니다. 학생들이 이 활동에 익숙
> 해지면 여러 개의 자음자와 모음자를 조합하여 글자를 만들어 보도록 할 수 있습니다.

▷ 놀며 배우기 2

　- 책상을 치우고 분단별로 교실 맨 뒤에 한 줄로 앉기
　- 경기 규칙(분단별로 하는 경기이며 분단의 한 명씩 경기하는 릴레이임)을
　　알기
　　(교사는 칠판에 많은 자음자와 모음자를 미리 붙여 둡니다.)

- 자신의 순서가 되면 출발 신호와 함께 칠판으로 가서 자음자와 모음자 중 한 가지만 가지고 자신의 분단으로 돌아오기
- 다음 순서의 사람은 앞사람이 분단으로 돌아오면 출발하여 칠판으로 가서 자음자와 모음자 중 한 가지만 가지고 자기 분단으로 돌아오기
- 이 활동을 두 번 반복하기
- 각 분단은 자신의 분단 친구들이 가지고 온 자음자와 모음자를 이용하여 봄에 볼 수 있는 것의 이름을 많이 만들어 내기
  (단, 가져온 글자는 한 번씩만 사용할 수 있음.)

더하기

자기 이름이나 가족의 이름을 이용하여 짜임을 살펴보는 것도 흥미를 높일 수 있는 방법 중 하나입니다. 특히 형제자매의 경우 짜임이 비슷하게 이름을 짓는 경우가 많기 때문에 이름을 이용하여 계획을 세울 수도 있습니다.

되짚기

나의 이름은 어떤 글자의 짜임으로 이루어졌나요?
봄에 볼 수 있는 것을 말할 수 있나요?

이 수업의 포인트

봄에는 벚꽃, 개나리, 뱀, 개구리 등 여러 가지 동식물을 볼 수 있습니다.
글자는 초성, 중성, 종성으로 이루어져 있습니다. 어떤 글자는 초성과 중성으로만 이루어지기도 합니다.

바르게 인사해요

가족이나 친척 사이에 지켜야 할 예절 알기 + 알맞은 인사말 알기 + 길이 비교하기
= 바르게 인사하기

수업 흐름 ⊗   관련 교과 ⊗   관련 교과서 내용 ⊗

알맞은 인사말 알기

가족이나 친척 사이에서   놀이판을 만들고 만든
지켜야 할 예절 알기   놀이판으로 친구들과 함께 놀기

수업 흐름 ⊗ 관련 교과 ⊗ 관련 교과서 내용 ⊗

관련 교과	성취기준
국어	[2국01-01] 상황에 어울리는 인사말을 주고받는다.
수학	[2수03-01] 구체물의 길이, 들이, 무게, 넓이를 비교하여 각각 '길다/짧다', '많다/적다', '무겁다/가볍다', '넓다/좁다' 등을 구별하여 말할 수 있다.
바른 생활	[2바03-01] 가족 및 친척 간에 지켜야 할 예절을 실천한다.

수업 흐름 ⊗ 관련 교과 ⊗ 관련 교과서 내용 ⊗

교과	학습 목표	쪽
국어	알맞은 인사말 알기	128~131
수학	어느 것이 더 길까요?	92~93
여름	예절을 지키기 가족 역할놀이 하기	54~55 56~57

수업 계획 의도

이 활동은 인사를 통해 가족 및 친척 간의 예절을 지킬 수 있도록 하는 데 중점을 두어 설계하였습니다. 학교마다 학교의 특색을 살린다는 이유로 다양한 인사말을 강조하는 듯합니다. 가령 '착한 사람이 되겠습니다.'나 '사랑합니다.' 등을 학교 인사로 정해 놓고 선생님 등을 만나면 이러한 말을 하도록 하는 경우입니다. 하지만 이것은 인사말이 아닙니다. 인사란 마주 대하거나 헤어질 때 예의를 표하는 것으로 우리나라의 전통 예법 중 하나입니다. "안녕하세요?", "만나서 반갑습니다.", "감사합니다."와 같은 인사의 원래 목적을 전달하는 과정을 통해 서로가 돈독한 관계를 맺을 수 있습니다. 근무하는 학교의 내부적인 교육 활동과는 별개로 우리 고유의 인사말을 가르치도록 하는 데 중점을 둔 활동입니다.

친척을 만난 자리의 바른 예절 알기

▷ 언제 친척을 만났는지 떠올리기

- 우리 가족은 언제 주로 친척을 만났는지 이야기하기

  예 "설날이나 추석과 같은 명절, 어버이날에 할아버지 댁에서 만납니다.",
  "사촌 동생이 돌이었을 때 만났습니다." 등.

▷ 친척을 만나면 하는 일 떠올리기

- 어른들이 주로 하는 일은 무엇이었는지 이야기하기

  예 "음식을 만들었습니다.", "모여서 이야기를 나누었습니다." 등.

- 어린이들이 주로 하는 일은 무엇이었는지 이야기하기

  예 "사촌 동생과 게임을 하였습니다.", "TV에 나오는 만화 영화를 보았습니
  다." 등.

- 어른과 어린이가 함께 했던 일은 무엇이었는지 이야기하기

  예 "같이 밥이나 음식을 먹었습니다.", "카페에 가서 음료수를 마셨습니
  다.", "여행지를 함께 구경하였습니다." 등.

▷ 놀며 배우기 1

- 친척과 만난 자리에서 해서는 안 되는 일을 포스트잇에 생각나는 대로 쓰기

  예 '밥이 맛없다고 투정 부리기', '나 혼자만 재미있다고 TV 리모컨을 다른
  사람에게 주지 않기', '큰 소리로 떠들거나 소리 지르기' 등.

> **도움이 되는 안내!**
>
> 해서는 안 되는 행동이 모호하다고 생각할 경우 친척을 만난 자리에서 하면 부끄러운 행동에는 어떤
> 것이 있는지를 생각해 보도록 할 수 있습니다.

- 포스트잇에 쓰고 모둠 친구들과 함께 이어 붙이기
- 비교하는 말을 사용하여 모둠 친구들이 만든 포스트잇 기차 길이를 비교하기

3차시 ┃ 친척을 만났을 때의 바른 인사말 알기

▷ 상황에 맞는 인사말 알기

- 친척을 만나 하는 일을 떠올려 보고 그때 해야 할 인사말로 알맞은 것을 떠올리기

  예 사촌 동생과 TV를 보는데 사촌 동생이 나에게 리모컨을 주었을 때: "고마워."

  설날이나 추석 때 할아버지, 할머니를 만났을 때: "안녕하세요?"

  저녁 식사를 하고 나서: "잘 먹었습니다."

▷ 친척을 만나 하는 일을 떠올려 보고 알맞은 인사말을 포스트잇에 쓰기

- 포스트잇을 모둠 친구들과 함께 이어 붙이면서 어떤 상황에서 해야 하는 인사말인지 이야기하기
- 비교하는 말을 사용하여 모둠 친구들이 만든 포스트잇 기차 길이를 비교하기

4~5차시 ┃ 만든 놀이판으로 친구들과 놀이하기

▷ 친척을 만난 자리에서 예절을 지키지 않은 행동을 쓴 포스트잇과 바른 인사말이 적힌 포스트잇을 연결하여 붙이면서 놀이판 만들기

▷ 시작과 끝부분을 넣어 놀이판 완성하기

▷ 놀이판을 활용하여 친구와 놀기

 - 게임 규칙을 만들어 친구와 놀이판을 활용하여 놀기

 예 - 주사위를 던져 나온 칸만큼 말을 이동하고 가장 먼저 도착 지점에 도착하는 사람이 이기는 경기임.

 - 바른 인사말을 만나면 어떤 상황에서 하는 인사인지, 다른 인사말은 없는지 등을 말하면 다음 단계로 넘어감.

더하기

이 수업은 처음과 끝을 바꾸어서 운영해도 괜찮습니다. 먼저 모둠별로 놀이판의 형태를 구상한 후 놀이의 규칙을 정합니다. 그런 다음 말판 안에 친척이나 가족 사이에서 지켜야 할 예절과 알맞은 인사말이 들어갈 내용이라고 알려 준 후 친척이나 가족 사이에서 지켜야 할 예절을 공부한 결과물로 포스트잇 쓰기를 해도 됩니다.

되짚기

친척끼리 예절을 지켜야 하는 이유를 말할 수 있나요?
친척끼리 지켜야 할 예절에는 어떤 것이 있나요?

이 수업의 포인트

친척은 나와 가까운 사이이지만 예절을 지켜야만 서로 더 친하게 지낼 수 있습니다.
가까운 사이라 하더라도 친척에게도 바른 인사말을 해야 하고 바르게 행동을 해야 합니다.

안전한 여름 만들기

바른 태도로 여름을 보내는 방법 알기 + 시설을 안전하게 이용하는 방법 알기 + 자신의 생각을
문장으로 표현하기 = 안전한 여름을 보내기 위한 자신의 생각을 글로 나타내기

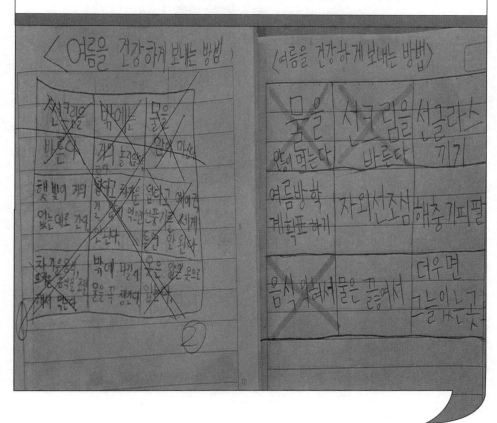

| 수업 흐름 ⊗ | 관련 교과 ⊗ | 관련 교과서 내용 ⊗ |

여름을 보내는 안전한 방법 알기

자신의 생각을 문장으로
표현하는 방법 알기

문장으로 말하기

관련 교과	성취기준
국어	[2국03-02] 자신의 생각을 문장으로 표현한다.
슬기로운 생활	[2슬04-01] 여름 날씨의 특징과 주변의 생활 모습을 관련짓는다. [2슬04-02] 여름에 사용하는 생활 도구의 종류와 쓰임을 조사한다.
안전한 생활	[2안01-04] 가정에서 발생하는 사고의 종류를 알고 안전하게 생활한다. [2안01-05] 가정생활 도구의 안전한 사용법을 익힌다.

교과	학습 목표	쪽
국어	문장으로 말하기	188~191
여름	더운 날씨에 따른 생활 모습을 알기	86~89
안전한 생활	시설물을 안전하게 이용하는 방법 알기	29

수업 계획 의도

이 활동의 문장 만들기는 그림을 보고 생각을 표현하는 완결된 형태의 문장을 만드는 것뿐 아니라 국어과의 문학 영역 활동 중 하나인 '창작하기'와도 관련이 있습니다. 이 활동에서는 여름철을 건강하게 보내기 위해 우리가 할 일을 '이야기'로 꾸며 보도록 합니다. 이때 이야기를 '쓰지' 않고 '말'로 해 보게 하는 것은 1학년 아이들에게는 아직 한 문장 쓰기가 어려운 과제이기 때문입니다. 아이들이 말로 이어 이야기를 만들 때에 교사가 적절한 연결 어미를 붙여 준다면 이를 모방하는 과정을 통해 좀 더 재미있는 이야기를 만들 수 있을 것입니다.

알맞은 말을 순서대로 사용하여 문장 만들기

▷ 무엇이 어색한지 찾기 1

- 선생님이 보여 주신 그림과 칠판에 적힌 문장을 비교하여 보고 무엇이 어색하지 찾기

  예 그림: 여학생이 밥을 먹고 있는 장면

  문장: '먹는다 수지가 밥을'과 같이 문장 순서가 어긋난 문장 제시
- 어색한 부분을 바르게 고치기
- 어떻게 고쳤는지 이야기를 나누기

  (문장의 맨 앞에는 '누가'를 나타내는 말이 와야 하고 그다음에는 '무엇을'을 나타내는 말이 와야 하고, 문장의 마지막에는 '어떻게 하였다'와 같은 말이 와야 합니다.)

▷ 무엇이 어색한지 찾기 2

- 선생님이 보여 주신 그림과 칠판에 적힌 문장을 비교하여 보고 무엇이 어색하지 찾기

  예 그림: 남학생이 머리를 빗고 있는 장면

  문장: '은석이가 가방을 빗는다'와 같이 문장 순서는 맞으나 호응이 제대로 되지 않은 문장 제시

▷ 자신의 생각을 문장으로 바르게 표현하는 방법 알기

- 알맞은 말로 알맞은 순서대로 표현해야 함을 이해하기

건강한 여름 보내는 방법 알기

▷ 더운 여름을 시원하게 보내기 위해 우리가 사용하는 도구에 대해 알기

⑩ '햇빛을 막기 위해 양산, 모자, 선글라스를 이용한다.', '더위를 막기 위해 반팔 옷이나 반바지, 슬리퍼 등을 이용한다.', '열을 낮추기 위해 선풍기나 에어컨 등을 사용한다.'

▷ 더운 여름을 시원하게 보내기 위해 우리가 먹는 음식에 대해 알기
⑩ '물을 많이 먹기 위해 수박과 같은 과일을 먹거나 음료수를 마신다.'

▷ 더운 여름을 시원하게 보내기 위해 우리가 이용하는 장소 알기
⑩ 계곡이나 산, 바닷가 등에서 더위를 식힘.

▷ 건강한 여름을 보내기 위해 우리가 해야 할 일 알기
  - 더운 여름을 시원하게 보내기 위해 우리가 사용하는 것이나 이용하는 장소와 관련지어 건강한 여름을 보내기 위한 방법에 대해 이야기를 나누기
    ⑩ "실내에서는 선글라스를 사용하지 않는다.", "차가운 물을 너무 많이 마시지 않는다.", "냉장고만 믿고 음식을 오랫동안 냉장고에 보관하지 않는다.", "에어컨의 온도를 적정하게 맞춘다.", "날이 너무 더울 때에는 바깥 외출을 하지 않는다.", "선크림이나 자외선 차단제 같은 용품을 바르고 외출한다." 등.

▷ 에어컨이나 선풍기와 같이 더위를 식히기 위해 사용하는 도구를 안전하게 이용하는 방법에 대해 이야기를 나누기
  ⑩ "선풍기나 에어컨은 전기를 이용해서 움직이기 때문에 물에 젖은 손으로 콘센트를 잡지 않기.", "에어컨이 작동하는 곳에 오래 있으면 체온이 떨어지기 쉽기 때문에 겉옷을 준비하기.", "얇은 이불로 배를 덮고 자기." 등.

▷ 바다나 강에서 튜브를 가지고 놀 때 지켜야 할 주의사항에 대해 이야기를 나누기
  ⑩ "물에 들어가기 전에 튜브에 바람이 들어 있는지 꼭 확인하기.", "튜브만

믿고 물속에서 깊은 곳까지 가지 않기" 등.

4~5차시 건강한 여름을 보내는 방법 알기

▷ 놀며 배우기 1

- 놀이를 하기 전 교사는 안전한 여름을 보낼 수 있는 방법이 담긴 그림 15장과 그렇지 않은 그림 5장을 준비한 후 교실 여러 곳에 비치하기

- 선생님이 준비하신 그림을 보고 안전하게 여름을 보낼 수 있는 방법이 담긴 그림을 찾아 3×3 빙고판에 번호를 쓰기

- 게임 규칙 이해하기(모둠별로 하는 게임이며 2줄 빙고를 먼저 만드는 사람이 이김.)

- 게임 규칙에 따라 게임하기(첫 번째 번호를 말할 사람이 정해지면, 그 사람은 여름을 안전하게 보낼 수 있는 방법이 담긴 그림의 번호와 그 그림에 담긴 안전한 여름을 보낼 수 있는 방법을 친구들에게 설명하기. 바르게 설명해야 다른 친구들도 그 번호를 지울 수 있음. 그다음부터 정해진 순서에 따라 번호를 말함.)

- 이런 방식으로 게임을 하여 먼저 2줄 빙고를 만드는 사람이 이기기

▷ 놀며 배우기 2

- 놀며 배우기 1에서 사용하였던 그림을 보고 한 사람씩 한 문장을 말하며 이야기를 만들기

  예 "너무 더워 바다로 놀러 갔습니다.", "파도가 넘실거렸습니다.", "나는 너무 신나 바다에 뛰어들었습니다.", "그러면 안 돼.", "바다에 들어가기 전에는 꼭 준비운동을 해야 합니다."

  예 "학교에서 돌아오니 땀이 너무 났습니다. 그래서 냉장고 문을 열고 고개를 들이밀었습니다.", "그러면 안 돼.", "더위를 식히기 위해서는 잠깐 샤

위를 하는 것이 좋아."

📖 "할아버지 댁에 갔습니다.", "나무 그늘이 시원해 보였습니다.", "그래서 그냥 풀밭에 누웠습니다.", "그러면 안 돼.", "여름철에는 벌레가 많아서 위험해.", "풀밭에 그냥 눕지 말고 평상 위에서 누워."

도움이 되는 안내!

이 수업은 국어과 성취기준 중 '말하기' 영역의 내용을 학습 내용으로 삼고 있습니다. 그러므로 그림을 보고 글로 써 보게 한 후 단순히 읽기만 하는 활동이 되지 않게 해야 합니다.

더하기

이 수업은 통합(여름)의 에너지 절약과도 연계할 수 있습니다. 안전하게 여름을 보내는 방법 알기 중 선풍기나 에어컨의 지나친 사용과 관련하여 에너지 낭비가 될 수 있다고 알린 후, 이를 토대로 에너지 절약에 대한 방법을 문장으로 말하기 수업을 진행할 수 있습니다.

되짚기

안전한 여름을 보낼 수 있는 방법을 말할 수 있나요?
자신의 생각을 바른 말을 사용하여 순서대로 표현할 수 있나요?

이 수업의 포인트

자신의 생각을 표현할 때 올바른 문장 구조(순서)에 따라 표현할 수 있어야 합니다.
안전한 여름을 보내기 위해서 사람들은 다양한 기기나 물건을 사용하여 뜨거운 햇빛을 막거나 열을 낮춥니다.

꼭꼭 약속해, 인형 놀이

버스에서 바르게 행동하기 + 식당에서 바르게 행동하기 + 낯선 사람이 다가올 때 바르게 행동하기 = 꼭꼭 약속해, 인형 놀이

수업 흐름 ✕   관련 교과 ✕   관련 교과서 내용 ✕

여러 사람이 함께 이용하는 곳에서
지켜야 할 약속 알기

약속에 대해 알기

낯선 사람이 다가올 때 바른 행동 알기
인형 놀이를 하면서 바르게 행동하기

수업 흐름 ✕ | 관련 교과 ✕ | 관련 교과서 내용 ✕

관련 교과	성취기준
바른 생활	[2바05-01] 공공장소의 올바른 이용과 시설물을 바르게 사용하는 습관을 기른다.
안전한 생활	[2안03-01] 낯선 사람이 접근할 때의 대처 방법을 알고 바르게 행동한다.

수업 흐름 ✕ | 관련 교과 ✕ | 관련 교과서 내용 ✕

교과	학습 목표	쪽
가을	버스에서 올바르게 행동하는 방법 알기 식당에서 올바르게 행동하는 방법 알기	20~21 26~27
안전한 생활	낯선 사람이 다가올 때는 어떻게 해야 할까요?	56~57

수업 계획 의도

이 활동은 우리가 지켜야 할 예절이나 안전 등을 인형을 이용하여 수업을 해 보도록 설계하였습니다. 인형을 이용하기 때문에 상황을 좀 더 구체적이고 다양하게 설정할 수 있다는 점을 감안하여 교과서에 제시된 이외의 다른 사례(공공장소에서 질서를 지키지 않거나 어린이 유괴와 관련한 범죄 사례) 등을 이용해 수업을 구성하면 학생들에게 좀 더 의미 있는 학습이 이루어질 수 있습니다.

나와 관련된 약속에 대해 알기

▷ 약속이 무엇인지에 대해 자신의 생각 말하기

  - 자신이 생각하는 약속은 어떤 것인지에 대해 말하기

    예 '꼭 지켜야 하는 것', '지키지 않으면 서로 불편해질 수 있는 것', '우리 모두가 안전하고 바르게 살기 위해 꼭 필요한 것' 등.

▷ 약속의 종류 알기

  - 약속에는 어떤 것들이 있을지에 대해 자신의 생각 말하기

    예 "자기 자신과 한 약속과 다른 사람과 한 약속으로 나눌 수 있습니다.", "지키지 않으면 조금 불편한 약속과 지키지 않으면 큰일이 나는 약속으로 나눌 수 있습니다.", "시간을 정하는 약속과 시간을 정하지 않은 약속이 있습니다." 등.

▷ 우리 반 약속에 대해 이야기를 나누기

  - 우리 반에는 어떤 약속이 있는지 떠올리기

    예 "발표를 할 때는 큰 목소리로 합니다.", "울지 말고 자신의 생각을 말합니다." 등.

  - 우리 반에 그러한 약속이 있는 이유를 생각하기

▷ 우리 학교의 약속에 대해 이야기를 나누기

  - 우리 학교에는 어떤 약속이 있는지 떠올리기

    예 "자전거를 타고 학교에 오지 않습니다.", "부모님 차를 타고 학교 앞까지 오지 않습니다." 등.

  - 우리 학교에 그러한 약속이 있는 이유를 생각하기

▷ 우리 집의 약속에 대해 이야기를 나누기

- 우리 집에는 어떤 약속이 있는지 친구들과 이야기를 나누기
▷ 집이나 학교, 교실 등에서 약속을 하는 이유에 대해 이야기를 나누기

2~4차시 약속이 필요한 장소와 그 장소에서 지킬 약속에 대해 알기

▷ 여러 사람이 함께 이용하는 곳 떠올리기
- 우리 이웃과 만나거나 이웃과 함께 이용하는 곳에 대해 말하기
  [예] 은행, 식당, 버스, 공원, 엘리베이터, 지하철역 등.

▷ 여러 사람이 함께 이용하는 곳에 여러 가지 약속이 있는 이유 떠올리기
- 여러 사람이 함께 이용하는 곳에 많은 약속이 있는 이유에 대해 친구들과
  이야기하기
  [예] "나만 이용하지 않고 여러 사람이 함께 이용하기 때문에 서로가 지켜야
  할 규칙을 미리 만들어 두어야 합니다.", "아끼고 소중하게 다루어야 여
  러 사람이 오랫동안 이용할 수 있기 때문에 지켜야 할 약속이 많을 수
  있습니다.", "지키지 않으면 서로 불편할 수 있는 일들이 많아져서 사람
  들이 짜증을 낼 수 있기 때문에 약속이 필요합니다." 등.

▷ 버스나 지하철에서 지켜야 하는 약속에 대해 말하기
- 버스나 지하철 등 대중교통을 이용할 때에 지켜야 할 약속에는 어떤 것이
  있는지 떠오르는 대로 이야기하기
  [예] "큰소리로 통화하거나 대화하지 않습니다.", "뛰어다니지 않습니다.",
  "다리를 쩍 벌리고 앉지 않습니다.", "다른 사람의 자리를 맡아 두지 않
  습니다.", "몸이 불편한 어른이나 어린이에게 자리를 양보합니다.", "손
  잡이를 잡고 있습니다.", "음식을 먹지 않습니다.", "신발을 벗고 자리에
  올라가 앉지 않습니다." 등.

- 버스나 지하철 등 대중교통을 이용할 때의 약속은 주로 무엇과 관련이 있는지 생각해 보기

  예 "대중교통에서 지켜야 할 약속은 대부분 우리의 안전과 관련이 있습니다.", "안전하게 이용하지 않으면 다칠 수 있기 때문입니다." 등.

▷ 식당 등 음식을 먹는 곳에서 지켜야 할 예절에 대해 말하기

 - 여러 사람이 함께 음식을 먹는 곳에서 지켜야 할 약속에는 어떤 것이 있는지 떠오르는 대로 이야기하기

  예 "뛰어다니지 않습니다.", "휴대폰이나 태블릿 PC의 소리를 크게 하지 않습니다.", "장난을 치지 않습니다.", "큰 소리로 대화하지 않습니다.", "반찬 등을 먹을 만큼만 달라고 해야 합니다." 등.

 - 식당 등 음식을 먹는 곳에서 지켜야 할 약속은 주로 무엇과 관련이 있는지 생각해 보기

  예 "식당 등 음식을 먹는 곳에서 지켜야 할 약속은 대부분 식당을 이용하는 사람들이 편안하게 식사를 할 수 있도록 하는 것과 관련이 있습니다.", "장난을 하지 않거나 큰 소리를 내지 않는 것 등은 모든 사람들이 즐겁게 식사를 할 수 있도록 하기 위해서입니다." 등.

▷ 엘리베이터에서 지켜야 하는 약속에 대해 말하기

 - 엘리베이터를 이용할 때에 지켜야 할 약속에는 어떤 것이 있는지 떠오르는 대로 이야기하기

  예 "큰소리로 대화하지 않습니다.", "뛰어다니지 않습니다.", "반려동물은 안고

탑니다.", "많은 사람이 탈 수 있도록 서로 조금씩 자리를 차지합니다.", "먼저 내리고 난 후 탑니다." 등.

- 엘리베이터를 이용할 때 지켜야 할 약속은 주로 무엇과 관련이 있는지 생각해 보기
  - 예 "좁은 공간을 여러 사람이 함께 이용하기 때문에 엘리베이터를 이용할 때의 약속은 안전하게 이용하는 것과 관련이 있습니다." 등.

낯선 사람이 다가올 때의 바른 행동 알기

▷ 낯선 사람이 우리에게 어떻게 접근하는지 알기

- 『안전한 생활』 교과서 56~57쪽을 보면서 낯선 사람이 우리에게 어떤 방법으로 다가오는지 살펴보기
- 선물을 준다든가 강아지를 보여 준다고 말하는 등의 방법으로 낯선 사람이 우리에게 다가오는 이유 생각하기
  - 예 '나에게 좋은 마음을 가지게 하여 낯선 사람에 대한 경계심을 없애도록 하기 위해서' 등.
- 부모님과 잘 알고 있다고 한다든가 부모님이 아프거나 다쳤다고 말하는 방법으로 낯선 사람이 우리에게 다가오는 이유 생각하기
  - 예 '부모님이 다쳤다고 하면 놀란 마음에 이것저것 생각하지 않고 낯선 사람의 말대로 할 가능성이 매우 높기 때문에' 등.
- 발을 다쳤다고 하거나 길을 가르쳐 달라고 하면서 낯선 사람이 우리에게 다가오는 이유 생각하기
  - 예 '나에게 도움을 요청하고 나를 칭찬하여 그 사람 말대로 하지 않으면 내가 나 자신을 나쁜 사람처럼 생각하게 만들어서 자기의 뜻대로 하기 위해서' 등.

▷ 낯선 사람이 다가올 때 바르게 행동하는 방법을 알고 실천하기

- 선물을 보여 준다든가 강아지를 보여 준다든가 하는 방법으로 다가올 때에
  바르게 행동하는 법 알기
  예 '"괜찮아요."라고 하면서 호기심을 보이지 않고 차에서 거리가 먼 쪽으
    로 이동하기' 등.
- 부모님과 잘 아는 사이라고 한다든가 부모님이 아프거나 다쳤다고 하면서
  부모님께 가자고 할 때에 바르게 행동하는 법 알기
  예 '놀라거나 당황하지 말고 먼저 집으로 가기', '낯선 사람을 절대 따라가
    지 말고 집에 무사히 도착한 후 부모님과 연락하기', '가까운 파출소나
    경찰서에 가서 부모님에게 연락을 취해 보기' 등.
- 발을 다쳤다고 하거나 길을 가르쳐 달라고 할 때에 바르게 행동하는 방법
  알기
  예 '"저 말고 어른에게 부탁하면 좋겠어요."라고 하며 자리를 벗어나기', '길
    을 가르쳐 달라고 할 때에는 그 자리에서 길을 가르쳐 드리되, 같이 가
    자고 하면 절대 따라가지 않기' 등.

▷ 상황극 하기
- 낯선 사람이 다가올 때 바르게 행동하는 법을 익힌 후 주어진 상황에 따라
  알맞게 행동하는 상황극 하기

7차시 **인형 놀이하기**

▷ 놀이 학습하기
- 도화지에 나의 모습을 그리고 가위로 오리기
- 잡지나 신문, 전단지 등에서 가게나 버스, 지하철의 모습 오리기
- 도화지에 오린 가게나 버스, 지하철 사진을 붙인 다음 아래쪽을 접어 책상

위에 세우기

- 잡지나 신문, 전단지 등에서 낯선 사람 오리기
- 책상 위에 세워 둔 여러 장소에 가위로 오린 낯선 사람을 여러 명 세우기
- 내가 만든 종이 인형을 이용해 가게, 버스, 지하철 등에서 지켜야 할 예절을 지키며 인형 놀이하기
- 낯선 사람이 나에게 다가올 때 어떻게 행동해야 하는지 인형 놀이를 통해 표현하기

더하기

이 수업은 실물이 아닌 대체물을 이용하여 학습을 하는 것에 초점을 두고 설계하였습니다. 학생들은 낯선 사람을 험악하게 생긴 사람으로 생각하는 경향이 있습니다. 하지만 낯선 사람이란 학생들과 접점이 없거나 깊은 인간관계를 유지하지 않은 인물입니다. 그 점을 이해할 수 있도록 하기 위해 잡지 등에 나온 이미지의 인물을 사용하도록 하였습니다.

되짚기

공공장소에서 지켜야 할 예절을 알고 바르게 실천하나요?
낯선 사람이 다가올 때 자신을 안전하게 보호하는 방법을 알고 있나요?

이 수업의 포인트

공공장소는 우리 모두가 함께 이용하는 곳이기 때문에 서로 편리하고 안전하게 이용하기 위해서는 약속이 필요합니다.

07

받침을 알아요

받침에 주의하며 글자 알기 + 100까지의 수를 바르게 읽고 쓰기 + 노래 익히기
= 받침을 알아요.

수업 흐름 ⊗   관련 교과 ⊗   관련 교과서 내용 ⊗

100까지의 수를 바르게 읽고 쓰기

글자에 따라 넣을 수 있는 받침과
넣을 수 없는 받침 알기

노래 부르며 글자 익히기

수업 흐름 ✕ 　　관련 교과 ✕ 　　관련 교과서 내용 ✕

관련 교과	성취기준
국어	[2국04-01] 한글 자모의 이름과 소릿값을 알고 정확하게 발음하고 쓴다.
수학	[2수01-01] 0과 100까지의 수 개념을 이해하고, 수를 세고 읽고 쓸 수 있다.
즐거운 생활	[2즐05-01] 이웃의 모습과 생활을 다양하게 표현하고 이웃과 함께 할 수 있는 놀이를 한다.

수업 흐름 ✕ 　　관련 교과 ✕ 　　관련 교과서 내용 ✕

교과	학습 목표	쪽
국어	낱말의 받침에 주의하며 글쓰기	20~23
수학	99까지의 수 알기	8~19
가을	'꿩 꿩 장 서방' 노래 부르기	58~59

수업 계획 의도

이 활동은 한글 받침을 노래와 수를 이용하여 학습하도록 설계하였습니다. 1~2차시에 소개된 것처럼 음절표를 이용할 수도 있습니다. 1~2차시에 소개된 받침 깃대는 커피 스틱의 상, 하에 각각 비슷한 낱자를 붙여 둔 것입니다. 교사는 한 가지 받침을 보여 주며(예를 들어 'ㄱ'과 같은) 이 받침이 들어가면 만들 수 있는 글자를 찾아보도록 합니다. 그래서 아이들은 '북'이나 '척'(예: 척척) 같은 말도 있다는 것을 찾고 이 과정에 재미를 느끼며 주변 글자에서도 받침을 찾아보려고 합니다.

어떤 받침이 들어갈 수 있는지 찾기

▷ 음절표를 소리 내어 읽기

- 음절표에 받침을 넣어도 되는 글자인지, 넣으면 안 되는 글자인지 생각하기
  예 '가'에 'ㄱ' 받침은 넣을 수 있지만 'ㅎ' 받침은 넣을 수 없음.

> **도움이 되는 안내!**
>
> 음절표는 교과서에 제시된 것을 활용할 수도 있고 다음과 같이 제작할 수도 있습니다.
>
>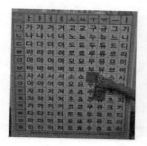

- 이 활동을 해 보고 어떤 점을 알 수 있는지 자신의 생각 말하기
  예 받침을 넣을 수 있는 글자와 넣을 수 없는 글자가 있다는 것을 알게 됨.

▷ 도전 골든벨

- 선생님이 보여 주신 글자 중에 받침을 넣을 수 있는 글자를 처음에는 1개 쓰고, 그다음에는 2개, 그다음에는 3개를 쓰는 등 글자 수를 하나씩 늘려서 가장 오래 버티는 사람이 이기는 경기하기

> **도움이 되는 안내!**
>
> 처음에는 '가'나 '나'처럼 받침이 많이 올 수 있는 글자 위주로 제시해야 아이들이 학습에 흥미를 느낄 수 있습니다.

수를 바르게 읽고 쓰기

▷ 수를 바르게 읽고 쓰기 1

- 1부터 9까지의 수 중에서 받침이 가장 많이 들어가는 수의 이름은 무엇이고 그 이름에는 받침이 몇 개 들어가는지 글자로 쓰기

  예 일, 칠, 아홉, 여덟

- 받침을 쓰기가 어려운 수의 이름은 어떤 것인지 친구들과 이야기를 나누고 자신은 그 글자를 어떻게 기억하는지 비법 말하기

▶ 수를 바르게 읽고 쓰기 2

- 50보다 큰 수는 어떻게 읽어야 하는지 『수학』 교과서 10~13쪽을 보며 이해하기

- 받침에 유의하며 육십, 칠십, 팔십, 구십과 예순, 일흔, 여든, 아흔을 어떻게 읽는지 쓰기

- 99까지의 수는 어떻게 읽어야 하는지 『수학』 교과서 14~19쪽을 보며 이해하기

- 받침에 유의하며 쓴 숫자를 어떻게 읽는지 써 보기

▶ 놀며 배우기 1

- 게임 규칙 이해하기

  (각자 한글에서 받침이 될 수 있는 글자를 1세트씩 가진 후, 선생님이 숫자를 보여 주시면 알맞은 받침 카드를 찾아 머리 위로 올리기. 가장 많이 맞힌 사람이 이기는 경기)

바른 글자로 노래 가사 바꾸어 쓰기

▷ '꿩 꿩 장 서방' 노래 익히기

- 노래 가사의 글자를 유심히 살펴보고 받침에 대해 이야기하기

  예 "'솔밭'에서 '밭'은 받침 'ㅌ'을 써야 해."
- 노랫말 바꾸기

▷ 놀며 배우기 1
- '꿩 꿩 장 서방' 노래 가사에 숫자를 넣어 이야기 만들기

  예 "꿩이 96마리 있습니다./ 장 서방은 47세입니다. /장 서방이 사는 마을에는 산이 51개 있습니다." 등.
- 만든 숫자를 친구에게 보여 주면 친구가 숫자를 어떻게 읽어야 하는지 공책에 바르게 쓰기
- 다시 한번 이야기를 만들고 자신이 만든 이야기를 반 친구들에게 발표하기. 발표를 들은 친구들은 발표한 학생이 말한 숫자를 바르게 쓰기

더하기

이 수업은 받침 있는 글자를 바르게 읽고 쓰는 것이 중심이 되도록 설계한 PBL입니다. '꿩'에 나오는 받침과 똑같은 받침이 있는 글자를 책이나 친구 이름에서 찾아보기와 같은 활동을 추가로 할 수 있습니다.

되짚기

받침 있는 글자를 바르게 쓸 수 있나요?
100까지의 수를 바르게 읽고 쓸 수 있나요?

이 수업의 포인트

한글에는 받침을 넣을 수 있는 글자도 있지만 받침을 넣을 수 없는 글자도 있다는 것을 알아야 합니다. 100까지의 수를 바르게 읽을 수 있어야 합니다.

08

마음을 나누어요

겪은 일을 글로 쓰는 방법 알기 + 두 자릿수끼리의 덧셈하기 + 두 자릿수끼리의 뺄셈하기 + 나눔 장터 열기 = 마음을 나누어요

수업 흐름 ⊗ 관련 교과 ⊗ 관련 교과서 내용 ⊗

나눔 장터 열기

겪은 일이 드러나게
글을 쓰는 방법 알기

나눔 장터 정리하기

수업 흐름 ⊗ | **관련 교과** ⊗ | 관련 교과서 내용 ⊗

관련 교과	성취기준
국어	[2국03-04] 인상 깊었던 일이나 겪은 일에 대한 생각이나 느낌을 쓴다.
수학	[2수01-06] 두 자릿수의 범위에서 덧셈과 뺄셈의 계산 원리를 이해하고 그 계산을 할 수 있다.
즐거운 생활	[2즐05-01] 이웃의 모습과 생활을 다양하게 표현하고 이웃과 함께 할 수 있는 놀이를 한다.

수업 흐름 ⊗ | 관련 교과 ⊗ | **관련 교과서 내용** ⊗

교과	학습 목표	쪽
국어	겪은 일을 글로 쓰기	232~249
수학	두 자릿수끼리 덧셈하기 두 자릿수끼리 뺄셈하기	40~43 50~53
가을	나눔 장터가 무엇인지 알고 나눔 장터 열기	40~45

수업 계획 의도

이 활동은 '나눔 장터'를 경험하고 그때 한 일과 생각, 느낌을 떠올려 글을 써 볼 수 있도록 구성하였습니다. 나눔 장터에서 팔 물건이 모두 몇 개인지, 판 물건이 모두 몇 개인지 등을 수학과의 덧셈과 뺄셈을 이용하여 학습하고 나눔 장터에서 얻은 수익이 얼마인지도 계산해 보도록 설계하였습니다. '나눔 장터'를 하고 나서 '재미있었다, 즐거웠다'와 같은 단편적인 느낌보다는 어떤 일에서 어떤 느낌을 받았는지 구체적으로 표현하도록 해야 합니다.

겪은 일에 대한 마음 표현하기

▷ 겪은 일이 무엇인지 알기

- 선생님께서 들려주시는 이야기를 듣고 등장인물이 겪은 일이 무엇인지 발표하기

> **도움이 되는 질문!**
>
> 이 이야기에서는 누가 나오나요?
> 그 사람(인물)에게 어떤 일이 있었나요?
> 왜 그런 일이 생겼나요?

> **도움이 되는 안내!**
>
> 이야기에 등장하는 인물과 겪은 일에 대해 알기 위해서는 기-승-전-결이 있는 동화보다는 『이솝 우화』 속 이야기나 네 컷 만화 등을 활용하는 것이 좋습니다. 한 편의 동화에는 많은 사건이 연결되어 있기 때문에 겪은 일을 명확하게 이해하기가 어렵습니다.

- 겪은 일과 생각한 일은 어떻게 다른지, 자신이 구별하는 기준에 대해 발표하기(겪은 일이란 내가 직접 경험해 본 일이지만, 생각한 일은 내가 하지는 않고 머릿속으로만 떠올린 내용임)

▷ 겪은 일을 떠올리고 그때의 마음을 표현하기

- 내가 1학년이 되어 가족과 함께한 일, 학교 친구들과 함께한 일을 떠올리고 친구들과 이야기를 나누기
- 매일 하는 일과 가끔 하였던 일을 떠올리고 친구들과 이야기를 나누기
- 떠올린 일 중에서 기분이 좋았던 일과 그렇지 않았던 일로 나누기
- 겪은 일 중 기분이 좋았던 일을 기분을 나타내는 말을 사용하여 표현하기

기분을 나타내는 말을 할 때 학생들 대부분은 '좋았다.', '즐거웠다.', '기뻤다.', '재미있었다.'와 같은 표현을 많이 합니다. 이와 같은 표현이 잘못된 것은 아니나 자신의 기분을 좀 더 정확하게 표현할 수 있는 용어를 사용하는 것이 더 좋습니다. 이를 위해 이 활동을 하기 전에 기분을 나타내는 말을 다 같이 떠올려 보는 활동을 하는 것도 괜찮습니다.

예 '감동적이다.', '자랑스럽다.', '설레다.', '신나다.', '흐뭇하다.', '상쾌하다.', '후련하다.', '황홀하다.' 등.

- 겪은 일 중 기분이 좋지 않았던 일을 기분을 나타내는 말을 사용하여 표현하기

예 '못마땅하다.', '얄밉다.', '분하다.', '답답하다.', '부담스럽다.', '지루하다.', '어색하다.', '서럽다.', '조마조마하다.' 등.

'나빴다.', '화났다.'와 같이 아이들이 일반적으로 많이 쓰는 표현 이외의 다른 표현을 사용할 수 있도록 해야 합니다.

▷ 겪은 일과 그때의 마음을 문장으로 표현하기
 - 겪은 일과 그때의 마음을 각각 한 문장으로 표현하기

처음에는 글로 써 본 후 말하기로 바꾸어서 수업을 할 수 있습니다. 반대로 처음에는 말하기를 한 후 글쓰기로 바꾸어 볼 수 있습니다. 학급 학생들의 상황에 따라 먼저 연습할 언어 사용 기능을 선택하면 됩니다.

- 겪은 일과 그때의 마음을 각각 두 문장으로 표현하기

나눔 장터에 참여하기

▷ 나눔 장터 준비하기

  - 나눔 장터가 무엇인지 교과서를 통해 알기
  - 우리 주변에서 열리는 나눔 장터를 떠올려 보기

> **도움이 되는 안내!**
>
> 실제로 우리 생활 속에서는 많은 나눔 장터가 열립니다. 지방자치단체가 주체하는 나눔 장터나 아파트 단지의 부녀회 혹은 성당이나 교회 같은 곳에서 열리는 나눔 장터의 모습을 보여 주거나, 언니나 오빠 등 고학년 형제자매가 나눔 장터에 참여해 본 경험을 물어보도록 하는 것도 도움이 됩니다.

  - 나눔 장터를 여는 이유 알기
    - 예 '나눔 장터는 내가 쓰지 않거나 필요 없는 물건을 싼 가격에 팔아 자원의 낭비가 일어나지 않도록 함.'
  - 우리가 만약 나눔 장터를 연다면 어떻게 운영하면 좋을지 의견 나누기
    - 예 '나눔 장터에서 판 물건에 대한 수익 중 자신이 원하는 만큼 불우이웃돕기 성금으로 내는 방법', '나눔 장터에서 내가 팔 물건과 내가 살 물건의 가격이 비슷하면 교환하는 방법' 등.

> **도움이 되는 안내!**
>
> 나눔 장터를 하고 나서 자신의 수익 중 일부를 불우이웃돕기 성금을 내라고 하였을 때, "엄마가 물건 판 돈을 모두 가지고 오라고 하였다."면서 불우이웃돕기 성금을 내지 않는 학생이 실제로 있었습니다. 이러한 학생들로 인해 나눔 장터의 의미가 퇴색될 수 있으므로 교사는 불우이웃돕기 활동에 적극적으로 참여한 학생을 칭찬하는 등의 방법으로 이 활동의 의미를 학생들이 이해할 수 있도록 해야 합니다.

  - 나눔 장터에서 나눌 수 없는 물건에 대해 이야기하기

예 "너무 오래되고 지저분해진 책", "떨어지거나 해어져서 쓸 수 없는 물건", "깨진 그릇이나 쓰다 만 학용품" 등.
- 나눔 장터에서 나눌 수 있는 물건에 대해 이야기하기
  예 "작아서 입을 수 없지만 깨끗하게 세탁한 옷", "한 번도 사용하지 않은 학용품", "깨끗이 읽은 책", "내가 가지고 놀지 않지만 깨끗하고 온전한 장난감" 등.

> **도움이 되는 안내!**
>
> 나눔 장터에 가지고 온 물건 중에는 판매할 수 없는 물건도 있습니다. 따라서 학생들 스스로 자신들이 가지고 온 물건들을 살펴보면서 팔 수 없는 물건을 걸러 내는 활동도 필요합니다.

- 나눔 장터에서 사용할 가게 이름표 만들기
(우리 모둠에서 팔 물건이 잘 드러나게 가게 이름표 만들기)
- 나눔 장터에서 팔 물건을 몇 개 모았는지 계산하기
  예 '각자 나눔 장터에서 팔 물건을 가져와서 모은 후 물건이 모두 몇 개 모였는지 덧셈을 통해 이해하기', '물건의 종류에 따라 몇 개 모였는지 확인하기', '두 모둠끼리 모은 물건은 몇 개인지 계산하기', '우리 반 전체에서 모은 물건은 몇 개인지 계산하기' 등.
- 나눔 장터에서 팔 물건 가격 정하기

> **도움이 되는 안내!**
>
> 모둠별이나 학급 전체 학생에게 물건을 보여 주고 물건의 적정한 가격을 의논해 보도록 하는 것이 필요합니다. 또한 물건에 붙일 수 있는 가격의 상한가를 제한하여 나눔 장터를 여는 이유를 이해할 수 있도록 하는 것이 필요합니다. 그렇지 않으면 자신의 물건에는 높은 가격을 붙이는 경우가 많습니다.

- 나눔 장터에서 팔 물건에 가격 붙이기

- 나눔 장터를 운영하는 방법 정하기

도움이 되는 안내!

먼저 물건을 팔 친구와 살 친구를 정한 다음, 정해진 시간 동안 물건을 팔 친구는 물건을 팔고 물건을 살 친구는 다른 모둠의 나눔 장터를 보면서 물건을 사도록 해야 합니다. 정해진 시간이 지나면 역할을 바꿉니다.

   대부분 나눔 장터는 한 학급에서 하기에 어려움이 많아 동 학년 전체 활동으로 계획하는 경우가 많습니다. 이럴 때에는 반을 나누어 몇 개 반은 물건을 파는 역할, 몇 개 반은 물건을 사는 역할을 한 후 일정 시간이 지나면 역할을 바꾸도록 하는 것도 방법이 됩니다.

- 나눔 장터 열고 참여하기

  예 '나에게 필요한 물건인지 생각하며 물건 선택하기', '물건의 가격이 적절한지 생각하며 물건 선택하기' 등.

10~12차시 | 나눔 장터 참여 후 정리하기

▷ 나눔 장터에서 판 물건 계산하기

- 나눔 장터에서 판 물건이 몇 개인지 남은 물건의 개수를 토대로 계산식 만들기
- 나눔 장터에서 우리 모둠이 판 물건이 몇 개인지 계산하기
- 나눔 장터를 통해 우리 반에서 판 물건이 몇 개인지 남은 물건을 개수를 토대로 계산식 만들기
- 나눔 장터에서 우리 반이 판 물건이 몇 개인지 계산하기

▷ 불우이웃돕기 성금 계산하기

- 나눔 장터에서 판 물건으로 얻은 수익 중 얼마를 불우이웃돕기 성금으로 냈는지 계산하기

이 활동은 돈으로 계산하지 않도록 해야 합니다.

모둠별로 모여 각자 불우이웃돕기 성금으로 100원짜리 동전 중 몇 개를 냈는지 말합니다. 그 개수를 더하는 식을 만든 후 계산하여 몇 개를 냈는지 확인합니다.

- 우리 반에서 모은 불우이웃돕기 성금은 얼마인지 계산하기

▷ 불우이웃돕기 성금 기부하기

- 누구에게 어떻게 쓰이면 좋을지 서로 이야기하기

▷ 나눔 장터에 참여한 일을 글로 쓰기

- 나눔 장터에서 겪은 일과 그 일에 대한 내 느낌 말하기
- 나눔 장터에서 겪은 일과 내 느낌이 잘 드러나게 한 문장으로 표현하기
- 한 문장으로 표현한 것을 두 문장으로 바꾸기
- 두 문장으로 표현한 것을 네 문장으로 바꾸기

이 활동에서 한 편의 글쓰기는 한 문장으로 표현한 내용을 좀 더 자세하고 풍부하게 하여 글로 완성시키는 것입니다. 예를 들면 다음과 같습니다.

(1문장) 나눔 장터에서 내가 준비한 물건을 친구들이 많이 샀다. 친구들이 내 물건을 고를 때마다 마음이 떨렸다.

(2문장) 나눔 장터를 하려고 내가 준비한 물건을 돗자리 위에 올렸다. 친구들이 내 물건을 보기 위해 내 가게로 왔다. 친구들이 물건을 볼 때마다 나도 친구 얼굴을 자세히 봤다. 내 물건을 사 갈까? 마음이 떨렸다.

(4문장) 나눔 장터를 하려고 내가 준비한 물건을 돗자리 위에 올렸다. 친구들이 물건을 잘 볼 수 있게 가지런히 정리도 하였다. 내 물건이 많이 팔리면 좋겠다고 생각했다. 나눔 장터가 시작되자 많은 친구가 내 가게로 왔다. 친구들이 내 물건을 볼 때마다 내 마음이 덜컹덜컹하였다. 한 친구가 내 물건을 사 갔다. 그러자 다른 친구도 내 물건을 산다고 하였다. 내 마음이 다시 출렁출렁하였다.

나눔 장터는 통합 교과서 중 '가을'에 있는 내용입니다. 하지만 제가 계획한 PBL은 시기적으로 12월쯤 하도록 하였습니다. 가을에는 예술제 등 여러 가지 행사가 많아 또다시 행사를 기획하기에 무리가 있다고 판단했기 때문입니다. 학교마다 실정이 다르므로 각각의 학교 사정에 맞게 계획하시면 됩니다.

되짚기

겪은 일과 그 일에 대한 자신의 느낌이 잘 드러나게 글을 쓸 수 있나요?
두 자릿수끼리 덧셈과 뺄셈을 할 수 있나요?

이 수업의 포인트

겪은 일과 그 일에 대한 자신의 느낌을 표현할 때에는 먼저 가장 인상 깊었던 일과 그 일에 대한 느낌을 떠올린 다음, 그것을 좀 더 자세히 표현하는 방법으로 글을 쓸 수 있습니다.
생활 속에서 두 자릿수의 덧셈과 뺄셈을 할 수 있어야 합니다.

우리나라 소개 책 만들기

우리나라의 전통 놀이, 전통 옷, 전통 음식 알기 + 글을 읽고 설명하는 대상 알기
= 우리나라 소개 책 만들기

수업 흐름 ⊗   관련 교과 ⊗   관련 교과서 내용 ⊗

설명하는 글을 읽고
내용 이해하기

우리나라 느끼기   우리나라를 소개하는 책 만들기

수업 흐름 ✕ 관련 교과 ✕ 관련 교과서 내용 ✕

관련 교과	성취기준
국어	[2국02-03] 글을 읽고 주요 내용을 확인한다.
슬기로운 생활	[2슬07-01] 우리나라의 상징과 문화를 조사하여 소개하는 자료를 만든다.

수업 흐름 ✕ 관련 교과 ✕ 관련 교과서 내용 ✕

교과	학습 목표	쪽
겨울	우리나라의 전통 놀이, 전통 옷, 전통 음식을 알기	18~23 26~27
국어	글을 읽고 무엇을 설명하는지 알기	174~179

수업 계획 의도

이 활동은 우리나라의 전통을 경험해 보는 데에 초점을 두고 설계하였습니다. 전통 음식 등을 수업에서 경험해 보도록 설계하는 것이 매우 어려우므로 저의 경우는 전통 놀이에 많은 초점을 두어 활동하였습니다. 전통이라고 부르기는 어려우나 '고무줄놀이', '공기놀이', '무궁화 꽃이 피었습니다', '우리 집에 왜 왔니?'와 같은 다양한 놀이를 해 보도록 하였습니다. 구슬치기와 같이 어른들이 어릴 적 했던 놀이도 우리나라의 전통 놀이라고 보고 소개해 주었습니다.

우리나라에 대해 알기

▷ 우리나라의 전통 놀이 알기

- 부모님이 어렸을 때 놀았던 놀이에 대해 발표하기

  예 땅따먹기, 술래잡기, 숨바꼭질, 비사치기 등.

도움이 되는 안내!

사전에 과제로 부모님이 어렸을 때 놀았던 놀이에 대해 알아보도록 하는 것이 필요합니다. 하는 방법에 대해 알아 오는 것뿐 아니라 부모님과 함께 그 놀이를 같이 해 보는 것도 좋습니다.

- 땅따먹기는 어떻게 하는 놀이인지 교과서를 보고 이해하기

도움이 되는 안내!

전통 놀이는 지역에 따라 다양한 방법과 유형이 있습니다. 땅따먹기도 여러 가지 유형이 있습니다. 『겨울』 교과서 18~19쪽에 나오는 방법대로 하는 땅따먹기나 『겨울』 교과서 18쪽 상단 삽화에 있는 땅따먹기도 있고, 직사각형을 5줄씩 2칸으로 나누어서 하는 땅따먹기도 있습니다.

- 술래잡기는 어떻게 하는 놀이인지 교과서를 보고 이해하기
- 숨바꼭질은 어떻게 하는 놀이인지 이야기를 나누기
- 비사치기는 어떻게 하는 놀이인지 이야기를 나누기

▷ 우리나라 전통 놀이로 놀기

- 운동장에서 4개 모둠이 정해진 시간 동안 각각 하나의 놀이를 하기

▷ 우리나라의 전통 옷 알기

  - 우리나라 전통 옷을 부르는 이름 알기
  - 우리나라 전통 옷은 어떻게 입는지 동영상을 보며 알기
  - 우리나라 전통 옷을 예쁘게 색칠하기

  - 우리나라 전통 옷을 색종이로 접기
  - 우리나라 전통 옷을 직접 입어 보기

  - 우리나라 전통 옷을 직접 입어 본 소감이나 입는 과정에 대해 친구들과 이야기하기

▷ 우리나라의 전통 음식 알기
  - 우리나라의 전통 음식을 아는 대로 말하기
    예 김치, 떡, 식혜, 삼계탕, 비빔밥 등

- 잡지나 신문 등에서 오려 온 우리나라 전통 음식으로 상 차리기

- 모둠 친구들에게 내가 차린 밥상을 보여 주며 각각의 음식을 소개하기

7~8차시　우리나라 소개 책 만들기

▷ 우리나라 소개 책 구성하기

- 놀이, 옷, 음식 중 소개하고 싶은 영역을 고르기
- 소개하고 싶은 영역에서 어떤 것들을 소개할지 정하기

▷ 소개 책 만들기

- 아코디언 북, 나비 책, 계단 책, 팝업 북, 문어발 책 등 만들고 싶은 책 정하기
- 설명하려는 대상과 그것에 대해 어떤 것을 설명하려고 하는지 마인드맵으로 그리기
- 구성한 마인드맵을 활용하여 문장 만들기

  예 '식혜는 우리나라 전통 음료수입니다.', '식혜는 단맛이 많이 납니다.', '여름에 약간 얼려서 먹으면 더위를 이길 수 있을 정도로 시원합니다.' 등.
- 만든 문장을 소개 책에 쓰기

▷ 전시하기

- 자신이 만든 책을 전시하여 친구들에게 보여 주기

- 친구가 만든 우리나라 소개 책을 보면서 어떤 내용을 소개하고 있는지 생각하기
- 가장 인상 깊게 보았던 친구의 우리나라 소개 책 중 한 부분을 다시 말하기

더하기

소개하려는 내용이 얼마나 구체적인지 알기 위해서는 마인드맵을 활용하면 좋습니다. 가령 송편에 대해 소개하려고 할 때 송편의 모양, 송편을 만드는 방법, 송편에 들어가는 재료, 송편의 맛 등어떤 내용을 소개할 것인지를 마인드맵으로 구성하고 구성한 부분을 문장으로 표현하면, 설명하는 내용이 중언부언해지거나 중요한 내용이 빠지는 문제를 해결할 수 있습니다.

되짚기

- 우리나라의 상징과 문화에 대해 알고 있나요?
- 우리나라의 상징과 문화를 소개하는 자료를 만들 수 있나요?
- 친구가 만든 자료를 읽고 어떤 내용을 소개하는지 이해할 수 있나요?

이 수업의 포인트

우리나라에 내려오는 전통 놀이, 전통 옷, 전통 음식 등에 대해 잘 알고 이를 다른 사람에게 소개할 수 있도록 해야 합니다.

방학 생활 계획표 만들기

시계를 보고 몇 시, 몇 시 30분 알기 + 겨울철 날씨와 생활 모습 알기 + 건강한 겨울을 보내는 방법 알기 = 방학 생활 계획표 만들기

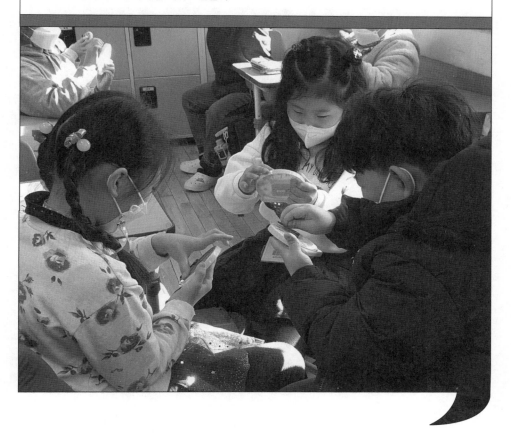

수업 흐름 ⊗   관련 교과 ⊗   관련 교과서 내용 ⊗

몇 시, 몇 시 30분 알기

겨울철 날씨와 사람들의
생활 모습 알기

겨울 방학 생활 계획표 짜기

수업 흐름 ❌ | **관련 교과** ❌ | 관련 교과서 내용 ❌

관련 교과	성취기준
수학	[2수03-02] 시계를 보고 시각을 '몇 시 몇 분'까지 읽을 수 있다.
슬기로운 생활	[2슬08-01] 겨울 날씨의 특징과 주변의 생활 모습을 관련짓는다.

수업 흐름 ❌ | 관련 교과 ❌ | **관련 교과서 내용** ❌

교과	학습 목표	쪽
수학	시계를 보고 몇 시, 몇 시 30분 알기	96~99
겨울	겨울철 날씨와 건강한 겨울을 보내기 위한 생활 모습 알기	86~93

수업 계획 의도

이 활동을 하기 전에 학생들에게 겨울 방학을 건강하고 안전하게 보내기 위해서는 방학 계획표를 짜야 하고, 이를 위해서는 시계를 볼 줄 알아야 한다는 것을 질문을 통해 찾을 수 있도록 하면 좋습니다. 이것은 이 활동을 하는 목적을 이해하는 것이므로 앞으로 학습 과정이 어떻게 될지 가늠할 수 있도록 도와줍니다. 모형 시계를 보며 몇 시, 몇 시 30분을 아는 것을 여러 번 연습하고 방학 계획표 짜기를 통해 실제로 우리 생활에서 이를 적용해 보도록 구성하였습니다.

겨울철 사람들의 생활 모습 알기

▷ 겨울철 사람들의 생활 모습을 알기

  - 신문이나 잡지 등에서 겨울철 사람들의 모습이 드러난 장면 오리기
  - 오린 사진을 이용하여 겨울철에 사람들은 어떻게 생활하는지 말하기

▷ 『겨울』 교과서 86~87쪽 그림을 보면서 겨울철에 사람들의 생활 모습을 날씨와 관련지어 이해하기

 - 겨울철 사람들의 옷차림에 대해 말하기

  예 "두꺼운 모자나 목도리를 합니다.", "옷을 두껍게 입습니다."("옷을 여러 겹 입습니다.") "장갑을 낍니다.", "귀마개를 합니다." 등.

 - 겨울철 사람들의 옷차림이 여름철과 다른 이유에 대해 말하기

  예 "여름은 덥고 비가 많이 와서 습하기 때문에 될 수 있으면 얇은 옷을 입지만 겨울에는 춥기 때문에 될 수 있으면 우리의 맨살이 바깥에 보이지 않도록 목도리, 귀마개 등으로 감쌉니다." 등.

 - 교과서 속 그림을 보며 겨울철의 날씨를 짐작할 수 있는 부분을 찾아 동그라미 하기

  예 '바람이 쌩쌩 부는 모습', '길거리에서 따뜻한 군고구마를 파는 모습', '가전제품 매장에서 난로를 파는 모습', '옷가게에서 파는 목도리나 장갑', '모자를 파는 모습', '곳곳에서 얼음이 언 모습', '신발 가게에서 부츠를 파는 모습', '분식집에서 어묵을 파는 모습', '제설 장비 보관함에 모래가 가득 찬 모습', '나무의 줄기를 볏짚으로 따뜻하게 감싼 모습' 등.

 - 찾은 그림을 보면서 겨울철 날씨를 짐작하기

  예 "겨울철에는 날씨가 춥습니다. 그래서 집 안에만 있는 경우가 많습니다.", "여름에 비해 비가 많이 오지 않아서 건조합니다." 등.

 - 겨울을 대비하기 위해 사람들이 하는 일을 교과서 그림에서 찾기

예 '김장을 미리 하는 것', '난로와 같이 방을 따뜻하게 하는 난방용품을 사는 것', '목도리와 같이 우리 몸을 따뜻하게 하는 옷차림을 하는 것', '어르신들이 미끄러지지 않게 조심해서 걷는 것' 등.

- 겨울을 건강하게 보내기 위해 사람들이 하는 일을 교과서 그림에서 찾기

예 '운동장에서 아이들이 신나게 축구를 하는 모습', '강아지와 함께 산책하는 모습', '길거리에서 공연을 하는 모습' 등.

- 겨울을 건강하게 보내기 위한 방법을 겨울철 날씨와 관련지어 말하기

예 날씨가 춥다: "방 안에 차가운 공기가 들어오지 않도록 보호막을 붙인다."

감기에 걸린다: "몸을 따뜻하게 하고 따뜻한 음식을 먹는다."

날씨가 건조하다: "물을 많이 마시거나 가습기 등을 이용하여 실내가 건조해지지 않도록 한다."

집 안에만 있는 경우가 많다: "시간을 정해 알맞은 운동을 해야 한다."

5~8차시 | **시각 읽기**

▷ 시계를 보고 시계의 모습 관찰하기

- 시계에 적힌 숫자가 얼마까지인지 확인하기
- 시계에서 숫자와 숫자 사이에 몇 칸이 있는지 세어 보기

▷ 몇 시 읽기

- 몇 시를 읽는 방법 알기

예 '작은 바늘은 시간을, 긴 바늘은 분을 가리킨다.', '긴 바늘이 12를 가리킬 때에는 짧은 바늘을 보고 몇 시인지 읽을 수 있다.' 등.

- 선생님이 보여 주신 시계를 보면서 몇 시인지 읽기
- 짝과 함께 몇 시 읽기 놀이하기

예 '짝이 모형 시계를 조작하여 몇 시인지 나타내면 내가 읽기', '짝과 역할

을 바꾸어 놀이하기' 등.

- 짝과 함께 몇 시 만들기 놀이하기

  예 내가 몇 시인지 말하면 짝이 내가 말한 시각을 모형 시계로 나타내기',
  '역할을 바꾸어 놀이하기' 등.

▷ 몇 시 30분 읽기

- 몇 시 30분을 읽는 방법 알기

  예 '긴 바늘이 6을 가리키면 몇 시 30분이라고 읽어야 한다. 그때 짧은 바
  늘이 가리키는 시간을 읽는다.' 등.

- 선생님이 보여 주신 시계를 보면서 몇 시 30분인지 읽기

- 짝과 함께 몇 시 30분 읽기 놀이하기

  예 '짝이 모형 시계를 조작하여 몇 시인지 나타내면 내가 읽기', '짝과 역할
  을 바꾸어 놀이하기' 등.

- 짝과 함께 몇 시 30분 만들기 놀이하기

  예 '내가 몇 시인지 말하면 내가 말한 시각을 짝이 모형 시계로 나타내기',
  '역할을 바꾸어 놀이하기' 등.

▷ 시계 읽기 놀이하기

- 놀이 방법 알기

  예 '모둠별로 선생님이 보여 주신 시각을 보고 모형 시계로 그 시각을 나타
  냅니다. 정확하게 시각을 나타내면 다음 차례 사람이 나와 똑같은 방법
  으로 시각을 나타냅니다. 다른 모둠의 친구들은 게임을 하는 모둠이 시
  각을 바르게 나타냈는지 확인합니다. 마지막 사람이 가장 먼저 들어오
  는 모둠이 이깁니다.'

『옥수수빵과 암탉』과 같이 시계에 시각이 그림으로 표현되면서 이야기가 있는 동화책을 활용할 수도 있습니다.

9~10차시 생활 계획표 짜기

▷ 겨울 방학 동안 하고 싶은 일 떠올리기

  - 겨울 방학 동안 하고 싶은 일을 떠올려 보고 순위 매기기
  - 겨울 방학 동안 해야 하는 일을 떠올려 보고 순위 매기기
  - 내가 떠올린 것 중에 겨울 방학을 건강하게 보낼 수 있는 활동이 있는지 살펴보기. 만약 그러한 활동이 없다면 활동을 추가하기

▷ 떠올린 일을 하기 위한 시간 배분하기

  - 떠올린 일을 하기 위해 필요한 시간이 얼마나 될지 스스로 생각하기
  - 떠올린 활동 옆에 필요한 시간을 쓰기
  예 '1시간', '30분', '1시간 30분' 등.

▷ 생활 계획표 짜기

  - 언제 일어날 것인지 정하기
  - 일어난 시간에 따라 해야 할 활동을 알맞게 배분하기

▷ 생활 계획표 발표하기

  - 몇 시 혹은 몇 시 30분을 이용하여 자신의 일과 발표하기
  예 "저는 8시에 일어납니다. 9시에는 밥을 먹습니다. 10시 30분에는 공부를 합니다." 등.

(발표를 듣는 학생들은 자신이 가지고 있는 모형 시계를 활용하여 친구가 말한 시간을 표시하기)

더하기

겨울 방학 생활 계획표 짜기 활동은 몇 시 혹은 몇 시 30분에 익숙해지도록 하기 위함이므로 자신이 짠 생활 계획표의 실천 여부가 가능한지를 검토하지 않아도 됩니다.

되짚기

시계를 보고 몇 시 또는 몇 시 30분을 읽을 수 있나요?
겨울철 사람들의 생활 모습을 겨울철 날씨와 관련지어 말할 수 있나요?

이 수업의 포인트

겨울철에는 날씨가 추워서 실내에서 생활하거나 옷을 두껍게 입는 등 사람들이 추운 날씨에 대비하며 생활한다는 것을 이해해야 합니다.

2장

2학년 **PBL**
프로젝트
수업 레시피

아홉 살 인생

내가 자라 온 과정 이해하기 + 바른 자세로 말하기 = 나에 대해 소개하기

수업 흐름 ⊗　　관련 교과 ⊗　　관련 교과서 내용 ⊗

바른 자세로 말하기

이야기를 듣고 나의 아홉 살 삶을
설명 선을 이용하여 표현하기

나에 대해 소개하기

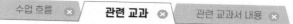

관련 교과	성취기준
국어	[2국01-04] 듣는 이를 바라보며 바른 자세로 자신 있게 말한다.
슬기로운 생활	[2슬01-04] 나의 과거와 현재 모습을 통해 재능과 흥미를 찾고, 이에 근거하여 미래의 모습을 예상한다.

교과	학습 목표	쪽
국어	바른 자세로 자신 있게 말하기	32~35
봄	내가 자라 온 과정을 살펴보기	40~43

수업 계획 의도

이 활동은 자신의 삶에서 인상 깊었던 일을 소개하는 교과서의 활동을 어떻게 하면 의미 있게 구성할 수 있을까에 대한 고민으로 만들어졌습니다. 저는 주변을 인식하고 자신의 존재를 이해하며 주변과 자신과의 관계 정립을 위해 스스로 인지하고 노력하는 시기가 여섯 살 이후부터라고 생각합니다. 아홉 살이라면 이러한 인식이 이루어지고 난 후 3년 정도가 경과했을 뿐입니다. 교과서에 실린 이 활동 자체가 교사에게는 대단히 번거로운 반면(사진을 준비하고 부모님께 이야기를 들어 오는 등의 과제를 미리 제시해 주고 확인해야 하므로) 실제로 수업 효과는 미비하다고 생각하였습니다. 이 활동은 국어과의 자신 있게 말하기와 관련지어 자라 온 과정을 발표하는 내용으로 구성하였습니다. 그러므로 이 활동의 중점은 국어과의 '자신 있게 말하기'라고 할 수 있습니다.

부모님께 나의 이야기 듣고 나의 모습 표현하기

▷이야기 듣기

- 선생님이 보여 주시는 책 『해리 포터』의 겉표지를 보고 무슨 이야기일지 짐작하기

- 『해리 포터』에 나오는 주인공의 삶에 대해 소개하기

> 예 '해리 포터는 태어나서 얼마 되지 않아 볼드모트의 저주로 부모님을 잃고 혼자 살아남았다. 해리 포터는 이모 부부의 집에서 살았는데 이모 부부는 해리 포터를 못살게 굴었다. 어느 날 열한 번째 생일에 해리 포터는 호그와트에 입학하라는 종이를 들고 온 해그리드를 만나 마법 학교에 들어가게 되었다.'

> **도움이 되는 안내!**
>
> 해리 포터의 어린 시절 이야기는 책 여러 군데에 있습니다. 그래서 책을 이용하기보다 영화의 한 장면 등을 활용하는 것이 훨씬 더 효과적일 수 있습니다.

▷ 나의 아홉 살 인생 설명 선 그리기

- 선생님이 나누어 주시는 인생 설명 선을 살펴보고 각 나이대별로 어떤 일이 있었는지 부모님께 들은 이야기를 떠올리기

> **도움이 되는 안내!**
>
> 사실, 아홉 살 어린이에게 자신의 인생 설명 선을 그리는 것이 대단히 큰 의미가 있다고 생각하지 않습니다. 그래서 저는 이 수업의 방향을 '부모님과 대화하기', '자신의 어릴 적 이야기 듣기'와 같이 부모님께 자신의 어린 시절 이야기를 들으며 부모님이 나를 위해 많은 희생과 봉사를 하셨다는 생각을 가지도록 하는 것에 맞추었습니다. 그러므로 이 수업에 들어가기 전에 미리 과제로 자신의 어린 시절 이야기를 부모님께 들어 보도록 하는 것이 좋습니다.

- 내가 자라 온 과정에서 잘한 일, 다친 일, 속상했거나 화가 났던 일, 기억에 남는 일 등을 떠올려 도화지의 인생 설명 선을 완성하기

예 한 살: 태어나 처음으로 집에 온 날 목욕을 하다가 똥을 쌌다. 나는 우유도 잘 먹고 밤에 잠도 잘 자고 그래서 엄마가 힘들지 않으셨다고 했다.

두 살: 엄마와 형아와 함께 먼 곳으로 이사를 하게 되었다. 아빠만 남고 우리 세 명은 다른 지역으로 이사를 했다. 나는 커피 냄새를 너무 좋아해서 엄마가 사 둔 커피에 몰래 입을 가져다 대거나 빨대가 있으면 빨대를 이용해 몰래 마시기도 했다.

세 살: 나는 그네를 타고 아빠가 내 뒤에서 그네를 밀어 주다가 그네에서 넘어져 이를 크게 다쳤다.

네 살: 할머니와 같이 목욕탕에 갔다가 미끄러져서 아래턱이 찢어졌다. 병원에 갔는데 의사 선생님이 벌어진 턱 사이로 어떤 약을 넣었다. 너무 아파 크게 울었다. / 귀가 너무 아파 밤에 울었다. 엄마가 놀라서 나를 데리고 병원에 갔다. 병원 응급실은 너무 시원해서 나는 집에 안 가고 응급실에서 잔다고 자꾸 떼를 썼다.

다섯 살: 유치원 건물에서 나오다가 지나가는 자전거에 부딪혀서 눈썹 있는 곳을 크게 다쳤다. / 처음으로 햄버거를 먹었다. 세상에서 제일 맛있었다.

여섯 살: 형아의 유치원 졸업식 때 내가 대표로 춤을 추었다. 엄마와 아빠가 모두 귀엽다고 했다.

일곱 살: 형아와 함께 초등학교에 다니게 되었다. 형아와 같은 학교를 다니는 것이 너무 좋았다. / 엄마 몰래 할머니에게 장난감을 사 달라고 했다. 나중에 엄마가 아시게 되어서 엄청 혼났다.

여러 사람 앞에서 자신 있게 말하기

▷ 여러 사람 앞에서 자신 있게 말하는 방법 알기

- 교과서를 살펴보면서 자신 있게 말한다는 것은 어떻게 말하는 것인지 찾기
 예 '듣는 사람을 바라보며 말하기', '끝말까지 분명한 목소리로 말하기', '알
  맞은 크기의 목소리로 말하기' 등.

▷ 나에 대해 소개할 내용 마련하기

- 나의 아홉 살 인생 설명 선을 보면서 혼자 말하기 연습하기
- 나의 아홉 살 인생 설명 선을 보면서 짝에게 나를 소개하기

> **도움이 되는 안내!**
>
> 말하기와 같은 과제를 수행할 때에는 교사가 먼저 시범을 보이는 것이 좋습니다. 말할 내용을
> 풍부하게 하여 말하는 교사의 시범을 모방하면서 좀 더 나은 말하기가 이루어질 수 있습니다.

▷ 놀며 배우기(나에게 투자하세요!)

- 나의 아홉 살 인생 설명 선을 반 친구들 앞에서 보여 주며 발표하기(발표를
 하는 사람은 자신이 만든 아홉 살 인생 설명 선을 가지고 칠판에 붙인 후
 발표하기)
- 발표를 듣는 사람은 발표를 하는 사람의 자기소개 내용을 듣고 이 사람이
 겪었던 일이 먼 훗날 어떤 좋은 점으로 작용할 수 있을지를 생각하기
- 발표가 끝나면 발표를 들은 사람은 발표를 한 사람이 앞으로 어떤 사람이
 될 것인지를 평가하기
 예 "이 친구는 앞으로 다치는 일 없이 안전하게 생활할 것입니다. 이 친구
  는 어릴 적에 여러 번 다친 일이 있었기 때문에 어떻게 하면 다치지 않
  는지를 잘 알게 되었기 때문입니다. 그래서 저는 이 친구가 건강하고 안

전을 잘 지키는 어른이 될 수 있을 것이라고 확신합니다.", "저는 이 친구가 앞으로 거짓말을 절대로 하지 않는 정직한 사람이 될 것이라고 생각합니다. 이 친구는 엄마 몰래 할머니께 장난감을 사 달라고 하였는데 그것을 엄마한테 들켜서 엄청 혼났습니다. 그래서 이 친구는 앞으로 절대 거짓말을 하지 않는 정직한 어른으로 클 것이라고 생각합니다." 등.

▷ 발표를 잘했는지 평가하기
  - 여러 사람 앞에서 자신 있게 발표를 잘했는지 스스로 평가하기
  - 우리 반 친구의 발표 중 어떤 친구가 자신 있게 잘 발표했는지 평가하기

더하기

대부분 학생은 자기소개 시간에 자신의 이름, 자신의 가족, 자신이 좋아하는 것 정도만 발표합니다. 이는 학생들이 자기소개를 잘못해서라기보다 소개할 내용을 잘 선정하지 못해서입니다. 소개할 내용을 잘 선정하지 못한다는 것은 다른 친구에게 나에 대해 '알려 줄 만한 것이 무엇인지 잘 모르기 때문입니다. 대체로 교사는 이것을 '친구들이 너에 대해 궁금해 할 만한 것'이라고 알려 주지만, 정작 발표를 하는 학생은 그럴 만한 내용이 없다고 생각합니다. 왜냐하면 자신은 자기 자신에 대해 잘 알고 있기 때문입니다. 따라서 교사는 학생들에게 소개할 만한 것을 유목화해서 알려 줄 필요가 있습니다.

되짚기

듣는 사람을 바라보며 자신 있는 태도로 발표할 수 있나요?
자신의 과거 모습과 현재 모습을 통해 자신에 대한 이해를 높일 수 있나요?

이 수업의 포인트

발표할 때 생기는 두려움을 없애고 끝까지 똑똑한 목소리로 자신감 있게 발표해야 합니다.
자신의 과거와 현재 모습을 통해 자신을 좀 더 사랑하고 이해할 수 있게 됩니다.

우리 주변을 보면

원, 삼각형, 사각형 모양 찾기 + 말놀이하기 + 봄의 모습 표현하기
= 도형을 이용하여 봄 표현하기

수업 흐름 ❌   관련 교과 ❌   관련 교과서 내용 ❌

주변의 낱말을 이용하여
말놀이하기

주변에서 원, 삼각형, 사각형
모양 찾기

원, 삼각형, 사각형을 이용하여
봄 풍경 표현하기

관련 교과	성취기준
수학	[2수02-03] 교실 및 생활 주변에서 여러 가지 물건을 관찰하여 삼각형, 사각형, 원의 모양을 찾고, 그것들을 이용하여 여러 가지 모양을 꾸밀 수 있다.
국어	[2국05-03] 여러 가지 말놀이를 통해 말의 재미를 느낀다.
슬기로운 생활	[2슬02-03] 봄이 되어 볼 수 있는 다양한 동식물을 찾아본다.

교과	학습 목표	쪽
수학	주변에서 원, 삼각형, 사각형 모양을 찾아보고 그림으로 그려 보기	32~33 36~37 40
국어	재미있는 말놀이하기	78~91
봄	이런 교실도 있어요	26~29

수업 계획 의도

이 활동은 수학과에서 학습한 원, 삼각형, 사각형을 이용하여 말놀이를 하고 봄의 모습을 표현해 보도록 구성하였습니다. 수학 교과서에서 익힌 지식을 말놀이나 그림으로 표현해 보도록 하여 통합적 사고의 경험을 유도하였습니다. 봄 표현하기 활동은 원, 삼각형, 사각형을 이용하여 봄에 볼 수 있는 식물이나 동물을 탈 모양으로 만들어 보도록 할 수도 있습니다. 또한, 봄에 볼 수 있는 동물이나 식물 관찰하기와 관련지어 운동장에서 봄꽃이나 떨어진 나뭇잎 등을 이용하여 삼각형, 사각형, 원 모양을 만들어 보라고도 할 수 있습니다.

주변에서 도형 찾기

▷ 우리 주변의 물건에서 원, 삼각형, 사각형 모양을 찾기

  - 교실이나 학교에서 원, 삼각형, 사각형 모양의 물건을 찾기

    예 원: 물통 뚜껑, 풀 뚜껑, 압정, 선풍기, 종이컵 등

      삼각형: 삼각 이름표, 삼각자, 휴지통 뚜껑, 탁상 달력 등

      사각형: 창문, 교실 문, 사물함, 책상, 책, 공책, 보드게임 박스 등.

  - 우리 집에서 원, 삼각형, 사각형 모양의 물건 찾기

    예 원: 컵, 수도꼭지에 물 나오는 부위, 치약 뚜껑, 접시, 오렌지 등

      삼각형: 옷걸이, 다리미(밑판), 깔대기 등.

      사각형: 액자, 싱크대 모양, 냉장고, 텔레비전, 식탁, 방문 등.

  - 마트나 시장에서 원, 삼각형, 사각형 모양의 물건 찾기

  - 그 밖의 곳에서 위와 같은 모양의 물건 찾기

말놀이하기

▷ 말놀이하기 1

  - 원, 삼각형, 사각형 모양의 물건을 신문이나 잡지에서 찾기

  - 그 모양을 부르는 말을 나타내는 데 필요한 글자와 그림을 신문이나 잡지
    에서 찾아 오리기

  - 오린 글자와 그림을 도화지에 붙이기

  - 각 모양의 물건에는 어떤 것이 있는지 확인하기

  - 모둠이나 분단별로 모여 앉기

  - 시작하는 친구가 "원"이라고 하면 그다음 순서의 친구는 원 모양으로 된 물
    건 이름을 하나 말하기

  - 만약 시작하는 친구가 "병뚜껑"이라고 하면 그다음 친구는 병뚜껑이 어떤

모양인지 생각해서 "원"이라고 답하기
- 이미 말한 물건의 이름을 다시 말하거나 다섯을 셀 때까지 대답을 하지 못 하면 다음 친구에게 차례 넘기기

▷ 말놀이하기 2

- 모둠이나 분단별로 모여 앉기
- 반복되는 말을 넣어 이어 말하기 놀이하기
  예 첫 번째 순서의 학생: "둥글다 둥글다 병뚜껑이 둥글다."
  두 번째 순서의 학생: "둥글다 둥글다 종이컵이 둥글다."
  세 번째 순서의 학생: "둥글다 둥글다 안경알이 둥글다."
- 이어 가지 못하면 벌칙 받기

▷ 말놀이하기 3

- 앞 순서의 친구가 말한 내용을 다음 번 순서의 친구가 그대로 따라 말한 다 음, 앞 순서의 친구가 말한 것을 제외하고 다른 것을 말하며 말을 이어 가기
  예 다 같이: 원 모양에는
  첫 번째 순서의 학생: "병뚜껑이 있고."
  두 번째 순서의 학생: "병뚜껑이 있고 종이컵이 있고."
  세 번째 순서의 학생: "병뚜껑이 있고 종이컵이 있고 단추가 있고."
- 이어 가지 못하거나 앞 순서의 친구가 말한 것을 제대로 말하지 못하면 벌 칙 받기

5~6차시 | **봄 표현하기**

▷ 원, 삼각형, 사각형을 이용하여 봄에 볼 수 있는 식물이나 동물을 표현하기
  예 나비: 삼각형 두 개를 이어 붙이거나 원 두 개를 이어 붙여서 표현하기

▷ 우리 주변에서 볼 수 있는 원, 삼각형, 사각형 모양의 물건을 이용하여 봄 풍경 표현하기

  - 모양을 본떠 표현하거나 물건을 찍어 표현하기

▷ 갤러리 워크 활동하기

  - 자기 책상 위에 자신이 표현한 그림을 올려 두기

  - 각자 자신의 자리에서 일어나 자유롭게 친구의 작품을 감상하기

  - 작품을 다 감상하면 자신의 자리로 돌아와서 봄 풍경 중 어떻게 표현한 것
   이 인상 깊었는지 이야기를 나누기

더하기

이 프로젝트를 하기 전에 반드시 수학과에서 원, 삼각형, 사각형에 대한 개념을 이해하도록 해야 합니다. 이 프로젝트에서는 학생들이 이미 원, 삼각형, 사각형에 대한 형태를 이해하고 있다는 전제에서 출발합니다. 원, 삼각형, 사각형의 개념 이해를 이 프로젝트와 관련지어 지도하고 싶다면 먼저 원, 삼각형, 사각형을 한꺼번에 제시한 후 모양이 어떻게 다른지 살펴보고, 각각의 모양을 말로 설명하여 그 차이를 이해하도록 한 후, 원, 삼각형, 사각형이 되지 못하는 각각의 도형을 보여주고 이들과의 비교를 통해 원, 삼각형, 사각형의 개념을 명확히 하도록 구성할 수 있습니다.

되짚기

원, 삼각형, 사각형의 모양을 우리 주변 물건에서 찾을 수 있나요?
말놀이를 하면서 말의 재미를 느낄 수 있나요?

이 수업의 포인트

원, 삼각형, 사각형의 특징이 무엇인지 알고 설명할 수 있어야 합니다.
여러 가지 말놀이가 말의 어떤 부분을 재미있게 표현한 것인지 알아야 합니다.

다른 건 틀린 게 아니야

가족의 구성원과 다양한 가족의 구성 이해하기 + 기준을 정해 분류하기 + 듣는 사람의 기분을
생각하며 대화하기 = 타인에 대한 이해심과 배려심 키우기

수업 흐름 ⊗   관련 교과 ⊗   관련 교과서 내용 ⊗

듣는 사람의 입장을 생각하며
말하기

분류하는 방법을 알고 기준에
따라 분류하기

다른 사람에 대한 이해심과
배려심 키우기

관련 교과	성취기준
슬기로운 생활	[2슬03-03] 주변에서 볼 수 있는 여러 형태의 가족을 살펴본다.
바른 생활	[2바03-02] 가족 형태와 문화가 다양함을 알고 존중한다.
수학	[2수02-01] 교실 및 생활 주변에 있는 사물들을 정해진 기준 또는 자신이 정한 기준으로 분류하여 개수를 세어 보고, 기준에 따른 결과를 말할 수 있다.
국어	[2국01-03] 자신의 감정을 표현하며 대화를 나눈다.

교과	학습 목표	쪽
여름	다양한 집의 모양과 가족 구성원 알기 주변 가족들의 다양한 생활 모습 알기 여러 모습의 가족을 보고 다양한 특징 알기	22~23 46~47 60~63
수학	분류하는 방법 알기 기준에 따라 분류하기	120~123 124~127
국어	듣는 사람의 기분을 생각하며 대화하기	222~225

수업 계획 의도

이 활동을 운영하는 것이 어렵게 느껴진다면, 다문화나 한부모 가족 등 다양한 가족의 형태를 이용한 동화책이나 그림책을 활용하면 수업 내용이 좀 더 보충될 수 있습니다. 교과서에서 제시한 『까망이의 가족 찾기』도 그림책으로 출간되었으니 이를 활용하셔도 됩니다.

이 활동은 우리 주변에는 다양한 가족 형태가 있다는 것을 알고 우리가 이들의 기분을 상하는 말을 하지 않고 대화를 이끌어 나갈 수 있도록 하는 데 초점을 두었습니다.

분류하는 방법 알기

▷ 분류를 하는 이유 알기

- 선생님이 보여 주시는 사진(마트 등에 물건이 잘 분류되어 있는 모습이 담긴 사진)을 보면서 어떤 느낌이 드는지 이야기를 나누기
- 선생님이 보여 주시는 사진과 같이 정리되어 있는 곳을 본 경험을 말하기
  예 "백화점에서 신발은 신발대로 정리되어 있고, 가방은 가방대로 정리된 것을 본 적이 있다.", "중국집에서 면류와 요리류로 나누어져 메뉴판이 구성된 것을 본 적이 있다.", "초밥 뷔페를 간 적이 있는데 초밥은 초밥대로, 다른 음식은 음식대로 정리된 것을 본 적이 있다." 등.
- 만약 마트나 앞서 말한 곳의 물건이 말한대로 정리되어 있지 않고 이곳저곳에 흩어져 있다면(『수학』 교과서 120~121쪽과 같은 모습이 아니라 여기저기 다른 곳에 각각의 물건이 있다면) 어떨지 자신의 생각을 말해 보기
  예 "물건을 찾기가 불편할 것이다.", "사람들이 물건을 사지 못해 그냥 집으로 돌아갈 것이다.", "지저분하다고 생각되어 자주 이용하지 않게 될 것이다.", "가까이 두어서는 안 될 물건끼리 놓아서 물건이 망가지는 일이 생길 수도 있을 것이다." 등.

▷ 분류하는 방법 알기

- 우리 교실은 어떻게 정리되어 있는지 생각해 보기
  예 '앞쪽에는 선생님의 물건이 있고, 왼쪽에는 우리가 사용하는 준비물이 정리되어 있고, 가운데에는 우리의 책상이 정리되어 있습니다. 오른쪽에는 우리가 읽을 책이 정리되어 있고, 뒤편에는 우리가 사용하는 사물함이 정리되어 있습니다.' 등.
- 우리 학교 운동장은 어떻게 정리되어 있는지 생각해 보기
  예 '운동장 오른쪽에는 놀이 기구가 있고, 가운데에는 운동장이 있습니다.' 등.
- 내 책상이나 사물함의 물건을 기준을 정해 정리하여 보기

예 교과서와 공책, 그밖의 필요한 물건으로 정리하기 등.

▷ 분류 기준을 정할 때 주의할 점 알기

- 만약 다음과 같은 방법으로 정리한다면 어떤 문제가 생길지 이야기를 나누기(분류를 할 때 누구에게나 동일하게 적용될 수 있는 분류 기준이 필요함을 알기)

　　예 '보기 좋은 물건끼리 정리하기', '예쁜 물건끼리 정리하기', '내가 좋아하는 물건 순으로 정리하기' 등.

도움이 되는 질문!

내가 좋아하는 물건은 친구들도 좋아할까요? 사람마다 다 똑같지 않은 생각을 하게 하는 기준이라면 이 기준으로 물건을 분류해도 될까요?

4~7차시　분류 기준에 따라 집과 가족 나누기

▷ 우리가 사는 집 분류하기

- 우리가 사는 집에는 어떤 것들이 있는지 발표해 보기

도움이 되는 안내!

요즘 특별한 곳을 제외하고 초가집을 보기가 어렵습니다. 2학년 학생 수준에서 초가집에는 사람이 살지 않는다고 생각할 수도 있습니다. 이럴 때에는 전라남도 순천시에 자리한 낙안읍성과 같은 곳에서 우리 전통을 지키기 위해 사는 사람들의 사진 자료 등을 보여 주며 설명해 주는 것이 필요합니다.

- 우리가 사는 집을 기준을 정해 분류하기

　　예 기준: 여러 가족이 함께 살고 있어요(아파트, 빌라, 연립주택/단독주택,

기와집, 초가집)

기준: 집에 속한 마당이 있어요(아파트, 빌라, 연립주택/단독주택, 기와집, 초가집)

기준: 여러 층이 있어요(아파트, 빌라, 연립주택/단독주택, 기와집, 초가집)

기준: 옛날부터 있었던 집이에요(아파트, 빌라, 연립주택/단독주택, 기와집, 초가집)

▷ 우리 주변에서 볼 수 있는 가족 분류하기

- 『여름』교과서 60~61쪽을 보면서 우리 주변에서 볼 수 있는 가족 떠올리기
- 가족의 모습을 살펴보고 기준에 따라 분류하기

예 기준: 할아버지나 할머니가 부모님과 함께 살아요(대가족/핵가족)

기준: 부모님이 안 계시고 할아버지나 할머니하고 살아요(조손 가족/조손 가족이 아닌 가족)

기준: 아빠나 엄마 중 한 분이나 두 분 모두 외국에서 오셨어요(다문화 가족/다문화 가족이 아닌 가족)

기준: 부모님 중 한 분이 안 계셔요(한부모 가족/한부모 가족이 아닌 가족)

도움이 되는 안내!

아이들 중에는 '가족끼리 서로 사랑해요'와 같은 기준을 마련하기도 합니다. 이런 경우 앞서 배운 분류 기준을 정할 때의 유의할 점에 대해 다시 한번 언급해 보는 것이 필요합니다.

▷ 분류한 가족 중 가장 사랑이 넘치는 가족 선정하기

- 내가 생각할 때 분류한 가족 중 가장 사랑이 넘치는 가족은 어떤 가족인지, 그리고 그렇게 생각한 이유를 발표해 보기
- 만약 가장 사랑이 넘치는 가족을 정할 수 없었다면 그 이유를 말해 보기

예 "가족의 구성원이 어떠하든 서로 사랑하는 것은 달라지지 않기 때문에

사랑이 가장 넘치는 가족을 정할 수 없습니다." 등.

> **도움이 되는 안내!**
>
> 이 활동을 하는 이유는 학생들이 자신이 생각하는 핵가족만이 가족의 정형화된 형태라고 일반화하는 것을 막기 위해서입니다. 다른 활동으로는 각 가족의 좋은 점에는 어떤 것이 있을지를 생각해 보도록 할 수 있습니다.

8~10차시 · 듣는 사람을 고려하며 대화하기

▷ 듣는 사람의 입장을 생각하며 말해야 하는 이유 알기

- 선생님께서 보여 주시는 그림을 보고 아이의 기분이 어떠할지 이야기를 나누기(아이가 다쳐서 넘어진 모습/ 엄마에게 다가가 다친 부위를 보여 주는 모습/엄마가 하는 말 "별것 아니네.")

  예 "아이는 속상했을 것 같습니다. 엄마에게 위로를 받고 싶었는데, 엄마가 별일 아니라고 했기 때문입니다."

- 엄마가 어떻게 말했다면 좋았을지 이야기해 보기

  예 "다쳤구나. 다른 곳은 다치지 않았니?", "많이 아프지는 않았니?", "다쳤는데도 울지 않았구나. 씩씩하네." 등.

▷ 듣는 사람의 입장을 생각하기

- 여러 가지 가족의 형태를 다시 한번 살펴보고 각각의 가족 구성원이 듣고 싶어 하지 않을 말을 자유롭게 떠올려 보기

  예 한부모 가족: "너는 왜 아빠(엄마)가 없어?", "넌 아빠(엄마)랑만 사니까 쓸쓸하겠다."

  예 아빠가 집안일을 하고 엄마가 바깥일을 하는 가족: "너네 아빠는 왜 집에 있어?", "너네 아빠는 일을 안 하시는구나?"

▷ 듣는 사람의 입장을 생각하며 대화하기

- 다음과 같은 상황에서 친구에게 해 줄 적절한 말을 찾아 대화하기
  예 다문화 가족: "엄마가 다른 나라 말을 하시면 너는 두 나라의 말을 동시에 배울 수 있겠구나?", "너희 아빠의 나라는 무엇이 가장 유명하니?", "너희 엄마는 엄마 나라의 음식을 요리해 주시니? 무엇이 가장 맛있니?" 등.

도움이 되는 안내!

교실에는 다문화 가정의 자녀, 한부모 가족의 자녀, 조손 가정의 자녀 등 여러 가족 유형의 자녀가 있습니다. 이 수업에서는 각 가족의 유형에 따른 가상의 인물을 정해 그 인물의 입장이 되어서 생각해 보도록 하는 것이 중요합니다.

더하기

이 프로젝트는 다양한 가족의 형태를 이해하고 그런 가족의 형태를 수용하는 마음을 기르기 위해 설정되었습니다. 특히 국어과의 '듣는 사람의 기분을 생각하며 대화하기'는 거친 말이나 욕설이 아니더라도 우리가 다른 사람의 기분을 해치는 말을 일상적으로 많이 하고 있다는 것을 잘 드러내는 학습 내용입니다. 따라서 수업을 할 때에도 거친 말이나 욕설을 제외하고 다른 사람의 기분을 해칠 수 있는 말이 무엇인지 잘 생각할 수 있도록 하는 것이 중요합니다.

되짚기

분류 기준에 따라 우리 주변에서 볼 수 있는 여러 가족을 나눌 수 있나요?
듣는 사람의 입장을 고려하며 말하기를 할 수 있나요?

이 수업의 포인트

가족은 구성원에 따라서 형태가 달라진다는 것을 알아야 합니다. 사람마다 각자 처한 환경이 다르다는 것을 알고 그 환경을 고려하며 대화를 해야 상대방의 기분을 상하게 하지 않을 수 있습니다.

도전! 골든벨

대상에 대해 설명하는 방법 알기 + 여름철에 볼 수 있는 주요 동식물 탐구하기 + 길이 단위 이해하기 = '나는 누구일까요?' 놀이하기

수업 흐름 ⊗　　관련 교과 ⊗　　관련 교과서 내용 ⊗

여름철에 볼 수 있는 동식물 관찰하기

길이의 단위 알기　　　　　　　　　설명을 듣고 어떤 대상인지 찾기

수업 흐름 ✕ | 관련 교과 ✕ | 관련 교과서 내용 ✕

관련 교과	성취기준
국어	[2국03-03] 주변의 사람이나 사물에 대해 짧은 글을 쓴다.
수학	[2수03-05] 길이를 나타내는 표준 단위의 필요성을 인식하고, 1㎝와 1m의 단위를 알며, 상황에 따라 적절한 단위를 사용하여 길이를 측정할 수 있다.
슬기로운 생활	[2슬04-03] 여름에 볼 수 있는 동식물을 살펴보고 그 특징을 탐구한다.

수업 흐름 ✕ | 관련 교과 ✕ | 관련 교과서 내용 ✕

교과	학습 목표	쪽
국어	설명하는 방법 알기	150~151 154~155
	주변의 물건에 대해 설명하기	156~159
수학	1㎝ 알기	94~97
여름	매미의 소리 관찰하기	92~93
	나뭇잎 관찰하기	96~97
	물가 생물 관찰하기	106~107

수업 계획 의도

이 활동은 수학에서 배운 길이의 단위와 국어과에서 배운 설명하는 방법에 따라 여름에 볼 수 있는 매미나 나뭇잎을 관찰하고 이를 소개하도록 구성하였습니다. 이 활동을 하면서 저는 아이들이 길이의 단위에 좀 더 친숙해지도록 운동장에서 1㎝ 물건 가져오기, 3㎝ 나뭇잎 가져오기와 같은 활동을 하였습니다. 이러한 경험을 통해 여름철 볼 수 있는 매미나 나뭇잎을 '대략 몇 ㎝'라는 표현을 사용하여 소개하도록 하였습니다.

길이를 나타내는 공통 단위 알기

▷ 길이의 단위가 필요한 이유 알기

- 선생님이 보여 주시는 그림(SBS 프로그램「정글의 법칙」에서 집을 짓는 모습. 사람들: "족장님, 이제 뭐가 필요해요?" 족장: "어, 이제 나무를 묶어야 하니까 긴 끈이 필요해."/ (족장에게 아주 긴 끈을 주면서) "이 정도면 괜찮죠?" 족장: "아니, 이건 너무 길어. 이것보다 짧아야 해."/ (족장에게 짧은 끈을 주면서) "이 정도면 괜찮죠?" 족장: "아니 이것보다는 길어야 해."/ (아까보다 좀 더 긴 끈을 주면서) "이 정도면 괜찮죠?" 족장: "아니야, 더 길어야 해."/ (아까보다 더 긴 끈을 주면서) "이 정도면 괜찮죠?" 족장: "아니야, 이건 길어. 이것보다는 짧아야 해."를 보면서 무엇이 문제인지 이야기를 나누기
  예 "족장이 필요로 하는 끈의 정확한 길이를 알 수 없습니다." 등.
- 이러한 문제가 생긴 이유에 대해 발표하기
  예 "족장이 필요로 하는 끈의 정확한 길이를 알지 못하고 '길다', '짧다'로 표현하고 있기 때문입니다."

도움이 되는 안내!

위의 내용이 담긴 그림이나 만화가 제작되어 나와 있는 것은 없습니다. 다양한 방식으로 길이의 단위가 필요한 이유를 알려 줄 수 있는 이야기를 찾으면 됩니다.

- 다음과 같이 대화를 바꾼다면 문제가 생기지 않을지 이야기를 나누기
  예 「정글의 법칙」에서 집을 짓는 모습. 사람들: "족장님, 이제 뭐가 필요해요?" 족장: "어, 이제 나무를 묶어야 하니까 긴 끈이 필요해."/ (족장에게 아주 긴 끈을 주면서) "이 정도면 괜찮죠?" 족장: "아니, 이건 너무 길어. 이것보다 세 뼘 정도 짧아야 해."
  (한 뼘의 길이는 사람마다 달라서 이것도 문제가 될 수 있습니다.)

사람마다 한 뼘의 길이가 다르다는 것을 알려 주기 위해서 선생님의 뼘의 길이와 학생의 뼘의 길이를 비교해 보면서 설명하는 것도 도움이 됩니다.

▷ 길이의 단위 알기

- '길다', '짧다'를 생각하는 기준이 다르므로 누구나 같은 생각을 할 수 있도록 길이를 공통으로 나타내는 것이 필요하다는 것을 알기
- 길이를 나타내는 공통의 단위인 ㎝를 읽고 쓰기

3~6차시 여름에 볼 수 있는 동식물 관찰하기

▷ 여름철에 볼 수 있는 동식물에 대해 알기

- 여름철 볼 수 있는 동물에는 어떤 것이 있는지 이야기를 나누기
  예 매미, 모기, 거미, 메뚜기, 베짱이, 여치, 장수풍뎅이 등.
- 여름철 볼 수 있는 식물에는 어떤 것이 있는지 이야기를 나누기
  예 참외, 수박, 나팔꽃, 토마토, 가지 등.

▷ 여름철 볼 수 있는 동식물의 어떤 점을 관찰해야 할지 찾기

- 여름철에 볼 수 있는 동식물에 대해 관찰하려고 할 때 어떤 부분에 집중하여 관찰해야 하는지 이야기를 나누기
  예 색깔, 크기, 생김새, 소리, 다른 것과 닮은 점, 그 밖의 특징 등.

▷ 여름철에 볼 수 있는 동식물 관찰하기

- 선생님이 나누어 주시는 사진을 보며 매미를 관찰하고 그 결과를 기록하기
- 모둠별로 모은 나뭇잎을 관찰하고 그 결과를 기록하기

- 물가에 사는 생물을 살펴보고 그 결과를 기록하기

> **도움이 되는 안내!**
>
> 한 사람이 세 가지 활동을 모두 하기보다는 그중에서 한 가지를 선택하여 활동할 수 있도록 하는 것이 좋습니다.

7~8차시 | 대상에 대해 설명하기

▷ 대상에 대해 설명을 잘하는 방법 알기

- 『국어』 교과서 154쪽을 보면서 대상에 대해 설명하는 방법을 공부하기

> **도움이 되는 질문!**
>
> 이렇게 말하면 설명하려는 대상이 무엇인지 알 수 있을까요?
> 만약 알 수 없다면 어떻게 설명해야 할까요?

- 『국어』 교과서 156~157쪽을 보면서 대상에 대한 설명을 잘하는 방법 연습하기

> **도움이 되는 안내!**
>
> 대상에 대해 설명한다는 것은 그 대상을 잘 모르는 사람이 듣는 이가 된다는 것을 의미합니다. 그러므로 듣는 사람이 그 대상에 대해 잘 알 수 있게 쓰임새, 크기, 사용 방법과 같은 내용을 중심으로 설명을 해야 한다는 것을 이해할 수 있도록 합니다.

▷ '나는 누구일까요?' 놀이하기

- 모둠별로 놀이에 참여하기(설명하는 대상을 많이 맞히도록 설명한 모둠이

이기는 경기)

- 한 모둠씩 나와 선생님이 보여 주시는 대상을 반 전체 친구들에게 설명하기(이때 선생님은 앉아 있는 학생들에게는 대상을 보여 주시지 않아야 합니다.)
- 설명하는 모둠은 한 사람씩 돌아가며 하나의 대상에 대해 설명하기. 단, 같은 내용을 두 번 설명해서는 안 됨. 모둠원 전체의 설명이 끝나면 그 대상이 무엇인지 공책에 적기
- 이 활동이 모두 끝나면 설명하는 모둠에서 한 사람씩 돌아가며 한 문장으로 하나의 대상에 대해 설명하는 활동을 더하기. 모둠원 전체의 설명이 끝나면 그 대상이 무엇인지 공책에 적기

더하기

이 수업은 마지막에 놀이판을 만들고 놀이를 하는 것으로 하여도 괜찮습니다. 예를 들어 여름철에 볼 수 있는 동식물로 놀이판을 만들고, 가위바위보를 해서 이긴 사람이 주사위를 던집니다. 주사위에서 나온 수만큼 말을 옮긴 후 말이 도착한 자리에 있는 여름철 동물에 대해 설명합니다. 설명이 잘되었다면 다시 가위바위보를 해서 이긴 사람을 정하고 그 사람이 주사위를 던져 나온 수만큼 말을 옮깁니다. 도착점에 올 때까지 이 과정을 반복합니다.

되짚기

여름철 볼 수 있는 동식물에는 어떤 것들이 있나요?
듣는 사람이 잘 이해할 수 있도록 설명하려면 어떻게 설명해야 할까요?

이 수업의 포인트

여름철에는 주변에서 많은 동식물을 만날 수 있습니다. 여름철에 만날 수 있는 동식물에 대해 알고 있어야 합니다.
대상을 잘 설명하려면 대상의 쓰임새나 대상의 모양, 크기, 대상의 사용 혹은 이용 방법에 대해 말하는 것이 좋습니다.

줄줄이 기차

일이 일어난 차례대로 말하는 방법 알기 + 전래 동요 익히기 = 기차놀이 하기

수업 흐름 ⊗ 　관련 교과 ⊗ 　관련 교과서 내용 ⊗

말이 이어지는 전래 동요 익히기

일이 일어난 차례대로 말하는
방법 알기

말로 이어지는 기차 놀이하기

수업 흐름 ⊗ / **관련 교과** ⊗ / 관련 교과서 내용 ⊗

관련 교과	성취기준
국어	[2국01-02] 일이 일어난 순서를 고려하며 듣고 말한다.
즐거운 생활	[2즐05-01] 이웃의 모습과 생활을 다양하게 표현하고 이웃과 함께 할 수 있는 놀이를 한다.

수업 흐름 ⊗ / 관련 교과 ⊗ / **관련 교과서 내용** ⊗

교과	학습 목표	쪽
국어	일이 일어난 차례 살피기	118~127
여름	'수박 장수' 노래 익히기	132~133

수업 계획 의도

이 활동은 일이 일어난 순서대로 사건을 정리할 수 있도록 '수박 장수' 노래를 활용하는 것으로 설계하였습니다. 보통 일이 일어난 순서대로 사건을 정리하기 위해서 만화나 짧은 글을 많이 제시합니다. 이를 활용해 본 저의 경험상 그 역시 아이들에게는 이해하기 어렵다는 생각이 듭니다. 그래서 1~2차시에 소개한 노래를 이용하여 이 수업을 많이 진행하였습니다. 이 활동은 그것에 착안하여 구성하였습니다. 우리가 흔히 아는 '신데렐라는 어려서 부모님을 잃고요'와 같은 노래도 신데렐라 이야기를 어느 정도 간추린 것이므로 필요하다면 활용해도 좋을 것 같습니다.

일이 일어난 차례대로 말하기

▷ 선생님과 함께 노래 부르기

- 선생님이 알려 주시는 노래를 따라 부르기

  [예] 깊은 산 연못 속의 개구리/ 깊은 산 연못 속의 개구리의 배꼽/ 깊은 산 연못 속의 개구리의 배꼽의 점 하나/ 깊은 산 연못 속의 개구리의 배꼽의 점 하나에 털 하나

- 선생님이 알려 주시는 노래의 가사는 어떻게 연결되는지 이야기를 나누기

- 만약 가사를 순서대로 하지 않고 섞는다면 느낌이 어떠할지 이야기를 나누기

  [예] "지금처럼 이야기가 이어지는 재미가 없습니다.", "다음에 어떤 내용이 나올지 기대가 되지 않습니다." 등.

▷ 일이 일어난 차례대로 말하지 않으면 어떤 문제가 있을지 발표하기

- 『국어』 교과서 121쪽을 보면서 남자 어린이가 이상하다고 느낀 이유에 대해 발표하기

▷ 일이 일어난 차례대로 말하는 방법 알기

  [예] "일이 일어난 순서를 따집니다.", "일이 일어난 시간을 따집니다." 등.

▷ 일이 일어난 차례대로 말하는 연습하기 1

- 어제 있었던 일을 떠올려 보기

- 일이 있었던 순서대로 정리해 보기

- 일이 있었던 순서를 생각하며 친구에게 어제 있었던 일에 대해 말하기

▷ 일이 일어난 차례대로 말하는 연습하기 2

- 내가 잘 알고 있는 이야기 떠올리기

- 이야기 속에서 일이 있었던 순서대로 정리해 보기

- 이야기 속에서 일이 있었던 순서를 생각하며 친구에게 이야기 들려주기

3~4차시 일이 일어난 차례에 따라 가사 바꾸어 노래하기

▷ '수박 장수' 노래를 듣고 따라 불러 보기

▷ '수박 장수' 노래의 가사를 읽고 일이 일어난 차례 알기

예 수박밭을 갈았다/ 수박씨를 심었다/ 수박 씨앗 났다/ 수박꽃 피었다/ 수박 한 개 열렸다/ 수박이 주먹만 해졌다/ 수박이 머리통만 해졌다/ 수박이 달덩이만 해졌다/ 수박을 잘랐다

▷ '수박 장수' 노래의 가사를 바꾸어 보기

예 '수박 장수'를 '생선 장수'로 바꾸기

생선 장수: 배를 만들러 이제야 갔소/ 배를 타러 이제야 갔소/ 그물 치기 이제야 했소/ 그물 걷기 이제야 했소/ 그물 안에 물고기 이제야 잡혔소/ 물고기를 잡아 이제야 왔소/ 그러면 되었네

▷ 기차놀이 하기

- 운동장이나 강당에서 둥글게 원을 그리고 서기
- 노래에 맞추어 빙글빙글 원을 돌다가 선생님이 불러 주시는 숫자에 맞추어 짝을 짓기
- 짝을 지은 친구끼리 '수박 장수'처럼 일이 일어난 차례대로 노래 만들기
  예 4명: 물을 끓였소/ 라면을 넣었소/ 달걀도 넣었소/ 익은 라면을 먹었소
  예 5명: 냄비에 물을 넣었소/ 물을 끓였소/ 라면을 넣었소/ 달걀도 넣었소/ 익은 라면을 먹었소
  예 6명: 냄비에 물을 넣었소/ 물을 끓였소/ 라면을 넣었소/ 달걀도 넣었소/

익은 라면을 그릇에 담았소/ 라면을 먹었소

더하기
성인에게는 일이 일어난 차례대로 정리하는 것이 어렵지 않으나, 저학년 학생들은 일이 일어난 차례대로 사건을 정리하여 말하는 것을 매우 어렵게 느낍니다. 그래서 일상에서 있었던 일을 자신이 전하고 싶은 내용 순으로 말하는 일이 있습니다. 이 경우 "처음부터 있었던 일을 말해 봐"와 같이 겪은 일을 순서대로 말하는 방법을 알려 주기도 하는데 이것이 바로 일이 일어난 차례대로 정리하는 방법입니다.

되짚기
일이 일어난 차례대로 말을 잘할 수 있나요?

이 수업의 포인트
일이 일어난 차례대로 말을 하려면 일이 일어난 순서, 그러니까 어떤 일이 생긴 원인과 그로 인해 일어난 일이 무엇인지 등을 생각할 수 있어야 합니다.

우리 동네에서 일어났어요

동네를 탐험하기 + 동네 지도를 그리기 + 인상 깊었던 일 쓰기 = 우리 동네에서 일어났어요.

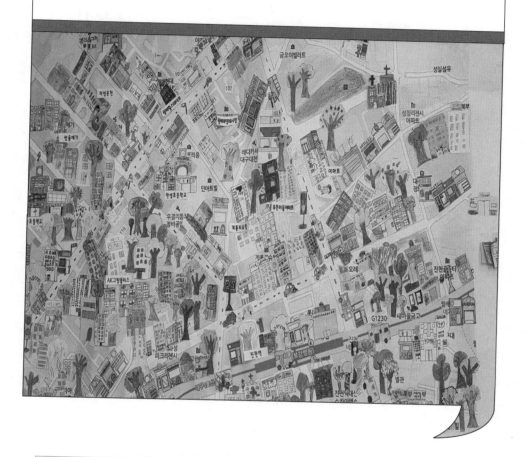

수업 흐름 ⊗ 　　관련 교과 ⊗ 　　관련 교과서 내용 ⊗

우리 동네 표현하기
인상 깊었던 일 떠올리기

동네 탐험 계획 세우기
우리 동네 탐험하기

인상 깊었던 일을 글로 표현하기
표현한 글을 책으로 만들기

수업 흐름 ⊗   관련 교과 ⊗   관련 교과서 내용 ⊗

관련 교과	성취기준
국어	[2국03-04] 인상 깊었던 일이나 겪은 일에 대한 생각이나 느낌을 쓴다.
슬기로운 생활	[2슬05-03] 동네의 모습을 관찰하고, 그림으로 그려 설명한다.
즐거운 생활	[2즐05-03] 동네의 모습을 다양하게 표현한다.

수업 흐름 ⊗   관련 교과 ⊗   관련 교과서 내용 ⊗

교과	학습 목표	쪽
국어	인상 깊었던 일을 쓰고 책 만들기	38~60
가을	우리 동네를 탐험하고 동네 모습 그리기	16~21

수업 계획 의도

이 활동은 우리 동네를 소재로 하여 구성하였습니다. 우리 동네를 탐험하면서 동네의 곳곳을 알고 이를 통해 우리 동네의 모습을 이해하며, 그동안 우리 동네에서 있었던 일을 떠올려서 이것으로 이야기를 만들어 보도록 구성하였습니다. 저학년 학생에게 '동네'는 매우 중요한 삶의 터전입니다. 하지만 자신이 주로 가는 길을 제외하고 동네의 이곳저곳을 다니지는 않기 때문에 이 활동은 동네의 이모저모를 아는 데 도움이 됩니다. 이 활동의 가장 중요한 내용은 우리 동네를 이해하는 것이라는 점을 염두에 두고 활동을 하는 것이 필요합니다.

1차시 동네 탐험 계획 세우기

▷ 우리 동네 떠올리기

  - 우리 동네에는 무엇무엇이 있는지 생각나는 대로 말하기
  - 친구들과 한 이야기를 바탕으로 눈을 감고 우리 동네의 모습 떠올리기

▷ 우리 동네를 탐험하기 위한 계획 세우기

  - 동네의 어디까지 살펴볼 것인지 친구들과 이야기를 나누기
    예 '시간, 거리 등을 고려하여 우리 동네의 어디까지를 탐험할 것인지 정하기' 등.
  - 동네를 탐험할 때 지켜야 할 일에 대해 말하기
    예 '교통 규칙 지키기', '큰 소리로 떠들지 않기', '다른 사람의 통행을 방해하지 않기', '휴지 버리지 않기' 등.
  - 동네를 탐험하면서 어떠한 점을 주의 깊게 보아야 하는지에 대해 자신의 생각을 말하기
    예 '어디에 무엇이 있는지 살펴보기', '어떤 가게와 어떤 가게가 서로 붙어 있는지 생각하기' 등.
  - 우리가 탐험한 내용을 좀 더 잘 기억하기 위해서 어떻게 하면 좋을지 이야기를 나누기
    예 "사진을 찍습니다.", "본 것을 글로 씁니다." 등.

우리 동네 탐험하기

▷ 우리 동네를 탐험하는 데 필요한 준비물 챙기기

▷ 규칙을 지키며 우리 동네 탐험하기
  - 눈여겨보아야 할 것이 무엇인지 생각하면서 동네를 탐험하기

> **도움이 되는 안내!**
>
> 동네 탐험을 할 때에는 사전에 학부모의 동의를 받고, 학교에서 내부 결재를 받아 두어야
> 합니다.

우리 동네 표현하기

▷ 우리 동네 모습 그리기
  - 우리 동네를 탐험하면서 내가 잘 모르고 있었던 것에 대해 친구들과 이야기를 나누기
    예 "나는 이 공원의 이름을 ○○초등학교 공원이라고 불렀는데, 이 공원의 이름은 한마음 공원이라는 것을 알았어.", "나는 한마음 공원 앞으로만 지나가고 뒤편으로는 가 본 일이 없었는데 이번에 동네 탐험을 하면서 한마음 공원을 한 바퀴 돌아보았어." 등.
  - 탐험한 결과를 바탕으로 우리 동네 모습을 모둠별로 그리기
    예 '모둠원 수에 따라 전지를 나눈다면 나눈 공간이 우리 동네의 어디까지 표현해야 하는지 결정하기', '모둠원끼리 의논하여 표현할 공간 나누기', 자기가 맡은 종이에 우리 동네를 그리고 색칠하기' 등.

경험을 이야기로 표현하기

▷ 우리 동네를 표현한 모습 살펴보기

  - 각 모둠별로 우리 동네의 모습을 어떻게 표현하였는지 살펴보고 차이점과
    공통점 찾기

▷ 동네 지도를 보면서 그곳에서 있었던 인상 깊었던 일 떠올리기

  - 동네 지도를 살펴보고 지도에서 표현된 곳에서 있었던 인상 깊었던 일을
    떠올려 발표하기

    예 "한마음 공원에서 친구랑 같이 자전거를 타다가 넘어져서 다친 일이 있
    었다.", "너무 더웠을 때 우리 동네 편의점에서 아이스크림을 사서 나랑
    친구랑 나누어 먹었다.", "지난번에 할머니가 우리 집에 오셨을 때 동네
    에 있는 찜닭 집에서 저녁을 먹었다.", "학교 앞 마트에 갔는데 거기서
    선생님을 만났다." 등.

  -떠올린 내용을 그림으로 표현하기

  도움이 되는 안내!

  경험한 일만 표현하면 되기 때문에 A4 용지 반 장 정도나 도화지 반 장 정도 크기의 종이
  에 표현할 수 있도록 하는 것이 좋습니다.

  - 표현한 그림을 그 일이 있었던 장소 주변에 붙이기

▷ 경험한 일을 이야기로 표현하기

  - 우리 동네에서 있었던 인상 깊었던 일을 소개하기 위해 혼자 연습하기
  - 모둠 친구들에게 우리 동네에서 내가 인상 깊게 보았던 일을 소개하기

경험을 이야기로 표현하기

▷ 인상 깊었던 일을 글로 쓰는 방법 알기

  - 인상 깊었던 일을 친구에게 소개할 때 어떤 것을 소개하였는지 말하기
    예 "누구와 있었던 일인지 소개하였어요.", "언제 있었던 일인지 소개하였
      어요.", "어떤 일이 있었는지 소개하였어요." 등.
  - 발표한 내용 이외에 더 필요한 내용은 없을지에 대해 자신의 생각을 말하기
    예 "인상 깊었던 일을 표현하는 것이니까 그 일을 하는 동안 나의 생각이나
      느낌도 표현해야 합니다.", "'기뻤다', '즐거웠다', '재미있었다' 보다 좀
      더 자세하게 자신의 기분을 표현하도록 하면 좋겠습니다." 등.

▷ 인상 깊었던 일을 글로 쓰기

  - 발표한 내용을 바탕으로 우리 동네에서 있었던 인상 깊었던 일을 표현하는
    글쓰기
  - 쓴 내용을 친구들과 돌려 읽기
  - 가장 잘 쓴 친구에게 스티커 붙여 주기

경험을 이야기로 표현하기

▷ 표현한 글을 책으로 만들기

  - 『국어』 교과서 58쪽을 보면서 책 만들기
  - 만든 책에 내용 쓰기

▷ 만든 책을 우리 동네 지도에 끼우기

  - 내가 만든 책을, 우리 동네 지도에서 인상 깊었던 일을 그림으로 표현하여
    붙였던 곳에 끼우기

지도에 살짝 칼집을 내어 책이 걸쳐지도록 해도 되고, 붙였다 쉽게 뗄 수 있는 테이프를 활용하여 붙여도 됩니다.

▷ 친구들이 쓴 글 읽어 보기

▷ 우리 동네에 대한 자신의 느낌 말하기

예 "우리 동네는 매우 조용하다고 생각했는데 동네에 여러 가지 일이 많이 일어났다는 것을 알게 되었습니다.", "○○이가 다쳤을 때 문구점 아주머니가 도와주셨다는 글을 읽고 우리 동네 사람들은 매우 친절하다는 생각을 하였습니다." 등.

더하기

이 PBL은 우리 동네의 모습을 알고 동네에서 일어난 일을 서로 공유하여 좀 더 살기 좋은 동네를 만들기 위하여 구성되었습니다. 동네에서 있었던 일이 꼭 좋은 일만은 아닐 수 있는데, 만약 그러한 유형의 일이 발표된다면 좀 더 살기 좋은 우리 동네를 만들기 위해 어떻게 하면 좋을지에 대해 자유롭게 이야기를 나누어 보는 활동을 추가하는 것이 필요합니다.

되짚기

자신이 겪은 일을 글로 쓸 수 있나요?
우리 동네의 모습을 관찰하고 그림으로 그릴 수 있나요?

이 수업의 포인트

언제, 어디에서 있었던 일인지, 그 글을 읽은 사람이 나의 마음을 느낄 수 있게 겪은 일을 글로 표현할 수 있어야 합니다.
우리 동네의 모습을 관찰하고 친구들과 협동하여 우리 동네의 모습을 그릴 수 있어야 합니다.

내가 하는 일을 맞혀 봐

동네 사람들이 하는 일을 알기 + 다섯 고개 놀이하기 + 시각과 시간 알기
= 내가 하는 일을 맞혀 봐.

수업 흐름 ✕　　　관련 교과 ✕　　　관련 교과서 내용 ✕

우리 동네 사람들이 하는 일을
설명하기

몇 시 몇 분 알기/ 1시간 알기
하루의 시간 알기

다섯 고개 놀이하기

수업 흐름 ⊗　　관련 교과 ⊗　　관련 교과서 내용 ⊗

관련 교과	성취기준
국어	[2국05-03] 여러 가지 말놀이를 통해 말의 재미를 느낀다.
수학	[2수03-02] 시계를 보고 시각을 '몇 시 몇 분'까지 읽을 수 있다. [2수03-03] 1시간은 60분임을 알고, 시간을 '시간', '분'으로 표현할 수 있다.
슬기로운 생활	[2슬05-04] 동네 사람들이 하는 일, 직업 등을 조사하여 발표한다.

수업 흐름 ⊗　　관련 교과 ⊗　　관련 교과서 내용 ⊗

교과	학습 목표	쪽
국어	다섯 고개 놀이하기	78~83
수학	몇 시 몇 분 알기 1시간 및 하루의 시간 알기	78~87 88~93
가을	동네 사람들이 하는 일을 설명하기	34~35

수업 계획 의도

이 활동은 동네 사람들이 하는 일을 시각적으로 표현할 수 있도록 구성하였습니다. 이 활동을 할 때는 동화책 『옥수수빵과 암탉』을 참고하면 도움이 될 것 같습니다. 우리 동네 사람들이 하는 일을 너무 단편적으로 알기보다(예: '빵집 아저씨는 아침에 빵을 만들어요.', '오후에는 만든 빵을 팔아요.') 직업과 관련하여 조금은 상세한 정보를 얻도록 하는 것이 필요합니다. 이를 통해 우리 동네 사람들에게 고마움을 가진다는 최종의 목적에 도달할 수 있기 때문입니다.

▷ 시계의 모습 관찰하기

- 시계의 모습을 관찰하고 시계에서 볼 수 있는 것 말하기

  예 '숫자 1부터 12', '숫자와 숫자 사이의 작은 칸', '칸이 5개씩 있음' 등.

- 숫자가 나타내는 것이 무엇인지 말하기

▷ 몇 시, 몇 시 30분 읽기

- 선생님이 불러 주시는 시각을 모형 시계로 표현하기

> **도움이 되는 안내!**
>
> 몇 시를 표현하는 것이 몇 시 30분을 표현하는 것보다 좀 더 쉬우므로 처음에는 몇 시만 불러 주다가 점차 몇 시 30분을 불러 줍니다.

▷ 몇 시 몇 분을 표현하는 방법 알기 1

- 긴 바늘이 숫자 1을 가리키면 5분이 된다는 것을 알기

- 긴 바늘이 가리키는 숫자가 몇 분을 나타내는지 이야기를 나누기

  예 '2는 10분, 3은 15분을 나타냄을 알기' 등.

▷ 모형 시계로 시각 표현하기

- 선생님이 불러 주시는 시각을 모형 시계로 표현하기

> **도움이 되는 안내!**
>
> 이 활동의 목표는 몇 시 몇 분을 아는 것이기는 하지만, 학생들이 모형 시계를 이해하고 시간에 대한 학습 난이도를 고려하여 '몇 시 5분', '몇 시 10분', '몇 시 15분'과 같이 5분 단위로 불러 주는 것이 좋습니다.

- 친구와 짝을 지어 친구가 부르는 시각을 모형 시계로 나타내기
- 역할을 바꾸어 해 보기

▷ 몇 시 몇 분을 표현하는 방법 알기 2
 - 숫자와 숫자 사이의 칸이 모두 몇 개인지 세어 보기
 - 숫자와 숫자 사이의 칸은 몇 시 몇 분에서 '몇 분'을 나타내기 위함임을 알기
 - 선생님이 보여 주시는 시각이 몇 시 몇 분인지 말하기
 - 선생님이 불러 주시는 시각을 모형 시계로 표현하기
 - 친구와 짝을 지어 친구가 부르는 시각을 모형 시계로 나타내기
 - 역할을 바꾸어 해 보기

▷ 1시간, 2시간이라는 말을 들어 보았는지 떠올리기
 - 1시간, 2시간이라는 말을 들어 보았는지 친구들과 이야기를 나누기
  예 "할머니 댁에 갈 때 얼마나 걸리냐고 물어보았는데 엄마가 1시간 걸린
   다고 말을 해 주셔서 그때 들어 보았습니다.", "미술 공부할 때 우리는 2
   시간 공부해야 한다는 말을 들어 본 적이 있습니다."

▷ 1시간에 대해 알기
 - 시계의 긴바늘이 한 바퀴를 도는 데에 걸리는 시간을 1시간이라고 함을 알기
 - 1시간은 60분임을 알기
 - 2시에서 1시간이 지나면 몇 시인지 말하기
 - 3시에서 2시간이 지나면 몇 시인지 말하기
 - 『수학』 교과서 89쪽을 보면서 연수가 아버지와 함께 사과잼을 만드는 데
  걸린 시간 구하기
 - 우리가 학교에서 보내는 시간을 알아보기
  예 "우리는 9시에 공부를 시작합니다. 그리고 12시 30분이면 집에 갑니다.
   우리가 학교에서 보내는 시간은 얼마일까요?"

계산하기 쉽도록 몇 시 혹은 몇 시 30분과 같은 시간을 제시해 주도록 해야 합니다.

▷ 시계를 보며 하루의 시간을 짐작하기

- 시계의 작은 바늘은 하루에 몇 바퀴를 도는지 친구들과 이야기를 나누기
- 시계의 작은 바늘이 하루에 2바퀴를 도는 것으로 보아, 하루는 24시간으로 이루어졌음을 알기

▷ 오전과 오후 알기

- 시계의 작은 바늘이 1을 가리키고 큰 바늘이 12를 가리키면 몇 시인지 말하기
- 그 시각이 하루에 몇 번 있는지 생각하기
  예 '1시는 오전 1시, 오후 1시가 있습니다.', '오전 1시에는 대부분의 사람들이 잠을 잡니다.', '오후 1시에는 대부분 사람들이 일을 하거나 활동을 합니다.' 등.
- 오전, 오후라는 말을 사용하는 이유에 대해 생각하기
- 공부를 하고 있는 지금은 오전인지, 오후인지 말하기
- 공부를 하고 있는 지금 시각을 말하기

▷ 나의 하루 일과를 표현하기

- 나의 하루 일과를 오전과 오후, 몇 시 몇 분을 활용하여 짝에게 말하기
  예 "나는 오전 7시 40분에는 일어나. 그리고 밥을 먹고 학교에는 오전 8시 10분에 와. 선생님과 공부를 하고 나서 오후 12시 30분이 되면 밥을 먹어. 밥을 다 먹고 오후 1시가 되면 학원에 가. 학원을 마치고 집에 가면 오후 4시야. 집에 가면 엄마가 간식을 주시고, 아빠가 오시는 오후 6시 20분이 되면 저녁을 먹어." 등.

우리 동네 사람들이 하는 일을 시각과 시간으로 표현하기

▷ 내가 설명하고 싶은 우리 동네 사람을 정하기

- 『가을』교과서 34쪽을 참고하여 내가 설명하고 싶은 우리 동네 사람을 정하기

도움이 되는 안내!

교과서에 없는 인물 중에서도 학생이 잘 알고 있는 사람을 설명해도 됩니다. 가령 우리 아빠의 직업이 택배 기사여서 택배 기사에 대해 설명한다고 하여도 허용하는 것이 좋습니다.

▷ 내가 정한 우리 동네 사람이 하는 일을 떠올리기

- 우리 동네 사람이 그 일을 하기 전-하는 중-하고 난 후에 어떤 행동을 하는지 생각해 보기

예 빵집 아저씨가 빵을 팔기 위해 반죽하고 빵을 만들기-만든 빵을 전시하고 빵을 팔기-빵을 다 팔고 가게 문을 닫고 청소하기

▷ 내가 정한 우리 동네 사람이 하는 일을 시각과 시간을 넣어 표현하기

- 우리 동네 사람이 하는 일을 시각과 시간을 넣어 글로 표현하기

예 "나의 하루는 정말 바빠. 나는 오전 5시가 되면 가게로 나와서 밀가루 반죽을 해야 해. 반죽을 하고 나서 숙성하는 시간이 1시간 걸리기 때문이야. 6시에는 숙성이 된 밀가루 반죽으로 예쁜 빵을 빚어. 빵을 빚는 데 1시간 30분이 걸려. 7시 30분이 되면 빵을 굽기 시작해. 8시가 되면 만든 빵을 팔기 시작해. 내가 만든 빵은 너무 맛있다고 소문이 나서 오후 5시가 되면 빵이 모두 팔려. 빵이 팔리면 나는 가게 청소를 해. 그리고 가게 문을 닫아. 내가 가게 문을 닫는 시각은 오후 6시 30분이야."

도움이 되는 안내!

이 활동을 하기 위해서는 시각을 시계에 표시할 수 있도록 학습지를 나누어 주는 것이 좋습니다. 학습지를 아코디언 북이나 계단 북처럼 만든 후 시계를 오려 붙여 넣어도 됩니다.

- 내가 만든 이야기를 다른 친구들 앞에서 발표하기

9~10차시 | 말놀이하기

▷ 다섯 고개 놀이에 대해 알기

 - 교과서에 제시된 놀이하는 모습을 보고 놀이 방법을 이해하기

 - 다섯 고개 놀이는 어떻게 하는지 친구들과 이야기를 나누기

 - 다섯 고개 놀이 연습하기

▷ 다섯 고개 놀이하기

 - 내가 떠올린 사람(혹은 장소나 사물)을 알아맞히는 다섯 고개 놀이하기

 - "○○과 관련이 있습니까?" 등과 같은 질문으로 내가 떠올린 사람(혹은 장소나 사물)을 알아맞히기

 - 우리 동네 사람(혹은 장소나 사물)을 머릿속으로 떠올린 후 알아맞히는 다섯 고개 놀이하기

    예 먹는 것과 관련이 있습니까? 아니요. → 우리 동네에서 많이 찾을 수 있는 가게인가요? 아니요. → 누구나 다 이용하는 곳인가요? 아니요. 이 물건을 가지고 있는 사람만 이용합니다. → 그 물건은 바퀴가 달린 것인가요? 네.

    정답: 자전거 가게.

우리 동네 사람들이 하는 일을 시각이나 시간을 넣어서 설명할 때에는 그 사람이 하는 일과 시간을 적절히 조합하여 쓸 수 있도록 해야 합니다. 이를 위해서는 사전에 동네 사람들이 하는 일을 미리 알아 둘 필요가 있습니다.

되짚기

몇 시, 몇 시 30분, 몇 시 몇 분을 시계로 표현할 수 있나요?

시계를 보고 몇 시, 몇 시 30분, 몇 시 몇 분인지 말할 수 있나요?

1시간은 60분이라는 것을 알고 있나요?

우리 동네 사람들이 하는 일에 대해 설명할 수 있나요?

규칙을 지키며 다섯 고개 놀이를 할 수 있나요?

이 수업의 포인트

우리 동네 사람들이 어떤 일을 하는지 설명할 수 있어야 합니다.

1시간은 60분이고 하루는 24시간으로 이루어집니다. 낮 12시간까지는 오전이라고 하고, 그 이후부터 밤 12시간까지는 오후라고 한다는 것을 이해해야 합니다.

08

내가 만든 가을 노래

가을 날씨의 특징을 이해하고 가을 느끼기 + 흉내 내는 말을 넣어 짧은 글쓰기
= 가을 노래 만들기

수업 흐름 ✕   관련 교과 ✕   관련 교과서 내용 ✕

가을 노래 부르기

가을을 느끼며 가을 날씨의 특징
알기

흉내 내는 말을 넣어 가을 노래
만들기

관련 교과	성취기준
국어	[2국05-03] 여러 가지 말놀이를 통해 말의 재미를 느낀다.
즐거운 생활	[2즐06-01] 가을의 모습과 느낌을 창의적으로 표현한다.

교과	학습 목표	쪽
국어	흉내 내는 말을 넣어 짧은 글쓰기	68~73
가을	가을을 느끼며 노래 부르기	80~85

수업 계획 의도

이 활동은 흉내 내는 말을 이용하여 가을의 풍경이나 느낌을 표현해 보도록 구성하였습니다. 저는 이와 같은 수업을 진행할 때에 학생들이 이미 알고 있는 익숙한 말을 제외하고 다른 흉내 내는 말을 사용해 보도록 권유합니다. 가령 학생들은 참새가 '짹짹' 울었다고 표현하는 경우가 많습니다. 하지만 참새는 '쪼로로롱' 하고 울 수도 있습니다. 흉내 내는 말은 사물의 모습이나 움직임, 소리를 좀 더 생생하게 표현하는 데 도움이 됩니다. 그러므로 이미 알고 있는 흉내 내는 말을 사용하는 것뿐 아니라 그 소리나 움직임을 새롭게 표현하는 흉내 내는 말을 사용해 보도록 하는 것도 필요합니다.

가을철 변화한 모습에 대해 알기

▷ 학교 주변을 산책하며 가을 느끼기

- 선생님과 함께 학교 주변을 산책하며 무엇이 어떻게 바뀌었는지 살펴보기

  예 "나뭇잎의 색깔이 초록색에서 노란색이나 빨간색으로 바뀌었어요.",
  "나뭇잎이 많이 떨어졌어요. 꽃들이 많이 시들었어요.", "감나무에 감이
  익기 시작했어요." 등.

  도움이 되는 안내!

  여름철에 찍은 사진을 보여 주며 학생들에게 그때와 현재가 어떻게 다른지 물어본다면 좀 더
  원활한 수업이 될 수 있습니다.

  도움이 되는 안내!

  학교 주변을 산책하기 전에 어떤 부분을 주의 깊게 살펴야 하는지 미리 안내를 해 주는 것이 필요
  합니다. 나무나 나뭇잎의 모습, 주위에 있던 풀의 모습 등을 살펴보도록 하면 됩니다.

- 선생님과 함께 학교를 산책하며 날씨가 어떻게 바뀌었는지 느끼기

  예 "춥지는 않지만 따뜻하지도 않아요.", "어떨 때에는 바람이 차갑게 느껴
  지기도 해요.", "가끔씩은 춥다고 생각될 때도 있어요." 등.

  도움이 되는 안내!

  여름철에 찍은 사진 속 학생들의 옷차림과 현재의 옷차림을 비교해 보면서 그때와 현재가 어떻
  게 다른지 물어보는 것도 좋은 방법이 됩니다.

- 가을이 되면 볼 수 있는 동식물에 대해 말하기

  예 "잠자리나 나비를 많이 볼 수 있어요.", "코스모스나 익은 벼와 같은 식

물을 볼 수 있어요." 등.

- 가을이 되면 우리의 옷차림이 어떻게 바뀌는지 이야기를 나누기

　예 "여름철에 입던 옷보다 좀 더 두꺼운 옷을 입습니다.", "긴 팔이나 긴 바지 옷을 입습니다.", "겉옷을 더 입습니다." 등.

- 가을이 되면 사람들의 생활이 어떻게 바뀌는지 이야기를 나누기

　예 "단풍놀이를 갑니다.", "여름철에 입던 옷을 넣고 조금 두꺼운 옷을 꺼내 입습니다.", "추운 겨울을 대비하기 위해 여러 가지를 준비합니다." 등.

4차시 가을의 느낌을 표현하기

▷ 가을의 느낌이 드러나게 노래 부르기

- 가사를 읽어 보기

- 가을바람과 나뭇잎의 움직임을 어떻게 표현하였는지 찾기

- 노래를 듣고 따라 부르기

- 가을바람과 나뭇잎의 움직임을 잘 표현하여 노래 부르기

▷ 가을의 느낌이 드러나는 동작 만들기

- 노래 가사와 가을의 느낌이 드러나게 동작을 만들기

- 친구들과 연습하기

- 연습한 동작과 노래를 친구들 앞에서 선보이기

도움이 되는 안내!

가창 수업을 하면서 저는 아이들에게 노래에 맞는 동작을 만들어서 표현해 보는 활동을 하게 합니다. 아이들은 처음에는 노래 가사에 따라 동작을 만들지만 점차 시간이 지날수록 가사보다는 노래의 분위기나 움직임에 신경을 쓰며 움직임을 만들어 나갑니다. 이렇게 연습을 하다 보면 표현 활동에서 좀 더 적극적으로 자연스러운 움직임을 만들어 낼 수 있습니다.

흉내 내는 말로 표현하기

▷ 흉내 내는 말이 무엇인지 알기

　- '가을바람' 노래에서 가을바람과 나뭇잎의 움직임을 표현하는 말과 같은
　　말을 '흉내 내는 말'이라고 한다는 것을 알기

　- 『국어』 교과서 69쪽 그림을 보고 어울리는 흉내 내는 말 찾기

　- 『국어』 교과서 72쪽 그림을 보고 어울리는 흉내 내는 말 찾기

▷ 흉내 내는 말로 표현하기 1

　- 『국어』 교과서 72쪽 그림을 보고 어울리는 흉내 내는 말을 넣어 짧은 글쓰기

　- 짝과 함께 흉내 내는 말로 표현하기 활동하기(한 명이 흉내 내는 말을 하면
　　다른 한 명은 그 말을 넣어 한 문장을 만드는 활동임)

　- 4명이 한 모둠이 되어 흉내 내는 말로 표현하기 활동하기(한 명이 흉내 내
　　는 말을 하면 나머지 3명이 순서를 정하고 한 명씩 돌아가며 그 말을 넣은
　　한 문장을 만드는 활동임)

▷ 흉내 내는 말로 표현하기 2

　- 운동장이나 뒤뜰로 가서 풍경 살피기

　- 풍경에서 느낄 수 있는 흉내 내는 말을 떠올려 말하기

　- 그 말을 이용하여 문장 만들기(한 명이 '흔들흔들'이라는 말이 생각했다면
　　그 말을 넣어 문장으로 만들기 활동을 함)

▷ 흉내 내는 말로 표현하기 3

　- '가을바람' 노래에서 다른 흉내 내는 말을 넣어 가사 바꾸기

　- 바꾼 가사를 넣어 노래 부르기

　- 친구들 앞에서 발표하기

더하기

초등학교 저학년 학생들은 노래 부르기를 아주 좋아합니다. 그리고 자신이 직접 가사를 만들고 노래 부르기도 대단히 좋아합니다. 이 PBL 활동은 흉내 내는 말을 중심으로 통합과 국어과 수업을 연계한 것으로, 이 활동 외에도 가을 풍경이 담긴 그림이나 사진을 보고 흉내 내는 말을 넣어 이야기를 만들어 보는 활동도 할 수 있습니다.

되짚기

흉내 내는 말이 무엇인지 알고 흉내 내는 말을 이용하여 문장을 만들 수 있나요?
자신 있게 노래를 부를 수 있나요?

이 수업의 포인트

모양이나 움직임 등을 흉내 내는 여러 가지 말이 있다는 것을 알고, 그런 말을 넣으면 더 재미있고 실감 나게 표현할 수 있다는 것을 이해해야 합니다.

09

우리와 다른 모습을 칭찬해요

다른 나라의 집이나 음식에 대해 알아보기 + 칭찬하는 말을 하고 대답하기
= 우리와 다른 모습을 칭찬해요

수업 흐름 ⊗   관련 교과 ⊗   관련 교과서 내용 ⊗

다른 나라 사람들의 집과 음식에
대해 알기

칭찬하는 말과 대답하는 말을   칭찬하기
하는 방법 알기

수업 흐름 ⊗   관련 교과 ⊗   관련 교과서 내용 ⊗

관련 교과	성취기준
국어	[2국01-06] 바르고 고운 말을 사용하여 말하는 태도를 지닌다.
슬기로운 생활	[2슬07-03] 내가 알고 싶은 나라를 조사하여 발표한다. [2슬07-04] 다른 나라의 노래, 춤, 놀이를 조사한다.

수업 흐름 ⊗   관련 교과 ⊗   관련 교과서 내용 ⊗

교과	학습 목표	쪽
국어	칭찬하는 말하기	252~267
겨울	다른 나라의 집 알기 다른 나라의 음식에 대해 알기	52~57 58~63

수업 계획 의도

이 활동은 다문화를 이해하고 존중하는 것에 초점을 두고 설계하였습니다. 나와 다른 친구의 모습에서 칭찬할 거리를 찾는 것에서 출발하여 우리와 다른 여러 나라의 문화를 알아보고 칭찬할 거리를 찾는 활동을 하면서, 서로의 다른 점을 존중하고 이해하고 인정할 수 있어야 함을 교육 내용으로 담았습니다.

▷ 칭찬하는 말을 하는 방법 알기

- 『국어』 교과서 262쪽의 그림을 보며 누구의 칭찬이 남자 어린이의 기분을 더 좋게 할 수 있을지 생각하기
- 그림을 보며 칭찬하는 말을 할 때의 방법에 대해 자신의 생각 말하기
  예 "칭찬할 부분과 어떠한 점에서 칭찬할 만한지에 대해 말을 해야 합니다." 등.
- 『국어』 교과서 264쪽을 보면서 칭찬하는 말을 할 때의 방법을 정리하기

▷ 칭찬하는 말을 듣고 대답하는 방법 알기

- 『국어』 교과서 263쪽을 보면서 칭찬을 들었을 때 어떻게 대답하는 것이 좋은지 생각하기
- 칭찬을 들었을 때의 말하는 방법에 대해 자신의 생각을 말하기
  예 "말을 한 친구에게도 잘하는 점을 이야기합니다." 등.
- 『국어』 교과서 265쪽을 보면서 칭찬하는 말을 들었을 때 대답하는 방법을 정리하기

▷ 칭찬하는 말을 할 때에 주의할 점 알기

- 칭찬하는 말을 할 때 주의할 점과 왜 그 점을 주의해야 하는지 알기
  예 "진심을 느낄 수 있게 칭찬해야 합니다. 진심이 느껴지지 않으면 비아냥 거리거나 놀리는 것으로 생각될 수 있기 때문입니다." 등.

▷ 칭찬하는 말을 하고 대답하기

- 평소 친하게 지내고 싶었던 친구와 짝이 되어 서로 칭찬하기

- 친구와 대화하면서 칭찬하고 싶은 내용이 생기면 칭찬하기
- 친구의 칭찬을 듣고 알맞게 대답하기
- 짝을 바꾸어 칭찬하는 말을 하고 대답하기

3~6차시 | 다른 나라 사람들에 대해 알기

▷ 다른 나라 사람들이 사는 집 알기

- 『겨울』 교과서 52~53쪽을 보면서 다른 나라 사람들이 사는 집의 모습과 집을 만드는 재료에 대해 알기

  예 "러시아 사람들은 통나무로 만든 집에서 삽니다." 등.

- 각 나라 사람들이 그와 같은 재료로 집을 짓는 이유에 대해 알기

- 각 나라 사람들이 사는 집의 좋은 점 떠올리기

  예 "물 위에서 생활하는 사람들은 물 위에 집을 짓고 살기 때문에 이동하기가 편리합니다.", "몽골 사람들이 사는 둥근 천막집은 쉽게 지을 수 있고 또 쉽게 분리할 수 있어서 어디든 쉽게 이사할 수 있습니다.", "에스키모인이 사는 얼음집은 들어가는 입구는 좁지만 안에서 생활하기에는 넓게 지어 바깥의 차가운 바람이 들어오는 것을 막아 줍니다." 등.

▷ 다른 나라 사람들이 먹는 음식 알기

- 『겨울』 교과서 58~59쪽을 보면서 다른 나라 사람들이 먹는 음식에 대해 알기
- 각 나라 사람들이 그와 같은 음식을 먹는 이유에 대해 알기

예 "일본에서는 스시를 많이 먹습니다. 일본은 섬나라여서 바다에서 나는 물고기 등을 언제든 쉽게, 또 많이 먹을 수 있기 때문입니다." 등.

- 각 나라 사람들이 먹는 음식의 좋은 점 떠올리기

예 "일본 사람들은 일본에서 쉽게 구할 수 있는 생선을 신선하게 먹을 수 있도록 스시를 만들어 먹습니다.", "우리나라는 산이 많아 여러 가지 나물로 만든 음식을 즐겨 먹습니다.", "여러 가지 나물을 밥과 비벼 먹을 수 있도록 비빔밥을 만들어 먹습니다." 등.

도움이 되는 안내!

학급에 다문화 가족의 학생이 있다면 그 학생에게 질문하고 답을 하는 과정을 통해 다른 나라에 대해 알아볼 수 있고, 그 학생에게 그 나라에 대해 직접 설명하도록 하여 알아볼 수도 있습니다.
다른 나라의 문화가 담긴 애니메이션 등을 짧게 시청하고 그 나라의 특징에 대해 설명하게 해 볼 수도 있고, EBS에서 방영한 「세계테마기행」과 같은 방송을 짧게 편집하여 보여 주고 활동을 할 수도 있습니다.

▷ 다른 나라 사람들에 대해 더 알기
- 도서관에서 다른 나라 사람들의 생활 모습이 담긴 책을 찾아 읽기
- 내가 읽은 책에서 그 나라 사람들에 대해 알게 된 점을 공책에 정리하기
- 내가 정리한 내용을 친구들 앞에서 발표하기

7~8차시 | **다른 나라 사람들에 대해 칭찬하기**

▷ 다른 나라 사람들이 사는 집이나 음식에 대해 칭찬하기
- 다른 나라 사람들이 사는 집에 대해 칭찬하는 말하기

예 "에스키모인들은 주변에서 쉽게 구할 수 있는 눈을 얼려 집을 만들었다는 것이 대단해.", "에스키모인들은 얼음집의 입구를 좁게 만들어서 바

깥의 차가운 바람이 안으로 들어오지 못하도록 했다는 것이 놀라워."
등.
- 다른 나라 사람들이 먹는 음식에 대해 칭찬하는 말하기
  예 "독일 사람들이 주로 먹는 소시지는 고기로 만들어져서, 어렵게 요리를
  하지 않아도 쉽게 고기를 먹을 수 있다는 점이 좋아." 등.
- 그밖에 다른 나라 사람들에 대해 칭찬할 만한 내용을 찾아 칭찬하기
  예 "자신들이 살고 있는 곳에서 쉽게 구할 수 있는 재료로 집을 지었다는
  점을 칭찬하고 싶어." 등.

▷ 다른 나라에 대해 더 칭찬할 거리를 찾아 칭찬하기
 - 도서관에서 읽은 책에서 다른 나라에 대한 내용을 떠올려 보고 그것에서
   칭찬할 만한 것 찾기
 - 칭찬의 말을 넣어 칭찬하기
 - 다른 친구의 칭찬을 듣고 그 나라에 대해 더 알게 된 점 발표하기

▷ 칭찬을 하면 좋은 점을 알기
 - 서로를 칭찬하면 어떠한 점이 좋은지 자신의 생각을 말하기
 - 다른 나라의 음식이나 집에 대해 칭찬을 하면서 어떤 좋은 점이 있었는지
   자신의 생각을 말하기

더하기

이 수업은 다문화 가족을 이해하고 존중하기 위한 목적으로 구성되었습니다. 현재 교실에서는 다문화 가족의 학생을 낯설지 않게 많이 찾아볼 수 있지만 여전히 다문화 가족에 대한 편견을 가지고 있는 아이들이 많습니다. 우리나라와 다른 세계 각 나라의 집이나 음식을 칭찬해 보는 이 수업을 통해 우리나라와 다른 세계 각 나라 문화를 존중하는 태도를 가질 수 있도록 하는 것이 필요합니다.

되짚기

다른 나라 사람들의 집과 음식에 대해 몇 가지나 말할 수 있나요?
칭찬하는 말을 하는 방법을 이해하고 칭찬하는 말을 듣고 알맞게 대답할 수 있나요?

이 수업의 포인트

나라마다 서로 다른 형태의 집을 짓거나 다른 음식을 먹는다는 것을 이해해야 합니다.
칭찬하는 말을 할 때에는 어떠한 점에서 칭찬할 만한지 구체적으로 말을 해야 하고, 칭찬하는 말을 들었을 때에는 뽐내거나 잘난 체를 해서는 안 된다는 것을 알아야 합니다.

겨울을 날 수 있게 도와주세요

일이 일어난 차례대로 말하는 방법 알기 + 전래 동요 익히기 = 도와주세요

| 수업 흐름 ✖ | 관련 교과 ✖ | 관련 교과서 내용 ✖ |

자신의 생각을 글로 표현하기

동물들이 추운 겨울을 이겨 낼 수
있도록 도와주는 방법 알기

글을 읽고 주요 내용 확인하기

수업 흐름 ⊗   **관련 교과** ⊗   관련 교과서 내용 ⊗

관련 교과	성취기준
국어	[2국02-03] 글을 읽고 주요 내용을 확인한다.
슬기로운 생활	[2슬08-03] 동식물의 겨울나기 모습을 살펴보고, 좋아하는 동물의 특성을 탐구한다.

수업 흐름 ⊗   관련 교과 ⊗   **관련 교과서 내용** ⊗

교과	학습 목표	쪽
국어	글을 읽고 주요 내용을 찾기 자신의 생각을 까닭을 들어 글로 쓰기	232~239 246~249
겨울	동물들이 추운 겨울을 이겨 낼 수 있도록 도와주는 방법 알기	114~115

수업 계획 의도

이 활동은 자신의 주장이 완결되게 드러나는 한 편의 글쓰기를 경험해 볼 수 있도록 설계하였습니다. 산에서 도토리나 밤을 줍는 행위가 겨울을 나야 하는 동물들에게는 매우 치명적인 일이 된다는 것을 이해하고, 이것을 토대로 자신의 생각이 잘 드러나게 글로 표현해 보는 활동으로 구성하였습니다. 이 활동은 우리 주변에서 일어난 일을 통해 느낀 생각을 글로 표현하는 기회를 제공해 주기 위한 목적도 포함되어 있습니다.

겨울을 나기 위해 동물이 하는 일 알기

▷ 겨울철 날씨 알기

 - 겨울철 날씨는 가을철 날씨와 비교하여 어떠한지 말하기

   예 "가을에는 조금 쌀쌀하지만 겨울에는 몹시 추워요.", "가을보다 겨울이 더 건조해요.", "가을에는 선선한 바람이 불지만 겨울에는 차가운 바람이 불어요." 등.

 - 겨울을 안전하게 나기 위해 사람들이 하는 일에 대해 말하기

   예 "두꺼운 옷을 입어요.", "장갑을 껴요.", "목도리를 해요." 등.

 -사람들이 위와 같은 행동을 하는 이유가 무엇인지 발표하기

   예 "겨울은 춥기 때문에 몸을 따뜻하게 하지 않으면 감기에 걸릴 수 있기 때문입니다." 등.

▷ 사람과 달리 동물은 어떻게 겨울을 보낼지 생각해 보기

 - 사람과 달리 두꺼운 옷을 입거나 장갑을 낄 수 없는 동물들은 어떻게 겨울을 보낼지 생각해 보기

   예 '나무나 동굴 같은 곳에 집을 마련하고 그 집 안에서 따뜻하게 겨울을 보낼 수 있도록 풀을 잔뜩 깔아 둘 것이다.', '햇빛이 잘 드는 곳에 집을 마련할 것이다.', '다른 동물의 털같이 폭신폭신한 것이나 사람들이 버리고 간 옷 같은 것을 모아 집을 꾸며 둘 것이다.' 등.

 - 겨울철 먹이를 구할 수 없는 동물들은 어떻게 겨울을 보낼지 생각해 보기

   예 '가을에 먹이를 많이 먹어 둘 것이다.', '가을에 먹이를 많이 모아 둘 것이다.' 등.

▷ 동물들이 겨울을 안전하게 보낼 수 있도록 도와주는 방법 알기

 - 집에서 키우는 동물들이 겨울을 안전하게 보내려면 우리가 무엇을 도와주어야 할지 떠올려서 쓰기

   예 '동물 집에 이불을 넣어 따뜻하게 해 줍니다.', '밥을 먹을 때에 따뜻하게

해 줍니다.', '외양간 등에는 보온이 될 수 있는 전기난로 같은 것도 둡니다.' 등.
- 야생에서 사는 동물들이 겨울을 안전하게 보내려면 우리가 무엇을 도와주어야 할지 떠올려 쓰기
  예 '다람쥐나 청솔모 등이 먹을 수 있도록 도토리나 밤을 주워 오지 않습니다.', '집을 만들어 줍니다.', '먹이를 산에 뿌려 주기도 합니다.' 등.

3~4차시 **자신의 생각을 글로 표현하기**

▷ 동물들이 안전하게 겨울을 보낼 수 있도록 자신의 생각을 정리하기
- 동물들이 안전하게 겨울을 보낼 수 있도록 하기 위해 사람들이 가장 지켜야 할 일이 무엇이라고 생각하는지 떠올리기
  예 '도토리나 밤 등을 함부로 주워 오지 않습니다.', '동물들이 먹이를 구하러 가는 곳에 덫 같은 것을 놓지 않습니다.', '동물이 쉴 만한 장소에는 사람이 찾아가지 않습니다.' 등.
- 그 일을 해야 하는 이유에 대해서 떠올리기
  예 '겨울철 다람쥐나 청솔모의 먹을거리가 사라집니다.', '도토리나 밤 등이 싹을 맺어 새로운 나무로 자라야 더 울창한 숲이 될 수 있습니다.', '사람들이 자꾸 드나들면 동물들이 불안하여 제대로 쉬지 못합니다.' 등.

▷ 자신의 생각이 드러나게 한 문장으로 표현하기
- 동물이 안전한 겨울을 보낼 수 있도록 다른 사람들에게 부탁하는 말을 한 문장으로 만들어 보기
  예 '동물이 쉴 수 있게 다른 곳으로 가 주세요.', '도토리는 동물이 먹을 겨울 양식이에요.', '도토리를 주워 가면 다람쥐가 굶어야 해요.' 등.

▷ 자신의 생각이 드러나게 그림으로 표현하기

- 자신의 생각이 잘 드러나게 그림으로 표현하기

- 한 문장으로 표현한 내 생각을 그림과 어울리는 곳에 쓰기

5~6차시 | 글을 읽고 주요 내용 알기

▷ 주요 내용이 무엇인지 알기

- 주요 내용이 무슨 뜻인지 생각하기

  예 '글에서 중심이 되는 내용', '글에서 중요한 내용' 등.

- 글에서 주요 내용은 사람마다 다를 수 있을지 생각하기

  예 '주요 내용은 그 글에서 가장 중심이 되는 내용이기 때문에 사람마다 다를 수 없습니다.' 등.

- 글에서 주요 내용을 어떻게 찾을 수 있을까에 대해 자신의 생각 말하기

  예 "사람마다 중요하다고 생각하는 내용은 같을 것이므로 여러 사람에게 중요한 내용이 무엇인지 물어보고 나온 답을 비교하여 봅니다.", "글을 쓴 사람이 이 글을 왜 썼는지 생각해 봅니다." 등.

▷ 글을 읽고 주요 내용을 찾는 방법 알기

- 글을 읽고 주요 내용을 찾는 방법에 대해 공부하기

  예 '제목을 보고 무엇에 대한 내용인지 확인하기', '글쓴이가 하고 싶어 하는 말이 무엇인지 알기', '글쓴이가 그렇게 말한 까닭 찾기' 등.

▷ 글을 읽고 주요 내용을 찾는 연습하기

- 『국어』 교과서 232쪽 '이가 아프지 않으려면 어떻게 해야 할까'를 읽고 주요 내용을 찾아보기

- 자신이 찾은 내용을 친구들과 비교하여 보기

- 『국어』 교과서 236쪽 '숲은 돈을 주고도 살 수 없어요'를 읽고 주요 내용 찾아보기
- 자신이 찾은 내용을 친구들과 비교하여 보기

▷ 친구가 만든 광고를 보고 주요 내용 찾기
- 앞 시간에 만든 광고를 서로 돌려 가며 본 후 친구가 만든 광고에서 주요 내용이 무엇인지 찾기
- 친구의 생각에 대한 내 생각 말하기

더하기

이 수업은 동물들이 안전하게 겨울을 날 수 있도록 우리가 할 수 있는 방법을 떠올리고 평소 우리의 행동을 반성하는 것에 초점을 둡니다. 흔히들 산에서 밤이나 도토리를 많이 주워 오는데, 밤과 도토리 등은 겨울철 동물들의 먹이가 된다는 점을 알리고, 산에서 함부로 밤이나 도토리를 주워 오지 않도록 지도하는 것이 필요합니다.

되짚기

글을 읽고 주요 내용을 찾을 수 있나요?
내 생각을 까닭을 들어 글로 표현할 수 있나요?
동물이 추운 겨울을 이겨 낼 수 있도록 우리가 도와주는 방법을 말할 수 있나요?

이 수업의 포인트

글에서 주요 내용을 찾으려면 제목을 살피고 글쓴이가 글을 쓴 이유 등을 생각해야 제일 중요한 내용을 찾을 수 있다는 것을 알 수 있습니다.
보금자리를 제공해 주고 먹이를 주는 등 동물들이 안전하게 겨울을 보낼 수 있도록 도와주어야 한다는 것을 알아야 합니다.

3장

3학년 **PBL** 프로젝트 수업 레시피

01

박사님, 어떻게 하면 되나요?

중심 문장과 뒷받침 문장을 따져 문단 쓰기 + 탐구 방법 알기
= 탐구 방법을 소개하는 글쓰기

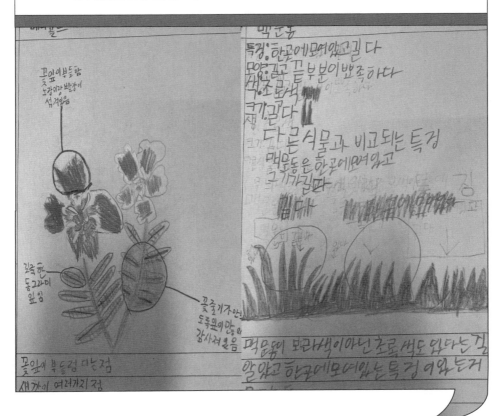

수업 흐름 ❌ | 관련 교과 ❌ | 관련 교과서 내용 ❌

설명하는 글쓰기 방법 알기
(중심 문장과 뒷받침 문장을 알기)

과학자들의 탐구 방법을 알기
과학자들의 탐구 방법대로 탐구하기

탐구 방법을 소개하는 글쓰기

수업 흐름 ⊗ 관련 교과 ⊗ 관련 교과서 내용 ⊗

관련 교과	성취기준
과학	[탐구주제] 과학자는 어떻게 탐구할까요?
국어	[4국03-01] 중심 문장과 뒷받침 문장을 갖추어 문단을 쓴다.

수업 흐름 ⊗ 관련 교과 ⊗ 관련 교과서 내용 ⊗

교과	학습 목표	쪽
과학	과학자는 어떻게 탐구할까?	8~21
국어	중심 문장과 뒷받침 문장 알기 중심 문장과 뒷받침 문장을 생각하며 문단 쓰기	70~73 78~81

PBL 문제

여러분, 만나서 반가워요. 저는 우리나라에서 가장 많은 연구를 진행하고 있는 척척박사입니다. 여러분들도 한 번쯤은 내 이름을 들어 보았지요?

여러분, 요즘 저에게 고민이 하나 생겼답니다. 평소에 저와 가깝게 지내던 초등학교 3학년 어린이가 있어요. 그 어린이는 과학에 관심이 아주 많답니다. 꿈도 저와 같은 과학자라고 하더군요, 허허. 그런데 그 어린이가 어느 날 저에게 "박사님, 저는 박사님처럼 훌륭한 과학자가 될 수 없을 것 같아요."라며 속상해 하지 뭡니까? 그 어린이의 이야기를 자세히 들어 보니, 알고 싶고 궁금한 것은 많은데 도대체 그것을 어떻게 탐구해야 할지 잘 모르겠다고 하더군요. 어허, 저야 그 방법을 알려 줄 수 있기는 한데, 제가 하는 말은 너무 어렵게만 느껴질 것 같아 걱정이에요.

여러분, 여러분이 저를 좀 도와주세요. 과학자처럼 탐구하는 방법을 자세히 알려 주는 글을 써 주세요. 그러면 제가 그 글을 그 어린이에게 전할게요. 꼭 부탁해요.

PBL 문제 분석하기/ 과학자들의 탐구 방법 알기

> ↳ PBL 문제 분석하기
>
> 문제 1) 과학자들처럼 탐구하려면 어떤 방법으로 해야 할까?
> 문제 2) 과학자들처럼 탐구하는 방법을 3학년 어린이가 이해할 수 있도록 글을 쓴다면 어떻게 써야 할까?

▷ 척척박사가 고민하는 것이 무엇인지 찾기

　- 초등학교 3학년 어린이에게 과학자들처럼 탐구하는 방법을 알려 주는 것

▷ 이 문제를 해결하기 위해 우리가 알아야 할 것 분석하기

　- 과학자들의 탐구 방법에 대해 알아보기

　- 설명하는 글을 쓰는 방법에 대해 알아보기

　- 초등학교 3학년 어린이가 이해할 수 있도록 글을 쓰려면 어떻게 써야 하는
　　지 알기

▷ 우리가 알아야 할 것을 알기 위해 공부해야 할 교과가 무엇인지 찾기

　-『국어』,『과학』등.

> ↳ 과학자들의 탐구 방법
>
> 과학자들은 어떤 방법을 사용하여 탐구를 하는 걸까?

▷ 과학자들의 탐구 방법 알기

　- 교과서를 이용하여 과학자들의 탐구 방법을 알려 주는 부분을 찾기

　- 교과서에서 안내하는 과학자들의 탐구 방법은 무엇인지 알기 쉽게 정리하
　　기(관찰, 측정, 예상, 분류, 추리, 의사소통 등)

탐구하고자 하는 대상의 특징을 자세히 살펴본다는 것은 무슨 뜻인가요?

학생들 대부분은 위와 같은 활동을 할 때에 교과서에 제시된 문구를 그대로 옮겨 쓰고서 과제를 수행했다고 합니다. 이 경우 자신이 그 정의를 이해하지 못했다면 학습이 이루어졌다고 볼 수 없습니다. 반드시 교과서에 제시된 내용을 여러 번 읽어 본 후 자신이 이해한 바대로 표현할 수 있도록 해야 합니다. 가령, "관찰이란 어떤 대상을 눈으로 보거나 코로 냄새 맡거나 손으로 만져 보는 등 우리의 눈, 코, 입, 귀, 피부 등을 이용하여 대상에 대해 조사하는 방법을 말합니다."로 설명할 수 있어야 합니다.

2~4차시   과학자들처럼 탐구하기

↳ **과학자들의 탐구 방법**
과학자들처럼 탐구해 보자.

▷ 관찰 및 측정 연습하기

- 선생님이 나누어 주시는 식물에 대해 과학자들처럼 탐구하기

마트나 시장에서 파는 채소 중 학생들이 흔히 보지 못했던 채소를 이용하여 수업을 할 수 있습니다. 지역에 따라 조금씩 다르기는 하나 대체로 3학년 학생들은 머위, 곰취, 방풍나물이나 겨울초, 당귀 등의 나물을 잘 모를 가능성이 높습니다. 그러므로 관찰하는 방법을 연습하기 위해 이와 같은 식물을 깨끗이 씻은 후 활용하는 것도 좋습니다.

▷ 추리 연습하기

- 선생님이 나누어 주시는 식물에 대해 과학자들처럼 탐구하기

- 선생님이 나누어 주신 식물이 무엇인지 추리하기

▷ 의사소통 연습하기
- 내가 알게 된 과학자들의 탐구 방법을 모둠 친구들에게 설명하고, 설명을 들은 후 드는 의문을 서로 논의하여 해결하기

▷ 발표하기
- 과학자들의 탐구 방법과 그것에 대한 설명을 발표 자료로 만들기
- 반 전체 앞에서 발표하기
- 다른 모둠의 발표를 듣고 궁금한 점을 질문하기

5~6차시 설명하는 글을 쓰는 방법 알기

↳ 설명하는 글 쓰는 방법 알기
초등학교 3학년 학생들이 이해하기 쉽게 설명하는 글을 쓰려면 어떻게 써야 할까?

▷ 설명하는 글을 잘 쓰는 방법 알기
- 설명하려는 글을 잘 쓰려면 무엇을 생각해야 하는지 알기
  (글을 쓰는 목적, 글을 읽는 대상, 설명하려는 대상의 특징 등에 대해 미리 생각해야 한다.)
- 설명하는 글을 쓰는 목적에 대해 생각하기
  (설명하고자 하는 대상을 자세히 알리기 위해 쓴다.)
- 설명하는 글을 쓰는 목적을 생각하며 설명하는 글에 꼭 들어가야 하는 내용 생각하기
  (설명하는 대상에 대해 자세히 알고 싶은 사람을 위한 글이므로 설명하는 대상이 물건이라면 생김새, 쓰임새, 사용 방법, 가치 등을 설명해야 하고,

설명하는 대상이 사람이라면 업적, 그 사람이 살았던 시대, 시대적 분위기 등을 자세히 설명해야 한다.)

▷ 설명하는 글의 구성 알기

- 설명하는 글의 구성을 『국어』 교과서 70쪽의 글을 읽고 생각해 보기
  (설명하는 글은 설명하려는 대상의 특징 중에서 가장 중요하다고 생각하는 내용과 그 내용에 대해 보충하는 내용으로 구성되어 있습니다.)

도움이 되는 안내!

이 단원에서는 문단 단위에서 글쓰기를 하고 있으므로 한 편의 글을 완성하기보다는 문단에서 중심 문장과 뒷받침 문장의 짜임에 초점을 두어 지도해야 합니다.

- 중심 문장과 뒷받침 문장의 역할에 대해 알기
  (중심 문장은 문단에서 가장 중요한 내용을 담고 있는 문장을 말하고, 뒷받침 문장은 그 내용을 보충하여 중심 문장에 대한 이해를 좀 더 잘할 수 있도록 해 주는 문장이다.)
- 선생님이 들려주는 예를 다시 한번 살펴보면서 중심 문장과 뒷받침 문장 쓰기 연습하기
  예 '우리 학교에는 쓰임이 다양한 교실이 있습니다. 아프거나 다친 학생들을 치료하거나 쉬게 해 주는 보건실이 있습니다. 안전하게 과학 실험을 할 수 있도록 해 주는 과학실이 있습니다. 우리 학교에서 일어난 여러 가지 소식을 전할 수 있도록 하는 방송실도 있습니다.' 등.

설명하는 글의 구성을 생각하며 글쓰기

↳ PBL 문제 해결하기
과학자들의 탐구 방법을 알리는 글쓰기

▷ 글의 목적과 읽는 대상을 설정하기

- 글의 목적: 과학자들의 탐구 방법을 알리기

- 글을 읽는 대상: 초등학교 3학년 학생

▷ 설명하고자 하는 내용이 무엇인지 정리하기

- 관찰, 예상, 추리, 의사소통 등의 과학적 탐구 방법과 그 방법을 자신의 말로 쉽게 풀어 놓은 설명 및 그 방법을 활용하는 예 등을 정리하기

▷ 설명하는 내용이 잘 드러나게 첫째 문단 쓰기

- 과학자들이 탐구하는 방법을 초등학교 3학년 학생들이 이해하기 쉽게 설명하는 한 문단 쓰기

> **도움이 되는 안내!**
>
> 설명문은 '처음-가운데-끝'으로 구성되어 있습니다. 이 부분에서 학습자들에게 쓰도록 요청하는 한 문단은 설명문의 구조 중 '가운데' 부분에 해당하는 것입니다. 처음과 끝부분의 쓰기 방법은 가운데 부분의 쓰기와는 조금 다릅니다. 그래서 지금까지 배운 내용으로 쓰기에는 어려움이 있을 수 있습니다.

▷ 설명하는 내용이 잘 드러나게 둘째 문단 쓰기

▷ 설명하는 내용이 잘 드러나게 셋째 문단 쓰기

▷ 다 쓴 글을 모둠별로 돌려 읽기

▷ 친구의 글을 읽고 내 글에서 부족한 점을 찾아 보충하기

도움이 되는 질문!

친구의 글을 읽고 이해가 잘 안 되는 설명이 있었나요?
친구의 글에서 무슨 말인지 잘 모르겠다고 생각한 부분이 있었나요?
잘 모르겠다고 생각한 이유는 어떤 낱말 때문이었나요?

더하기

이 PBL 수업은 미술이나 음악 교과와도 연계하여 구성할 수 있습니다. 미술과의 경우 '대상의 특징을 관찰하고 다양한 재료와 방법으로 표현'하는 것과 같이 자세히 관찰하고 표현하는 활동을 추가할 수 있습니다. 이 경우 4차시까지 과학과 수업이 끝난 후 미술과 수업을 1~2시간 더 추가하여 관찰 대상인 나물이나 채소를 자세히 표현하도록 할 수 있습니다. 음악과 수업에서는 노래를 자세히 듣고 리듬을 찾아내도록 하는 수업과 연계할 수 있습니다. 이 경우 과학과 수업 중 '관찰'에 대한 학습을 진행하면서 추가로 활동을 첨가할 수 있습니다.

되짚기

과학자들이 사용하는 탐구 방법에 대해 쉽게 설명할 수 있나요?
설명하는 글의 구조를 알고 읽는 사람이 쉽게 이해할 수 있도록 설명하는 글을 쓸 수 있나요?

이 수업의 포인트

과학자들은 관찰, 예상, 추리 등과 같은 방법으로 탐구하며 그렇게 탐구한 내용을 다른 사람과 의사소통하면서 자신의 탐구가 맞는지 확인합니다.
설명하는 글을 쓸 때에는 이 글을 읽을 사람이 누구인지, 이 설명 대상에 대해 어느 정도 알고 있는지를 생각하며 쓸 내용을 정해야 합니다.

어서 옵쇼~

우리 고장에서 자랑할 만한 장소 소개하기 + 글을 읽고 내용 간추리기 + 생활 속에서 조형 요소를 찾아보고 느낌 표현하기 = 우리 고장 소개지 만들기

수업 흐름 ✖   관련 교과 ✖   관련 교과서 내용 ✖

글을 읽고 내용을 간추리기

우리 고장에서 자랑할 만한 장소에
대한 자료 찾기

우리 고장 소개지 만들기

관련 교과	성취기준
사회	[4사01-01] 우리 마을 또는 고장의 모습을 자유롭게 그려 보고, 서로 비교하여 공통점과 차이점을 찾아 고장의 서로 다른 장소를 탐색한다.
국어	[4국02-02] 글의 유형을 고려하여 대강의 내용을 간추린다.
미술	[4미02-05] 조형 요소(점, 선, 면, 형·형태, 색, 질감, 양감 등)의 특징을 탐색하고, 표현 의도에 적합하게 적용할 수 있다.

교과	학습 목표	쪽
사회	우리 고장에서 자랑할 만한 장소 소개하기	40~42
국어	글을 읽고 내용 간추리는 방법 알기 글을 읽고 내용 간추리기	144~155

PBL 문제

○월 ○일 ○○일 날씨: 맑았다가 흐림

우리 아빠는 시청에서 근무하신다.

오늘 저녁에 밥을 먹는데, 아빠가 엄마에게 이렇게 말씀하셨다. "정말 큰일이야. 갈수록 우리 고장을 찾는 사람들이 적어지고 있어." 아빠의 말씀을 듣고 엄마는 "어쩔 수 없지, 뭐. 우리 고장에 갈 만한 곳이 없으니까 그렇지 뭐."라고 하셨다.

사회 시간에 우리 고장에 대해 배운 나는 부모님께 "우리 고장에도 멋진 곳이 많아요."라고 말씀드렸는데 부모님께서는 "우리 고장에 자랑할 만한 곳이 있다고?" 하며 놀라셨다.

나는 우리 고장에서 자랑할 만한 장소를 소개하는 소개지를 만들어 아빠께 보여 드리기로 했다. 아빠는 그걸 이용해서 시청 홍보 자료를 만들겠다고 하셨다. 나의 소개지를 보고 깜짝 놀랄 아빠의 모습이 벌써 기대된다.

PBL 문제 분석하기/ 우리 고장에 대한 자료 찾기

> ↳ PBL문제 분석하기
> 문제 1) 우리 고장에서 자랑할 만한 장소 찾기
> 문제 2) 우리 고장 소개지 만들기

▷ 부모님이 걱정하시는 일이 무엇인지 찾기

- 우리 고장을 찾는 사람들이 점점 적어지는 일

▷ 우리가 해결해야 할 문제가 무엇인지 찾기

- 우리 고장에서 자랑할 만한 장소 찾기

- 찾은 자료를 바탕으로 다른 고장 사람들이 우리 고장에 오도록 하는 소개
  지 만들기

▷ 이 문제를 해결하기 위해 우리가 알아야 할 것 분석하기

- 우리 고장에서 자랑할 만한 장소 찾기

- 다른 고장의 사람들이 이해하기 쉽게 자료 만들기

▷ 우리가 알아야 할 것을 알기 위해 공부해야 할 교과가 무엇인지 찾기

- 『국어』, 『사회』 등.

> ↳ 자료 찾는 방법 알기
> 우리 고장에 대한 자료를 찾을 수 있는 방법에 대해 알기

▷ 우리 고장에 대한 자료를 찾을 수 있는 방법에 대해 알기

- 우리 고장에서 오래 사신 분들에게 이야기 듣기

- 우리 고장에 대해 소개한 책 읽기

- 우리 고장의 지도를 보고 유명한 장소에 대해 알아보기

- 우리 고장을 여행하고 돌아간 사람들의 소감을 담은 자료 알아보기 등

2~3차시 | 우리 고장에 대한 자료 찾기

> ↳ **자료 찾기**
> 우리 고장에서 자랑할 만한 장소에 대한 자료 찾기

▷ 우리 고장에서 자랑할 만한 장소가 어디인지 알기

 - 우리 고장의 어떤 장소에 대해 찾아야 하는지 생각하기

   예 '다른 고장에서는 보기 힘들거나 없는 장소', '우리 고장을 대표하는 장소' 등.

 - 우리 고장을 대표하는 장소에는 어떤 것들이 있을지 생각하기

   예 '우리 고장의 대표 먹거리를 파는 장소', '우리 고장에만 있는 역사적인 장소', '우리 고장에서만 체험할 수 있는 장소', '우리 고장에서만 볼 수 있는 명물이 있는 장소' 등.

▷ 우리 고장에서 자랑할 만한 장소에 대해 소개한 자료 찾기

 - 학교 도서관, 신문 자료 등을 활용하거나 인터넷 등을 참고하여 우리 고장에서 자랑할 만한 장소에 대해 소개한 자료 찾기

 - 찾은 자료를 정리하기

4~5차시 글을 간단히 간추리는 방법 알기

> ↳ 요약하는 방법 알기
> 읽은 글의 내용을 간단히 줄이려면 어떻게 해야 할까?

▷ 글을 읽고 읽은 글의 내용을 간단히 줄이는 방법 알기

- 한 문단에서 중요한 문장과 중요하지 않은 문장을 구별한 후 중요하지 않은 문장 없애기
- 중요한 문장 안에서 중요하지 않은 내용 없애기
- 중요한 문장 안에서 반복되는 내용 없애기
- 중요한 문장 안에서 더 간략하게 나타낼 수 있는 말로 바꾸기

  예 『국어』 교과서 146쪽을 보고 글의 내용을 간단히 줄이기

  > 민화는 옛날 사람들이 널리 사용하던 그림이에요. 따라서 민화 속에는 우리 조상의 삶과 신앙, 멋이 깃들어 있어요. 민화가 여느 그림과 다른 점은 생활에 필요한 실용적인 그림이라는 것이에요. 다시 말해, 선비들이 그린 격조 높은 산수화나 솜씨 좋은 화원이 그린 작품들은 오래 두고 감상하는 그림이지만, 민화는 어떤 특별한 목적을 위해 사용한 그림이지요.

❶ 중요한 문장과 중요하지 않은 문장 구별하기

중요한 문장	중요하지 않은 문장
민화는 옛날 사람들이 널리 사용하던 그림이에요. 따라서 민화 속에는 우리 조상의 삶과 신앙, 멋이 깃들어 있어요. 민화가 여느 그림과 다른 점은 생활에 필요한 실용적인 그림이라는 것이에요.	다시 말해, 선비들이 그린 격조 높은 산수화나 솜씨 좋은 화원이 그린 작품들은 오래 두고 감상하는 그림이지만, 민화는 어떤 특별한 목적을 위해 사용한 그림이지요.

❷ 중요한 문장 안에서 중요하지 않은 내용 없애기

중요한 문장
민화는 옛날 사람들이 널리 사용하던 그림이에요. ~~따라서 민화 속에는~~ 우리 조상의 삶과 신앙, 멋이 깃들어 있어요. 민화가 ~~여느 그림과 다른 점~~은 생활에 필요한 실용적인 그림이라는 것이에요.

❸ 중요한 문장 안에서 반복되는 내용 없애기

중요한 문장
민화는 ~~옛날 사람들이~~ 널리 사용하던 그림이에요. ~~따라서 민화 속에는~~ 우리 조상의 삶과 신앙, 멋이 깃들어 있어요. 민화가 ~~여느 그림과 다른 점~~은 ~~생활에 필요한~~ 실용적인 그림이라는 것이에요.

❹ 중요한 문장 안에서 더 간략하게 나타낼 수 있는 말로 바꾸기

민화는 우리 조상들이 실용적인 목적으로 그린 그림으로, 민화에는 삶과 신앙, 멋이 깃들어 있다.

▷ 『국어』 교과서 146쪽의 다른 문단에서 내용 간추리는 연습하기

▷ 내가 찾은 자료를 읽으면서 내용 간추리기

우리 고장 소개지 만들기

↳ PBL 문제 해결하기
읽는 사람이 매력을 느낄 수 있는 우리 고장 소개지 만들기

▷ 우리 고장 소개지의 구성 생각하기

- 읽는 사람에게 매력을 느낄 수 있도록 구성하려면 어떤 방식으로 구성하면
되는지 생각하기

  예 '만화로 만들어 누구나 쉽게 이해할 수 있도록 구성한다.', '우리 고장의
  아름다운 모습을 찍은 선명한 사진을 활용하여 와 보고 싶다는 생각이
  들게 한다.', '우리 고장에 남아 있는 이야기를 활용하여 소개지를 읽는
  다는 생각이 들지 않으면서 소개지를 끝까지 읽도록 한다.' 등.

▷ 여러 크기의 종이에 우리 고장 소개지 계획하기

- 글과 그림, 사진 등을 어떻게 배치할 것인지 생각하기

▷ 우리 고장 소개지 내용 만들기

- 우리 고장 소개지에 들어갈 내용 넣기

▷ 우리 고장 소개지 표지 만들기

- 점, 선, 면 등을 이용하여 우리 고장을 표현하기

이 프로젝트에서 음악과의 내용을 추가하여 우리 고장을 나타내는 노래 만들기를 더 해 볼 수도 있습니다. 또한 실제로 만든 결과물에 대한 평가를 해 보는 활동을 추가로 할 수 있습니다.

되짚기

글의 내용을 간추리는 방법을 알고 바르게 간추릴 수 있나요?
목적에 맞게 알맞은 자료를 찾을 수 있나요?

이 수업의 포인트

글을 간추릴 때에는 중요한 정보와 중요하지 않은 정보를 나누고, 중요하지 않은 정보를 삭제하며 요약해야 합니다.
자료를 찾을 때에는 이 자료를 읽을 사람이 누구인지 생각하고, 어떤 자료를 찾아야 하는지 미리 생각해야 합니다.

누가 옳은 걸까?

나눗셈을 이해하기 + 인물의 의견 파악하기 = 자신의 의견 말하기 대회

수업 흐름 ⊗　　관련 교과 ⊗　　관련 교과서 내용 ⊗

똑같이 나누는 방법을 알기

인물의 의견에 대한 내 생각을
말하기

자신의 의견 말하기 대회에
참여하기

관련 교과	성취기준
국어	[4국03-01] 중심 문장과 뒷받침 문장을 갖추어 문단을 쓴다. [4국02-01] 문단과 글의 중심 생각을 파악한다.
수학	[4수01-08] 나누는 수가 한 자릿수인 나눗셈의 계산 원리를 이해하고 그 계산을 할 수 있으며, 나눗셈에서 몫과 나머지의 의미를 안다.

교과	학습 목표	쪽
국어	의견이 무엇인지 알기 글을 읽고 인물의 의견과 그 까닭 알기	214~225
수학	똑같이 나누기	50~55

PBL 문제

오성의 집 마당에는 큰 감나무가 있습니다. 감나무가 얼마나 크고 튼실했던지 큰 가지 하나는 담 너머 옆집까지 뻗어 있었습니다. 가을이 되자 감나무에 감이 주렁주렁 달렸습니다. 탐스럽게 열린 감을 오성이 따려고 하자 옆집 하인은 "이 감나무의 가지가 우리 집으로 넘어왔으니, 이 가지에 달린 감은 우리 것입니다."라고 말하였습니다.

이 말을 들은 오성은 화가 나서 "아무리 담 너머로 가지가 넘어갔다 하여도 이 감나무는 우리 집에서 심고 가꾸었으니 우리 것이야."라고 하였습니다. 그러자 옆집 하인은 "이러다가는 계속 싸우기만 할 것 같으니 똑같이 나누는 것이 좋겠습니다. 이쪽 가지에 감이 24개가 달렸으니, 똑같이 나누어 우리가 14개 가지도록 하겠습니다."라고 말하였습니다.

오성은 친구 한음을 불러 이 문제를 해결해야겠다고 생각했습니다. 한음인 여러분은 어떻게 이 문제를 해결할 것인가요?

PBL 문제 분석하기/ 글 내용 파악하기

> ↳ PBL문제 분석하기
> 문제 1) 감나무의 감을 옆집과 똑같이 나누어야 하는가?
> 문제 2) 옆집 하인이 똑같이 나누자고 제시한 계산법은 정확한가?

▷ 오성이 처한 문제가 무엇인지 알기

- 옆집으로 뻗은 감나무의 가지를 자신의 것이라고 우기는 옆집 하인에게 무엇이 잘못되었는지 알려 주기
- 옆집 하인이 똑같이 나누자고 한 계산이 맞는지 확인하기

▷ 이 문제를 해결하기 위해 우리가 알아야 할 것 분석하기

- 옆집 하인의 말은 어떠한 점에서 잘못되었는지 그 이유를 마련하기
- 옆집 하인이 똑같이 나눈 계산 결과가 맞는지 확인하기

▷ 우리가 알아야 할 것을 알기 위해 공부해야 할 교과가 무엇인지 찾기

- 『국어』, 『수학』 등.

> ↳ 글 내용 확인하기
> 글을 읽고 오성이 처한 상황 확인하기

▷ 다음의 물음에 답을 하면서 글의 내용 파악하기

- 옆집까지 뻗은 감나무의 원래 주인은 누구입니까?
- 옆집의 하인이 자신의 감이라고 말하는 감은 어디에 달린 감입니까?
- 옆집의 하인은 몇 개를 똑같이 나누자고 하였습니까?
- 옆집의 하인은 몇 개씩 나누면 똑같이 나누는 것이 된다고 하였습니까?

이야기 속 인물의 주장과 그렇게 생각한 까닭 찾기

↳ 주장과 근거 찾기
오성과 옆집 하인의 주장 및 그렇게 생각한 이유를 정리하기

▷ 각 인물이 내세우는 첫 번째 의견 찾기

- 옆집 하인과 오성이 내세우는 생각이 무엇인지 찾기

　예 옆집 하인: "우리 집으로 뻗어 온 가지의 감은 우리 것이다."

　　오성: "가지가 뻗었든 그렇지 않든 간에 감나무에 달린 감은 모두 우리 것이다."

-인물이 그렇게 생각하는 까닭 찾기

　예 옆집 하인: "가지가 우리 담을 넘어왔기 때문이다."

　　오성: "가지는 담을 넘었어도 감나무는 우리 집 마당에 있기 때문이다."

▷ 인물이 내세우는 두 번째 의견 찾기

- 옆집 하인과 오성이 내세우는 생각은 무엇인지 찾기

　예 옆집 하인: "똑같이 나누자."

　　오성: "가지가 뻗었든 그렇지 않든 간에 감나무에 달린 감은 모두 우리 것이므로 나눌 수 없다."

- 인물이 그렇게 생각하는 까닭 찾기

　예 옆집 하인: "계속 이렇게 싸울 수는 없기 때문에 서로 타협을 하자."

　　오성: "감나무가 우리 집 것인데 타협할 이유가 없다."

▷ 오성과 옆집 하인이 내세우는 첫 번째 의견에 대해 내 생각 말하기

- 나는 옆집 하인과 오성의 의견 중에서 누구의 의견이 더 옳다고 생각하였는지 이야기를 나누기

　예 "나는 오성의 생각이 더 맞다고 생각합니다. 가지가 옆집으로 뻗었다고 해서 그 가지가 자신의 것이라고 할 수는 없습니다. 가지는 나무에 붙어

있는 것인데, 나무는 오성의 집에 있기 때문입니다.", "나는 옆집 하인의 생각이 완전히 틀렸다고는 생각하지 않습니다. 가지가 뻗어 나갔기 때문에 가을이 되면 나뭇잎도 떨어질 것이고 겨울에는 작은 가지도 떨어질 수 있습니다. 그러면 그것은 모두 옆집 하인이 치워야 합니다. 오성이 감만 자신의 것이라고 말하지 말아야 한다고 생각합니다." 등.

▷ 오성과 옆집 하인이 내세우는 두 번째 의견에 대해 내 생각 말하기
　- 나는 옆집 하인의 의견을 어떻게 평가하였는지에 대해 이야기를 나누기
　　예 "옆집 하인이 똑같이 나누자고 하면서 14개를 가져간다고 하는 것은 잘못되었습니다." 등.

4~5차시　똑같이 나누는 방법 알기

> ↳ 나눗셈 알기
> 똑같이 나누어 가지기 위해 계산식을 만들고 계산하기

▷ 옆집 하인의 계산 방법이 맞는지 확인하기 1
　- 감이 10개 있다고 하였을 때 두 집이 똑같이 나누어 가진다면 몇 개씩 가질 수 있는지를 바둑돌과 접시 2개를 이용하여 생각하기
　- 감이 4개가 있다고 하였을 때 두 집이 똑같이 나누어 가진다면 몇 개씩 가질 수 있는지를 바둑돌과 접시 2개를 이용하여 생각하기

▷ 옆집 하인의 계산 방법이 맞는지 확인하기 2
　- 가지에 달린 감 24개를 두 집이 똑같이 나눈다고 하였을 때, 14개씩 두 묶음으로 묶을 수 있는지 바둑돌 24개를 이용하여 확인하기

▷ 나누기를 하는 두 가지 방법 익히기

- 감 24개를 두 집에서 똑같이 나눈다고 하였을 때, 한 집에서 몇 개씩 가질 수 있는지 확인하기
- 『수학』교과서 52~53쪽을 보면서 나눗셈식의 기호와 식을 만드는 방법 이해하기
- 감 10개를 두 집이 똑같이 나누는 방법을 계산식으로 나타내기
- 감 24개를 두 집이 똑같이 나누는 방법을 계산식으로 나타내기

6~7차시 **알맞은 까닭을 들어 자신의 생각 말하기**

↳ PBL 문제 해결하기
한음인 나는 오성과 옆집 하인의 주장에 대해 어떻게 생각하는지 표현하기

▷ '감나무의 가지 주인'에 대한 자신의 의견 말하기

- 한음으로서 오성의 생각에 대한 내 생각 정하기
  예 '나는 오성이 옳다고 생각한다.', '나는 오성이 틀렸다고 생각한다.'
- 한음으로서 옆집 하인의 생각에 대한 내 생각 정하기
  예 '나는 옆집 하인이 옳다고 생각한다.', '나는 옆집 하인이 틀렸다고 생각한다.'
- 그렇게 생각한 이유를 생각하기
  예 '나는 오성의 의견이 틀렸다고 생각한다. 가지에 감이 24개나 열릴 정도면 아주 큰 가지가 옆집으로 넘어간 것이다. 나무의 가지가 그 정도 크려면 아주 오랜 시간이 필요할 것이다. 하지만 오성의 집에서는 아무런 일도 하지 않았다. 옆집에서 그 가지에 달린 감을 가져가는 게 싫다면 그 큰 가지를 잘라 버리든가 해야 한다.', '나는 오성의 의견이 틀렸다고 생각한다. 옆집에 가지가 넘어갔다고 해서 가지만 옆집의 것이 될 수는

없지만, 옆집은 그 나뭇가지에 달린 나뭇가지도 치우고 그 가지가 늘어지지 않게도 하였을 것이다. 그러므로 그 가지에 달린 감만 가져가겠다고 말하는 것은 잘못되었다고 생각한다.' 등.

▷ '24개의 감을 14개씩 나누는 것'에 대한 자신의 의견을 말하기

　- 한음으로서 옆집 하인이 감을 똑같이 나누었는지에 대한 내 생각을 정하기

　　예 "옆집 하인은 24개의 감을 14개씩 나누면 똑같이 된다고 하였다. 그러나 24개의 감을 두 접시에 나누어 담으면 한 접시에는 12개씩 나누어 담을 수 있기 때문에 이 계산은 잘못되었다." 등.

▷ 한음으로서 두 사람에게 자신의 생각을 말하기

　- 감나무의 가지 주인은 누구인가와 감 24개를 똑같이 나누는 방법에 대해 나의 생각을 말하기

　　예 "오성아, 옆집 하인은 가지가 자신의 집 담을 넘었다고 해서 그 가지에 달린 감이 자신의 것이라고 말하고 있어. 가지는 나무에 달린 것이지. 그러니까 가지는 나무에 속해 있다고 할 수 있어. 나무가 너희 집에 있으니 이 감나무에 달린 감은 모두 너희 것이 맞아."

　　"옆집 하인아, 너는 24개의 감을 똑같이 나누어 자신이 14개를 가져야 한다고 하였어. 하지만 24개를 2개의 접시에 똑같이 나누어 담으면 12개이므로, 똑같이 나누었다고 할 수 없어."

▷ 의견 평가하기

　- 친구들이 말한 의견 중 가장 옳다고 생각되는 의견은 무엇이었는지 이야기를 나누기

▷ 자신의 의견 말하기 연습하기

　- 『국어』 교과서 214~217쪽을 읽고 각 인물의 의견과 그 까닭을 찾아보기

- 인물의 의견에 대한 자신의 생각 말하기
- 『국어』 교과서 220~223쪽을 읽고 각 인물의 의견과 그 까닭을 찾아보기
- 인물의 의견에 대한 자신의 생각 말하기

더하기

이 PBL 학습은 토론하기 혹은 자신의 생각 말하기를 최종 산출물로 하여 설계하였습니다. 이와 달리 도덕과의 참된 우정에 대한 내용을 최종 결과물로 하여 설계할 수도 있습니다. 이 경우 다음과 같은 PBL 문제를 제시할 수 있습니다.

> 나는 해별이가 참 이상합니다. 해별이는 구름이랑 정말 친해서 그렇다고 하는데, 나는 잘 모르겠습니다. 선생님이 공부를 잘했다고 사탕을 4개 주면 해별이는 3개를 가지고 구름이는 1개를 가지게 합니다. 해별이는 똑같이 나누었다고 합니다.
>
> 또, 해별이는 구름이 어깨랑 머리를 툭툭 치는 일이 잦습니다. 해별이는 남자들끼리 우정은 이런 거라고 하면서 더 남자다운 우정을 보이려면 더 세게 때려야 한다고 말합니다.
>
> 나는 해별이가 참 이상합니다. 내가 보기에는 해별이가 구름이보다 사탕도 더 많이 가집니다. 해별이의 우정의 표현이 구름이에게는 아프게 느껴질 것 같습니다. 내가 정말 잘못 생각하는 걸까요?

되짚기

다른 사람의 의견에 대해 알맞은 까닭을 들어 내 생각을 말할 수 있나요?
주어진 수를 똑같이 나누기 위해 알맞은 계산식을 만들고 계산할 수 있나요?

이 수업의 포인트

다른 사람의 의견에 대해 잘못 생각하고 있는 부분은 없는지를 따져 내 생각을 말해야 합니다.
주어진 수를 똑같이 나누기 위해서는 나눗셈식을 만들어야 합니다.

04

나의 학습 검사지

원인과 결과를 이해하기 + 교통수단의 발달로 변화한 우리 삶 이해하기 + 인내하며 최선을 다하는 삶 실천하기 = 나의 학습 검사지 만들기

수업 흐름 ✕   관련 교과 ✕   관련 교과서 내용 ✕

교통수단의 발달로 변화하는
우리 삶 알기

원인과 결과에 대해 알기   나의 학습 검사지 만들기

관련 교과	성취기준
국어	[4국01-03] 원인과 결과의 관계를 고려하며 듣고 말한다.
사회	[4사01-05] 옛날과 오늘날의 교통수단에 관한 자료를 바탕으로 하여 교통수단의 발달에 따른 생활 모습의 변화를 설명한다.
도덕	[4도01-03] 최선을 다하는 삶을 위해 정성과 인내가 필요한 이유를 탐구하고 생활 계획을 세워 본다.

교과	학습 목표	쪽
국어	원인과 결과를 생각하며 경험을 이야기하기	168~185
사회	옛날과 오늘날의 사람들이 교통수단을 이용했던 모습 알기	96~106
도덕	인내하며 자신의 일에 최선을 다하는 생활의 중요성을 알기	22~29

PBL 문제

　반가워요. 나는 바람이 할아버지예요. 여러분에게 내가 살아온 이야기를 하려니 조금은 쑥스럽군요. 내가 어릴 적에 나의 어머니는 건강이 좋지 않았어요. 하지만 그때는 병원에 가려면 돈이 많이 있어야 했어요. 그래서 나는 꼭 의사가 되어 돈이 없어 병원에 가지 못하는 사람들을 치료해 주어야겠다고 생각했어요.

　의사가 되려면 공부를 많이 해야 했어요. 우리 집은 몹시 가난하였기 때문에 책을 살 돈도 없었어요. 그래서 나는 책을 딱 한 권만 사서 그 책이 너덜너덜해질 때까지 읽고 또 읽었어요. 가끔씩은 정말 이렇게 공부하면 의사가 될 수 있을까 하는 생각이 들기도 했고, 어울려 노는 친구들을 보면 나도 저러고 싶다는 생각이 들기도 하였지요. 하지만 그때마다 나는 어머니를 떠올리며 더 열심히 공부했어요.

　마침내 내가 의과 대학에 합격했을 때 나는 어머니께 이 소식을 빨리 전하고 싶어서 부산으로 가는 버스를 탔어요. 서울에서 버스를 타고 부산까지 13시간이 걸렸어요. 그렇게 집에 도착하여 어머니께 그 소식을 전하던 날, 어머니께서 내게 보이셨던 모습을 나는 아직도 잊을 수 없어요.

　여러분은 어떤 꿈을 가지고 있나요? 그리고 어떤 노력을 하고 있나요?

　나의 이야기가 여러분에게 작은 불씨가 되길 바라며 이야기를 마치겠습니다.

> ↳ PBL문제 분석하기
> 이 PBL 문제는 우리에게 어떤 것을 생각해 보도록 하는 걸까?

▷ 문제 읽어 보기

- 바람이 할아버지가 꿈을 이루기 위해 어떤 노력을 하였는지 찾기
- 바람이 할아버지가 이 이야기를 통해 우리에게 말하고 싶은 것이 무엇인지 찾기(우리의 꿈이 무엇인지, 그 꿈을 위해 노력하고 있는지 되짚어 보기)

▷ 우리의 꿈을 이루기 위해 각자 어떤 노력을 하고 있는지 생각하기

▷ 우리의 꿈을 이루기 위해 어떤 과정으로 공부를 해야 하는지 설계하기
- 우리의 꿈을 이루기 위해 생각해 보아야 할 것이 무엇인지 떠올리기
  예 '나의 꿈에 대해 생각하기', '나의 꿈을 이루기 위해 어떤 노력을 해야 하는지 생각하기' 등.
- 나의 꿈을 생각만 해서 이룰 수 있을지 생각해 보기
- 나의 꿈을 정하지 않고 열심히 공부만 하면 되는지 생각해 보기

> **도움이 되는 안내!**
>
> 이 PBL 학습은 바람이 할아버지의 이야기를 통해 국어과의 원인과 결과에 대해 학습하고, 바람이 할아버지처럼 꿈을 이루기 위해 현재 나 자신의 학습 태도를 비판적으로 되짚어 보는 내용으로 설계하였습니다.

▷ 우리가 알아야 할 것을 알기 위해 공부해야 할 교과가 무엇인지 찾기
- 『국어』, 『사회』, 『도덕』 등.

원인과 결과가 무엇인지 알기

> ↳ 원인과 결과 알기
>
> 바람이 할아버지가 꿈을 의사로 정한 이유와 바람이 할아버지가 의사가 될 수 있었던 이유는 무엇일까?

▷ 바람이 할아버지의 행동 정리하기

- 바람이 할아버지가 의사가 되고 싶었던 이유를 그림으로 나타내기

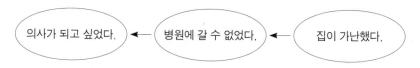

> **도움이 되는 질문!**
>
> 바람이 할아버지는 왜 의사가 되고 싶었나요?
> 바람이 할아버지는 왜 병원에 갈 수 없었나요?

▷ 원인과 결과에 대해 알기

- 바람이 할아버지가 의사가 되고 싶었던 것과 병원에 갈 수 없었던 것, 집이 가난했다는 것 사이의 관계 알기(바람이 할아버지가 의사가 되고 싶었던 것은 어머니가 병원에 갈 수 없었기 때문입니다. 어머니가 병원에 갈 수 없었던 이유는 집이 가난해서입니다. 앞에 일어난 일 때문에 뒤에 어떤 일이 일어날 때 우리는 그것을 '원인'과 '결과' 관계라고 합니다.)
- 원인과 결과의 관계라고 말할 수 있는 일을 떠올리기

  비가 왔다.→우산을 챙겼다.

  날이 더웠다. → 땀이 났다.
- 『국어』 교과서 170~171쪽에서 더 자세히 공부하기

  원인: '쓰레기를 버리는 장소가 어둡다', '골목 입구에 쓰레기가 쌓여 있어 보기에도 좋지 않다.'

결과: '쓰레기 정거장을 만들었다.'

▷ 원인과 결과에 따라 이야기하기

- 「송아지와 바꾼 무」 이야기를 떠올리기

'한 착한 농부가 밭에서 커다란 무를 캐냈다. 농부는 기뻐하며 그것을 사또에게 바쳤다. 사또는 농부의 착한 마음을 칭찬하며 송아지를 선물로 주었다. 이 소식을 들은 못된 농부가 자신도 큰 선물을 받고 싶은 마음에 자신이 기르던 살찐 송아지를 사또에게 바쳤다. 사또는 가지고 있던 커다란 무를 선물로 주었다.'

- '송아지와 바꾼 무' 이야기에서 결과 찾기

착한 농부: 송아지를 선물로 받았다.

못된 농부: 무를 선물로 받았다.

- 각 결과에 대한 원인 찾기

착한 농부: 무를 사또에게 바쳤다.

못된 농부: 송아지를 사또에게 바쳤다. 착한 농부가 송아지를 선물로 받았다는 것을 알았다.

- 원인과 결과로 이야기를 정리하기

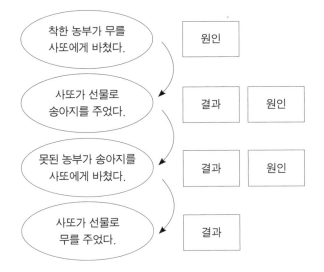

▷ 원인과 결과의 관계 알기

- 사또가 착한 농부에게 송아지를 선물로 준 일이 다른 일과 어떤 관계에 있는지 찾기(이 일은 착한 농부가 무를 사또에게 바친 일의 결과가 되기도 하고, 못된 농부가 송아지를 사또에게 바친 일의 원인이 되기도 함.)
- 이야기의 각 부분에서 이 일이 다음 일과 어떤 관련이 있는지 빈칸에 쓰기

도움이 되는 안내!

대부분의 이야기에서는 하나의 원인이 하나의 결과만을 가져오지 않습니다. 하나의 원인이 어떤 결과를 초래하고 그 결과가 다시 다른 일의 원인이 되는 구조로 되어 있는 경우가 많습니다. 「송아지와 바꾼 무」 이야기나 '바람이 할아버지' 이야기도 모두 그러한 구조로 되어 있습니다.

5차시 **수업(원인과 결과로 정리하기)**

↳ 사건의 원인과 결과로 정리하기
원인과 결과로 나타내기

▷바람이 할아버지가 말한 내용을 원인과 결과로 나타내기

- 바람이 할아버지가 의사가 되어야겠다고 생각한 일을 원인과 결과로 나타내기

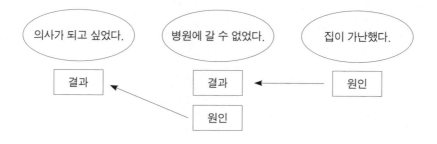

- 할아버지가 의과 대학에 합격하였다는 것을 안 이후의 행동을 원인과 결과로 정리하기

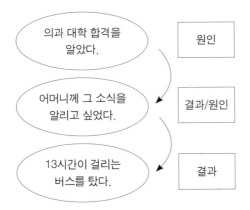

- 할아버지가 13시간이나 걸리는 버스를 탄 이유는 무엇일지 추측하기

▷ 내가 알고 있는 교통수단을 떠올려 보고 그것을 과거의 것과 현재의 것으로 나누어 보기
  - 포스트잇을 이용하여 모둠 친구끼리 내가 알고 있는 교통수단을 하나씩 적기
  - 교통수단을 과거의 것과 현재의 것으로 나누어 보기
  - 교과서나 그 밖의 자료를 참고하여 교통수단을 더 찾기

▷ 원인과 결과를 이용하여 교통수단의 변화를 정리하기
  - 교통수단이 변화한 원인 찾기
    예 '과학 기술의 발달', '새로운 에너지의 발견 및 이용' 등.
  - 변화한 교통수단으로 우리의 삶이 어떻게 변화하였는지 찾기
    예 '하루 만에 전국 어디든 갈 수 있음', '해외의 여러 나라에도 손쉽게 갈 수 있음', '해외든 국내든 필요한 물건을 손쉽게 구할 수 있음' 등.

▷ 바람이 할아버지의 노력을 원인과 결과로 정리하기

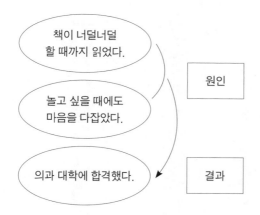

- 바람이 할아버지가 의과 대학에 합격할 수 있었던 이유는 무엇인지 찾기

  예 책이 너덜너덜할 때까지 읽으며 공부를 하였고, 놀고 싶을 때에도 마음을 다잡으며 공부를 함.' 등.

6~8차시　　**나의 학습 검사지 만들기**

> ↳ PBL 문제 해결하기
> 나의 학습 태도를 검사하는 검사지 만들기

▷ 바람이 할아버지처럼 어려움을 참고 견디며 최선을 다하는 삶에 대해 알기

- 『도덕』 교과서 24쪽을 보면서 두 이야기를 보고 각각의 인물의 행동을 원인과 결과로 나누기
- 어려움을 견디며 최선을 다하면 왜 좋은 결과가 따르는지 자신의 생각을 이야기하기

▷ 나의 학습 검사지 만들기

- 3학년이 끝날 무렵 나의 학습 태도를 검사한 검사지의 각 항목에 어떤 내

용이 제시되면 좋겠는지 써 보기

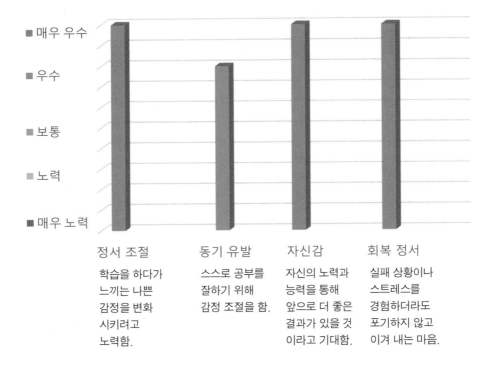

	정서 조절	동기 유발	자신감	회복 정서
	학습을 하다가 느끼는 나쁜 감정을 변화 시키려고 노력함.	스스로 공부를 잘하기 위해 감정 조절을 함.	자신의 노력과 능력을 통해 앞으로 더 좋은 결과가 있을 것 이라고 기대함.	실패 상황이나 스트레스를 경험하더라도 포기하지 않고 이겨 내는 마음.

- 위와 같은 결과를 얻기 위해 어떤 원인이 있어야 하는지 생각하며 기록하기
  예 '공부를 하다가 짜증이 나도 이 공부를 통해서 내가 더 성장할 수 있다
     는 생각을 하며 짜증을 가라앉히려고 노력하기', '오늘 공부를 빨리 마
     쳐서 내가 원하는 놀이를 실컷 할 수 있다고 생각하면서 공부 시작하기'
     등.

▷ 원인과 결과를 생각하며 이야기를 만들기
  - 나의 학습 검사지의 결과를 상상하기
  - 상상한 결과를 바탕으로 4학년이 되어 3학년 동생들에게 나는 어떻게 공
    부하였는지를 알리는 이야기를 만들기
  - 이야기를 발표하기

이 PBL 활동은 스스로 공부하는 습관을 가지기 위해 현재 자신의 공부 태도에서 고쳐야 할 부분을 생각해 보도록 설계하였습니다. 좋은 결과는 끊임없는 노력으로 이루어진다는 사실을 국어과의 원인과 결과 개념을 통해 이해할 수 있도록 하였습니다.

되짚기

이야기를 읽고 원인과 결과로 사건을 정리할 수 있나요?
현재 자신의 공부 태도에서 고쳐야 할 점은 무엇인가요?

이 수업의 포인트

어떤 일이 생기게 된 이유를 원인이라고 하고 그 원인으로 벌어진 일을 결과라고 합니다.

마션 프로젝트

지구에 대해 알기 + 길이와 시간의 단위를 이해하기 = 새로운 지구 설계하기

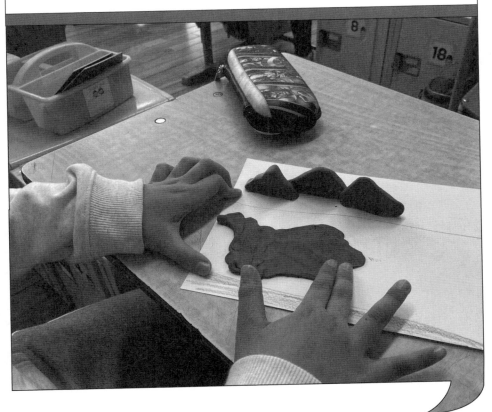

수업 흐름 ⊗   관련 교과 ⊗   관련 교과서 내용 ⊗

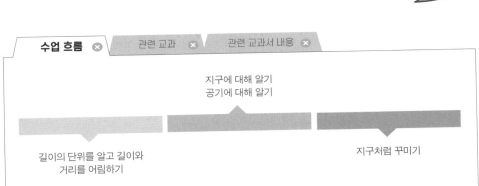

지구에 대해 알기
공기에 대해 알기

길이의 단위를 알고 길이와
거리를 어림하기

지구처럼 꾸미기

| 수업 흐름 ⊗ | **관련 교과** ⊗ | 관련 교과서 내용 ⊗ |

관련 교과	성취기준
수학	[4수03-03] 길이를 나타내는 새로운 단위의 필요성을 인식하여 1㎜와 1㎞의 단위를 알고, 이를 이용하여 길이를 측정하고 어림할 수 있다.
과학	[4과16-01] 지구와 관련된 자료를 조사하여 모양과 표면의 모습을 설명할 수 있다. [4과16-02] 육지와 비교하여 바다의 특징을 설명할 수 있다. [4과16-03] 지구 주위를 둘러싸고 있는 공기의 역할을 예를 들어 설명할 수 있다.

| 수업 흐름 ⊗ | 관련 교과 ⊗ | **관련 교과서 내용** ⊗ |

교과	학습 목표	쪽
수학	길이의 단위 이해하기 길이와 거리 어림하기	88~91 92~95
과학	지구 표면의 모습 이해하기 지구의 공기 역할 알기	98~101 102~103

PBL 문제

벌써, 몇 명째일까?

　우리가 지구를 떠나 이 행성까지 온 지 벌써 여러 해가 지났다. 지구가 아닌 곳에서 사람이 살 수 있는 환경을 찾을 수 있었던 건 인류의 행운이라고 생각하였다. 하지만 시간이 지날수록 사람들은 지구를 그리워하기 시작하였다. 지구가 못 견디게 그리운 사람들이 이 행성을 떠나는 일이 점점 많아졌다. 많은 사람들이 지구로 돌아갔지만 환경오염으로 이미 망가진 그곳에서 할 수 있는 건 아무것도 없었다.

　이제 남은 방법은 이 행성에 사는 사람들에게 잠시나마 지구를 느낄 수 있는 공간을 마련해 주는 것밖에 없다. 이 행성에는 우리가 살고 있는 곳 이외에 공기가 있는 다른 한 곳이 더 있다는 것은 정말 다행스러운 일이다. 그곳을 지구처럼 만들 수밖에….

　하지만 걱정이다. 그곳에 충분한 공기가 있을지, 어떻게 만들어야 지구처럼 보일 수 있을지, 가로 10㎞, 세로 10㎞ 땅을 어떻게 지구처럼 꾸밀지….

　이럴 때에는 내가 책임자라는 것이 슬프다. 누가 날 좀 도와준다면….

PBL 문제 분석하기/ 길이의 단위에 대해 상기하기

> ↳ PBL 문제 분석하기
> 가로 10㎞, 세로 10㎞ 땅을 어떻게 하면 지구처럼 꾸밀 수 있을까?

▷ 문제 읽어 보기

▷ 우리가 해결해야 할 문제가 무엇인지 찾기
  - '나'가 처한 어려움이 무엇인지 생각하기
  (가로, 세로 10㎞인 땅을 지구처럼 꾸미는 것)
  - 문제를 해결하기 위해 우리가 알아야 할 내용에 대해 생각하기
    예 '가로, 세로 10㎞인 땅의 너비가 어느 정도인지 짐작하기', '지구처럼 꾸미기 위해 지구의 환경 알기', '주어진 땅을 효율적으로 나누어 지구처럼 꾸미기' 등.

▷ 우리가 알아야 할 것을 알기 위해 공부해야 할 교과가 무엇인지 찾기
  - 『과학』, 『수학』 등.

▷ 우리가 지금까지 알고 있는 길이의 단위에 대해 이야기하기
  - 우리가 알고 있는 길이의 단위 중 일상생활에서 쓰이는 예를 들어 말하기
    예 "키를 나타낼 때에는 m를 사용한다.", "신발 치수를 나타낼 때에는 ㎜로 나타낸다.", "바지 길이나 치마 길이 같은 것을 나타낼 때에는 ㎝를 사용한다." 등.

2~3차시 km에 대해 알기

↳ 길이 단위 중 km에 대해 알기
km는 어느 정도의 거리를 말하는 걸까?

▷ 1km는 얼마의 길이를 뜻하는 것인지 관련 교과서에서 정보 찾기

▷ 길이와 거리를 어림하기
- 우리 교실에서 길이가 1km 정도라고 생각되는 물건을 이야기하기
- 우리 교실의 길이는 어느 정도가 될지 어림하기
- 우리 학교 운동장의 길이는 어느 정도가 될지 어림하기
- 1km를 걷는 데 걸리는 시간을 어림하기
- 2km를 걷는 데 걸리는 시간을 어림하기
- 우리 학교에서 집까지의 거리를 어림하고 걸리는 시간을 짐작하기

▷ m 단위를 쓰지 않고 km 단위를 쓰면 어떤 점이 좋은지 생각하기
예 '길이가 길거나 거리가 멀 때 쉽게 이해할 수 있게 표현이 가능함.' 등.

▷ km 단위로 표현하기
- 2km보다 500m 더 길 때는 어떻게 표현하는지 생각하기

지구의 모습 살피기

> ↳ 우리가 사는 지구에 대해 알기
> 지구 표면이 어떤 모습인지 관찰하기

▷ 지구본을 보면서 지구 표면이 어떤 모습인지 관찰하기

- 지구본이 무엇인지 알기

  예 '우리가 사는 지구를 작게 만들어 놓은 것' 등.

- 지구본을 관찰하면 무엇을 알 수 있는지 이야기하기

  예 '우리가 사는 지구 표면에서 무엇을 볼 수 있는지 알 수 있음.', '각 나라의 모양을 알 수 있음.', '나라별로 땅의 크기를 알 수 있음.' 등.

▷ 지구본을 보면서 지구 표면의 모습을 나누어서 살펴보기

- 육지에서 볼 수 있는 것들을 찾아보기

  예 산, 들, 강, 호수, 사막 등.

- 육지와 바다가 만나는 곳에서 볼 수 있는 것들은 찾아보기

- 바다에서 볼 수 있는 것들을 찾아보기

▷ 인터넷을 이용하여 인공위성 사진을 보면서 지구 표면의 모습 관찰하기

- 지구 표면에서 볼 수 있는 것들 찾아보기

  예 산맥, 해안선, 화산 등.

공기에 대해 알기

> ↳ 공기가 무엇인지 알기
> 공기란 무엇일까?

▷ PBL 문제의 책임자가 공기가 충분한지를 걱정한 이유에 대해 알기

 - 공기가 무엇인지 교과서에서 관련 내용을 찾기

   예 '공기는 눈에 보이지 않지만 지구를 둘러싸고 있으며, 공기가 있어서 생물이 숨을 쉬고 살 수 있음' 등.

▷ 교과서에 제시된 내용을 바탕으로 공기의 특성에 대해 조사하기

 - 색이 없어서 눈에 보이지 않음

 - 하지만 지구에 있음

 - 공기가 있어서 생물이 살 수 있음

 - 공기가 있으면 바람도 불 수 있음

▷ PBL 문제 해결하기

 - 지구처럼 꾸미려는 땅에 공기가 충분한지를 알 수 있는 방법이 무엇인지 생각하기

   예 '하늘에 연을 띄워서 얼마나 연이 나는지 살펴보기', '작은 동물을 한 마리 키우면서 그 동물이 얼마나 사는지 확인하기' 등.

정해진 땅을 지구처럼 꾸미기

▷ 지구처럼 꾸밀 땅의 크기를 조절하기

- 지구처럼 꾸밀 땅의 길이를 일정하게 줄이기

  예 '1km를 5cm로 줄이기', '1km를 10cm로 줄이기' 등.

> **도움이 되는 안내!**
>
> 땅을 줄일 때 너무 많이 줄이면 표현하기가 힘듭니다. 적절한 비율에 대해서는 학생들과 의논 후 결정해도 됩니다.

- 줄인 땅의 크기를 도화지나 전지 등에 표시하기
- 표시된 땅에서 행성 사람들이 살 공간과 지구처럼 꾸밀 공간을 적절하게 나누기

> **도움이 되는 안내!**
>
> 공간을 배분할 때에는 실제 길이가 얼마인지를 짐작해 보고 그 너비가 어느 정도인지 생각한 후 나눌 수 있도록 해야 합니다.

- 지구처럼 꾸밀 공간에 지구본에서 관찰한 것들이 드러나게 표현하기

  (아이클레이 등을 활용하여 지구의 표면에서 볼 수 있는 것들을 적절히 꾸미기)

지구처럼 꾸밀 공간을 육지와 바다로 나눈 다음, 육지에서 볼 수 있는 것들을 차례대로 표현해
보도록 합니다.

▷ 친구들 앞에서 발표하기

- 다른 모둠의 자료를 보고 길이와 거리를 적절히 고려하면서 지구 표면의
  모습들을 잘 살려 냈는지 살펴보기

더하기

이 PBL 문제의 최종 해결은 일정한 공간을 지구처럼 느낄 수 있도록 꾸미는 것이나 여기에는 길
이와 거리에 대해 학습한 내용이 들어가야 합니다. 미술적 표현력을 위주로 교사의 피드백이 이루
어져서는 안 되며, 이 길이가 실제로는 어느 정도의 거리인데, 이 거리라면 사람들이 살아가는 데
불편함이 없을 것인지 등을 학생들이 고려할 수 있는 방향으로 피드백이 이루어져야 합니다.

되짚기

1km의 길이가 어느 정도인지 짐작할 수 있나요?
지구본이나 인공위성 사진을 보면서 지구에 대해 관찰한 내용을 설명할 수 있나요?

이 수업의 포인트

1000m는 1km를 의미합니다.
지구 표면은 육지와 바다 등으로 이루어져 있고, 육지에는 산, 들, 강, 화산, 사막과 같은 것이 있
습니다. 지구에는 공기가 있어 여러 생물이 살 수 있습니다.

06 나는 우리 고장 가이드

우리 고장의 환경과 생활 모습을 알기 + 아는 내용이나 겪은 일과 관련지어 글을 이해하기
+ 우리 고장에 전해 오는 노래를 알기 = 나는 우리 고장 가이드

수업 흐름 ✖   관련 교과 ✖   관련 교과서 내용 ✖

우리 고장에 대해 알기

아는 것과 관련지어 글을 이해하기   우리 고장 소개하기

관련 교과	성취기준
국어	[4국02-01] 문단과 글의 중심 생각을 파악한다.
사회	[4사02-01] 우리 고장의 지리적 특성을 조사하고, 이것이 고장 사람들의 생활 모습에 미치는 영향을 탐구한다.
음악	[4음02-02] 상황이나 이야기 등을 표현한 음악을 듣고 느낌을 발표한다.

교과	학습 목표	쪽
국어	아는 내용이나 겪은 일과 관련지어 글을 이해하기	68~75
사회	우리 고장의 환경과 생활 모습 알기	10~30

PBL 문제

안녕! 친구들. 만나서 반가워.

나는 20년 후에 우리 고장의 가이드를 하게 될 드림이야. 너는 꿈이 뭐니? 나는 말이지, 멋진 우리 고장을 다른 사람들에게 알리는 것이 꿈이야. 우리 고장을 잘 모르는 사람들은 우리 고장에 대해 '따분하다, 놀거리가 없다, 재미가 없다'라고 말을 해. 하지만 그건 정말 우리 고장을 모르는 사람들이 하는 말이야. 우리 고장은 멋진 산이 있고 정말 큰 강이 흐르는 곳이야. 산은 매우 높기 때문에 케이블카를 이용하기도 해. 멋진 산을 내려다보는 풍경은 그야말로 그림 같아서 많은 사람이 우리 고장의 산을 잊지 못한다고 말을 해.

우리 고장에는 예부터 내려오는 노래가 전해지기도 해. 우리 고장에 있는 큰 강을 건널 때 뱃사공들이 노를 저으면서 불렀다는 노래야. 아마 다른 고장에는 이렇게 전해 오는 노래가 없을걸?

나는 고장을 사랑하는 마음은 고장을 아는 것에서 시작된다고 생각해. 너는 너희 고장에 대해 얼마나 알고 있니?

PBL 문제 분석하기/ 자연환경과 인문 환경 구별하기

> ↳ PBL문제 분석하기
> 우리 고장에 대해 자세히 알기(우리 고장의 모습, 우리 고장에서 전해 오는 이야기나 노래 등 알기)

▷ 문제 읽고 물음에 답하기

- 드림이가 사는 고장의 모습에 대해 설명하기

  예 '멋진 산이 있고 큰 강이 흐르는 곳', '산이 높아서 케이블카가 있는 곳',
  '케이블카를 타고 멋진 산을 내려다보면 풍경이 너무 아름다운 곳' 등.

- 드림이가 사는 고장에 대해 더 알고 있는 것 찾기

  예 '큰 강을 건너기 위해 배를 모는 뱃사공이 있었음', '뱃사공이 배를 움직
  이면서 불렀던 노래가 전해지고 있음' 등.

▷ 드림이가 사는 곳의 환경에 대해 이야기를 나누기

- 드림이가 사는 고장의 환경을 어떻게 분류할 수 있을지 의견 나누기

  예 '우리가 눈으로 볼 수 있는 환경과 눈으로 볼 수 없는 환경', '자연환경과
  사람들이 만들어 놓은 환경' 등.

- 우리가 나눈 환경을 어떻게 이름 붙이면 좋을지 이야기를 나누기
- 우리 주변의 환경을 자연환경과 인문 환경으로 나눔을 이해하기

▷ 우리가 해결해야 할 문제가 무엇인지 찾기

- 우리 고장에 대해 알기

▷ 이 문제를 해결하기 위해 우리가 알아야 할 것을 분석하기

- 우리 고장의 환경에 대해 알기
- 우리 고장의 환경을 자연환경과 인문 환경으로 나누어 알기
- 우리 고장에서 전해 오는 노래나 이야기 알기

▷ 우리가 알아야 할 것을 알기 위한 방법 알기

- 우리 고장에 대해 소개하는 여러 자료를 읽기

- 우리 고장에 대해 잘 아는 분의 설명 듣기

▶ 우리가 알아야 할 것을 알기 위해 공부해야 할 교과가 무엇인지 찾기

- 『국어』, 『사회』, 『음악』 등.

2~3차시 읽는 방법을 생각하며 우리 고장에 대한 자료 읽기

↳ 배경 지식을 활용하며 읽기
배경 지식을 활용하며 글을 읽는 방법 알기

▷ 우리 고장에 대한 자료를 읽을 때의 방법 알기

- 우리 고장을 소개한 누리집을 어떻게 읽을 것인지 짝과 이야기하기

도움이 되는 안내!

여기에서 제공되는 자료는 꼭 누리집이 아니어도 됩니다. 다른 읽기 자료를 인쇄물로 만들어 나누어 주어도 이 활동을 하는 데는 지장이 없습니다. 다만 제공하는 자료에는 적당히 어려운 낱말과 함께 배경지식이 없으면 이해하기 어려운 내용을 포함하여야 합니다.

- 우리 고장을 소개한 누리집을 읽고 자신은 어떤 방법으로 글의 내용을 이 해하려고 하였는지 생각하기
- 내가 잘 이해하기 위해서 어떤 방법을 사용하며 글을 읽었는지 친구들과 이야기를 나누기
- 친구가 사용한 방법이 효과적인지 생각하며 친구가 사용한 방법으로 우리 고장을 소개한 누리집 읽기

- 글의 내용을 자신이 겪은 일이나 알고 있는 것과 관련지어 이해하면 어떤 점이 좋은지 알기

▷ 아는 것이나 겪은 일과 관련지어 글을 읽는 방법 알기
 - 아는 것이나 겪은 일과 관련지어 글을 읽으려면 어떻게 해야 하는지 자신의 생각을 말하기
  예 "이미 알고 있는 내용을 더 보충하는 내용이 있는지, 모르고 있는 부분에 대해 더 알려 주는 부분이 있는지, 내가 한 일과 어떠한 점에서 비슷한지 등을 떠올리며 읽어야 합니다." 등.

▷ 아는 것이나 겪은 일과 관련지어 글을 읽는 연습하기
 - KWL 학습지를 이용하여 '과학 실험을 안전하게 하는 방법'에 대해 내가 이미 알고 있는 것을 정리하기

도움이 되는 안내!

KWL은 내용 지식 교과의 읽기 내용을 좀 더 잘 이해하기 위해 마련된 방법입니다. 현재까지는 KWL의 여러 가지 변형 형태가 있으나 여기에서는 가장 기본적인 학습 방법을 소개하였습니다.

 - 『국어』 교과서 73~74쪽을 아는 것이나 겪은 일과 관련지어 읽기
 - KWL 학습지에 '과학 실험을 안전하게 하는 방법'에 대해 내가 알게 된 점을 정리하기

▷ 우리 고장의 환경이나 생활 모습에 대한 글을 찾아 읽기

- 우리 고장의 환경이나 생활 모습을 알려 주는 자료는 어디에 있을지 생각하기
  예 '시청이나 도청의 누리집', '우리 시나 도에서 운영하는 관광지 소개 누리집', '그 외 우리 시도를 소개하는 여러 블로그' 등.

- 아는 것이나 겪은 일과 관련하여 내가 찾은 자료 읽기
  (우리 고장에 대해 소개해 놓은 글을 읽으면서 내가 그곳에 가 본 일이 있는지, 그곳에 대해 내가 어떤 것들을 알고 있는지 등을 생각하며 글 읽기)

4~5차시 | 예부터 전해 오는 음악 알기

↳ 농악에 대해 알기
우리 고장에서 전해 내려오는 음악 감상하기

▷ 생활 속에서 활용되는 농악 알기

- 농악이 무엇인지 알기

- 농악 듣고 어떤 느낌인지 이야기하기

- 주로 언제 농악을 연주하였을지 생각해 보기

▷ 우리 고장에서 내려오는 음악 알기

- 농악뿐 아니라 우리 고장에서 예부터 전해 오는 노래 찾기

- 모둠별로 우리 고장의 노래 따라 부르기

- 우리 고장에서 전해 내려오는 음악에 얽힌 이야기 알기

6~7차시 | 우리 고장에 대해 소개하기

↳ 배경지식을 활용하며 발표 듣기
  우리 고장 소개하기

▷ 우리 고장에 대해 소개할 내용을 마련하기

- 우리 고장에 대해 읽거나 조사한 내용을 바탕으로 소개할 내용을 정리하기

도움이 되는 안내!

우리 고장 전체에 대해 소개한다기보다 우리 고장에서 전해 오는 이야기 혹은 노래나 우리 고장의 자연환경 등 특정한 부분을 정하여 소개하도록 합니다.

- 친구들이 알고 있는 내용과 관련지어 쉽게 이해할 수 있도록 소개할 내용 만들기

도움이 되는 안내!

우리 고장의 자연환경이 우리 고장 사람들의 생활 모습에 영향을 미친다는 내용이 포함될 수 있도록 해야 합니다.

- 우리 고장에 처음으로 방문한 관광객도 우리 고장에 대해 잘 알 수 있는지 생각하며 소개할 내용 고치기

▷ 우리 고장에 대해 소개하기
 - 소개할 내용을 연습하기
 - 친구들 앞에서 소개할 내용 발표하기(발표를 듣는 친구들은 자신이 알고 있는 것이나 겪은 일과 관련지어 소개하는 내용을 이해하기)

더하기

이 PBL 문제는 3학년 수준에서 우리 고장에 대한 이해를 높이기 위하여 구성되었습니다. 우리 고장의 주요한 환경이 무엇인지(산인지, 강인지, 바다인지, 들판인지 등)를 알고 그것이 우리 고장 사람들의 삶에 미치는 영향을 이해하는 데 초점을 맞추었습니다. 대도시에서 사는 경우 주로 인문 환경에 영향을 받기 때문에 자연환경이 삶에는 큰 영향을 미치지 않는다고 생각하기 쉽습니다. 가령 서울의 경우 한강은 사람들의 생활에 큰 영향을 미치지는 않습니다. 하지만 한강은 서울 사람들이 산책을 하거나 모임을 하는 등 안식처로서의 역할을 수행합니다. 이러한 점으로 미루어 볼 때 대도시에서도 자연환경은 인간의 삶에 큰 영향을 미친다는 것을 알 수 있습니다. 이 학습을 통해 자연환경이나 인문 환경이 인간의 삶에 여러 가지 영향을 주고 있다는 사실을 이해할 수 있습니다.

되짚기

글을 읽으면서 아는 내용이나 겪은 일과 관련지어 글을 이해할 수 있나요?
우리 고장의 환경과 우리 고장 사람들의 생활 모습을 관련지어 이해하고 있나요?

이 수업의 포인트

글을 읽을 때에 내가 이미 알고 있는 것이나 그와 비슷한 경험을 떠올려 글을 읽으면 글의 내용을 좀 더 잘 이해할 수 있음을 이해해야 합니다.
우리 주변의 환경은 자연환경과 인문 환경으로 나눌 수 있는데, 자연환경과 인문 환경 모두 우리의 삶에 영향을 미친다는 사실을 알아야 합니다.

07

분류하기

분류가 무엇인지 알고 분류하는 방법 알기 + 수집한 자료를 분류하기 + 고장 사람들의 여가 생활 모습을 분류하기 + 우리 주변에서 볼 수 있는 동물을 분류하기 = 분류하기

수업 흐름 ⊗	관련 교과 ⊗	관련 교과서 내용 ⊗

분류 연습하기

분류가 무엇인지 알기   바른 기준으로 분류하기

관련 교과	성취기준
수학	[4수05-01] 실생활 자료를 수집하여 간단한 그림그래프나 막대그래프로 나타낼 수 있다.
사회	[4사02-02] 우리 고장과 다른 고장 사람들의 의식주 생활 모습을 비교하여 환경의 차이에 따른 생활 모습의 다양성을 탐구한다.
과학	[4과03-01] 여러 가지 동물을 관찰하여 특징에 따라 동물을 분류할 수 있다.

교과	학습 목표	쪽
수학	자료를 수집하여 표로 나타내기	126~129
사회	우리 고장 사람들의 여가 생활 모습 분류하기	26~29
과학	우리 주변에서 볼 수 있는 동물 분류하기	24~34

PBL 문제

우리 가족은 금요일 저녁마다 외식을 합니다. 메뉴는 각자 먹고 싶은 것을 이야기하고 가장 많은 의견이 나온 것으로 정합니다. 그런데 외식 메뉴를 정할 때마다 동생이 마음대로 정한다는 생각이 듭니다. 지난주에 우리 가족이 원하는 메뉴는 다음과 같았습니다.

아빠	엄마	나	동생
김치찌개	돼지갈비	삼겹살	떡볶이

그런데 동생이 아빠와 자신은 비슷하다고 하면서 떡볶이로 외식 메뉴를 결정하였습니다. 또, 2주 전 금요일에는,

아빠	엄마	나	동생
피자	오리불고기	짜장면	삼겹살

엄마와 자신만 비슷하다고 하면서 삼겹살을 먹어야 한다고 하였습니다. 여러분, 정말 이렇게 결정하는 것이 맞나요?

PBL 문제 분석하기

> ↳ PBL 문제 분석하기
> 우리 가족의 외식 메뉴는 바르게 정해지고 있는 것일까?

▷ 문제를 읽고 내용 파악하기

- PBL 문제 속 어린이가 궁금해 하는 것이 무엇인지 찾기

  예 '우리 가족의 외식 메뉴를 동생이 마음대로 정하고 있지는 않을까에 대해 궁금해 함.'

- 지난주 동생이 아빠와 자신의 메뉴가 비슷하다고 한 이유가 무엇인지 짐작하기

  예 '아빠가 원하는 김치찌개와 동생이 원하는 떡볶이의 음식 색깔이 붉은 색으로 비슷하기 때문에 비슷하다고 생각하였을 것이다.' 등.

- 2주 전 동생이 엄마와 자신의 메뉴가 비슷하다고 한 이유가 무엇인지 짐작하기

  예 '엄마와 동생이 모두 고기류를 선택하였기 때문에 비슷하다고 생각하였을 것이다.' 등.

- 동생이 이렇게 비슷하다고 나눈 이유가 타당한지 자신의 생각 말하기

  예 "타당하다. 왜냐하면 각자 서로 다른 메뉴를 선택했지만 그래도 비슷한 것을 고르라고 하면 동생처럼 고를 수 있기 때문이다.", "타당하지 않다. 색깔이 비슷하다고 해서 비슷한 음식이라고 보기는 어렵기 때문이다." 등.

▷ 우리가 해결해야 할 문제가 무엇인지 찾기

- 동생이 원하는 대로 외식 메뉴를 결정하는 것이 맞는지 확인하기

▷ 이 문제를 해결하기 위해 우리가 알아야 할 것 분석하기

- 분류하는 방법 알기

- 분류하기

▷ 우리가 알아야 할 것을 알기 위해 공부해야 할 교과가 무엇인지 찾기

- 『수학』, 『사회』, 『과학』 등.

0.5~2차시 분류가 무엇인지 알기

↳ 동생의 의견은 타당한지 분류를 통해 알기
분류 기준에 따라 분류하기

▷ 분류가 무엇인지 알기

- 분류에 대해 소개해 놓은 교과서를 찾아보기

- 『과학』 교과서 26쪽에서 분류가 언급된 부분을 찾아 분류의 의미 추측하기

(동물을 연구하는 과학자들은 동물을 관찰하고 특징에 따라 분류합니다.)
- 『과학』 교과서 26쪽에서 분류를 어떻게 하는지 소개해 놓은 탐구 활동을 보면서 분류가 무엇인지 추측하기
  예 '날개가 있는 것과 없는 것으로 분류합니다.', '다른 분류 기준을 세우고 그에 따라 동물 카드에 있는 동물을 분류해 봅시다.', '동물은 그 특징에 따라 날개가 있는 것과 없는 것 등으로 분류할 수 있습니다.'
  (위로 미루어 보아 분류는 어떤 기준을 세우고 그 기준에 해당하는 것과 해당하지 않는 것으로 나누는 것을 의미하는 것 같습니다.)
- 분류에 대한 개념 정리하기

▷ 분류 기준에 대해 생각하기
- 다음과 같은 기준대로 분류하는 것은 어떠할지 생각해 보기
  예 '키가 큰 사람과 그렇지 않은 사람', '아름다운 옷과 그렇지 않은 옷' 등.
- 위의 예시를 통해 분류 기준이 갖추어야 하는 조건에 대해 이야기를 나누기

▷ 분류 기준에 따라 분류하기
- 내가 가지고 있는 물건을 분류 기준을 정해 분류하기
- 내가 분류한 내용을 짝에게 말하고 제대로 분류하였는지 이야기를 나누기
- 교실의 물건을 분류 기준에 따라 분류하기
- 친구들 앞에서 자신이 분류한 기준을 발표하기

기준을 정해 분류하기 1

> ↳ 분류하기
>
> 우리 고장 사람들의 여가 생활을 분류하기

▷ 우리 고장 사람들의 여가 생활을 기준에 따라 분류하기

- 여가 생활이 무엇인지 알기

- 내가 하는 여가 생활을 정리하기

   예 '영화 보기', '산책하기', '자전거 타기' 등.

- 내가 하지는 않지만 다른 친구나 가족들이 하는 여가 생활을 정리하기

   예 '낚시하기', '등산하기', '식물 가꾸기', '캠핑하기' 등.

- 우리 고장 사람들이 많이 하는 여가 생활 찾아보기

   예 '패러글라이딩하기', '도서관에서 책 읽기', '공예품 만들기', '사진 찍기' 등.

▷ 우리 고장 사람들이 하는 여가 생활을 분류하기

- 분류 기준을 정하기

   예 '어떤 환경을 이용하는가?', '우리 고장의 도심에서 할 수 있는가?' 등.

- 분류 기준에 따라 분류하기

도움이 되는 안내!

도구가 필요한 여가 활동인가? 혼자서 할 수 있는 여가 활동인가? 등의 기준을 활용하여 분류
할 수 있도록 합니다.

기준을 정해 분류하기 2

> ↳ 분류하기
> 동물을 분류하기

▷ 교과서에서는 동물을 어떤 기준으로 분류하였는지 살펴보기

  - 『과학』 교과서 6쪽의 차례를 보면서 2단원에서는 동물을 어떤 기준으로 분류하였는지 생각하기

▷ 분류된 동물을 다시 분류하는 기준을 생각하기

  - 땅에서 사는 동물을 분류하는 기준을 정하고 분류하기

    예 '사는 곳에 따라 분류하기(땅 위, 땅속, 땅 위와 땅속 모두)', '다리가 있는 동물과 다리가 없는 동물로 분류하기', '풀을 먹고 사는 동물과 다른 동물을 먹고 사는 동물로 분류하기' 등.

  - 분류 기준에 적합하지 않은 분류가 있는지 살펴보기

  - 분류에서 빠진 동물이 있는지 생각해 보기

  - 내가 분류한 것과 친구가 분류한 것 비교하기

  - 사막에 사는 동물을 분류하는 기준을 정하고 분류하기

    예 '곤충과 곤충이 아닌 동물을 분류하기', '사는 곳에 따라 분류하기' 등.

  - 분류 기준에 적합하지 않은 분류가 있는지 살펴보기

  - 분류에서 빠진 동물이 있는지 생각해 보기

  - 내가 분류한 것과 친구가 분류한 것 비교하기

  - 물에 사는 동물을 분류하는 기준을 정하고 분류하기

    예 '사는 곳에 따라 분류하기', '다리가 있는 동물과 다리가 없는 동물로 분류하기', '지느러미가 있는 동물과 지느러미가 없는 동물로 분류하기' 등.

  - 분류 기준에 적합하지 않은 분류가 있는지 살펴보기

  - 분류에서 빠진 동물이 있는지 생각해 보기

- 내가 분류한 것과 친구가 분류한 것 비교하기
- 날아다니는 동물을 분류하는 기준을 정하고 분류하기
  예 '다른 동물을 잡아먹고 사는 동물과 그렇지 않은 동물', '곤충인 동물과 곤충이 아닌 동물', '여러 해를 사는 동물과 그렇지 않은 동물' 등.
- 분류 기준에 적합하지 않은 분류가 있는지 살펴보기
- 분류에서 빠진 동물이 있는지 생각해 보기
- 내가 분류한 것과 친구가 분류한 것 비교하기

도움이 되는 안내!

학생들이 아직 배우지는 않았지만 포유류, 파충류와 같은 동물의 큰 분류 범주를 알고 이에 따라 분류해 볼 수도 있습니다. 혹은 체온이 변하는 동물과 변하지 않는 동물로 나누거나 알을 낳은 동물과 새끼를 낳는 동물로 나눌 수도 있습니다. 분류 기준에 적합하다면 다양하게 분류하고 분류한 내용을 서로 공유할 수 있도록 하면 됩니다.

7차시 **기준을 정해 분류하기 3**

↳ **분류하기**
　우리 학교 행사 분류하기

▷ 우리 학교의 1년 행사 조사하기

- 지난 한 해 동안 우리 학교에서 있었던 행사 떠올리기
- 선생님의 도움을 받아 지난해 우리 학교에서 있었던 행사 더 조사하기

▷ 우리 학교 학생들이 좋아하는 행사 조사하기

- 우리 반 혹은 다른 반 학생들에게 우리 학교 1년 행사 중 가장 좋아하는 행사가 무엇인지 묻기

설문을 할 때 '가장 좋아하는 행사 한 가지'만 조사할 수도 있고, 가장 좋아하는 행사 3가지를 조사하여 그중에 가장 많은 표를 얻은 행사를 찾아볼 수도 있습니다. 학생 수가 많을 때에는 가장 좋아하는 행사 한 가지만 조사하는 것이 좋으나 학생 수가 적을 때에는 좋아하는 행사 3~5가지 정도를 조사하는 것이 좋습니다.

- 조사 결과 정리하기

▷ 우리 반 학생들이 좋아하는 학교 행사를 기준에 따라 분류하기

- 조사한 결과를 토대로 우리 반 학생들이 좋아하는 학교 행사를 기준에 따라 분류하기

    예 '운동, 음악 관련 행사로 분류하기', '정적인 활동과 움직임이 많은 활동으로 분류하기', '부모님이 오시는 행사와 그렇지 않은 행사로 분류하기' 등.

- 조사 결과 발표하기

- 조사한 결과를 바탕으로 학교에 건의하기

    예 "우리 학교 학생들은 음악 관련 행사를 가장 좋아하는 것으로 나타났습니다. 내년에는 음악 관련 행사가 더 많을 수 있도록 계획을 세워 주세요." 등.

8차시 **타당한 분류에 대해 내 생각 말하기**

↳ PBL 문제 해결하기
동생의 분류 기준에 대한 내 생각 말하기

▷ PBL 문제에 나오는 동생의 분류 기준에 대하여 자신의 생각을 정리하기

- 동생의 분류 기준과 분류 방법에 대해 '나'는 어떻게 생각하는지, 나의 주장과 그 까닭이 드러나게 글로 표현하기

한 편의 글이라기보다는 주장과 그에 대한 짧은 근거를 제시하는 수준에서의 글쓰기를 하면 됩니다.

- 동생의 분류 기준이 타당한지에 대한 내 생각을 친구들과 공유하기

▷ PBL 문제에서 어떤 메뉴를 외식 메뉴로 정하는 것이 타당한지 이야기를 나누기
- 외식 메뉴로 원하는 것들을 기준을 정해 분류하고 어떤 메뉴를 외식 메뉴로 정하는 것이 타당한지 친구들과 이야기를 나누기

더하기

사막에 사는 동물을 분류하는 기준은 딱히 명확하지 않습니다. 하지만 '분류하기'라는 전체적인 흐름에 따라 사막에 사는 동물 역시 다리가 있다든가 사는 곳이 다르다든가 하는 것으로 간단히 분류를 해 보는 것으로 진행하도록 구성하였습니다.

되짚기

분류 기준을 정하여 기준에 따라 분류할 수 있나요?

이 수업의 포인트

분류를 할 때는 누구나 인정할 수 있는 타당한 기준을 정하고 그에 따라 내용을 나누어야 합니다.

08

옆 부족을 염탐하세요

옛날 사람들의 변화한 생활 모습을 알기 + (몇십몇)×(몇십몇) 알기 = 옆 부족을 염탐하세요.

수업 흐름 ✕	관련 교과 ✕	관련 교과서 내용 ✕

(몇십몇)×(몇십몇) 알기

옛날 사람들의 생활 모습 알기   알맞은 까닭을 들어 옆 부족에 대해 자신의 생각 말하기

관련 교과	성취기준
수학	[4수01-05] 곱하는 수가 한 자릿수 또는 두 자릿수인 곱셈의 계산 원리를 이해하고 그 계산을 할 수 있다.
사회	[4사02-03] 옛사람들의 생활 도구나 주거 형태를 알아보고, 오늘날의 생활 모습과 비교하여 그 변화상을 탐색한다.

교과	학습 목표	쪽
사회	옛날 사람들의 생활 모습 알기	54~67
수학	(몇십)×(몇십) 알기	20~23

PBL 문제

우리 부족 모두는 우울한 기분입니다. 장크다커 아저씨가 옆 부족의 부족원이 되어 버렸기 때문입니다. 평소 장크다커 아저씨는 옆 부족이 먹을 것은 많지만 우리 부족을 더 사랑한다고 말했거든요. 아저씨가 보고 싶어서 아저씨가 살던 곳을 돌아보고 있는데 갑자기 아저씨가 나타났어요.

"노랑이노랑이야, 큰일이다. 큰일!" 저는 시큰둥하게 말했어요. "옆 부족의 부족원께서 웬일이세요?" 아저씨는 저의 어깨를 딱 하고 치시더니 이렇게 말씀하셨어요. "설마? 너 나를 의심하고 있었냐? 요즘 우리 부족원들이 하도 옆 부족에게 가길래 내가 염탐하러 가 봤지. 근데, 거기는 둥그런 모양인데 쓰러지지 않는, 그런 것에다가 곡식을 잔뜩 담아 놨더라고. 27명의 부족원이 그런 걸 각자 13개나 가지고 있더라니까. 또 옷을 재빨리 만들 수 있는 날카롭고 뾰족한 도구도 보여 주던데 그것도 각 부족원이 21개나 가지고 있더구나."

나는 깜짝 놀라 말했어요. "그런 게 엄청 많이 있었다고요?" 그러자 장크다커 아저씨는 고개를 살짝 갸웃하더니 말했어요. "그럼, 곡식을 담아 둔 것은 27명의 부족원이 각자 13개나 가지고 있었고, 옷을 재빨리 만들 수 있는 도구가 각자 21개나 가지고 있던걸. 잘 모르겠지만 아마 엄청 많은 걸 거야."

나는 그게 몇 개인지는 잘 모르겠지만 장크다커 아저씨가 엄청 많은 것이라고 하니 그런가 보다 생각했어요. "옆 부족은 어째서 그렇게 많은 곡식을 얻었을까요?" 하지만 그 대답은 장크다커 아저씨도 해 줄 수 없었어요.

나는 이 소식을 우리 족장님에게 알렸어요. 오랜 의논 끝에 우리 부족은 옆 부족을 염탐하기로 하였어요. 도대체 옆 부족이 가지고 있는 무엇이 저들을 저렇게 풍족하게 했을까요?

PBL 문제 분석하기/ 옛날 사람들 모습 상상하기

> ↳ PBL 문제 분석하기
>
> 문제 1) 옆 부족이 가지고 있는 귀한 물건은 모두 몇 개일까?
> 문제 2) 옆 부족은 어떻게 해서 우리 부족보다 더 많은 곡식을 가지게 되었을까?

▷ 문제를 읽고 노랑이노랑이가 처한 상황 파악하기

 - 노랑이노랑이에 대해서 알 수 있는 정보 찾기

   예 '우리 부족', '장크다커 아저씨와 한 부족인 사람', '최근에 많은 부족원이
      옆 부족으로 가서 부족 모두가 우울한 상태임.' 등.

 - 장크다커 아저씨는 옆 부족이 노랑이노랑이 부족보다 어떤 것이 더 많다고
   하였는지 찾기

   예 '곡식을 담아 둔 동그란 모양인데 쓰러지지 않는 물건', '옷을 재빨리 만
      들 수 있는 날카롭고 뾰족한 도구' 등.

 - 옆 부족이 가지고 있는 물건이 모두 몇 개인지 노랑이노랑이와 장크다커
   아저씨는 알고 있는지 생각하기

   예 '잘 모르는 것 같다. 그냥 많다고 생각하는 것 같다.' 등.

▷ 우리가 해결해야 할 문제가 무엇인지 찾기

 - 노랑이노랑이 부족의 옆 부족은 어떻게 하여 많은 곡식을 얻을 수 있었는
   지 알기

 - 노랑이노랑이 부족의 옆 부족이 가지고 있는, 옷을 재빨리 만들 수 있는 도
   구가 무엇인지 알기

 - 노랑이노랑이 부족의 옆 부족은 얼마나 많은 물건을 가지고 있는지 계산하기

▷ 이 문제를 해결하기 위해 우리가 알아야 할 것 분석하기

 - 옆 부족이 곡식을 많이 얻을 수 있는 도구가 무엇인지 알기

- 옆 부족이 옷을 만들 수 있는 도구가 무엇인지 알기
- 옆 부족이 가지고 있는 물건의 수 계산하기

▷ 우리가 알아야 할 것을 알기 위해 공부해야 할 교과가 무엇인지 찾기
  - 『사회』, 『수학』 등.

↳ 상상하기
  옛날 사람들은 어떤 생활을 하였을까?

▷ 만화나 애니메이션 등에서 옛날 사람들에 대해 본 것이 있는지 떠올리기
  - 만화나 애니메이션 등에서 옛날 사람들에 대해 어떤 장면을 보았는지 생각하기
    예 '옛날 사람들이 동물을 사냥하는 모습을 보았다.', '옛날 사람들이 잡은 고기를 먹는 장면을 보았다.' 등.
  - 만화나 애니메이션 등에서 옛날 사람들의 모습은 어떠했는지 생각하기
    예 '머리가 덥수룩하고 수염이 길었다.', '키가 좀 작고 손에 긴 막대기를 들었다.', '동물의 가죽 같은 것으로 허리 부분부터 치마처럼 옷을 입었다.' 등.

2~4차시 **옛날 사람들의 생활 모습 추측하기**

↳ 상상하고 추측하기
  옛날 사람들은 어디에서 살았을까?

▷ 옛날 사람들이 살았던 곳 추측하기
  - 옛날 사람들이 살았던 장소에 대해 아는 것 발표하기
    예 "지난번에 가족과 여행을 갔는데 거기에 아주 오랜 옛날에 사람들이 살

왔던 곳이라며 그곳을 보존하고 있는 것을 본 적이 있습니다.", "우리 동네에 '선사 시대 유적'이라고 하는 곳에 갔는데, 무엇인지 잘 몰라 엄마에게 여쭈자 엄마가 아주 오랜 옛날에 사람들이 살았던 곳이라고 말씀해 주셨습니다." 등.

- 옛날 사람들은 산, 강이나 바다, 들판 중에서 어디에서 살았을지 추측하기

    예 '옛날 사람들은 강가나 바다 근처에 살았을 것이다. 물고기를 잡아먹을 수 있었기 때문이다.', '옛날 사람들은 깊은 산속에 살았을 것이다. 다른 동물들의 위협에서 벗어나기 위해서이다.', '옛날 사람들은 넓은 들판에서 살았을 것이다. 곡식을 재배하기 위해서이다.' 등.

- 강가나 바다 근처, 깊은 산속, 넓은 들판 중에서 옛날 사람들이 가장 먼저 살았던 곳이 어디일지 추측하기

    예 '옛날 사람들은 가장 먼저 깊은 산속에 살았을 것이다. 왜냐하면 큰 동물이나 무서운 동물로부터 자신의 생명을 보호하기 위해 동굴 같은 곳에서 몸을 숨기며 살았을 것 같기 때문이다.' 등.

- 옛날 사람들이 살았을 것이라고 생각되는 곳을 순서대로 정리해 보기

    예 깊은 산속→강이나 바다→넓은 들판

도움이 되는 질문!

내가 옛날 사람이라고 생각하고 대답해 봅시다. 나는 아무것도 없어요. 칼도 없고 불을 피울 수 있는 것도 없고, 옷도 없고 아무것도 없어요. 숲에는 무서운 동물이 많고 나보다 훨씬 크고 힘이 센 동물이 많아요. 지금 나에게 가장 중요한 것은 무엇일까요? 그리고 그것을 위해 나는 어디에 집을 지으려고 할까요?

▷ 옛날 사람들이 살았던 곳과 옛날 사람들의 생활 모습 관련짓기

- 옛날 사람들이 살았던 곳과 옛날 사람들의 생활 모습을 관련지어 생각해 보기

    예 깊은 산속에서 살 때: 깊은 산속에서 살 때에는 오로지 자신의 목숨을 지

키는 일이 가장 중요했을 것이다. 그래서 옛날 사람들은 과일 열매 등을 먹을 수 있는 깊은 산에서 지내고 동굴 같은 곳을 이용해 몸을 숨기며 살았을 것이다.

강가나 바닷가에서 살 때: 깊은 산속에 살다가 옛날 사람들은 도구를 만들 수 있게 되었을 것이다. 그 도구를 이용하면 물고기를 잡거나 조개를 잡는 것이 훨씬 쉬웠을 것이다. 그리고 깊은 산속에 살 때보다 고기를 먹을 수 있어서 몸이 더 좋아졌을 것이다. 또 산속에서 매일 열매를 찾으러 다니지 않아도 조개를 잡을 수 있을 것이고 먹이도 쉽게 구할 수 있었을 것이다.

넓은 들판에서 살 때: 강가나 바닷가에 살 때는 겨울이 오면 날씨가 추워져서 먹이를 찾기가 어려웠을 것이다. 매일매일 사냥을 해야 하고 사냥한 양이 날마다 달라 먹을 것을 걱정하는 일이 많았을 것이다. 그래서 옛날 사람들은 꾸준히 식량을 얻을 수 있는 방법 중 하나로 농사를 지으려고 하였을 것이다. 또 산에 있는 짐승을 거두어 기르면서 그 짐승으로부터 고기나 우유 등을 얻을 수 있게 되었을 것이다.

도움이 되는 안내!

옛날 사람들이 사는 곳이 변화한 이유는 식량이나 안전과 깊은 관련이 있습니다. 산속에서 생활할 때는 식량보다 안전이 더 큰 이유가 되었으나 사람들이 점점 모여 살기 시작하면서 안전이 확보되자 그다음 문제였던 식량을 확보하기 위해 노력하였습니다. 그래서 비교적 식량 획득이 손쉬운 바닷가나 강가로 모여 살았고, 식량을 안정적으로 확보하기 위해 농사를 짓거나 가축을 기르기 시작하였습니다. 이와 같은 흐름을 학생들이 질문을 통해 이해할 수 있도록 해야 합니다.

↳ **상상하고 추측하기**

옛날 사람들은 어떻게 생활하였을까?

▷ 옛날 사람들이 사용한 도구 추측하기 1

- 옛날 사람들이 농기구를 사용하였을지 추측하기

예 '농사를 지으려면 일단 땅을 어느 정도 파야 하는데 손으로 파서 하려면 손
도 아프고 원하는 깊이 만큼 파기도 어려웠을 것이다.', '농사를 지을 때 농기
구가 없이 손으로만 하면 많은 일을 하기 어려울 것이다. 그때는 사냥도 해
야 하고 여러 가지 할 일이 많았을 것이니까 당연히 도구를 만들어 사용했을
것이다.' 등.

- 옛날 사람들이 사용했을 농기구 그려 보기

예 '농사를 짓기 위해서는 땅을 일구어야 하는데 사람이 손으로 파기에는 어려
움이 있었을 것이다. 그래서 나뭇가지 같은 것에 날카로운 돌을 연결하여 사
용하였을 것이다.', '한꺼번에 많은 곡식을 베기 위해서는 날카로운 기구가
필요했을 것이다. 그렇지 않으면 손으로 일일이 곡식을 뽑아야 해서 힘들었
을 것이다.' 등.

- 내가 추측한 농기구를 친구가 추측한 농기구와 비교하기

▷ 옛날 사람들이 사용한 도구 추측하기 2

- 옛날 사람들이 요리 도구를 사용하였을지 추측하기

예 '처음에는 요리 도구를 사용하지 않았겠지만 요리하는 방법이 늘어나면서
요리 도구를 사용하였을 것이다.', '농사를 짓고 수확물이 많아지면서 요리
도구를 사용하였을 것이다.', '처음에는 바나나 잎처럼 크기가 큰 나뭇잎에
음식을 담거나 했을 것이지만 음식이 흘러내릴 수 있고 움직이기가 불편해
서 도구를 만들었을 것이다.' 등.

- 옛날 사람들이 사용했을 요리 도구 그려 보기

예 '옛날 사람들은 우연히 발견한 납작한 돌이나 움푹 파인 돌 같은 것을 요리
도구로 사용했을 것이다.', '진흙으로 그릇 같은 것을 빚어 햇빛에 말려 썼을
것이다.', '나뭇잎이나 줄기를 엮어 요리 도구를 사용하였을 것이다.' 등.

- 내가 추측한 요리 도구를 친구가 추측한 요리 도구와 비교하기

▷ 옛날 사람들이 살았을 집에 대해 추측하기

- 옛날 사람들이 깊은 숲속에 살았을 때 어떤 집에서 살았을지 추측하기

  예 '옛날 사람들은 자연적으로 만들어진 동굴에서 살았을 것이다.', '동굴 입구에 나뭇가지 같은 것을 쌓아 두어 동물들이 들어오지 못하게 하면서 살았을 것이다.' 등.

- 옛날 사람들이 강가나 바닷가에 살았을 때 어떤 집에서 살았을지 추측하기

  예 '강가나 바닷가 근처에 있는 동굴에서 살았을 것이다. 산에서 살던 것처럼 입구에 나뭇가지 같은 것을 쌓아 두고 동물들이 들어오지 못하게 하면서 살았을 것이다.', '바닷가나 강가는 바람이 많이 불기 때문에 지붕이 높은 집을 짓지 않고 낮은 집을 지었을 것이다.', '땅을 파서 움푹 들어가게 한 다음 그 위에 나뭇가지 같은 것으로 덮어 살았을 것이다.' 등.

- 옛날 사람들이 들판에 모여 살았을 때 어떤 집에서 살았을지 추측하기

  예 '가운데에 기둥을 세운 후 나뭇가지 같은 것으로 지붕을 덮은 집에서 살았을 것이다.', '나무 위에 집을 짓고 살았을 것이다.' 등.

▷ 옛날 사람들이 살았던 모습 정리하기

- 교과서를 보면서 옛날 사람들이 어떻게 의, 식, 주를 해결하였는지 찾아 정리하기

  예 의: '처음에는 동물을 잡아 그 동물의 가죽을 벗겨 그것으로 옷을 만들어 입었다. 그러다가 식물의 줄기를 꼬아서 실을 만들게 되면서 실을 이용하여 옷감을 만들 수 있게 되었다.'

  식: '처음에는 불을 사용하지 않았다가 어느 날 우연히 불로 익힌 음식을 먹어 본 후 음식이 맛있다는 것을 알게 되었다. 그 이후로는 음식을 불에 요리하여 먹기 시작하였다.', '처음에는 돌을 깨뜨려서 날카롭게 만

들어 사용하다가 돌을 갈면 더 날카로워진다는 것을 알고 돌을 갈아 사용하기 시작하였다.', '생선의 가시나 동물의 뼈가 날카롭기 때문에 이것을 이용하여 물고기를 잡거나 바늘로 사용하였다.'

주: '처음에는 동굴같이 자연적으로 만들어진 곳에서 살다가 점차 들판으로 나와서 살면서 집을 짓기 시작하였다.'

↳ PBL 문제 해결하기

노랑이노랑이 옆 부족이 가지고 있던 도구는 무엇이었을까?

▷ PBL 문제 속 노랑이노랑이 옆 부족이 가지고 있던 도구에 대해 짐작하기

- 옆 부족이 가지고 있던 '둥그런 모양인데 쓰러지지 않는, 곡식을 잔뜩 담아 둔 것'은 무엇이었을지, 그렇게 생각한 까닭과 함께 공책에 쓰기

   예 '진흙으로 구워 만든 그릇일 것이다. 그 그릇 안에 곡식을 담아 두었을 것이다.', '나무 줄기 같은 것을 엮어서 만든 항아리일 것이다.' 등.

- 옆 부족이 가지고 있던 '옷을 재빨리 만들 수 있는 날카롭고 뾰족한 도구'는 무엇이었을지, 그렇게 생각한 까닭과 함께 공책에 쓰기

   예 '바늘 같은 것으로 그것으로 옷을 만들 수 있게 되었을 것이다.', '뜨개질을 할 수 있는 도구였을 것이다.' 등.

▷ PBL 문제 속 노랑이노랑이 옆 부족은 어떤 부족이었을지 짐작하기

- 옆 부족이 가지고 있던 물건을 생각하며 옆 부족은 어떤 부족이었을지 이야기를 나누기

   예 '노랑이노랑이 옆 부족은 여러 가지 도구를 만들어 쓰는 부족이다. 아마 들판에 살면서 농사를 아주 크게 짓기도 하였을 것이고, 점차 안정적으로 생활하던 부족이었을 것이다. 그 부족에 똑똑한 사람이 있어 여러 가지 도구를 만들어 내었고, 그래서 그 도구를 이용하여 더 많은 곡식을 생산할 수 있었을 것이다.' 등.

- 옆 부족이 노랑이노랑이 부족보다 더 많은 곡식을 가질 수 있었던 이유는 무엇일지에 대해 이야기를 나누기

  예 "옆 부족에서는 농기구를 활용하였기 때문이다.", "농사를 지을 때 다른 도구를 활용하였기 때문이다." 등.

5~8차시 **곱셈하기**

↳ 곱셈하는 방법 알기

두 자릿수×두 자릿수 계산하기

▷ PBL 문제 분석하기

- 노랑이노랑이가 궁금해 하는 것은 무엇이었는지 다시 생각하기

  예 '옆 부족이 가지고 있는 물건이 모두 몇 개인지 궁금해 함.'

- 옆 부족이 가지고 있는 것들이 모두 몇 개라고 하였는지 문제에서 다시 확인하기

  예 '곡식을 담아 둘 수 있는 것을 27명의 부족원이 13개씩 가지고 있음.', '옷을 재빨리 만들 수 있는 도구를 27명의 부족원이 21개씩 가지고 있음.'

▷ 곱셈 원리 이해하기

- 만약 10명이 어떤 물건을 1개씩 가지고 있다면 모두 몇 개인지 그림을 그려 표현하기

- 표현된 그림을 바탕으로 어떤 사칙연산을 활용해야 하는지 생각하기

- 생각한 사칙연산 중 한 가지 방법으로 식 세우기

10명이 1개씩 가지고 있으므로 1+1+1+…로 계산식을 세워도 됩니다.

- 만약 10명이 어떤 물건을 2개씩 가지고 있다면 모두 몇 개인지 그림을 그려서 표현하기
- 표현된 그림을 바탕으로 어떤 사칙연산을 활용해야 하는지 생각하기
- 생각한 사칙연산 중 한 가지 방법으로 식 세우기
- 만약 13명이 어떤 물건을 3개씩 가지고 있다면 모두 몇 개인지 그림을 그려 표현하기
- 표현된 그림을 바탕으로 어떤 사칙연산을 활용해야 하는지 생각하기
- 생각한 사칙연산 중 한 가지 방법으로 식 세우기
- 자신이 세운 식 발표하기

이 활동에서 같은 수를 계속 더하는 것보다 곱하기를 하는 것이 훨씬 편리하다는 것을 이해할 수 있도록 해야 합니다.

▷ (몇십몇)×(몇십몇)을 계산하는 방법 알기
- 11×10을 다양한 방법으로 계산하기
  예 10×10을 하고 1×10을 하여 더하기', '11이 10묶음 있으면 얼마인지 생각하기' 등.
- (몇십몇)×(몇십몇)을 계산하는 방법 알기
- 수학 교과서 20~21쪽에 제시된 문제를 해결하면서 (몇십몇)×(몇십몇)을 연습하기

▷ PBL 문제 속 궁금해 하는 부분을 해결하기

- 노랑이노랑이 옆 부족이 가지고 있는 물건은 모두 몇 개인지 식 세우기
- 그렇게 식을 세운 이유에 대해 발표하기
- 노랑이노랑이 옆 부족이 가지고 있는 물건은 모두 몇 개인지 자신의 계산
  이 바른지 확인하기
- 친구들과 계산한 결과를 공유하기

더하기

이 PBL 학습은 구석기 시대의 인간의 삶의 모습이 도구를 사용함에 따라 변화하고 발전하였다는 것을 이해할 수 있도록 설계하였습니다. 3학년 수준에서 이해하기에는 어려움이 있을 수 있습니다. 이 단원의 학습은 도구가 없었을 때에 어떠한 불편함이 있었을지를 상상해 보고, 우연히 발견하게 된 도구를 사용한 후 그 도구의 편리함을 알게 되어 스스로 도구를 만들어 보려고 노력하였다는 인류의 발달사를 이해하는 정도로 진행을 하면 좋을 것 같습니다.

되짚기

옛날 사람들이 살았던 집이나 살았던 곳, 삶의 모습을 의, 식, 주로 나누어 설명할 수 있나요?
(몇십몇)×(몇십몇)을 바르게 계산할 수 있나요?

이 수업의 포인트

옛날 사람들의 생활은 오늘날의 생활과는 많이 다릅니다. 옛날 사람들은 먹을 것을 얻거나 안전한 생활을 하기 위해 사는 곳을 바꾸어 왔으며 그곳에서 필요한 식량을 얻으며 생활하였습니다. 옛날 사람들은 점차 도구를 사용하기 시작하여 좀 더 나은 생활을 하려고 노력하였다는 것을 알 수 있어야 합니다.

09

음악이란 말이지…

물체에서 소리가 나는 이유 알기 + 큰 소리, 작은 소리 등 소리 만들기 + 악기 만들기 + 만든 악기로 연주하기 = 내가 만든 음악

수업 흐름 ⊗　　관련 교과 ⊗　　관련 교과서 내용 ⊗

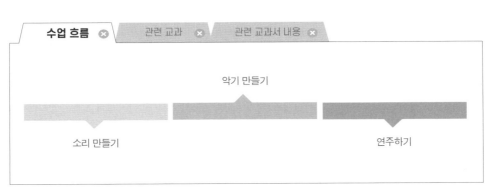

악기 만들기

소리 만들기　　　　　　　　　　　　연주하기

관련 교과	성취기준
과학	[4과08-01] 여러 가지 물체에서 소리가 나는 현상을 관찰하여 소리가 나는 물체는 떨림이 있음을 설명할 수 있다. [4과08-02] 소리의 세기와 높낮이를 비교할 수 있다.
음악	[4음01-05] 주변의 소리를 탐색하여 다양한 방법으로 표현한다.

교과	학습 목표	쪽
과학	물체에서 소리가 날 때의 공통점 찾기 낮은 소리, 높은 소리 등 소리 만들기	94~99

PBL 문제

음악이란 말이지, 가슴에서 우러나와 다른 사람의 마음을 울릴 수 있는 것이어야 한단 말이지, 그저 소리가 삑삑 난다고 해서 음악이 될 수 없단 말이지. 소리와 소리 사이에서 아름다움을 느낄 수 있는 것이 바로 음악이란 말이지.

또 음악은 창조란 말이. 새로움을 만들어 내는 그런 거란 말이지. 음악에서도 새로움이 드러나야 하지만, 악기에서도 새로움이 느껴져야 한단 말이지. 남들이 모르는 악기, 남들이 잘 안 쓰는 악기, 그러나 소리가 좋은 악기를 찾아 음악 속에 집어넣는 것도 작곡가만이 할 수 있는 일이란 말이지.

나는 말이지, 그런 음악을 만드는 사람이란 거지. 살아 움직이는, 심장이 뛰는 그런 음악을 만드는 사람이란 말이지. 너희가 아무리 잘 만들어도 말이지, 나를 따라올 수 없단 말이지.

뭐라? 너희도 만들 수 있다고? 그냥 오기로 해 보는 말은 안 된단 말이지. 아니라고? 진짜 할 수 있다고? 어디 그럼 한번 해 보란 말이지. 새로움이 느껴지는 악기로 내 앞에서 내 마음을 울릴 수 있는 연주를 해 보란 말이지.

> ↳ PBL 문제 분석하기
> 문제 1) 새로움이 느껴지는 악기 만들기
> 문제 2) 그 악기로 연주하기

▷ 문제 읽고 분석하기

  - 이 문제를 낸 사람이 음악에 대해 생각하는 것이 무엇인지 찾기

    예 '창조다.', '가슴에서 우러나와 다른 사람의 마음을 울릴 수 있는 것이
       다.', '소리와 소리 사이에서 아름다움을 느낄 수 있는 것이다.' 등.

  - 이 문제를 낸 사람은 음악의 새로움은 어디에서 나올 수 있다고 하였는지
    찾기(음악이나 그 음악을 연주하는 악기에서 나올 수 있음)

▷ 우리가 해결해야 할 문제가 무엇인지 찾기

  - 새로움이 느껴지는 악기 만들기
  - 새로운 악기를 이용하여 연주하기

▷ 이 문제를 해결하기 위해 우리가 알아야 할 것 분석하기

  - 소리가 나는 방법 알기
  - 소리가 나는 방법을 통해 여러 가지 소리 만들기
  - 악기로 연주할 수 있는 곡 만들기
  - 악기로 연주하기

▷ 우리가 알아야 할 것을 알기 위해 공부해야 할 교과가 무엇인지 찾기

  - 『과학』, 『음악』 등.

▷ 소리가 나는 이유 알기

- 악기는 아니지만 소리가 나는 것을 우리 주변에서 찾기

  예 '손뼉을 마주쳐서 나는 박수 소리', '우리의 목소리', '종소리' 등.

- 소리가 나는 물체 관찰하기(스피커, 종 등을 이용하여 물체가 소리가 날 때
  어떤 현상이 일어나는지 관찰하기)

- 우리 목에 손을 대고 소리를 낸 후 어떤 현상이 느껴지는지 관찰하기

2~4차시 | 실험을 통해 소리가 나는 이유 찾기

↳ 실험하기

소리는 왜 나는 걸까?

▷ 소리가 나는 이유를 알기 위한 실험하기

- 『과학』 교과서 94쪽 탐구 활동을 읽고 무엇을 알고 싶어서 이러한 실험을
  설계하였는지 생각하기

- 이 실험의 설계에서 소리가 나는 이유를 무엇이라고 생각하고 실험을 설계
  하였는지 찾기

  예 '손을 대어 본다는 것으로 보아 울림이나 떨림이 있는 것을 확인해 본
  다는 것을 알 수 있다.' 등.

▷ 떨림을 이용하여 소리 만들기

- 주변의 사물을 이용하여 떨림으로 소리를 만들기

  예 '실을 팽팽하게 당긴 다음 실을 튕기기', '컵에 물을 넣고 컵을 쳐서 소
  리 내기' 등.

▷ 소리의 세기와 높이를 달리하기

- 『과학』 교과서 96쪽 탐구 활동을 읽고 무엇을 알고 싶어 이러한 실험을 설

계하였는지 생각하기

- 이 실험의 설계에서 소리의 세기를 달리하는 이유가 무엇이라고 생각하고 실험을 설계하였는지 찾기

  예 '떨림의 정도에 따라 소리의 크기가 달라진다는 것을 알고 싶어 합니다.' 등.

- 주변의 사물을 이용해 떨림의 강도를 달리하며 큰소리와 작은 소리 만들기

  예 '스테인리스강 재질의 그릇을 젓가락으로 칠 때 젓가락을 살살 치거나 세게 쳐서 소리의 크기를 달리하기' 등.

- 『과학』교과서 98쪽 탐구 활동을 읽고 무엇을 알고 싶어 이러한 실험을 설계하였는지 생각하기

- 이 실험의 설계에서 소리의 높이를 달리하는 이유가 무엇이라고 생각하고 실험을 설계하였는지 찾기

  예 '울림판의 길이가 짧을수록 높은 음이 나고 길수록 낮은 음이 난다는 것을 알기 위해서입니다.' 등.

- 주변의 사물을 이용하여 높고 낮은 소리 만들기

  예 '물컵에 물을 담는 양을 달리하여 높고 낮은 소리 만들기', '관의 길이를 길게 하거나 짧게 하여 소리 만들기' 등.

5~6차시 **악기 만들기**

↳ PBL 문제 해결하기 1

새로움이 있는 악기 만들기

▷ 소리가 만들어지는 원리에 대해 정리하기

- 소리가 만들어지기 위해 필요한 것이 무엇인지 설명하기

  예 '소리가 만들어지려면 반드시 울림이 있어야 함.' 등.

- 울림을 만들려면 어떻게 해야 하는지 친구들과 이야기를 나누기

ⓔ "울림이나 떨림이 만들어지려면 울림이나 떨림이 날 수 있게 홈을 파야 함.",
"두 물체를 부딪혀서 울림이나 떨림이 만들어지게 해야 함." 등.

▷ 소리가 만들어지는 원리를 이용하여 악기 만들기

  - 울림을 통해 소리가 만들어지는 원리와 소리의 진동이 이루어지는 울림판의 길
    이를 달리하는 조건 등을 활용하며 주변의 사물을 활용해 악기 만들기
    ⓔ '나무판의 두께는 같이 하되 길이를 달리하여 막대기로 두들겨 소리 내기.',
    '관의 두께는 같이 하되 길이를 달리하여 불어서 소리 내기.', '사이즈가 다른
    컵라면 용기를 이용하여 두들겨 소리 내기' 등.

7~8차시 ## 만든 악기로 연주하기

> ↳ PBL 문제 해결하기 2
> 연주하기

▷ 연주곡 편곡하기

  - 이미 알고 있는 곡이나 교과서에 나오는 곡 중 한 곡을 선택하여 내가 만든
    악기와 친구가 만든 악기가 서로 어울리는 소리가 될 수 있도록 편곡하기

도움이 되는 안내!

이때의 편곡은 만든 악기에 따라 조금씩 달라집니다. 만약 가락 악기라면 원곡의 가락을 그대
로 연주하는 것이 좋고, 리듬 악기라면 원래 알고 있던 곡에서 내가 만든 악기의 리듬이 어떻게
들어가면 좋을지 생각해서 계획을 하면 됩니다.

▷ 연습하기

  - 만든 악기를 이용하여 편곡한 대로 연습해 보기

- 연주를 다시 들어 보고 소리가 어울리지 않는 부분이 있다면 편곡을 수정하기
- 연습하기

▷ 연주회 열기
- 친구들 앞에서 연주하기
- 연주를 듣는 친구들은 어떤 부분에서 소리가 조화를 이루는지, 어떤 원리를 이용하여 악기를 만들었는지 생각하며 듣기

더하기

이 PBL에서는 주로 가락 악기를 제작해 보도록 하는 데 중점을 두었습니다. 타악기의 경우 두들겨서 소리가 나는 원리를 이용한 것입니다. 그러다 보니 만든 악기가 모두 타악기일 경우 연주의 느낌이 살지 않을 수도 있습니다. 이 점을 고려하여 높낮이를 달리할 수 있는 악기를 만들어 보도록 하면 좋겠습니다.

되짚기

소리가 만들어지는 원리를 과학적으로 설명할 수 있나요?
친구들 앞에서 음악을 연주할 수 있나요?

이 수업의 포인트

소리는 울림이나 떨림이 있을 때 생깁니다. 울림이나 떨림을 이용한 소리로 음악을 만들어 낼 수 있다는 것을 이해할 수 있어야 합니다.

10

내가 들려주는 가족 이야기

가족의 다양한 형태 알기 + 책 소개하기 = 내가 들려주는 가족 이야기

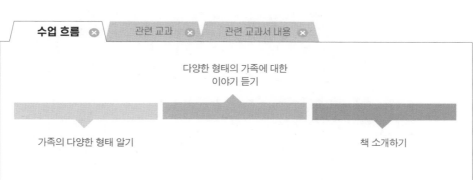

수업 흐름 ⊗   관련 교과 ⊗   관련 교과서 내용 ⊗

다양한 형태의 가족에 대한
이야기 듣기

가족의 다양한 형태 알기   책 소개하기

관련 교과	성취기준
국어	[4국02-05] 읽기 경험과 느낌을 다른 사람과 나누는 태도를 지닌다.
사회	[4사02-06] 현대의 여러 가지 가족 형태를 조사하여 가족의 다양한 삶의 모습을 존중하는 태도를 기른다.

교과	학습 목표	쪽
국어	읽은 글을 다른 사람에게 소개하기	212~229
사회	오늘날의 다양한 가족 형태 알기	114~125

PBL 문제

안녕? 만나서 반가워. 나는 러시아 이름으로는 마트레크쉬이고 한국 이름으로는 이승호라고 해. 우리 아빠는 한국분이시지만 우리 엄마는 러시아 사람이야.

나는 우리 엄마를 닮아서 금발 머리에 파란색 눈동자를 가지고 있어. 내가 엄마랑 지나가면 사람들이 한 번씩 흘깃 보는데 내가 아빠랑 지나가면 사람들은 우리에게서 눈을 떼지 못해. 가족은 꼭 한국 사람으로만 이루어져야 한다는 듯, 우리 가족이 잘못을 저지른 것처럼 쳐다보지.

우리 엄마는 한국식 문화가 익숙하지 않아서 처음에는 많이 힘들었다고 하셨어. 할머니를 대할 때에도 러시아식으로 인사를 해서 할머니가 당황하셨고, 할머니의 당황하는 모습을 보며 엄마는 더 당황했다고 하셨어. 또 고모가 엄마에게 쭈뼛쭈뼛하게 대할 때에는 시간이 많이 필요하겠다는 생각도 들었다고 했어.

얘들아, 너희들이 우리와 같은 가족들을 잘 이해할 수 있다면 좋겠어. 어떻게 하면 너희들이 우리와 같은 가족들을 잘 이해할 수 있을까?

PBL 문제 분석하기

> ↳ PBL 문제 분석하기
> 우리가 다문화 가족을 잘 이해할 수 있는 방법은 무엇일까?

▷ 문제를 읽고 문제 분석하기

- 글쓴이에 대해 알 수 있는 정보를 모두 찾기

  예 '러시아 이름이 있음.', '이름이 2개임.', '러시아 이름과 한국 이름이 있음.', '아빠는 한국 사람이고 엄마는 러시아 사람임.', '엄마처럼 금발 머리에 파란색 눈동자를 가지고 있음.' 등.

- 글쓴이가 불편해 하는 이유가 무엇인지 찾기

  예 '사람들이 나와 엄마를 한 번씩 쳐다보는 것.', '아빠와 함께 지나갈 때면 계속 쳐다보는 것.', '우리 가족이 잘못을 저지른 것처럼 쳐다보는 것.' 등.

- 글쓴이의 엄마가 불편했던 것은 무엇이었는지 찾기

  예 '한국 문화가 익숙하지 않은 것.', '가족이 쭈뼛거리며 대한 것.' 등.

- 글쓴이가 다른 사람들에게 느끼는 마음은 무엇일지 짐작하기

  예 '불편하다.', '어색하다.', '이상하게 쳐다보는 게 싫다.' 등.

▷ 우리가 해결해야 할 문제가 무엇인지 찾기

- 엄마가 러시아 사람이고 아빠가 한국 사람인 승호의 가족과 같이 한국 사람으로만 이루어진 가족이 아닌 다른 형태의 가족을 이해하기
- 문제를 해결하기 위해 우리가 알아야 할 내용에 대해 생각하기

▷ 이 문제를 해결하기 위해 우리가 알아야 할 것을 분석하기

- 가족의 다양한 형태 알기
- 다양한 가족에 대해 더 자세히 알아보기
- 친구들에게 다양한 가족에 대해 알려 주기

▷ 우리가 알아야 할 것을 알기 위해 공부해야 할 교과가 무엇인지 찾기

　- 『국어』, 『사회』 등.

가족의 형태 알기

> ↳ 다양한 가족의 형태 알기
> 　가족의 다양한 형태에 대해 알기

▷ 애니메이션을 보고 어떤 가족 유형이 있는지 생각하기

　- 선생님이 보여 주시는 애니메이션을 보고 어떤 가족이 있는지 생각하기

> **도움이 되는 안내!**
>
> 「모모와 다락방의 수상한 요괴들」과 같은 애니메이션의 경우, 주인공 모모는 한부모 가족이고, 친구인 요타는 대가족입니다. 하지만 모모가 할아버지, 할머니라고 부르는 모모 엄마의 삼촌 부부는 핵가족입니다. 특히 모모는 핵가족에서 한부모 가족이 되는 아픔을 겪는데 이 애니메이션에서는 그러한 모모의 마음이 잘 드러나 있습니다.
> 　애니메이션의 분량이 1시간이 넘기 때문에 모두 보여 주기에는 어려움이 있습니다. 필요한 부분만 발췌해서 보여 주어야 합니다.

▷ 가족에 대해 정의를 내리기

　- 내가 생각하는 가족은 무엇인지 생각하기

　　예 '서로 사랑하는 관계', '한집에서 사는 사람들', '우리 가족과 할아버지, 할머니까지' 등.

　- 가족에 대한 개념 알기

　　(가족은 혈연, 입양, 결혼 같은 관계로 맺어져 한집에서 함께 생활하는 사람들을 말함.)

▷ 다양한 가족의 형태에 대해 알기

　- 선생님이 보여 주시는 그림을 보고 어떤 관계로 맺어졌는지 생각해 보기
　　(다문화 가족, 한부모 가족, 조손 가족, 입양 가족, 반려동물 가족, 자녀가
　　없는 가족, 대가족, 핵가족 등이 어떠한 관계로 가족이 되었는지 정리하기)

> **도움이 되는 안내!**
>
> 교사는 위와 같은 유형의 가족 모습이 잘 표현된 그림을 칠판에 제시하여야 합니다.

　- 선생님이 보여 주시는 가족은 어떤 구성원들로 구성되었는지 찾아보기
　　예 다문화 가족: 부모님 중 한 분이나 두 분이 한국 사람이 아닌 경우
　　　한부모 가족: 엄마나 아빠 중 한 명과 같이 사는 경우
　　　조손 가족: 부모님이 아닌 조부모님 혹은 두 분 중 한 분과 같이 사는 경우
　- 선생님이 보여 주시는 가족을 부르는 이름 알기

▷ 가족의 형태가 다양한 이유 알기

　- 가족의 형태가 점점 다양해지는 이유 짐작하기
　　예 '사람들의 생활 모습이 점점 다양해지기 때문입니다.' 등.
　- 미래 사회에서는 가족의 형태가 어떻게 될지 예상하기
　　예 '지금보다 더 다양해지게 될 것입니다.' 등.

▷ 다양한 형태의 가족에 대한 우리의 태도 형성하기

　- 앞으로의 사회에서 더 다양한 가족의 형태가 생긴다면 우리는 어떤 마음으로
　　이들 가족들을 바라보아야 할지 자신의 생각을 말하기
　　예 "가족의 형태는 시대에 따라 변하는 것이므로 나와 다르다고 해서 특별하다
　　고 생각해서는 안 됩니다.", "다양한 가족의 형태가 있음을 알고 이를 허용적
　　으로 바라볼 수 있도록 해야 합니다." 등.

가족에 대한 사랑 느끼기

↳ 다양한 가족의 이야기 읽기
책을 읽고 가족에 대한 사랑 느끼기

▷ 다양한 형태의 가족이 구성되기까지 겪은 일은 어떠하고 그때 가족 구성원이나 다른 사람의 마음은 어떠할지 책을 통해 이해하기

- 도서관에 가서 다양한 형태의 가족 구성원에 대한 이야기가 있는 책 고르기
  예 『이모의 결혼식』, 『우리 엄마 맞아요?』, 『할아버지를 기쁘게 하는 12가지 방법』, 『아빠는 지금 하인리히 거리에 산다』, 『윤서는 할머니와 단둘이 산다』, 『우리도 가족입니다』, 『세상의 모든 가족』 등.
- 고른 책을 조용히 읽기
- 책에 나오는 인물이 가족을 이해하기까지 어떤 일을 겪었는지 정리하기
- 책에 나오는 인물이 가족을 온전히 받아들이기 위해 어떤 마음의 변화를 겪었는지 정리하기

책 소개하기

↳ PBL 문제 해결하기
다양한 유형의 가족을 이해할 수 있는 책 소개하기

▷ 책을 소개하는 이유 알기

- 우리가 이 활동을 하는 이유를 PBL 문제와 관련지어 생각하기
  예 'PBL 문제 속 아이가 다른 사람이 자신의 가족을 이상하게 쳐다보는 일이 없으면 좋겠다고 하였는데, 다양한 가족의 형태를 이해하는 책을 소

개하여 많은 사람들이 다양한 유형의 가족을 이해하는 마음을 가지도록 하기 위해서임.' 등.

- 책을 소개하는 목적을 PBL 문제와 관련지어 생각하기
  예 '다양한 가족의 유형을 이해하고 그들의 문화를 어색하지 않게 받아들이기 위해서', '우리 주변에 다양한 가족이 있음을 이해하고 그들을 이상한 눈으로 쳐다보지 않게 하기 위해서' 등.

▷ 책을 소개하는 방법 알기
- 『국어』 교과서 218쪽부터 읽기
- 국어 교과서 218~226쪽까지 소개된 책을 어떤 방법으로 소개하였는지, 국어 교과서 227쪽 2번을 보며 책을 소개하는 방법에 대해 생각하기
- 책을 소개할 때에 꼭 들어가면 좋을 내용에 대해 생각하기

▷ 내가 읽은 책에 대해 소개할 내용을 떠올리기
- 친구들에게 소개할 내용을 생각하기
  예 '가족의 형태', '가족이 형성될 때 인물의 마음', '인물이 그러한 마음을 가지게 된 이유', '책 속에 등장하는 인물의 가족에 대해 말한 다른 인물에 대한 생각', '그 인물과 비슷한 말과 행동을 했던 나의 경험' 등.
- 책을 소개하며 느끼기를 바라는 마음 떠올리기(다양한 유형의 가족을 있는 그대로 이해하는 것)
- 위와 같은 내용이 들어가도록 하여 소개할 내용 정리하기

▷ 책 소개 연습하기
- 친구들이 앞에 있다고 생각하고 혼자서 책 소개 연습하기

▷ 책 소개하기
- 친구들 앞에서 자신이 소개할 책을 보여 주면서 소개하기

- 책을 소개하는 학생의 이야기를 들으면서 나머지 학생들은 책에 나오는 가족의 형태가 무엇인지, 그 가족이 형성되기까지 어떠한 일이 있었는지, 그러한 가족이 우리 주변에 있는지, 그러한 가족에 대해 나는 평소 어떤 생각을 하였는지 등을 생각하기

더하기

현재 우리나라에는 다문화 가족과 관련한 많은 책이 출판되어 있습니다. 그런데 다문화 가족과 관련한 책들은 대부분 '가난한 나라'에서 엄마가 왔다는 형태로 표현되어 있습니다. 다문화 가족에 대한 건강한 인식을 심어 주기 위해서는 각 등장인물이 대등한 관계로 만나는 내용의 이야기책을 학생들이 읽을 수 있도록 권유하는 것이 필요해 보입니다.

되짚기

우리 주변에는 다양한 유형의 가족이 있다는 것을 이해하고 있나요?
다양한 유형의 가족을 있는 그대로 받아들여야 함을 알고 있나요?
자신이 읽은 책을 다른 사람에게 소개할 수 있나요?

이 수업의 포인트

우리 주변에는 많은 유형의 가족이 있습니다. 각각의 가족은 혈연이나 입양 등의 관계로 형성되었습니다. 가족의 형태가 다를 뿐, 각각의 가족이 서로를 사랑하고 존중하는 것은 모두 똑같습니다. 나와 다르다고 해서 다른 가족을 이상하게 생각해서는 안 된다는 것을 이해해야 합니다.
자신이 읽은 책을 소개할 때에는 소개하는 목적에 맞게 소개할 내용을 미리 생각한 다음, 그 책을 소개받은 사람이 흥미를 느껴서 읽고 싶은 마음이 들도록 해야 한다는 것을 알아야 합니다.

4장

4학년 **PBL**
프로젝트
수업 레시피

01 김정호의 억울함 풀어 주기

지도의 기호와 범례를 알고 바르게 읽기 + 지층이 만들어지는 원리 이해하기 + 일어난 일에 대한 의견 말하기 = 김정호에 대한 소문 분석하기

수업 흐름 ⊗　　관련 교과 ⊗　　관련 교과서 내용 ⊗

지층이 만들어지는 원리 알기

지도에 대해 알고 지도를 바르게 읽기
「대동여지도」에 대해 알기

일어난 일에 대한 의견을 말하기

관련 교과	성취기준
사회	[4사03-01] 지도의 기본 요소를 이해하고, 이를 바탕으로 우리 지역의 지도에 나타난 지리 정보를 실제 생활에 활용한다.
과학	[4과06-01] 여러 가지 지층을 관찰하고 지층의 형성 과정을 모형을 통하여 설명할 수 있다.
국어	[4국03-03] 관심 있는 주제에 대해 자신의 의견이 드러나게 글을 쓴다.

관련 교과서 내용

교과	학습 목표	쪽
사회	지도가 무엇인지 알기 지도에서 방위표, 기호, 범례, 축척, 등고선을 알고 지도를 바르게 읽기	10~16 17~29
과학	지층은 어떻게 만들어질까?	28~29
국어	사실에 대한 의견을 표현하기	124~133

PBL 문제

안녕하세요? 여러분, 나는 김정호입니다.

혹시 여러분은 나에 대한 이야기를 들은 적이 있나요? 맞아요, 여러분이 알고 있는 「대동여지도」를 만든 사람이 바로 나예요. 나는 그저 내 일에 충실했을 뿐인데 먼 훗날의 사람들은 내가 한 일을 '업적'이라고 하더군요. 부끄럽게도 말이지요.

하지만 내가 더 신경이 쓰이는 것은 내가 만든 지도를 보고 흥선 대원군이 화가 나서 나를 감옥에 넣었다는 헛소문이에요. 아마 여러분은 내가 감옥에 갇혀 죽었다고 알고 있겠지요?

여러분, 내가 만든 지도가 뭐 그리 대단한 것이라고 그런 헛소문이 났을까요? 도대체 누가 왜 그런 소문을 만들었던 걸까요? 제가 한 일이 그런 소문이 날 만큼 나쁜 일이었을까요? 여러분이 현명하게 판단해 주세요.

PBL 문제 분석하기/ 지도에 대해 알기

↳ PBL 문제 분석하기
문제 1) 김정호가 만든 지도에 대해 알기
문제 2) 김정호에 관한 소문에 대해 자신의 의견 말하기

▷ PBL 문제의 주인공이 누구인지 찾기

▷ 김정호에 대해 사람들이 잘못 알고 있는 부분이 무엇인지 찾기

　　예 '흥선 대원군이 김정호를 감옥에 가둔 다음 김정호가 죽었다는 소문.'

▷ 김정호가 궁금해하는 것이 무엇인지 찾기

　　예 '김정호가 만든 지도가 정말 대단한 것일까?', '지도를 만든 일이 잘못된
　　　소문이 날 만큼 나쁜 일이었을까?' 등.

▷ 우리가 해결해야 할 문제가 무엇인지 찾기

　- 김정호가 만든 지도에 대해 알기
　- 김정호에 대한 헛소문('흥선 대원군이 김정호가 만든 지도를 보고 화가 나서
　　감옥에 가두었고 거기에서 생을 마감하였다.')에 대해 자신의 의견 말하기

▷ 이 문제를 해결하기 위해 우리가 알아야 할 것 분석하기

　- 지도에 대해 알기
　- 지도를 바르게 읽는 법을 알기
　- 김정호가 만든 지도에 대해 알기
　- 김정호가 만든 지도를 바르게 읽기
　- 김정호와 관련한 헛소문에 대해 자신의 의견을 말하기

▷ 우리가 알아야 할 것을 알기 위해 공부해야 할 교과가 무엇인지 찾기

   - 『국어』, 『사회』, 『과학』 등.

> ↳ 지도에 대해 알기
>
> 지도란 무엇일까?

▷ 지도에 대해 알기

   - 김정호가 만든 「대동여지도」에 대해 알기 위해 '지도'가 무엇인지 알기

> **도움이 되는 안내!**
>
> 김정호가 궁금해 하는, 자신이 만든 「대동여지도」가 그렇게 대단한가를 생각하기 위해 지도에 대한 개념을 먼저 알아야 한다는 흐름으로 수업을 이끕니다.

> **도움이 되는 안내!**
>
> 지도가 무엇인지 생각해 보는 활동에서는 먼저 학생들이 지도에 대해 얼마나 알고 있는지 확인 하기 위하여 교과서를 참고하지 않고 생각해 보도록 합니다.

   - 친구들의 의견을 모두 모아 '지도'의 개념을 모둠 친구들과 협의하기

> **도움이 되는 안내!**
>
> 지도에 대한 정의를 내릴 때에는 ① 땅의 모습을, ② 정해진 약속에 따라, ③ 일정한 형식으로 줄여서 나타낸 것이라는 개념이 포함되어야 합니다.

▷ 지도를 본 경험을 떠올려 내가 본 지도는 어떤 형태의 것인지 이야기를 나누기

   예 '인공위성 사진과 같은 지도', '결혼식 청첩장에 그려진 약도', '지하철 노선도' 등.

▷ 지도를 그릴 때 사용되는 '약속 1'에 대해 알기

- 『사회』 교과서 14~15쪽 지도를 보고 지도 위에 표현된 것을 찾아보기
  例 '호수(대청호)', '고속 국도', '국도', '지하철', '철도', '병원', '대학교', '산',
  '공원', '4표시', '여러 가지 색', '중학교', '초등학교', '우체국' 등.
- 지도의 오른쪽에서 맨 위에 있는 4의 표시가 그려진 지도를 교과서에서
  더 찾기
  例 '교과서 12쪽 하단의 지도', '16쪽 우리나라 전체 지도', '18쪽 지도', '19
  쪽 지도', '20쪽 지도' 등.
- 찾은 지도에서 4의 모양이 어떠한지 찾기
  例 '모양이 모두 같고 그 옆에 쓰인 글자가 모두 같음.' 등.
- 위 사실로 미루어 보아 추론할 수 있는 사실 말하기
  例 "이것은 지도에서 방위를 나타내는 것이다. 위쪽은 북쪽, 아래쪽은 남쪽
  이며, 좌우는 동쪽과 서쪽을 나타냄." 등.
- 만약 이 표시가 없다면 지도를 읽을 때 어떤 문제가 생길지 이야기를 나누기
  例 "이 표시가 없다면 어디가 북쪽이고 어디가 동쪽인지 알 수 없어 지도를
  다르게 놓고 보는 사람도 있을 것이다." 등.
- 위와 같은 표시를 '방위표'라고 부른다는 것을 알기

▷ 지도를 그릴 때 사용되는 '약속 2'에 대해 알기

- 『사회』 교과서 14~15쪽 지도에서 공원이나 수목원을 표시하는 방법과 학
  교나 병원, 경찰서를 표시하는 방법이 어떻게 다른지 알기

예 '공원이나 수목원은 그곳의 위치 모양을 본뜬 모양과 그 모양 안을 녹색으로 색칠하여 나타냈는데 학교나 병원, 경찰서에는 동그란 점이 없는 대신 그림이 있고 그곳이 어디인지를 나타내는 글자가 있음.' 등.

- 🏫 표시가 있는 곳을 찾아보고 어떤 공통점이 있는지 알기

예 '대학교라고 된 곳은 모두 이 그림이 있음.' 등.

- 학교에는 모두 🏫 표시가 있는지 찾아보기

예 '초등학교나 중학교는 🏫 표시가 있음.' 등.

- 이 두 가지 사실로 알 수 있는 점을 추론하기

예 '지도에는 사람들끼리 약속한 그림으로 위치를 표시함.' 등.

- 위와 같은 그림 표시를 '기호'라고 부름을 알기

- 기호는 어떻게 만들어지는지 생각해 보기

예 '학교를 나타내는 기호를 보면 학교의 모습과 비슷하고, 대학교를 나타내는 기호는 대학교에서 졸업할 때 쓰는 모자와 비슷함. 이로 미루어 보아 기호는 그곳을 상징하거나 그곳의 모양을 본떠 만든다고 생각됨.' 등.

> ↳ 지도에 대해 알기
> 지도에 사용되는 약속 알기 3

▷ 지도를 그릴 때 사용되는 '약속 3'에 대해 알기

- 『사회』교과서 14~15쪽 지도를 보고 지도 왼쪽 하단에 표현된 것은 무엇을 의미하는지 짐작하기

예 '지도에 표시된 기호가 무엇을 의미하는지 알려 줌.' 등.

- 이런 표시가 있는 이유가 무엇일지 추측하기

예 '만약 이 표시가 없다면 지도에 표시된 많은 부분을 잘못 생각해서 길을 잘못 들 수도 있음. 예를 들어 국도와 철도, 고속철도. 고속 국도 등의 도로에 대한 정보가 없이 지도를 본다면 길이 서로 헷갈려 잘못된 길로 갈 수 있음.' 등.

- 위와 같은 표시를 '범례'라고 부른다는 것을 알기

↳ 지도에 대해 알기

지도에 사용되는 약속 알기 4

▷ 지도를 그릴 때 사용되는 '약속 4'에 대해 알기
- 지도는 땅의 모습을 일정한 형식으로 줄여 표현한 것인데, 만약 줄이는 정도가 다르다면 어떤 문제가 있을지 이야기를 나누기
  예 '지도를 통해 길을 찾거나 건물을 찾을 때에 문제가 있음.', '지도에 따라 건물을 짓거나 도로를 건설할 때에 문제가 있음.' 등.
- 일정한 형식으로 줄였음을 나타내는 표시를 『사회』교과서 14~15쪽 지도에서 찾기
- 찾은 표시를 어떻게 해석하는지 모둠별로 협의하기
  예 '1km를 줄였다는 표시임.' 등.
- 지도에서 1cm는 실제 거리에서 1km라는 것을 의미한다는 것을 알기
- 『사회』교과서 21쪽 지도에서 위와 같은 표시를 찾고 해석하기
  예 '지도에서 1cm는 실제로는 1km라는 것을 의미함.'
- 위와 같은 표시를 '축척'이라고 부른다는 것을 알기
- 『사회』교과서 26쪽 지도에서 한밭수목원과 대전조차장역 사이의 거리가 실제로는 얼마인지 알기
  예 '지도에서 3cm이므로 실제로는 3km임.'

↳ 지도에 대해 알기

지도에 사용되는 약속 알기 5

▷ 지도를 그릴 때 사용되는 '약속 5'에 대해 알기
- 지도 위의 색이 어떻게 다른지 알기
  예 '공원은 녹색으로 표시되고, 산은 대부분 황토색으로 되어 있음.' 등.

- 지도 위의 색이 무엇을 나타내는지 지도의 오른쪽 하단을 보고 짐작하기
  예 '지도는 땅의 높이를 색을 달리하여 표현함.'
- 산이 있는 곳이 대부분 황토색인 이유를 찾기
  예 '산은 높기 때문에 진한 황토색으로 표시됨.'
- 초록색으로 칠해진 곳의 특징 찾기
  예 '초록색인 곳은 땅이 낮기 때문에 초록색으로 표시됨.'

6차시 수업(지층이 만들어지는 과정 알기)

↳ **지층 형성 이해하기**
땅의 높이가 서로 다른 이유는 무엇일까?

▷ 지층의 생성 과정 알기

- 지도에 나타난 것과 같이 우리가 사는 땅의 높낮이가 서로 다른 이유 알기

도움이 되는 질문!

지도에서 보는 것처럼 산과 같이 땅이 높은 곳도 있고 움푹 파인 곳과 같이 땅이 낮은 곳도 있습니다. 같은 땅인데 왜 어떤 쪽은 높고 어떤 쪽은 낮을까요?

위 내용을 다음과 같은 질문을 통해 이해할 수 있도록 합니다.

질문: 우리가 사는 곳의 땅은 어떻게 만들어졌을까요?

(답: '바위가 깎여서.', '모래가 쌓여서.' 등.)

질문: 단지 모래가 쌓이고 바위가 깎이기만 하면 땅이 만들어질까요?

(답: '오랜 시간이 지나서 굳어져야 함.')

질문: 오랜 시간이 지나서 쌓인 것들이 굳어지기만 했는데 어떻게 우리가 사는 땅의 높낮이가 다른 걸까요?

(답: '만들어진 지층이 어느 순간 솟아오를 때가 있는데 어떤 곳은 높이 솟아오르고 어떤 곳은 낮게 솟아올라 높이가 달라짐.')

▷『과학』교과서 29쪽을 보면서 지층이 만들어지는 과정을 설명하기

- 자갈, 모래, 진흙 등이 쌓인 뒤에 오랜 시간이 지나면서 그것이 단단하게 굳어진 것을 지층이라고 합니다.

7차시 김정호의 행동에 대한 내 생각 말하기

↳ PBL 문제 해결하기

문제 1)「대동여지도」는 어떤 지도일까?

문제 2) 김정호가「대동여지도」를 만든 일은 잘못된 일일까?

▷「대동여지도」에 대해 알기

- 인터넷이나 다른 자료를 활용하여「대동여지도」에 대해 알아보기
- 「대동여지도」가 오늘날의 지도와 어떤 점이 비슷한지 찾기

예 '우리나라의 모습이 비슷하다.', '기호를 사용하고 있다.', '축척을 활용하고 있다.', '도로와 물길을 달리 표현하고 있다.' 등.

▷「대동여지도」를 제작한 의의 알기

- 「대동여지도」의 제작이 어떠한 점에서 의미가 있을지 당시 사람이 되어 생각하기

  예 '내가 가고자 하는 곳을 가장 빨리 갈 수 있는 지름길을 알 수 있었다.', '배를 이용할 때에도 정확하게 길을 갈 수 있었다.', '고을 원님이었을 때 우리 고을이 어디까지인지 정확하게 알기 때문에 좀 더 마을을 잘 다스릴 수 있었다.', '적군이 쳐들어올 때 피워야 하는 봉화의 위치를 적절하게 정할 수 있었다.' 등.

▷ 김정호에 대해 잘못 알려진 부분에 대한 자신의 의견을 말하기

- 앞서 PBL 문제 속의 김정호가 자신에 대해 잘못 알려진 내용에 대해 "이렇게 잘못한 일인가?"라고 한 것에 대한 자신의 의견 말하기

  예 "잘못된 일이다. 그 당시 우리나라는 다른 나라의 침입을 자주 받던 시기이다. 그런데 지도가 있다면 침입이 좀 더 쉬웠을 수 있다. 그러므로 지도를 만든 것은 잘못되었다.", "잘한 일이다. 지도가 있으면 그만큼 나라의 발전이 빨리 이루어질 수 있다. 우리나라가 김정호가 만든 지도를 소중히 간직한다면 다른 나라에 빼앗길 일이 없을 것이고 그러면 그 지도를 효율적으로 이용할 수 있을 것이다." 등.

▷ 김정호에 대해 잘못 알려진 부분이 퍼진 이유에 대한 자신의 생각 말하기

- 김정호가 만든 지도를 깎아내리고 그 당시 조선 정부를 비난하기 위해 일제가 만들어 낸 이야기인 '김정호 옥중 사망'에 대한 자신의 의견을 말하기

  예 "다른 나라가 가지고 있는 고유한 가치를 폄하하는 것은 나쁘다. 김정호 이전에도 조선은 훌륭한 지도 제작 능력을 가지고 있었음에도 일제가 자신들의 입맛에 맞게 사실을 왜곡시킨 것은 잘못된 일이다.", "김정호에 대한 잘못된 사실이 일제에 의해 만들어졌음에도 우리 정부나 학계가 이것을 바로잡기 위한 노력을 빨리 기울이지 않은 것은 잘못된 일

이다. 지금부터라도 일제에 의해 사실이 왜곡된 부분을 바로잡아야 한
다.” 등.

이 PBL의 국어과 내용은 '일어난 일에 대한 자신의 생각을 말하는 것'입니다. 이 PBL 문제에서는
김정호에 대해 잘못 알려진 사실이 아직까지 널려 퍼져 있다는 것과 그렇게 퍼진 사실을 바로잡
기 위해 노력하지 않은 우리 정부와 학계에 대해 자신의 의견을 말하는 것으로 구성되었습니다.
첫 번째 자신의 의견 말하기는 일제가 한 일(일제가 사실을 왜곡시킨 일)에 대한 것이므로 비교적
쉽게 자신의 의견 말하기를 할 수 있으나, 두 번째 자신의 의견 말하기는 일제에 의해 퍼진 잘못된
정보를 바로잡기 위한 우리 학계나 정부의 노력에 대한 의견도 포함될 수 있으므로 학생들에게는
좀 더 고난도의 질문이라고 할 수 있습니다.

되짚기

지도가 무엇인지 알고 지도를 바르게 읽을 수 있나요?
타당한 이유를 들어 자신의 생각을 말할 수 있나요?

이 수업의 포인트

지도는 약속한 기호를 사용하여 땅의 일부분을 일정한 비율로 줄여 나타낸 것을 말합니다. 그러므
로 지도를 읽을 때에는 어느 정도 비율로 줄였는지와 어떤 약속된 기호가 사용되었는지를 알아야
합니다.
자신의 의견이 드러나게 말을 할 때에는 어떠한 일에 대해 자신의 생각이 무엇인지 밝히고, 왜 그
렇게 생각을 하였는지 까닭을 드러내어야 합니다.

우리 지역의 역사적 인물 소개하기

우리 지역의 역사적 인물을 조사하고 발표하기 + 국어사전을 활용하여 낱말의 뜻을 찾기 + 주변에서 질감과 양감을 탐색하고 특징을 살펴 표현하기 = 우리 지역의 역사적 인물을 소개하기

수업 흐름 ⊗   관련 교과 ⊗   관련 교과서 내용 ⊗

우리 지역의 역사적 인물을
소개하는 자료 만들기

우리 지역의 역사적 인물 찾기
국어사전을 이용하여 낱말의 뜻 찾기

우리 지역의 역사적 인물을
소개하는 자료 전시하기

관련 교과	성취기준
사회	[4사03-04] 우리 지역과 관련된 역사적 인물의 삶을 알아보고, 지역의 역사에 대해 자부심을 갖는다.
국어	[4국04-01] 낱말을 분류하고 국어사전에서 찾는다.
미술	[4미02-03] 연상, 상상하거나 대상을 관찰하여 주제를 탐색할 수 있다.

교과	학습 목표	쪽
사회	우리 지역의 역사적 인물을 조사하는 계획 세우기 인물을 조사한 후 소개하는 자료 만들기	76~86
국어	국어사전을 이용하여 낱말의 뜻 찾기	194~201

PBL 문제

우리 지역의 역사적 인물을 조사하고 그 인물에 대한 소개 자료를 다음과 같은 조건에 맞게 만드세요.

〈조건 1〉
누가 읽어도 이해하기 쉽게 역사적 인물에 대한 소개 자료 만들기

〈조건 2〉
인물의 가장 큰 업적을 드러낼 수 있는 입체적 작품을 만들기

PBL 문제 분석하기/ 조사할 인물 찾기

> ↳ PBL 문제 분석하기
> 문제 1) 우리 지역의 역사적 인물에 대한 소개 자료 만들기
> 문제 2) 그 인물의 가장 큰 업적을 나타낼 수 있는 입체 작품 만들기

▷ 문제 읽어 보기

▷ 우리가 해결해야 할 문제가 무엇인지 찾기

  - 우리 지역의 역사적 인물을 소개하는 자료 만들기

▷ 이 문제를 해결하기 위해 우리가 알아야 할 것 분석하기

  - 우리 지역의 역사적 인물 조사하기

  - 조사한 내용을 다른 사람이 이해하기 쉽게 바꾸기

  - 인물의 업적이 잘 드러나게 입체 작품으로 표현하기

▷ 우리가 알아야 할 것을 알기 위해 공부해야 할 교과가 무엇인지 찾기

  - 『국어』, 『사회』 등.

> ↳ 조사 인물 정하기
> 우리 지역의 역사적 인물로는 누가 있는가?

▷ 우리 지역의 역사적 인물 찾기

  - 우리 지역의 역사적 인물이 의미하는 바는 무엇인지에 대해 생각하기

    (우리 지역에서 태어나 역사적으로 위대한 일을 한 인물을 말함)

  - 역사적으로 위대한 일에는 어떤 것이 있을지 생각하기

    예 '우리나라가 위기에 처했을 때 나라를 구한 일', '새로운 식물이나 동물
    을 발견한 일', '위대한 발명품을 만든 일', '새로운 생각을 널리 알린 일',

'미술이나 음악 등 예술 분야에서 큰 역할을 한 일' 등.

2~3차시 　조사하기

> ↳ **역사적 인물에 대해 조사하기**
> 우리 지역의 역사적 인물과 그 인물이 한 일은 무엇일까?

▷ 우리 지역의 역사적 인물 찾기

- 우리 지역의 시청 및 도청 누리집, 책 등을 이용하여 우리 지역의 역사적
  인물에는 누가 있는지 찾기

> **도움이 되는 안내!**
>
> 우리 지역의 시청이나 도청 누리집이나 우리 지역의 관광 누리집 등을 살펴보면 역사적 인물을
> 찾을 수 있습니다. 또한 '지역명+역사적 인물'과 같은 키워드를 이용하여 인터넷에서 자료를 찾
> 고 활용할 수도 있습니다.

▷ 우리 지역의 역사적 인물을 찾고 조사할 내용 정하기

- 모둠별로 모인 후 각자 찾은 우리 지역의 역사적 인물에 대해 간단하게 소
  개하기
- 우리 모둠에서 우리 지역의 역사적 인물로 소개하고 싶은 사람을 한 명 정
  하기
- 우리 지역의 역사적 인물에 대해 소개하고 싶은 내용을 각자 포스트잇에
  적어 보기
- 적은 내용을 비슷한 것끼리 묶어 보기
- 조사하려는 인물에 대해 더 조사해야 할 부분은 없는지 생각하기
- 포스트잇에 적은 내용과 추가로 더 생각한 부분을 모둠원 수에 맞추어 적

절히 나누기

- 각자 그 인물에 대해 조사할 부분을 조사하기

> **도움이 되는 안내!**
>
> 이 PBL에서는 모르는 낱말을 국어사전을 통해 찾아보는 학습이 포함되어 있습니다. 그래서 여기에서의 조사는 찾은 내용을 그대로 옮겨 오는 수준에서 이루어지도록 해야 합니다.

▷ 조사한 내용 모으기

- 모둠에서 각자 조사한 내용을 복사하여 모둠원끼리 나누어 갖기
- 자신이 조사한 내용을 모둠원에게 소개하기. 이때 소개를 듣는 사람은 모둠원이 소개하는 내용에서 뜻을 잘 모르는 낱말이 나오면 동그라미 치기

4~5차시 국어사전에서 낱말 뜻을 찾기

↳ **국어사전 활용하기**
국어사전을 활용하여 찾은 내용을 이해하기

▷ 조사한 내용 중 뜻을 잘 모르는 낱말이 몇 개 정도 있는지 확인하기

> **도움이 되는 안내!**
>
> 이 활동을 통해 평소 학생들의 어휘력이 어느 정도인지 파악할 수 있습니다.

- 뜻을 잘 모르는 낱말이 있는 문장을 읽을 때 문장이나 글이 잘 이해되는지 생각하기
- 뜻을 잘 모르는 낱말의 뜻을 알기 위해서 국어사전을 활용할 수 있음을 알기

▷ 국어사전에서 낱말을 찾는 방법 알기

　- 국어사전에 어떤 순서로 낱말이 실려 있는지 찾기

　　예 '국어사전에는 자음자나 모음자가 순서대로 실려 있다는 것을 앎.'

　- 형태가 바뀌는 낱말을 국어사전에서 찾는 방법에 대해 알기

　　예 '형태가 바뀌는 낱말은 기본형으로 만들어 낱말을 찾아야 함을 앎.'

　- 선생님이 불러 주시는 낱말의 기본형 말하기

▷ 기본형 말하기 놀이하기 1

　- 놀이의 규칙을 이해하며 짝과 놀이하기

　(한 명이 형태가 바뀌는 낱말을 말하면 다른 한 명은 그 낱말의 기본형을 말하는 놀이)

　예 먹는데 → 먹다/ 보다가 → 보다

▷ 기본형 말하기 놀이하기 2

　- 놀이의 규칙을 이해하며 모둠별로 놀이하기

　(모둠을 만든 후 2개의 모둠끼리 짝을 짓습니다. 각 모둠은 형태가 변하는 낱말을 A4 종이에 하나씩 크게 씁니다. 20개의 낱말을 쓴 종이를 모읍니다. 문제를 맞히는 모둠은 모두 앞을 보고 문제를 내는 모둠원 중 한 명은 낱말을 쓴 종이를 들고 앞에 섭니다. 게임이 시작되면 문제를 맞히는 모둠은 종이에 적힌 낱말의 기본형을 큰 소리로 말합니다. 정해진 시간 내에 많이 맞히는 모둠이 게임에서 이깁니다.)

▷ 국어사전에서 낱말 찾기

　- 『국어』교과서 199~200쪽의 글에서 뜻을 잘 모르는 낱말을 5개 찾은 후 국어사전에서 이 낱말의 뜻 찾기

　- 찾은 낱말의 뜻을 읽어 보고 무슨 뜻인지 자신의 말로 설명하기

▷ 우리 지역의 역사적 인물에 대해 조사한 자료에서 그 뜻을 잘 모르는 낱말을 국어사전에서 찾기

  - 역사적 인물에 대해 조사한 자료에서 뜻을 잘 모르는 낱말을 국어사전에서 찾아보고, 그 뜻을 자신의 말로 설명한 후 조사한 자료의 내용이 잘 연결되게 바꾸기

6~10차시 | 인물의 소개 자료 만들기

↳ PBL 문제 해결하기
인물에 대한 소개 자료를 글과 입체 작품으로 표현하기

▷ 우리 지역의 역사적 인물을 소개하는 자료 만들기

  - 우리 지역의 역사적 인물에 대해 알아보고 소개할 자료를 설명서 형태로 만들기

도움이 되는 안내!

여기에서는 조사한 내용을 그대로 옮기지 않고 자신의 말로 바꿀 수 있도록 해야 합니다. 바꾼 내용이 정말 잘 이해가 되는지 알아보기 위해서는 3학년 학생들에게 읽어 보게 한 후 내용이 잘 이해되는지 확인을 받을 수도 있습니다.

▷ 인물의 큰 업적을 드러낼 수 있는 입체 작품 만들기

 - 미술 작품을 보며 양감이 무엇인지 알기

 - 모둠별로 협의하여 조사한 인물의 가장 큰 업적이 드러나게 한 장면을 선택하기

 - 선택한 장면을 각자 스케치하기

 - 스케치한 것을 모둠별로 살펴보고 좋은 부분을 협의하여 하나의 스케치로

만들기

- 양감이 드러나는 자료를 활용하여 스케치한 자료를 표현하기

11차시 인물의 소개 자료 감상하기

> ↳ PBL 문제 분석하기
> 인물에 대한 소개 자료 전시회 하기

▷ 우리 지역의 역사적 인물을 소개하는 자료를 모아 전시회를 하기

- 우리 지역의 역사적 인물을 소개하기 위한 전시회 준비하기
- 자유롭게 관람하면서 우리 지역의 역사적 인물에 대해 알게 된 점을 메모하기
- 다른 모둠의 소개 자료에서 이해가 잘 되지 않는 낱말이 있다면 국어사전을 이용하여 낱말의 뜻 찾아보기
- 다른 모둠에서 표현한 입체 작품이 양감을 잘 드러내고 있는지 평가하기

더하기

이 프로젝트에서는 교과서의 구성과 달리 우리 지역의 역사적 인물에 대해 조사 계획서를 작성하는 부분은 다루지 않았습니다. 조사 계획을 세우는 것은 사회과의 중요한 학습 내용 중 하나인데, 여기에서 중요한 것은 조사 계획을 세우는 것보다 조사 내용을 더 탄탄히 하는 것이라고 보았기 때문입니다. 만약 조사 계획서를 작성하는 것이 꼭 필요하다고 생각될 경우, 이 PBL 수업 중 1차시의 내용에 더 추가하면 됩니다.

되짚기

우리 지역과 관련된 인물의 삶을 조사할 수 있나요?
잘 모르는 낱말을 국어사전에서 찾아 그 의미를 이해하며 글을 읽나요?
표현하려는 주제를 생각하며 표현할 수 있나요?

이 수업의 포인트

우리 지역과 관련된 역사적 인물의 삶을 조사하고 그 인물을 통해 우리 지역에 대한 자부심을 가질 수 있습니다.
국어사전에서 낱말을 찾을 때에는 낱말의 기본형이 무엇인지 생각해야 합니다. 그리고 자음과 모음의 순서에 따라 국어사전을 찾습니다.
드러내고자 하는 주제가 양감에 의해 잘 표현되게 입체 작품을 만들 수 있습니다.

현장 체험학습 프로젝트

우리 지역의 문화유산 답사 계획을 세워 답사하기 + 회의 주제에 맞게 말할 내용 준비하기 + 절차와 규칙을 지키며 회의하기 + 과학자처럼 의사소통하기 = 현장 체험학습 계획하기

수업 흐름 ✕   관련 교과 ✕   관련 교과서 내용 ✕

자신의 의견 말하기 대회 참여하기

문화유산에 대해 알기   현장 체험학습 계획 세우기

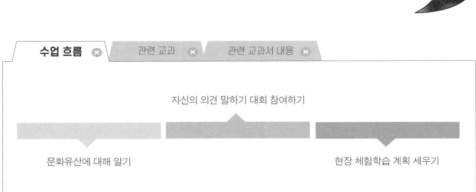

관련 교과	성취기준
사회	[4사03-03] 우리 지역을 대표하는 유형·무형의 문화유산을 알아보고, 지역의 문화유산을 소중히 여기는 태도를 갖는다.
국어	[4국01-02] 회의에서 의견을 적극적으로 교환한다. [4국01-06] 예의를 지키며 듣고 말하는 태도를 지닌다.
과학	[4도02-03] 과학자처럼 탐구해 볼까요?

교과	학습 목표	쪽
사회	우리 지역의 문화유산 답사 계획 세우기 우리 지역의 문화유산 답사하기	58~66
국어	회의 주제에 맞게 말할 내용 준비하기 절차와 규칙을 지키며 회의하기	180~191
과학	과학자처럼 탐구해 볼까요?	20~21

PBL 문제

나는 ○○초등학교 4학년 3반 담임 선생님입니다. 올해 나는 특별한 프로젝트를 계획하고 있습니다. 그것은 바로 '학생이 참여하는 현장 체험학습'입니다. 지금까지 해마다 해 온 현장 체험학습은 나와 같은 선생님이 주도하여 계획해 왔습니다. 하지만 현장 체험학습을 통해 스스로 배움을 익혀 나가야 하는 것은 나와 같은 선생님이 아닌 학생들이라는 사실을 깨달았습니다.

하지만, 나는

첫째, 학생들이 체험 장소에 대한 여러 가지를 풍부히 조사할 수 있을지

둘째, 학생들이 다투거나 기분이 상하지 않고 의논을 잘 할 수 있을지

셋째, 친구와 함께 학습하여 더 깊이 있게 학습할 수 있는 장소를 현장 체험학습 장소로 정할 수 있을지 걱정입니다.

이 세 가지 걱정이 잘 해결된다면, 이 프로젝트는 대성공할 것입니다.

여러분이 이 세 가지 걱정이 정말 걱정에 불과하다는 것을 보여 주세요.

PBL 문제 분석하기/ 현장 체험학습에 대해 알기

> ↳ PBL 문제 분석하기
> 문제 1) 체험학습 장소로 갈 만한 곳들을 조사하기
> 문제 2) 조사한 곳들 중 어떤 곳이 가장 적절할지 의논하기

▷ 편지의 내용 확인하기

- 누가 누구에게 보내는 편지인지 찾기

　예 '학교 선생님이 우리들에게 보내는 편지임.'

- 편지 내용은 무엇인지 확인하기

　예 '현장 체험학습 장소로 적절한 곳을 선정해 달라는 내용임.'

- 선생님이 그렇게 생각한 까닭 찾기

　예 '현장 체험학습은 학생들의 학습을 위한 곳이므로 선생님이 정하기보다 학생들이 정하는 것이 더 의미 있다고 생각했기 때문에.'

▷ 이 문제를 해결하기 위해 우리가 알아야 할 것을 분석하기

- 우리 지역에서 체험학습 장소로 적절한 곳에 대해 알기
- 잘 의논하는 방법 알기
- 잘 의논하여 현장 체험학습 장소로 적절한 곳 선택하기

▷ 우리가 알아야 할 것을 알기 위해 공부해야 할 교과가 무엇인지 찾기

- 『국어』, 『사회』 등.

> ↳ 사전 지식 확인하기
> 현장 체험학습에 대해 얼마나 알고 있을까?

▷ 내가 알고 있는 현장 체험학습 장소 떠올리기

- 지금까지 내가 학교에서 현장 체험학습을 다녀온 장소 생각해 보기
- 부모님과 함께 다녀온 곳 중 나중에 친구들과 한 번 더 오고 싶다고 생각한 장소 떠올리기

▷ 현장 체험학습이 무엇인지 알기
- PBL 문제를 다시 읽고 선생님이 현장 체험학습 장소로 적절하다고 생각한 곳은 어디일지 찾기
  예 '스스로 배움을 익힐 수 있는 곳.'
- 현장 체험학습을 하려면 어떤 장소로 정해야 하는지 생각하기
  예 '스스로 배움을 익힐 수 있는 곳 중에서 학교에서는 할 수 없는 체험을 할 수 있는 곳.', '학교에서 배운 내용을 더 깊이 있게 배울 수 있는 곳.', '혼자 배우는 것보다 여럿이 함께 배우면 배움이 깊어질 수 있는 곳.' 등.

2차시 현장 체험학습을 하기에 알맞은 장소 따지기

↳ 조사하고 판단하기
현장 체험학습 장소로 적절한 곳은 어디일까?

▷ 교과서를 활용하여 현장 체험학습 장소로 알맞은 곳 찾기
- 4학년 1학기에 우리가 배우는 교과서를 살펴보면서 현장 체험학습 장소로 적절한 곳 찾기

도움이 되는 질문!

과학 교과서에 나온 내용 중 우리 지역과 관련이 있는 곳에 가 보면 어떨까요?

예 "과학 교과서에 지층이나 화석에 대한 내용이 있는데 우리 지역에서 지층을 직접 관찰할 수 있거나 화석을 직접 볼 수 있는 박물관 같은 곳을 가면 좋겠습니다.", "미술 교과서에서만 보았던 작가의 작품을 직접 볼 수 있는 미술관 같은 곳을 가면 좋겠습니다." 등.

▷ 현장 체험학습 장소로 적절한지 따지기
  - 친구들이 말한 곳이 현장 체험을 할 만한 장소로서 적절한지 생각해 보기
    예 미술관이나 박물관 같은 실내에서 체험학습을 할 경우: "작품이나 유물을 관람하는 것만 가능하고 그곳을 나와 야외에서 본 작품이나 유물에 대해서 이야기를 나누어야 하기 때문에 불편한 점이 있을 것 같습니다."등.
    야외에서 체험학습을 할 경우: "친구와 대화를 해도 다른 사람에게 피해를 많이 주지 않기 때문에 PBL 문제에서 선생님이 걱정하시는 부분이 조금은 줄어들 수 있을 것 같습니다." 등.

▷ 현장 체험학습 장소로 적절한 곳 선택하기
  - 야외이면서 스스로 배움을 익힐 수 있는 장소 생각하기
    예 '우리 고장 중심지', '문화 유적지' 등.
  - 떠올린 장소에서 현장 체험학습을 하기에 가장 적절한 곳 찾기

도움이 되는 안내!

위 활동은 현장 체험학습 장소로 적절한 곳의 범주를 먼저 정한 후, 현장 체험학습 장소로 적절한가에 대한 기준에 따라 그 범주를 평가해 보도록 설계하였습니다. 범주에 따라 평가한 후 적절하다고 생각되는 여러 장소를 찾아 그중 하나를 선택해 보는 과정으로 이루어집니다. 그러므로 인터넷 검색 등을 이용하여 바로 장소를 찾는 활동부터 하지 않도록 해야 합니다.

현장 체험학습 내용으로 알맞은 것 생각하기

> ↳ 조사하고 판단하기
> 현장 체험학습 장소로 적절한 곳은 어디일까?

▷ 우리가 찾은 현장 체험학습 장소의 특징 알기

- 우리가 찾은 현장 체험학습 장소는 무엇을 체험해 보거나 혹은 어떤 것을 눈으로 감상할 수 있는 장소로 선정하였다는 것을 알기
- 눈에 보이지 않는 어떤 것을 감상하는 것은 현장 체험학습으로 적절한지에 대해 생각하기

도움이 되는 안내!

이 활동에서는 문화유산 중 무형 문화재를 볼 수 있는 곳도 현장 체험학습 장소로 적절하다는 것을 알려 주면서, 학생들에게 '눈에 보이지 않는 문화재'에 대한 호기심을 불러일으키려는 목적이 있습니다.

▷ 문화유산에 대해 알기

- 교과서를 참고하여 문화재에 대해 알기

도움이 되는 안내!

"문화 유적지란 형태가 크고 위치를 바꿀 수 없는 문화재가 있는 곳을 말합니다. 그렇다면 형태가 크지 않고 위치를 바꿀 수 있는 문화재도 있는지 등을 알아야 합니다." 등과 같은 교사 발문으로 진행할 수도 있습니다.

- 유형 문화재의 예를 떠올리기
  예 '남대문', '경복궁', '도산서원', '무령왕릉' 등.
- 무형 문화재의 예를 떠올리기

예 '탈춤', '판소리', '굿' 등.

▷우리 지역의 문화유산 조사하기

　- 우리 지역에서 발간한 누리집, 그 밖의 자료 등을 활용하여 우리 지역의 문
　　화유산에 대해 조사하기

> **도움이 되는 안내!**
>
> 이때의 조사는 현장 체험학습 장소로 적절한지 여부를 판단하기 위함으로 지나치게 상세한 조사는 필요하지 않습니다. '우리 지역에 어떤 문화유산이 있고 그것은 어떠한 것이다.' 정도만 조사하면 됩니다.

　- 모둠별로 각자 조사한 내용을 말하기

6차시　의사소통하는 방법 알기

> ↳ 타당한 방법으로 자신의 의견 말하기
> 다른 사람과 올바른 의사소통을 하려면 어떻게 해야 할까?

▷ 타당하게 의사소통을 하는 방법 알기

　- 타당하게 의사소통을 하지 않는다는 것의 의미를 발표하기

　　예 "무조건 자신의 생각이 맞다고 우기는 것.", "자신의 말대로 해 주지 않
　　　았을 때 화를 내거나 삐지는 것.", "다른 사람의 말은 듣지 않고 자신의
　　　말만 하는 것." 등.

　- 타당하게 의사소통한다는 것의 의미를 모둠별로 논의하기

　　예 "자신의 생각만을 우기지 않는 것.", "다른 사람의 의견을 경청하는
　　　것.", "근거를 들어 자신의 생각을 밝히는 것." 등.

- 『과학』교과서 21쪽을 참고하여 타당하게 의사소통하는 방법이 무엇인지 정리하기

  예 '다른 사람이 이해하기 쉽게 말하는 것.', '타당한 근거를 제시하여 설명하는 것.', '다른 사람의 의견에서 궁금한 점을 질문하는 것.' 등.
- 타당하게 의사소통하는 방법 연습하기(『과학』교과서 20쪽 핀치의 부리 모양과 먹이의 관계를 추론하고 그것을 다른 사람에게 설명하는 과정을 통해 의사소통 연습하기)

7~9차시 현장 체험학습 장소 조사하기

↳ 조사하기
현장 체험학습 장소로 적절한 곳은 어디가 있을까?

▷ 우리 지역의 문화유산 중 현장 체험학습 장소로 적절하다고 생각되는 장소에 대해 조사하기
- 그 장소에 대해 더 자세히 알기 위해 여러 가지 자료를 참고하여 조사하기
- 그 자료를 타당하게 의사소통할 수 있도록 바꾸기
(다른 사람이 이해하기 쉽게 내용을 바꾸고 타당한 근거를 제시하기 등)
- 『국어』교과서 189쪽의 5번을 참고하여 말할 내용을 정리하기

▷ 우리 지역의 문화유산 중 현장 체험학습 장소로 적절하다고 생각하는 장소 선택하기
- 『국어』교과서 182~184쪽을 보고 회의에 참여하는 사람과 그 역할에 대해 알기
- 『국어』교과서 182~184쪽을 보고 회의의 절차에 대해 정리하기
- 분단별 회의를 통해 현장 체험학습 장소로 적절하다고 생각되는 장소 고르기

우리가 배운 대로 타당한 의사소통을 하고 있나요?
다른 사람의 말을 경청하며 자신의 의견을 말하고 있나요?

10~12차시 | ## 현장 체험학습 장소 답사 계획하기

> ↳ PBL 문제 해결하기
> 현장 체험학습 장소로 적절한지를 알아보려면 어떻게 해야 할까?

▷ 현장 체험학습을 위한 계획 세우기

- 모둠별로 선택한 현장 체험학습 장소에서 어떤 것을 배울지 생각하며 현장 체험학습 계획 세우기

『사회』 교과서 62쪽의 답사 계획서를 참고할 수 있으나 이 계획서의 답사 내용이나 답사 방법이 매우 모호하고, 특히 답사에서 역할을 나누어 답사를 한다는 점은 현실적 체험학습과는 동떨어져 있으므로 될 수 있으면 교과서에서 제시한 답사 계획은 따라 하지 않는 것이 좋다고 생각됩니다.

예 답사 내용 정하기: '현장 체험학습 갈 장소의 지도를 인쇄한 다음 각 장소별로 무엇을 집중해서 보면 좋을지를 포스트잇에 적어 붙이기', '적은 포스트잇에 순서를 정해 나열한 다음 적절한 시간을 배분하기' 등.

답사 내용 정하기: '현장 체험학습 장소에서 관람을 도와줄 해설사분이 계신지 확인하고 그 분의 설명을 들으면서 관람할 수 있도록 순서를 계획하기', '그분의 설명을 듣기 전 현장 체험학습 장소에서 더 궁금한 점

이나 알고 싶은 점을 질문할 수 있도록 질문지 만들기' 등.

답사 내용 정하기: '현장 체험학습 장소에서 위험한 곳은 없는지, 우리가 모여서 점심을 먹을 만한 장소는 있는지, 근처에 화장실 등이 있는지 등 더 알아보아야 할 내용을 생각하기' 등.

▷ 현장 체험학습 계획 발표하기

- 모둠별로 세운 계획서를 전시하기
- 전시한 것을 관람하면서 색이 다른 포스트잇에 현장 체험학습 장소에 대해 더 궁금한 점을 쓰거나 세운 계획에서 좀 더 생각해야 할 점이 있다면 추가하기

더하기

미술 교과서에 체험한 일을 표현하는 활동이 있다면, 실제로 계획한 현장 체험학습 장소를 다녀온 후 그때의 경험을 표현하는 활동을 후속 활동으로 진행할 수 있습니다.

되짚기

다른 사람과 타당한 의사소통을 하나요?
우리 지역을 대표하는 문화유산에 대해 알고 있나요?

이 수업의 포인트

회의를 할 때에는 자신의 의견을 적극적으로 교환하고 다른 사람의 의견을 경청하는 등의 의사소통이 필요합니다.
문화유산은 손으로 만질 수 있는가 없는가에 따라 유형 문화유산과 무형 문화유산으로 나눌 수 있습니다.

04 더 살기 좋은 우리 동네 만들기

우리 지역의 문제점을 알고 합리적인 방법으로 해결하기 + 제안하는 글을 쓰기 + 글자나 그림을 디자인하기 = 우리 동네 리모델링하기

수업 흐름 ⊗   관련 교과 ⊗   관련 교과서 내용 ⊗

문제의 해결 방안 마련하기
제안하는 글을 쓰는 방법을 알고
제안하는 글쓰기

우리 지역의 문제점과 그 해결 방안 찾기

제안하는 내용이 드러나게 디자인하기

수업 흐름 ⊗	관련 교과 ⊗	관련 교과서 내용 ⊗

관련 교과	성취기준
국어	[4국03-03] 관심 있는 주제에 대해 자신의 의견이 드러나게 글을 쓴다.
사회	[4사03-06] 주민 참여를 통해 지역 문제를 해결하는 방안을 살펴보고, 지역 문제의 해결에 참여하는 태도를 기른다.

수업 흐름 ⊗	관련 교과 ⊗	관련 교과서 내용 ⊗

교과	학습 목표	쪽
국어	제안하는 글 쓰는 방법 알기 제안하는 글쓰기	235~239 240~244
사회	우리 지역의 문제를 알고 지역의 문제를 해결하기	118~126

PBL 문제

이번에 우리 ○○마을 지역 위원으로 뽑힌 나해결입니다. 지금부터 저는 우리 마을의 불편한 점을 하나씩 해결해 나갈 것입니다. 그래서 우리 마을을 전국에서 가장 살기 좋은 마을로 바꾸어 나갈 것입니다. 그러기 위해서는 여러분의 도움이 필요합니다.

여러분, '이건 정말 불편하다'라고 생각하시는 것, 없으셨나요? 네, 저는 있습니다. 아주 많습니다. 먼저 사거리에 있는 횡단보도가 너무 불편합니다. 우리 동네 사거리에 횡단보도가 모두 4개 있습니다. 거기 횡단보도에는 모두 턱이 없습니다. 물론 걷기 불편한 분들을 위한 조치이기는 합니다만, 턱이 없다 보니 차들이 우회전이나 좌회전을 하면서 사람들이 길을 건너기 위해 서 있는 곳까지 넘어옵니다. 또 길을 빨리 건너기 위해서 어떤 사람들은 차도 가까이 서 있기도 합니다. 이것만 불편할까요? 아닙니다. 우리 마을에서 가장 큰 ◇◇초등학교의 교문 앞도 불편합니다. 비가 오면 이 일대에는 자신의 자녀를 학교에 데려다 주려는 학부모들의 차로 인해 엄청 위험하고 붐빕니다. 또한 이 학교의 주차장은 교문 바로 옆에 붙어 있어서 선생님들이 차를 타고 학교에 출근하시거나 퇴근하실 때 위험합니다. 이것만 위험하고 불편할까요? 아닙니다. 밤이 되면 사거리 쪽에 있는 식당에서 큰 소리가 납니다. 식당에서 밤늦게까지 술을 먹은 사람들이 길가로 나와서 노래를 부르거나 큰 소리로 이야기를 합니다. 심지어 그 밤에 아이들을 데리고 나와서 노는지 아이들이 소리를 지르며 장난치는 소리도 들립니다. 그 옆에 있는 아파트는 밤새 소음에 시달려야 합니다. 그것만 불편할까요? 아닙니다. 더 많은 불편함이 우리 마을에 있습니다. 그리고 우리는 이러한 불편을 계속 참고 살 수는 없습니다. 우리 마을을 더 살기 좋은 마을로 바꾸기 위해 여러분의 도움이 필요합니다. 우리 마을의 불편한 문제를 찾는 것도, 그 문제를 해결하는 것도 모두 여러분의 도움이 필요합니다. 도와주세요, 여러분!

PBL 문제 분석하기

> ↳ PBL 문제 분석하기
> 문제 1) 우리 마을의 불편한 점은 무엇일까?
> 문제 2) 우리 마을의 불편한 점을 없애려면 어떻게 해야 할까?

▷ 문제 읽어 보기

  - 문제 속에 나타난 ○○마을의 불편한 점이 무엇인지 찾기

  - PBL 문제에서 해결하고 싶은 문제가 무엇인지 생각하기

    예 '더 살기 좋은 우리 마을을 만들기 위해 숨어 있는 문제를 찾아 개선하기'

▷ 이 문제를 해결하기 위해 알아야 할 것이 무엇인지 생각하기

  - 이 문제에서 우리가 도달해야 할 목표가 무엇인지 알기

    예 '우리 마을을 좀 더 살기 좋은 마을로 만드는 것.'

▷ PBL 문제를 해결하기 위해(우리 마을을 살기 좋은 마을로 만들기 위해) 우리가 해야 할

  것이 무엇인지 찾기

  - 마을의 불편한 점 찾기

  - 마을의 불편한 점을 해결하기 위한 방법 찾기

  - 마을의 불편한 점 해결하기

▷ 우리가 알아야 할 것을 알기 위해 공부해야 할 교과가 무엇인지 찾기

  -『국어』,『사회』등.

우리 마을의 불편한 점과 그 원인 찾기

> ↳ 조사하고 분석하기
> (1) 우리 마을에는 어떤 불편한 점이 있을까?
> (2) 우리 마을의 불편한 점을 어떻게 하면 없앨 수 있을까?

▷ 우리 마을의 지도를 보면서 문제점을 찾기

 - 우리 마을의 불편한 점을 생각나는 대로 말하기
 - 우리 마을 지도(구글 지도나 다른 인터넷 포털 등에서 제공하는 위성 지도 등)를 보면서 자신의 경험을 떠올리며 우리 마을에서 불편한 점을 찾기

> **도움이 되는 안내!**
>
> 마을의 불편한 점을 찾기 위해 마을 지도를 살펴보는 첫 번째 이유는 장소에 따른 불편함을 떠올려 볼 수 있기 때문입니다. 예를 들어 상가가 많은 장소에는 교통의 불편함 등이 있을 수 있습니다. 마을 지도를 살펴보는 두 번째 이유는 지도를 통해 평소 느끼던 불편함을 쉽게 떠올릴 수 있도록 하기 위해서입니다. 그곳을 이용할 때의 느낌을 떠올리는 장치로 활용하는 것입니다.

▷ 우리 마을의 불편한 점이 생긴 원인을 파악하기

 - 우리 마을의 불편한 점을 여러 가지 기준을 정해 분류하기
    예 (문제의 유형에 따라) '행정력의 도움을 받아야 하는 문제와 사람들의 의식이 개선되어야 해결할 수 있는 문제', '안전 문제나 환경 문제', '문제의 해결이 비교적 쉬운 문제와 그렇지 않은 문제' 등.
 - 우리 모둠에서 해결하고 싶은 마을의 불편한 점을 합리적인 기준에 따라 한 가지 선택하기

    합리적인 선택의 기준: '우리가 해결할 수 있는 문제이다.', '문제의 원인에 대한 분석을 할 수 있다.', '우리 마을에서 가장 심각하다고 생각하는 문제이다.' 등.
 - 우리 모둠에서 선택한 문제가 일어난 원인을 자유롭게 떠올리기

예 학교 앞 주정차 문제: '자신의 아이가 편하게 학교를 오갔으면 하는 학부
모의 이기심.', '학교의 위치가 도로의 모퉁이에 있어 우회전하는 차량
이 항상 있음.', '학교 앞 도로가 2차선으로 좁음.', '학교 안 주차장이 협
소하여 학부모의 차량이 쉽게 드나들 수 없음.' 등.

늦은 밤 시간의 소음 문제: '밤늦게까지 영업을 하는 가게가 많음.', '늦은
밤까지 아이들을 데리고 식당을 이용하는 학부모가 많음.', '아파트와
상가 간의 거리가 짧음.' 등.

▷ 문제의 원인 분석하기 1

- 우리가 떠올린 원인들 중 문제에 가장 큰 영향을 미친다고 생각되는 원인
을 과학적 탐구 방법을 활용하여 찾기(문제가 일어난 원인이라고 꼽은 것
들을 주변 사람들에게 설문을 하거나 문제가 일어난 곳을 관찰하여 정말
원인이 맞는지 확인하기)

예 '학교 앞 도로를 관찰하여 어떤 상황일 때 심각한 교통체증 문제가 발생
하는지 확인하기', '인근 아파트에 살고 있는 사람들에게 질문하여 늦은
밤 시간 소음 문제가 발생하는 가장 큰 원인을 찾기' 등.

▷ 문제의 원인 분석하기 2

- 문제가 일어난 가장 큰 원인을 선택하여 그 원인을 세부적으로 분석하기

예 학교 앞 교통 체증 문제의 가장 큰 원인: '자신의 아이가 편하게 학교에 오
갔으면 하는 학부모의 이기심.' 등.

이러한 원인이 발생한 이유: '학교 앞 횡단보도를 건너는 것에 대한 불안
함.', '가방이 너무 무거워서 학교까지 걸어가는 것에 대한 부담.' 등.

▷ 문제를 해결하는 방안 마련하기

- 문제의 원인에 대한 원인을 없애는 방법을 마련하여 문제를 해결하기

예 '학교 앞 횡단보도에 안전 도우미가 배치되어 있으나 더 많은 인력을 배

치하여 횡단보도를 따라 건너는 활동을 추가.', '일주일에 한 번 혹은 2주일에 한 번 가방 들어 주는 날을 만들어 부모님이 아이의 준비물을 미리 학교에 가져다 놓을 수 있도록 하는 시스템을 운영.' 등

4~5차시 | 우리 마을의 불편한 점에 대해 조사한 내용 발표하기

> ↳ **발표하기**
> 다른 모둠의 발표 내용을 참고하여 우리 모둠의 내용을 수정하기

▷ 각 모둠별로 지금까지 활동한 결과를 발표하기

- 문제와 문제에 대한 원인, 그 원인에 대한 원인을 분석한 자료와 그 원인을 없애 문제를 해결하는 방안에 대해 발표하기
- 자유롭게 토론을 하며 문제의 원인과, 그 원인에 대한 원인이 제대로 분석되었는지, 그리고 원인에 대한 해결 방안이 적절하게 마련되었는지, 더 좋은 해결 방법은 없는지 찾기

도움이 되는 안내!

국어과에서 배운 '의견을 제시하는 방법'에 대한 것이나 과학과에서 배운 '과학자들의 의사소통 방식' 등을 활용하여 의미 있고 타당한 토론이 될 수 있도록 해 주세요.

- 다른 모둠에서 제시한 아이디어를 공유하는 과정에서 도움이 될 만한 생각들을 모아 우리 모둠에 추가하기
- 우리 모둠에서 제시한 해결 방법이 또 다른 문제를 일으킬 수 있는지 다른 모둠과 자유롭게 토론하기

▷ 공유한 아이디어를 바탕으로 우리 모둠의 내용을 수정하기

발표한 내용에 대해 평가하기

> ↳ 평가하기
> 우리가 생각한 해결 방안은 이 문제를 해결하는 데 도움이 되는 것일까?

▷ 우리 모둠이 마련한 해결 방안이 적절한지 평가하기

- 우리 모둠에서 마련한 여러 가지 해결 방안의 장단점을 기준에 따라 분석하기

  예 '쉽게 문제를 해결할 수 있는가?', '시간이 많이 걸리는가?', '비용이 많이 드는가?', '또 다른 문제를 일으키는가?', '문제의 완전한 해결을 기대할 수 있는가?' 등.

- 우리 모둠이 아닌 다른 사람들(이 문제에 대해 다른 시각을 가지고 있을 만한)에게 이 문제의 해결 방안이 적절한지 확인하기

  예 '우리 학교 저학년 학부모들을 대상으로 이 문제의 해결 방법이 문제 해결에 도움이 될 것인지를 설문 조사하기', '인근 가게 주인들에게 이 문제를 해결할 수 있는 방안이 적절한지 확인하기' 등.

▷ 문제 해결 방안 선택하기

- 여러 사람의 의견을 종합하여 우리 모둠에서 선택한 해결 방안을 수정하거나 보완하기
- 우리 모둠에서 이 문제를 해결할 방안을 최종적으로 마련하기

제안하는 글쓰기

> ↳ PBL 문제 해결하기
> 우리가 생각한 해결 방안으로 이 문제를 해결해 보기

▷ 제안하는 글에 대해 알기

- 이전 시간에 배운 『국어』 교과서 227쪽의 글을 다시 참고하여 글을 통해 전하고 싶은 생각, 글을 읽는 대상을 분석하여 글을 쓴 목적에 대해 파악하기

  예 글을 통해 전하고 싶은 생각: '꽃밭에 쓰레기를 버리지 마세요.'

  글을 읽는 대상: '꽃밭을 지나가는 사람', '꽃밭에 쓰레기를 버리려는 사람' 등.

  글을 쓴 목적: '자신이 가꾼 꽃밭에 쓰레기를 버리지 말아 달라고 부탁하기 위해' 등.

- 제안하는 글의 특징 알기(제안하는 글은 일어난 문제에 대해 자신이 생각하는 해결 방안을 해당 문제와 관련 있는 사람들에게 알려서 그 문제를 해결하기 위한 목적으로 쓴 글임.)

▷ 제안하는 글의 짜임 알기

- 제안하는 글에 꼭 들어가야 하는 내용 찾기
- 우리 마을의 문제에 대해 제안하는 글을 쓰려고 할 때 꼭 들어가야 할 내용 생각하기
- 제안하는 글의 짜임에 맞게 내용 구성하기

도움이 되는 안내!

제안하는 글에는 제안하는 이유와 제안하는 내용, 그 제안으로 변화할 수 있는 것들을 상세하게 써야 합니다. 제안하는 글을 읽는 이가 그 문제를 해결할 수 있는 관계 기관의 담당자일 수도 있고, 그 문제를 일으키는 데 가담한 사람일 수 있습니다. 읽는 이가 누구인가에 따라 글의 내용이 달라집니다.

▷ 제안하는 글쓰기 연습하기

 -『국어』 교과서 235쪽을 보고 어떤 내용의 제안을 하면 좋을지 생각하기

 -『국어』 교과서 237~238쪽을 살펴보면서 제안하는 글에 들어갈 알맞은 내용 떠올리기

▷ 제안하는 글쓰기

 - 우리 모둠에서 조사한 우리 마을의 불편한 점과 그 해결 방안이 잘 드러나게 제안하는 글을 쓰기

▷ 쓴 글 발표하기

11~12차시 제안한 내용 디자인하기

> ↳ 내 생각 표현하기
> 나의 제안을 좀 더 쉽게 알릴 수 있는 디자인하기

▷ 제안하는 내용이 드러나게 디자인하기

 - 여러 가지 표어, 포스터, 알림 문구를 참고하여 제안하는 내용이 잘 드러나게 디자인하는 방법 알기

 - 제안하는 내용이 잘 드러나게 디자인하기

▷ 제안하기

 - 학교, 관련 기관 등 문제를 해결하는 데 도움이 될 만한 곳을 찾아 제안하는 글과 제안하는 내용이 드러난 디자인을 함께 보내기

이 PBL 문제에서는 우리 주변에서 겪은 문제를 해결하려고 노력하는 자세를 기르는 것에서 출발하였습니다. PBL 문제는 제가 근무하는 학교의 상황을 고려하여 만든 것으로, 선생님들께서도 근무하는 학교의 상황을 고려한 문제로 바꾸셔도 됩니다.

읽는 이가 누구인지 생각하며 자신의 의견과 그 의견에 대한 까닭이 잘 드러나게 글을 쓸 수 있나요?
우리 지역의 문제가 무엇인지 생각해 보고 그 문제를 해결하기 위한 해결 방안을 떠올릴 수 있나요?

제안하는 글을 쓸 때에는 그 제안이 문제 해결에 도움이 될 것인지 생각해야 합니다. 또 그 글을 읽을 사람이 누구인가를 생각하며 글을 써야 합니다.
우리 지역의 불편함이 무엇인지 생각하고 이 문제를 해결하기 위해 적극적으로 참여합니다.

콩쥐에게 기적을!

혼합물을 분리하는 원리 이해하기 + 듣는 사람을 고려하여 상황에 맞게 말하기
= 콩쥐를 도와주기

수업 흐름 ✖   관련 교과 ✖   관련 교과서 내용 ✖

듣는 사람을 고려하여 상황에
맞게 말하기

혼합물을 분리하는 방법 알기   읽는 사람을 고려하여 생각 쓰기

관련 교과	성취기준
과학	[4과12-02] 알갱이의 크기와 자석에 붙는 성질을 이용하여 고체 혼합물을 분리할 수 있다. [4과12-03] 거름 장치를 꾸며 물에 녹는 물질과 녹지 않는 물질의 혼합물을 분리할 수 있다. [4과12-04] 물을 증발시켜 물에 녹아 있는 고체 물질을 분리할 수 있다.
국어	[4국03-04] 읽는 이를 고려하며 자신의 마음을 표현하는 글을 쓴다.

교과	학습 목표	쪽
과학	혼합물이 무엇인지 알고 혼합물을 분리하기	100~111
국어	듣는 사람을 고려하여 상황에 맞게 말하기 읽는 사람을 고려하여 생각 쓰기	98~104 105~109

PBL 문제

"콩쥐야, 오늘 저녁까지 알맹이를 모두 골라 놓아야 한다. 그 전까지 이 방에서 한 발짝도 나올 수 없어."

콩쥐는 팥쥐 엄마의 괴롭힘을 더 이상 참을 수가 없었어요. 특히 콩쥐는 사랑하는 원님을 못 만나게 하는 팥쥐 엄마를 용서할 수 없었어요. 팥쥐 엄마는 콩쥐를 가두어 두고 팥쥐를 계속 원님과 만나게 했어요. 원님은 콩쥐의 소식을 몰라 계속 콩쥐의 집을 찾았지만 그때마다 팥쥐의 거짓말에 속아 넘어갔어요.

콩쥐가 갇힌 방에서 나오려면 3개의 자물쇠 안에 알맞은 알맹이만 넣어야 해요. 무게가 달라지거나 알맹이의 개수가 달라지면 자물쇠는 열리지 않아요. 콩쥐가 갇힌 방에 있는 자물쇠에는 '소금', '쌀', '철'이라고 적혀 있었어요.

팥쥐 엄마가 준 바가지에는 온갖 알맹이들이 들어 있었어요. 어떤 것은 크고 어떤 것은 작았어요. 모래도 있고, 작은 좁쌀도 보였어요. 하지만 어떻게 하면 저 세 가지 알맹이만 고를 수 있을지 콩쥐는 잘 모르겠어요.

우리 반 친구들이 콩쥐를 도와주세요. 콩쥐에게 각각의 알맹이를 고르는 방법을 알려 주세요.

PBL 문제 분석하기/ 혼합물에 대해 알기

> ↳ PBL 문제 분석하기
> 팥쥐 엄마가 준 바가지에서 여러 가지 알갱이를 어떻게 하면 고를 수 있을까?

▷ 문제 읽고 내용 확인하기

- 팥쥐 엄마가 준 바가지에 담긴 것들이 무엇인지 찾기

  예 '소금, 쌀, 철' 등.

▷ 우리가 해결해야 할 문제가 무엇인지 찾기

  예 '팥쥐 엄마가 준 바가지에서 알맞은 알맹이만 골라내기'

- 문제를 해결하기 위해 우리가 알아야 할 내용에 대해 생각하기

  예 '바가지 안에 담긴 여러 가지 알맹이 중 소금, 쌀, 철 알맹이만 남기고 나머지를 골라낼 수 있는 방법 알기', '콩쥐에게 각각의 알맹이를 고르는 방법 알려 주기' 등.

▷ 우리가 알아야 할 것을 알기 위해 공부해야 할 교과가 무엇인지 찾기

- 『과학』, 『국어』 등.

▷ 바구니에 든 것 직접 살펴보기

- 팥쥐 엄마가 콩쥐에게 준 바구니에 들어 있는 알맹이들에는 어떤 것이 있는지 살펴보기

> **도움이 되는 안내!**
>
> 이 혼합물에 든 것이 안전한지 알 수 없으므로 '맛'을 보지 않고 눈으로만 관찰하게 해야 합니다.

- 바구니 안에 든 물질과 같이 여러 가지 물질이 섞여 있는 것을 무엇이라고 부르는지 알기
- 혼합물을 우리 생활 속에서 찾아보기
- 우리 생활에서 찾은 혼합물을 토대로 혼합물의 특징 알기
  예 '여러 가지 물질이 섞여 있다.', '그 물질의 성질이 변하지 않았다.'

2~4차시 물질의 성질을 이용하여 혼합물 분리하기

↳ 혼합물 분리하기
바가지 속의 물질을 분리하려면 어떻게 해야 할까?

▷ 소금, 좁쌀, 철을 분리하는 방법 생각하기

- 분리하려는 물질의 성질을 이용하여 분리하는 방법 떠올리기
  예 '소금은 물에 녹으므로 소금물로 만들어 분리합니다', '철은 자석에 붙으므로 자석을 이용하여 분리합니다.' 등.

▷ 철 분리하기

  - (모둠별로) 자석을 활용하여 혼합물을 분리하기

▷ 좁쌀 분리하기

  - (모둠별로) 체를 활용하여 혼합물을 분리하기

▷ 소금 분리하기

  - (모둠별로) 물을 활용하여 혼합물을 분리하기

▷ 혼합물 분리의 원리 이해하기

  - 크기가 다른 철 알맹이가 섞여 있는 경우나 물과 쌀이 섞여 있는 경우에는
    어떻게 분리해야 할지 생각 말하기

도움이 되는 안내!

혼합물의 분리는 혼합물이 무엇인가에 따라 방법이 달라지는 것이지, 소금이라고 해서 반드시 물에 넣고 가열해야만 하는 것은 아니라는 점을 이해할 수 있도록 해야 합니다.

5~6차시 듣는 이가 이해하기 쉽게 설명하기

↳ 대상을 알기 쉽게 설명하기
콩쥐에게 혼합물을 분리하는 방법 알려 주기

▷ 콩쥐에게 바가지에 든 알맹이를 분리하는 방법 알려 주기

  - 어떻게 알려 주면 콩쥐가 바가지에 든 알맹이를 잘 분리할 수 있을지, 어떻
    게 설명하면 콩쥐가 잘 이해할 수 있을지 생각해 보기

예 '콩쥐는 혼합물이 무엇인지 잘 모르기 때문에 혼합물에 대한 것부터 알려 주는 것이 필요하다.' 등.

- 콩쥐의 입장을 생각하며 어떤 순서로 바가지에 든 알맹이를 분리하는 방법을 소개할지 생각하기
- 콩쥐의 입장을 생각하며 어떤 내용으로 바가지에 든 알맹이를 분리하는 방법을 알려 줄지 생각하기

▷ 콩쥐에게 바가지에 든 알맹이를 분리하는 방법 알려 주기 위한 설명하기

- 두 명씩 짝을 지어 콩쥐에게 혼합물을 분리하는 방법을 알려 주기. 설명을 듣는 친구는 내가 만약 콩쥐라면 이 설명대로 따라 했을 때 바가지에 든 알맹이를 분리할 수 있을지 생각하기. 만약 분리할 수 없다면 설명을 한 친구에게 그 이유를 알려 주기
- 모둠 친구들 앞에서 혼합물을 분리하는 방법에 대해 설명하기. 설명을 듣는 친구는 내가 만약 콩쥐라면 이 설명대로 따라 했을 때 바가지에 든 알맹이를 분리할 수 있을지 생각하기. 만약 분리할 수 없다면 설명을 한 친구에게 그 이유를 알려 주기

7차시 ｜ 설명하는 글쓰기

> ↳ PBL 문제 해결하기
> 콩쥐에게 혼합물을 분리하는 방법을 글로 써 주기

▷ 콩쥐에게 혼합물을 분리하는 방법을 알려 주는 글쓰기

- 말로 설명한 내용을 바탕으로 콩쥐가 이해하기 쉽게 글로 혼합물을 분리하는 방법에 대해 쓰기
- 어떤 내용이 들어가야 하는지 생각하기

例 '팥쥐 엄마가 준 바가지는 하나밖에 없으므로 소금물을 분리하기 위해 물을 넣으면 다른 알맹이도 물에 젖어 분리하기가 어려워집니다. 이러한 점을 잘 설명하면서 혼합물을 분리하는 방법을 알려 주어야 합니다.' 등.

- 들어가야 하는 내용을 생각하며 글쓰기

▶ 돌려 읽기

- 모둠 친구들끼리 쓴 글을 돌려 읽고, 내가 만약 콩쥐라면 어떤 부분에서 이해가 잘 되지 않을지 생각해 보기
- 친구가 해 준 조언에 따라 글 고쳐 쓰기

더하기

이 PBL 문제에서는 바가지에 든 혼합물을 손으로 일일이 가려내는 것보다 도구를 이용하면 더 편리하게 분리할 수 있다는 점을 학생들이 먼저 이해할 수 있도록 하는 발문이 제시되어야 합니다

되짚기

알갱이의 크기와 성질을 이용하여 혼합물을 분리할 수 있나요?
읽는 사람이 누구인지 생각하며 설명하는 글을 알기 쉽게 쓸 수 있나요?

이 수업의 포인트

혼합물에 든 알갱이의 성질을 이용하여 혼합물을 분리할 수 있습니다.
설명하는 글을 쓸 때에는 그 글을 읽는 사람이 설명하는 대상에 대해 얼마나 알고 있는지를 생각해야 합니다.

뚠뚠이의 오해를 풀어 주세요

분수의 뺄셈 알기 + 물이 증발하는 현상 이해하기 + 전하려는 마음이 잘 드러나게 마음을 전하는 글쓰기 = 뚠뚠이의 오해를 풀어 주기

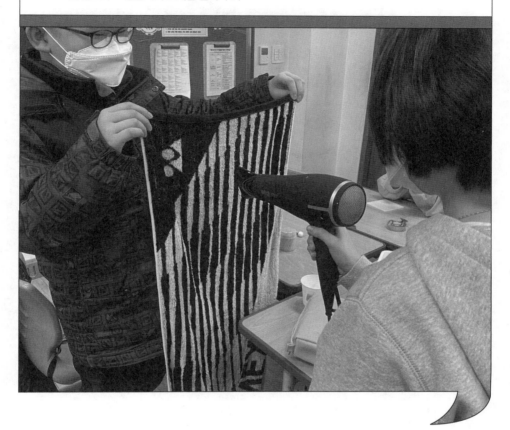

수업 흐름 ✕   관련 교과 ✕   관련 교과서 내용 ✕

물이 증발하는 현상 알기

분수의 뺄셈 알기   마음이 드러나는 글쓰기

관련 교과	성취기준
수학	[4수01-16] 분모가 같은 분수의 덧셈과 뺄셈의 계산 원리를 이해하고 그 계산을 할 수 있다.
과학	[4과14-01] 물이 수증기나 얼음으로 변할 수 있음을 알고, 물이 얼 때와 얼음이 녹을 때의 부피와 무게 변화를 관찰할 수 있다.
국어	[4국03-04] 읽는 이를 고려하며 자신의 마음을 표현하는 글을 쓴다.

교과	학습 목표	쪽
수학	분수의 뺄셈 알기	20~21
과학	물이 증발하는 현상 알기	40~41
국어	마음을 전하는 글쓰기	60~77

PBL 문제

화가 잔뜩 난 뚠뚠이가 홍홍이를 찾아갔습니다.

뚠뚠이: 너지? 네가 한 거지?

홍홍이: 도대체 무슨 말이야?

뚠뚠이: 내가, 어제, 잡은, 오징어 다섯 마리! 그 통통한 오징어 네가 바꾼 거지?

홍홍이: 나 아니야.

뚠뚠이: 거짓말 마. 네가 어제 내가 오징어 말리는 거 보면서 군침 흘린 거 다 알아. 내가 이럴 줄 알고 미리 오징어 무게를 재어 두었어. 분명 어제 내가 잴 때에는 $5\frac{3}{4}$ kg이었는데 오늘 다시 가서 쟀더니 $3\frac{2}{4}$ kg이었어. 네가 분명 내 통통한 오징어를 바꾸어 놓은 거야.

홍홍이: 나 아니야. 내가 왜 그런 짓을 하겠어?

뚠뚠이: 흥, 거짓말쟁이. 나는 거짓말쟁이랑은 친구 안 해.

홍홍이: 뭐라고? 너 말 다 했어? 좋아, 나도 더 이상 너랑 친구 안 해.

개미 할아버지는 뚠뚠이와 홍홍이가 싸운 것을 알고 뚠뚠이를 불렀습니다. 개미 할아버지의 이야기를 들은 뚠뚠이는 홍홍이에게 크게 잘못했다는 것을 알았습니다. 뚠뚠이의 잘못은 무엇이며, 뚠뚠이는 어떻게 홍홍이에게 사과하면 좋을까요?

PBL 문제 분석하기

> ↳ PBL 문제 분석하기
>
> 문제 1) 뚠뚠이가 잘못한 일은 무엇일까?
> 문제 2) 뚠뚠이가 훙훙이에게 사과하려면 어떻게 해야 할까?

▷ 문제를 읽고 상황 분석하기

　- 누가 등장하는 문제인지 찾고, 각 인물이 처한 상황 알기

　　예 **뚠뚠이**: '훙훙이가 자신의 오징어를 바꾸었다며 뚠뚠이에게 화를 냈다.'

　　　훙훙이: '일방적으로 뚠뚠이가 화를 냈는데, 자신이 한 일이 아니라고 해도 그 말을 믿어 주지 않았다.'

　　　개미 할아버지: '뚠뚠이가 무엇을 잘못했는지 알고 있다.' 등.

　- 뚠뚠이가 훙훙이에게 화를 내는 이유를 알기

　　예 '오징어 다섯 마리를 말렸는데 말리기 전의 무게와 말리고 나서의 무게가 달라져서 훙훙이가 오징어를 바꾸었다고 생각하고 화를 냄.'

▷ 우리가 해결해야 할 문제가 무엇인지 찾기

　- 뚠뚠이가 말린 오징어 무게가 달라진 이유

　- 뚠뚠이가 잘못했다면 훙훙이에게 사과하는 방법

▷ 이 문제를 해결하기 위해 우리에게 도움을 줄 교과가 무엇인지 찾기

　- 『국어』, 『과학』 등.

분수의 뺄셈하기

↳ 분수의 크기 비교하기

분모의 크기가 같을 때 분수끼리의 계산은 어떻게 할까?

▷ 그림이나 수직선 등을 이용하여 $5\frac{3}{4} - 3\frac{2}{4}$ 를 하는 방법을 생각하기

▷ 자신이 해결한 방법을 모둠 친구끼리 공유하기

▷ 친구가 떠올린 방법이 타당한지 생각하며 친구의 해결 방법을 듣기

▷ 분수의 뺄셈을 하는 방법 알기

　- 그림을 그려서 문제 해결하기

> **도움이 되는 질문!**
>
> (유리컵 5개와 컵 하나를 4등분하고 그중에 3칸을 색칠한 그림과 유리컵 3개와 컵 하나를 4등
> 분하고 그중 2칸을 색칠한 그림을 그려서 보여 주면서)
> 첫 번째 양에서 두 번째 양만큼 덜어 내면 얼마나 남나요?

　- 위 그림에서 어떤 방법으로 계산하였는지 친구들과 이야기를 나누기

　- 분수의 뺄셈을 하는 방법 정리하기

　　(분수의 뺄셈을 하기 위해서는 (자연수-자연수)+(분수-분수)를 하는 방법

　　이 있고, 두 분수를 통분하여 계산하는 방법이 있음)

　↳ PBL 문제 해결하기

　뚠뚠이가 말린 오징어의 무게는 얼마나 차이가 날까?

▷ 뚠뚠이가 말린 오징어의 무게가 얼마나 달라졌는지 분수의 뺄셈하기

  - (자연수-자연수)+(분수-분수)의 방법을 이용하여 $5\frac{3}{4}$ - $3\frac{2}{4}$ 계산하기

  - 두 분수를 통분하는 방법을 이용하여 $5\frac{3}{4}$ - $3\frac{2}{4}$ 계산하기

  - 계산 결과를 공유하기

▷ PBL 문제 이어가기

  - 뚠뚠이가 말린 오징어 무게의 변화에 대해 이야기하기

    예 "뚠뚠이가 오징어를 널기 전에 잰 무게는 $5\frac{3}{4}$ 인데, 그다음 날 재었을 때
    에는 $3\frac{2}{4}$ 로 무게가 달라졌음.", "오징어를 널기 전보다 말리고 난 후에
    무게가 더 줄었음.", "오징어를 말린 후에 무게가 $2\frac{1}{4}$ 만큼 줄었음." 등.

  - 오징어의 무게가 준 이유를 추측하기

    예 '누가 먹었기 때문이다.', '다른 사람이 오징어를 바꾸었기 때문이다.' 등.

3~4차시 | 증발에 대해 알기

> PBL 문제 해결하기 1
> 뚠뚠이의 오징어 무게가 달라진 이유는 무엇일까?

▷ 뚠뚠이의 오징어에 일어난 변화의 원인을 추측할 수 있는 단서 찾기

  - 하루 사이에 뚠뚠이의 오징어 무게가 달라진 이유가 무엇일지 추측할 수
    있는 단서를 PBL 문제에서 찾기

    예 '내가 오징어를 말렸다.'

  - 단서를 이용하여 오징어 무게가 달라진 이유 추측하기

    예 '오징어를 말리는 과정에서 오징어에 있던 물기가 사라졌다.' 등.

▷ 뚠뚠이의 오징어에게 일어난 변화의 원인을 추측하기

- 선생님이 제시한 사진을 보면서 오징어가 어떻게 다른지 각자 생각을 말하기

> **도움이 되는 안내!**
>
> 이때 교사가 제시하는 사진은 물오징어, 반건조 오징어, 마른오징어입니다. 될 수 있으면 실물을 준비하는 것이 좋은데, 오징어 한 마리 전체를 준비하기보다는 아주 작은 일부만 제시하고 어떤 차이가 있는지 손으로 만지면서 살펴보게 할 수 있습니다.

　　예 '물기가 많은 정도에 따라 크기가 다름.' 등.
- 선생님이 제시한 사진 속 오징어가 변화한 이유에 대해 자신의 생각 말하기
　　예 "물기가 점차 사라졌기 때문입니다." 등.

▷ 물의 증발 현상에 대해서 알기

- 오징어를 말리면 어떤 현상이 일어나는지, 자신이 알고 있는 지식을 이용하여 발표하기
　　예 "오징어를 말리면 축 늘어져 있던 오징어가 단단해집니다.", "오징어를 말리면 오징어가 딱딱해집니다." 등.
- 오징어를 말리면 '단단해지고 딱딱해지는 현상'은 왜 일어나는지 추측하기
　　예 '오징어에 있던 물기가 사라졌기 때문에.' 등.
- 오징어를 말렸을 때 나타나는 현상과 비슷한 현상을 떠올리기
　　예 '고추 말리기', '드라이기로 머리카락 말리기', '식탁 위에 음식을 그냥 두면 바짝 마르는 것', '귤껍질 등을 햇빛 아래 말리는 것', '무를 잘게 잘라서 말리는 것(무말랭이)', '감을 깎아서 말리는 것(곶감 만들기)' 등.

▷ 증발에 대한 정의 내리기

- 물이 수증기로 변해 공기 중으로 흩어지는 현상을 '증발'이라고 함을 알기
- 뚠뚠이의 오징어 무게가 줄어든 이유는 '증발'이 일어났기 때문임을 알기

▷ 증발이 일어나면 어떤 변화가 있는지 PBL 문제와 선생님이 주신 오징어 사진을 통해 비교하기

　- 증발이 일어나면 물체에 어떤 변화가 있는지 사진을 보며 답하기

　　예 '무게가 줄어든다.', '부피가 줄어든다.' 등.

5~6차시　마음을 전하는 글쓰기

↳ PBL 문제 해결하기 2
홍홍이에게 마음을 전하는 편지 쓰기

▷ 뚠뚠이가 홍홍이에게 어떤 마음을 전해야 하는지 생각하기

　- 뚠뚠이가 홍홍이에게 어떤 잘못을 하였는지 찾기

　　예 '무턱대고 홍홍이에게 화를 내었다.', '홍홍이를 의심하였다.', '홍홍이를 거짓말쟁이라고 몰아붙였다.', '홍홍이의 이야기를 들어 주지 않았다.' 등.

　- 홍홍이의 마음을 짐작하기

　　예 '자신의 말은 듣지 않고 화만 내는 뚠뚠이가 미웠을 것이다.', '자신이 한 것이 아닌데 의심하여 억울하였을 것이다.' 등.

　- 뚠뚠이가 홍홍이에게 전해야 하는 마음은 무엇인지 생각하기

　　예 '미안하다고 해야 한다.', '홍홍이에게 한 잘못을 사과해야 한다.' 등.

▷ 마음이 드러나는 글을 쓰는 방법 알기

　- 마음이 잘 드러나는 글을 쓰기 위해 어떤 점에 주의해야 할지 생각하기

　　예 '자신의 마음을 솔직하게 표현해야 한다.', '편지를 받을 사람이 어떤 마음일지 생각하며 표현해야 한다.' 등.

　- 전하고 싶은 마음이 잘 드러나게 있었던 일과 그때의 내 마음, 그리고 지금의 내 마음을 표현해 보기

예 "내가 너에게 어떤 일이 있었는지 말도 하지 않고 '네가 한 일이지?' 하며 따진 일은 정말 미안해. 그때는 누군가가 내 오징어를 바꾸었다는 생각만 하였어. 나에게 일어난 일을 몰랐던 네 입장에서는 내 행동이 몹시 당황스러웠을 것 같아.", "너에게 했던 모든 말들도 너무 미안해. 해서는 안 될 말을 하였어. 네가 얼마나 상처를 받았을지 지금은 너무 후회하고 있어." 등.

▷ 뚠뚠이가 되어 홍홍이에게 사과하는 편지 쓰기

- 뚠뚠이의 잘못과 홍홍이의 기분을 생각하며 사과하는 편지 쓰기
- 자신이 쓴 편지를 다른 친구에게 읽어 주기
- 쓴 편지를 들어 주는 친구는 홍홍이의 입장에서 편지의 내용이 어떠한지 생각하기

더하기

이 PBL에서의 과학과 학습은 실험을 먼저 한 후 그 실험의 결과로 과학적 사실을 추론하는 방식으로 설계된 것이 아니라, 과학적 현상을 탐구하고 그것을 바탕으로 과학적 사실을 추론하는 방식으로 설계되었습니다.
이 PBL에서의 마음이 드러나는 글을 쓰기 위한 방법은 구체적이지 않습니다. 말 그대로 마음을 전하는 글이기 때문에 자신의 마음을 솔직하게 표현하는 것에 중점을 두어 편지를 쓸 수 있도록 구성하였습니다.

되짚기

분모가 같을 때 분수끼리의 뺄셈을 하는 방법을 알고 바르게 계산할 수 있나요?
물이 증발할 때 생기는 현상을 우리 생활 주변의 사물과 관련지어 설명할 수 있나요?
마음을 전하는 글의 형식을 알고 마음이 잘 드러나게 글을 쓸 수 있나요?

이 수업의 포인트

분모가 같은 대분수의 뺄셈을 할 때에는 자연수와 분수로 나누어 계산하거나 통분하여 계산해야 합니다.
물이 수증기가 되어 공기 중으로 흩어지는 현상을 '증발'이라고 합니다.

07

국민 청원을 해요

촌락의 문제 알기 + 촌락의 문제를 해결하기 위한 방법을 생각하기 + 꺾은선 그래프를 읽고 주어진 자료를 꺾은선 그래프로 표현하기 + 자신의 의견을 글로 표현하는 방법 알기 = 국민 청원

수업 흐름 ⊗   관련 교과 ⊗   관련 교과서 내용 ⊗

꺾은선 그래프로 나타내기

촌락의 문제를 분석하기

촌락의 문제를 해결하기 위한
글쓰기

수업 흐름 ⊗ 　관련 교과 ⊗ 　관련 교과서 내용 ⊗

관련 교과	성취기준
국어	[4국03-03] 관심 있는 주제에 대해 자신의 의견이 드러나게 글을 쓴다.
사회	[4사04-01] 촌락과 도시의 공통점과 차이점을 비교하고, 각각에서 나타나는 문제점과 해결 방안을 탐색한다.
수학	[4수05-02] 연속적인 변량에 대한 자료를 수집하여 꺾은선 그래프로 나타낼 수 있다.

수업 흐름 ⊗ 　관련 교과 ⊗ 　관련 교과서 내용 ⊗

교과	학습 목표	쪽
국어	자신의 의견을 글로 표현하기	171~178
사회	촌락의 문제를 알고 이를 해결하기 위한 노력을 떠올리기	25~27
수학	꺾은선 그래프를 읽고, 주어진 자료를 꺾은선 그래프로 나타내기	98~109

PBL 문제

촌락의 문제를 분석하고 이를 해결할 수 있는 방안을 글로 쓰시오.

〈조건 1〉
촌락의 문제를 그래프로 표현하고 이를 설명하시오.

〈조건 2〉
촌락의 문제를 해결할 수 있는 방안을 글로 쓰시오.
(단 '조건 1'에서 표현한 그래프를 활용하시오.)

PBL 문제 분석하기

> ↳ PBL 문제 분석하기
>
> 문제 1) 촌락의 문제 알기
> 문제 2) 촌락의 문제를 나타내기에 적절한 그래프 알기
> 문제 3) 촌락의 문제를 그래프로 나타내기
> 문제 4) 촌락의 문제를 해결할 방안을 마련하여 글로 쓰기

▷ 문제 읽어 보기

▷ 우리가 해결해야 할 문제가 무엇인지 찾기

  - 촌락의 문제 분석하기

  - 촌락의 문제가 드러나게 그래프로 표현하기

  - 촌락의 문제를 해결하기 위한 방법을 떠올리기

  - 촌락의 문제를 해결하기 위한 방법을 글로 쓰기

  - 촌락의 문제를 해결하기 위한 방법을 그래프로 표현하기

▷ 이 문제를 해결하기 위해 우리가 알아야 할 것을 분석하기

  - 촌락의 문제가 무엇인지 알기

  - 촌락의 문제가 드러나게 표현할 수 있는 그래프의 종류를 알고 그 그래프
    로 표현하는 방법을 알기

  - 촌락의 문제를 해결하는 방법을 표현할 수 있는 글의 유형을 알기

  - 촌락의 문제를 해결하는 내용을 담은 글쓰기 방법을 알기

▷ 우리가 알아야 할 것을 알기 위해 공부해야 할 교과가 무엇인지 찾기

  - 『국어』, 『수학』, 『사회』 등.

촌락의 문제 알기

▷ 내가 생각하는 도시의 문제점 떠올리기

- 도시에는 어떤 문제가 있는지 낮과 밤으로 나누어 생각해 보기

  예 낮: '교통체증이 심하다.', '매연 등 공기의 질이 나쁘다.', '소음 공해가 많다.' 등.
  밤: 밤에도 환하게 불을 밝혀 전기 낭비가 심하다.', '밤에도 환하게 불을 밝혀 깊이 잠들지 못하고 동물이나 곤충이 살기에 적합하지 않다.' 등.

- 도시에 이런 문제가 생기는 이유를 생각해 보기

  예 '사람들이 많기 때문에', '공장이 많기 때문에' 등.

▷ 내가 생각하는 촌락의 이미지 떠올리기

- 내가 알고 있는 촌락은 어떤 모습인지 친구들과 이야기를 나누기

  예 '버스가 자주 다니지 않아 버스정류장에서 한참 동안 버스를 기다리는 곳.', '주변에 온통 논과 밭만 있는 곳.', '마을이 한적하고 조용한 곳.', '길거리에 사람이 별로 없는 곳.', '할머니와 할아버지가 많은 곳.' 등.

- 내가 떠올린 이미지 속에서 촌락의 문제 생각하기

  예 '사람들이 별로 없어 편의 시설이 없다.', '버스나 다른 교통수단이 별로 없다.', '젊은 사람이 없어 일손이 부족하다.' 등.

▷ 촌락의 문제 알기

- 내가 알고 있는 지식을 이용하여 촌락에는 어떤 문제가 있는지 생각해 보기

- 내가 생각한 문제가 실제로 촌락에 있는 문제인지 여러 가지 매체 자료에 서 확인하기

- 내가 확인한 문제가 실제로 촌락에서 어느 정도 문제인지 다른 자료를 확 인하여 조사하기

도움이 되는 안내!

국가 통계 자료나 각 촌락에서 발간한 신문 등을 활용하면 촌락의 문제를 좀 더 명확하게 확인 할 수 있습니다.

▷ 촌락의 문제 정리하기

- 촌락에는 어떤 문제가 있는지 모둠별로 이야기를 나누기

- 『사회』 교과서 25쪽의 그래프를 보면서 촌락의 문제에 대해 더 알기

도움이 되는 안내!

이 그래프는 촌락의 인구가 줄어들고 있다는 것을 나타내고 있습니다. 이 그래프는 연령별(14세 이하, 15~64세, 65세 이상)로 나누어 인구의 수가 줄어드는 것과 전체 인구의 수가 줄어드는 것 모두를 보여 주고 있습니다.

▷ PBL 문제를 해결하기 위한 방법 생각하기

- 촌락의 문제를 한눈에 알기 쉽게 표현하기 위한 그래프는 어떤 형태일지 여러 교과서를 참고하여 찾아보기

- 어떤 그래프가 더 적절하게 촌락의 문제를 표현할 수 있을지 친구들과 이야기를 나누기
- 친구들과 나눈 이야기를 확인하기 위해서는 어떤 교과를 더 공부해야 하는지 찾기

3~5차시 | 여러 가지 그래프의 특징 알기

↳ 꺾은선 그래프에 대해 알기
꺾은선 그래프는 어떤 특징이 있을까?

▷ 그래프 비교하기

- 사회 교과서 25쪽의 그래프와 수학 교과서 102쪽의 그래프를 비교해 보고 그래프의 특징 알기

도움이 되는 질문!

질문 1: 두 해 사이에 인구의 수나 눈이 온 날짜를 비교하기에 적절한 그래프는 어떤 것인가요?
질문 2: 두 해 사이에 인구의 수나 눈이 온 날짜가 얼마나 달라졌는지 비교하기에 적절한 그래프는 어떤 것인가요?
질문 3: 위의 물음을 통해 알게 된 두 그래프의 차이는 무엇인가요?
질문 4: 두 그래프의 이름은 무엇일까요?

▷ 꺾은선 그래프에 대해 더 자세히 알기

- 『수학』 교과서 103쪽의 두 그래프를 보면서 같은 점과 다른 점 찾기

▷ 꺾은선 그래프로 나타내는 방법 알기

　-『수학』교과서 101쪽을 보면서 두 그래프의 공통점과 차이점 찾기

　-『수학』교과서 101쪽의 왼쪽 그래프를 오른쪽 그래프로 바꾼 방법에 대해
　추측하기

> ↳ 꺾은선 그래프에 대해 알기
> 　꺾은선 그래프로 나타내기

▷ 꺾은선 그래프로 표현하기

　-『수학』교과서 104쪽의 자료를 보면서 꺾은선 그래프로 나타내려고 할 때
　가장 먼저 해야 할 일이 무엇인지 이야기를 나누기

　-『수학』교과서 104쪽의 자료를 꺾은선 그래프로 나타내려고 할 때 어떤 순

서로 나타내야 하는지 모둠별로 이야기를 나누기

- 모둠에서 의논한 내용을 바탕으로『수학』교과서 104쪽의 자료를 꺾은선 그래프로 나타내기

▷ 꺾은선 그래프로 표현할 때 유의할 점 알기

- 꺾은선 그래프로 표현할 때 어떤 점에 주의해야 하는지 서로 이야기를 나누기

　　예 "물결선을 넣을 때에는 세로축의 수가 클 때에 사용해야 한다." 등.

6~7차시 　그래프로 표현하기

> ↳ PBL 문제 해결하기 2
> 촌락의 문제를 꺾은선 그래프로 나타내기

▷ 촌락의 문제가 잘 드러나게 주어진 자료를 꺾은선 그래프로 나타내기

- 『사회』교과서 25쪽의 자료를 보고 촌락의 문제가 잘 드러날 수 있도록 꺾은선 그래프로 나타내기

> **도움이 되는 안내!**
>
> 전체 인구수/ 연령별 인구수 등으로 나누어 나타낼 수 있도록 합니다.

▷ 촌락의 문제를 조사하기

- 촌락의 문제에는 어떤 것이 있는지 교과서 등 다른 자료를 활용하여 조사하고 촌락의 문제를 생각 그물망으로 표현하기

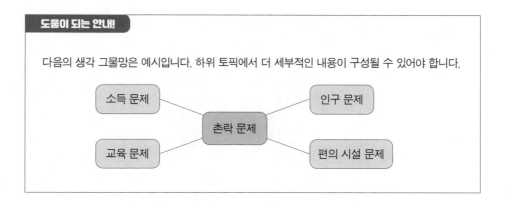

다음의 생각 그물망은 예시입니다. 하위 토픽에서 더 세부적인 내용이 구성될 수 있어야 합니다.

소득 문제

인구 문제

촌락 문제

교육 문제

편의 시설 문제

▷ 촌락의 문제가 잘 드러나게 주어진 자료를 꺾은선 그래프로 나타내기

- 생각 그물망 중에서 내가 조사하고 싶은 촌락의 문제 찾기

- 찾은 문제에 대해 더 자세히 조사하기

- 조사한 자료에서 그래프로 나타낼 수 있는 수량이 있는지 확인하기

- 촌락의 문제가 드러난 자료를 활용하여 꺾은선 그래프로 나타내기

- 각자 나타낸 꺾은선 그래프를 모둠 친구들에게 보여 주고 잘못 나타낸 부분이 없는지 확인하기

▷ 꺾은선 그래프를 보면서 촌락의 문제에 대해 공감하기

- 친구가 표현한 꺾은선 그래프를 보면서 촌락의 문제에 대해 듣기

- 촌락의 문제에 대해 공감하기

의견을 드러내는 글쓰기

▷ 자신의 의견을 드러내는 글의 짜임 알기

- 『국어』 교과서 171쪽에 제시된 글을 읽고 글이 어떤 형식으로 구성되었는지 살펴보기(자신이 처한 상황을 알리고 그 상황에 대한 자신의 생각(주장)을 밝힌 후 그에 대한 근거를 제시함. 그리고 다시 한번 자신의 주장을 강조함)
- 『국어』 교과서 172쪽에 제시된 글을 읽고 글이 어떤 형식으로 구성되었는지 살펴보기(주장과 관련된 상황(자신의 주장과 관련되는 상황)을 제시하고 주장을 제시한 후 주장에 대한 근거를 제시함)
- 위 글을 바탕으로 자신의 의견을 드러내는 글의 짜임 정리하기(주장과 관련한 (문제) 상황-주장-주장에 대한 근거-자신의 주장 강조)

▷ 자신의 의견이 잘 드러나게 글의 구조 짜기

- 자신의 의견이 잘 드러날 수 있도록 앞서 정리한 글의 구조에 따라 내용을 간략하게 쓰기
- 간략하게 쓴 내용에 살을 붙여 내용을 풍부하게 만들기
- 필요 없는 부분을 지우고 내용을 보강하여 한 편의 글로 완성하기

▷ 글의 신뢰도 높이기

- 앞서 준비한 촌락의 문제가 잘 드러나도록 만든 그래프를 글의 중간중간에 삽입하여 글의 내용을 더 타당성 있게 만들기
- 그래프의 내용이 글에도 들어갈 수 있도록 고쳐 쓰기

▷ 쓴 글 발표하기

- 다른 친구들 앞에서 자신이 쓴 글을 발표하기

더하기

이 프로젝트에서는 건의 또는 주장하는 글을 쓸 때 주의해야 할 점을 수학과 교육 내용을 이용하여 제시하고 있습니다. 대부분 건의 또는 주장하는 글은 '말'로만 구성된 경우가 많습니다. 그러다 보니, 이런 유의 글쓰기나 말하기는 '말만 잘하면 되는 것'이라고 생각하는 경향이 있습니다. 건의 또는 주장하는 글은 얼마나 타당성 있게 논리적으로 상대를 설득하는가에 달려 있습니다. 그러므로 데이터(자료)를 활용하여 글을 조직하는 것이 훨씬 설득력이 크다는 것을 지도할 필요가 있습니다.

되짚기

촌락의 문제를 이해하고 있나요?
주어진 자료를 이용하여 꺾은선 그래프로 나타낼 수 있나요?
문제와 해결 방안이 잘 드러난 건의하는 글을 쓸 수 있나요?

이 수업의 포인트

촌락은 도시에 비해 인구가 많지 않고, 대부분 노령 인구가 많아 여러 가지 문제가 있습니다.
꺾은선 그래프로 표현하면 주어진 자료의 변화를 이해하기 쉽습니다.
건의하는 글을 쓸 때에는 문제와 그 문제의 해결 방안이 잘 드러나야 하며, 해결 방안은 실천 가능한 것이어야 합니다.

내 친구 쁘리따를 위한 연극

그림자가 생기는 조건 등을 고려하여 그림자 연극하기 + 이야기의 구성 요소를 알기 + 서로 다른 문화를 존중하는 태도 기르기 = 내 친구 쁘리따를 위한 연극

08

수업 흐름 ✖️   관련 교과 ✖️   관련 교과서 내용 ✖️

다른 문화를 존중하는 태도 기르기

그림자가 생기는 조건 알기

그림자 연극하기

관련 교과	성취기준
국어	[4국05-02] 인물, 사건, 배경에 주목하며 작품을 이해한다.
과학	[4과15-01] 여러 가지 물체의 그림자를 관찰하여 그림자가 생기는 원리를 설명할 수 있다. [4과15-02] 전등과 물체 사이의 거리에 따른 그림자의 크기 변화를 관찰하여 서술할 수 있다.
도덕	[4도03-02] 다문화 사회에서 다양성을 수용해야 하는 이유를 탐구하고, 올바른 의사 결정 과정을 통해 다른 사람과 문화를 공정하게 대하는 태도를 지닌다.

교과	학습 목표	쪽
국어	이야기의 구성 요소 알기	116~124
과학	그림자가 생기는 까닭과 그림자의 크기 변화시키기	58~67
도덕	서로 다른 문화 존중하기	102~107

PBL 문제

내 친구 쁘리따는 엄마와 아빠가 모두 한국 사람이 아닙니다. 그래서 쁘리따의 생김은 우리와 좀 다릅니다. 그래서일까요? 친구들은 쁘리따를 보면 신기해 하거나 피하거나 무시하면서 놀립니다. 내 친구 쁘리따는 친절하고 착한데 사람들은 쁘리따의 겉모습만 봅니다.

내가 매일매일 쁘리따에게 "좋은 친구"라고 말해 주지만 쁘리따는 언제나 다른 친구들의 시선을 신경 씁니다. 그래서 쁘리따는 행복하지 않습니다.

나는 내 친구 쁘리따를 행복하게 해 주고 싶습니다. 다른 친구들이 쁘리따를 신기해 하거나 피하거나 무시하면서 놀리지 않도록 해 주고 싶습니다. 쁘리따도 생김이 조금 다를 뿐인 우리의 친구라는 것을 말해 주고 싶습니다.

나는 이것을 위해 이번 가을에 학교에서 열리는 학예회 때 그림자 연극을 하려고 합니다. 하지만 연극의 내용을 어떻게 해야 할지, 그림자 연극이 다른 친구들의 마음속에 깊게 남기 위해서는 어떻게 해야 할지 잘 모르겠습니다. 내 친구 쁘리따와 나를 위해 도와주세요, 여러분!

PBL 문제 분석하기/ 그림자 연극에 대해 알기

> ↳ PBL 문제 분석하기
> 쁘리따를 행복하게 해 줄 수 있는 그림자 연극하기

▷ 문제 읽어 보기

▷ 우리가 해결해야 할 문제가 무엇인지 찾기

  - 쁘리따도 우리의 친구라는 것을 알려 주기 위한 그림자 연극 꾸미기

▷ 이 문제를 해결하기 위해 우리가 알아야 할 것 분석하기

  - 그림자 연극이 무엇인지 알기

  - 그림자 연극에서 필요한 것이 무엇인지 알기

  - 다른 친구들에게 감동을 줄 수 있는 그림자 연극이 되도록 대본을 준비하기

  - 쁘리따를 신기해 하거나 피하거나 무시하지 않도록 하는 내용으로 대본을 구성하기

▷ 우리가 알아야 할 것을 알기 위해 공부해야 할 교과가 무엇인지 찾기

  -『국어』,『과학』등.

▷ 교과서를 보고 그림자 연극과 관련이 있는 부분 찾기

  - 여러 교과서를 살펴보고 그림자 연극에 대한 도움을 얻을 수 있는 교과를 찾기

  - 과학 교과서에서 그림자 연극과 관련된 부분을 찾기

  - 교과서를 통해 그림자 연극이 무엇인지 알기

그림자 연극은 빛과 스크린 사이에 인형을 넣어 움직일 때 스크린에 생긴 그림자를 이용해 꾸민 연극입니다.

▷ 그림자 연극을 하기 위해서 준비해야 할 것이 무엇인지 찾기

　- 그림자 연극을 하기 위해 필요한 기기는 무엇인지 찾기

　　예 '손전등, 스크린, 받침대' 등.

　- 그림자 연극을 하기 위해 기기가 아닌 필요한 것들이 무엇인지 찾기

　　예 '연극에 등장하는 인물, 배경, 대본' 등.

2~6차시　대본 쓰기

> ↳ 이야기 3요소 알기
> 　이야기 구성 요소 알기

▷ 연극에 필요한 대본 만드는 방법을 알기

　- 연극에 필요한 대본을 쓰기 위해 이야기를 꾸밀 때 꼭 빠지지 않아야 할 것이 무엇인지 떠올리기

　- 『국어』 교과서 116쪽의 이야기를 읽고 이야기의 구성 요소에 대해 알기

만약 이 이야기 속 인물이 사라가 아닌 어머니였다면 이야기는 어떻게 되었을까요?
만약 이 이야기 속 배경이 현재라면 이야기는 어떻게 되었을까요?
만약 이 이야기 속에서 사라가 버스 앞자리로 갔을 때 아무런 일이 일어나지 않았다면 이야기는 어떻게 되었을까요?

- 이야기에서 꼭 필요한 요소에 대해 정리하기
    예 '이야기가 되려면 인물이 있어야 하고, 그 인물이 겪는 일, 그러니까 사건이 있어야 함.', '배경은 인물이나 사건을 이해하는 데 도움이 되므로 필요함.' 등.

> ↳ 문화를 존중해야 하는 이유 알기
> 서로 다른 문화를 존중해야 하는 이유를 알기

▷ 우리 사회에서 서로 다른 문화를 존중하는 사례 찾기
  - 도덕 교과서를 참고하여 우리 사회에서 서로 다른 문화를 존중하는 사례 찾기
  - 서로 다른 문화를 존중하지 못하는 이유에 대해 자신의 생각을 말하기
    예 "자신이 경험하지 못했던 것이기 때문에 그 사람의 생각을 이해할 수 없습니다.", "자신에게는 당연하다고 생각되는 일이기 때문입니다.", "다른 사람이 나와 다를 수 있다는 생각을 하기가 어렵기 때문입니다." 등.

▷ 서로 다른 문화를 존중하는 방법에 대해 이야기를 나누기
  - 나와 다른 문화를 가진 사람을 존중하려면 어떻게 해야 하는지 이야기를 나누기
    예 "그 사람이 가지고 있는 문화를 이상하거나 신기하게 생각하지 않습니다.", "그 사람이 가진 문화에서는 그럴 수 있다고 생각합니다.", "그 사람이 가진 문화가 낯설다고 해서 그것을 표현하지 않습니다.", "그 사람이 가진 문화가 낯설 때에는 내가 어떻게 해야 하는지 그 사람에게 직접 물어 보고 행동합니다." 등.

▷ 그림자 연극으로 꾸밀 이야기를 만들기

  - 이야기를 만들기 위해 이야기에 꼭 필요한 요소를 정하기

> **도움이 되는 안내!**
>
> 가장 먼저 사건을 정하는 것이 좋습니다. 사건이 정해지면 사건에 따른 인물을 정하기가 쉽습니다.

  - 모둠 친구들끼리 각자 자신이 만든 이야기의 요소를 보여 주고 어떤 이야기가 가장 재미있을지, 또한 감동적일지에 대해 이야기를 나누기

  - 친구들과 나눈 이야기를 바탕으로 각 모둠에서 그림자 연극으로 꾸밀 이야기를 하나 정하기

  - 이야기의 내용을 좀 더 보강하기

▷ 대본 꾸미기

  - 만든 이야기를 모둠별로 검토한 후 인물의 대사가 드러나게 다시 쓰기

7~9차시 ## 그림자의 크기가 달라지는 이유 알기

→ **빛과 물체와의 관계에 따른 그림자의 변화 알기**
빛과 물체의 거리에 따라 그림자가 어떻게 달라질까?

▷ 그림자 연극을 보는 사람에게 좀 더 깊은 감동을 줄 수 있는 방법을 생각하기

- 그림자 연극에 재미를 줄 수 있는 방법에 대해 생각하기

  예 '배경 음악을 넣습니다.', '인물의 크기를 달리하여 보여 줍니다.' 등.

▷ 그림자의 크기를 달리하려면 어떻게 해야 하는지 실험을 통해 이해하기

- 『과학』 교과서 64쪽의 실험을 보고 실험을 설계하기

- 종이와 스크린을 그대로 두고 손전등만 움직였을 때 물체의 그림자 크기는 어떻게 달라지는지 확인하기

  예 '손전등이 물체에 가까이 가면 그림자는 커짐.', '손전등이 물체에서 멀어지면 그림자는 작아짐.' 등

- 만약 스크린과 손전등은 가만히 두고 물체만 움직인다면 그림자의 크기는 어떻게 될지 예측하기

  예 '그림자의 크기는 빛과 물체 사이의 거리에 따라 달라지므로 물체가 손전등에 가까이 오면 빛과 물체 사이의 거리가 가까워진 것으로 그림자는 커지고, 물체가 손전등에서 멀어지면 빛과 물체 사이의 거리가 멀어진 것이므로 그림자는 작아질 것입니다.' 등

▷ 그림자가 생기는 이유에 대해 생각하며 등장인물 만들기

- 그림자의 모습이 원래 물체의 모습과 비교하여 어떻게 보일 것인지 친구들과 이야기를 나누기

  예 "물체의 모양과 거의 똑같은 모양으로 생깁니다." 등

- 그림자가 그러한 모양으로 생기는 이유에 대해 자신의 생각을 말하기

  예 "그림자는 빛이 앞으로 나아가다가 막히는 부분이 있을 때 생기는 것입니다. 그러므로 빛이 나아가지 못하는 막히는 모습 그대로 그림자가 나타나게 됩니다." 등.

- 만약 빛이 없다면 그림자가 생길 수 있을지 자신의 생각을 말하기

  예 "빛이 없다면 그림자는 생길 수 없습니다. 왜냐하면 그림자는 빛이 나아

가다가 어떤 물체 등에 막혀서 나아가지 못할 때 생기는 것이기 때문입니다." 등.

- 만약 빛이 여러 개인데 물체가 하나라면 그림자는 어떻게 보일지에 대해 자신의 생각을 말하기

  예 "그림자가 여러 개 생길 것입니다.", "빛이 가다가 물체에 막혀서 생기는 것이 그림자이므로 그림자는 하나만 생길 것입니다." 등.

- 자신의 생각이 맞는지 실험을 통해 알아보기
- 실험 결과로 알게 된 사실을 정리하기

  예 '빛이 여러 개이면 그림자도 여러 개 생긴다.' 등.

- 위와 같은 결과가 나온 이유에 대해 자신의 생각 말하기

  예 "빛이 앞으로 나아가다가 물체에 막혀 생기는 것이 그림자이므로 빛이 여러 개이면 각각의 빛이 나아가다가 물체에 막혀 생기는 그림자도 여러 개일 수밖에 없습니다." 등.

- 그림자로 비추어질 모습을 예상하며 그림자 연극에 쓰일 등장인물의 모습 만들기

도움이 되는 안내!

지나치게 세부적인 형태가 드러나지 않아도 된다는 점을 물체의 모습과 그림자의 모습을 통해 이해할 수 있도록 해야 합니다.

10~11차시 그림자 연극하기

↳ PBL 문제 해결하기 2
쁘리따를 위한 그림자 연극하기

▷ 그림자 연극하기

  - 그림자가 생기는 조건과 빛과 물체와의 거리에 따른 그림자의 크기 등을 고려하여 친구들 앞에서 그림자 연극하기
  - 연극을 보는 친구들은 연극에서 전하는 내용이 무엇인지 생각하며 관람하기

▷ 그림자 연극을 보고 난 후 자신의 생각과 느낌 말하기

  - 그림자 연극을 보고 난 후 느낀 점을 자유롭게 말하기
    예 "서로 다른 문화를 가진 사람들이 만나는 것은 당연하다.", "서로 다른 문화를 가진 사람들은 내가 가지고 있는 문화의 입장에서 본다면 어색할 수 있다. 그것은 당연하다.", "어색하다는 것을 신기해 하거나 혹은 비난해서는 안 된다." 등.

더하기

혹시 학급에 다문화 가족의 학생이 있다면 이 PBL 학습을 진행할 때에는 좀 더 주의해야 합니다. 이 PBL 학습의 목적은 다문화 가족에 대한 어색함을 좀 더 낮추기 위함입니다. 하지만 이 학습이 진행되는 동안 학급에 다문화 가족 학생은 이 학습의 주요 대상이 되어 오히려 관심이 집중될 수 있고, 이것이 이 학생에게는 또 다른 상처가 될 수 있습니다.

되짚기

빛과 물체와의 거리에 따라 그림자의 크기가 달라진다는 것을 알고 있나요?
서로 다른 문화가 생기는 이유를 알고 다른 문화를 존중하고 있나요?
이야기의 구성 요소를 알고 있나요?

이 수업의 포인트

빛과 물체가 가까울수록 물체에서 생기는 그림자는 커지고 빛과 물체의 거리가 멀수록 물체에서 생기는 그림자는 작아집니다.
이야기에서는 인물, 그리고 인물이 다른 인물과의 갈등이 일어나는 사건이 있습니다. 인물과 사건은 모두 특정한 배경 속에서 존재합니다.

복면가왕 탈 만들기

삼각형의 특징과 종류 알기 + 사각형의 특징과 종류 알기 + 주변에서 볼 수 있는 사물의 특징을
살려 표현하기 = 복면가왕 탈 만들기

수업 흐름 ✕ 〉 관련 교과 ✕ 〉 관련 교과서 내용 ✕

특징에 따라 사각형을 분류하기

특징에 따라 삼각형을 분류하기 　　　　　　　　　　도형을 이용하여 탈 만들기

관련 교과	성취기준
수학	[4수02-08] 여러 가지 모양의 삼각형에 대한 분류 활동을 통하여 이등변 삼각형, 정삼각형을 이해한다. [4수02-09] 여러 가지 모양의 삼각형에 대한 분류 활동을 통하여 직각 삼각형, 예각 삼각형, 둔각 삼각형을 이해한다. [4수02-10] 여러 가지 모양의 사각형에 대한 분류 활동을 통하여 직사각형, 정사각형, 사다리꼴, 평행 사변형, 마름모를 알고, 그 성질을 이해한다. [4수02-10] 여러 가지 모양의 사각형에 대한 분류 활동을 통하여 직사각형, 정사각형, 사다리꼴, 평행사변형, 마름모를 알고 그 성질을 이해한다.
미술	[4미01-02] 주변의 대상을 탐색하여 자신의 느낌과 생각을 다양한 방법으로 나타낼 수 있다.

교과	학습 목표	쪽
수학	삼각형의 특징과 종류 알기	28~47
	사각형의 특징과 종류 알기	76~97

PBL 문제

복면가왕 탈 만들기!

음악뿐 아니라 여러 가지 가면으로도 큰 화제를 모으고 있는 프로그램「복면가왕」.

그「복면가왕」에서 여러분의 참여를 기다리고 있습니다.

나만의 특징 있는 가면을 만들 수 있으신 분, 손재주가 남다르신 분, 아이디어가 특출 나신 분,「복면가왕」에 참여하여 기쁨을 느끼고 싶은 분, 여러분들을 모두 초대합니다.

이번 참여전의 주제는 삼각형 혹은 사각형만으로 탈 만들기입니다.

삼각형 혹은 사각형의 여러 종류 중에서 딱 한 가지! 도형으로만 탈을 디자인해 주시고, 디자인에 따라 탈을 만드시면 됩니다.

보내실 때에는 가면 디자인과 만드신 탈을 모두 보내 주셔야 합니다.

여러분께서 보내신 작품 중 한 작품을 최우수 작품으로 시상하며, 만든 작품은「복면가왕」에서 직접 사용하도록 하겠습니다. 여러분들의 많은 참여를 기대하겠습니다.

PBL 문제 분석하기

> ↳ PBL 문제 분석하기
> 삼각형 혹은 사각형 중 딱 한 가지 도형만으로 탈 만들기

▷ 문제를 읽고 분석하기

- 이번 PBL 문제와 관련한 TV 프로그램 「복면가왕」에 대해 아는 대로 말하기
  예 "노래를 잘 부르는 사람을 가왕에 앉히는 프로그램인데, 얼굴을 가려 누
      가 누군지 모르는 상태에서 목소리만으로 노래를 잘 부르는 사람을 찾
      는 프로그램임." 등.
- PBL 문제와 관련하여 TV 프로그램 「복면가왕」에서 본 가면 중 기억에 남
  은 가면이 있는지 이야기를 나누기

도움이 되는 안내!

오랫동안 가왕을 했던 가수의 가면이나 특이했던 가면을 직접 보여 주면 좋습니다.

- PBL 문제에서 해결하고 싶은 문제가 무엇인지 생각하기
  (삼각형 혹은 사각형 중 하나의 도형만으로 가면을 만드는 것)

▷ 이 문제를 해결하기 위해 알아야 할 것이 무엇인지 생각하기

- 삼각형의 여러 종류 알기
- 사각형의 여러 종류 알기
- 주변의 여러 사물을 관찰하고 특징 알기

▷ 우리가 알아야 할 것을 알기 위해 공부해야 할 교과가 무엇인지 찾기

- 『수학』, 『미술』 등.

삼각형 분류하기

> ↳ 여러 종류의 삼각형에 대해 알기
>
> 문제 1) 삼각형에는 어떤 종류가 있을까?
> 문제 2) 각 삼각형은 어떤 특징이 있을까?

▷ 여러 삼각형 분류하기

도움이 되는 안내!

이 활동을 하기 위해서는 이등변 삼각형, 정삼각형, 예각 삼각형, 둔각 삼각형, 직각 삼각형을 4개 이상 미리 준비하여야 하며 이렇게 준비한 자료는 설명용으로 활용됩니다. 학생들이 조작할 수 있도록 개별 학습 자료도 준비하여야 합니다.

- 여러 삼각형을 살펴보고 기준을 정해 분류해 보기
- 자신이 분류한 기준과 그렇게 분류된 삼각형에 대해 이야기를 나누기

▷ 삼각형 분류 기준 정하기

- 분류한 기준 중 분류 기준으로 삼기에 적절하다고 생각되는 것에 대해 이야기를 나누기

도움이 되는 안내!

분류 기준으로 적절하지 않은 것이 나올 수 있습니다. 이 활동에서 중요한 것은 삼각형이 어떠한 기준에 의해 분류되었다는 사실을 아는 것입니다. 따라서 분류 기준이 명확하게 나오지 않을 때에는 교사가 안내해 주어야 합니다.

▷ 삼각형을 분류 기준에 따라 분류해 보기 1

- 삼각형을 이루는 선분의 길이에 따라 분류해 보기

(두 변의 길이가 같은가에 따라, 혹은 세 변의 길이가 모두 같은가에 따라 삼각형을 분류할 수 있음을 알기)

- 삼각형을 이루는 세 변 중 두 변의 길이가 같은 삼각형을 부르는 말을 교과서에서 찾기
- 삼각형을 이루는 세 변의 길이가 모두 같은 삼각형을 부르는 말을 교과서에서 찾기

▷ 분류된 삼각형의 성질 알기

- 이등변 삼각형을 접어 보거나 각을 재어 보는 활동을 통해 이등변 삼각형의 성질 찾기

  예 '이등변 삼각형은 마주 보는 두 각의 크기가 같다.'
- 정삼각형을 접어 보거나 각을 재어 보는 활동을 통해 정삼각형의 성질 찾기

  예 '정삼각형은 세 각의 크기가 모두 같다.'

▷ 분류된 삼각형의 성질 정리하기

- 이등변 삼각형과 정삼각형의 성질을 정리하기

▷ 삼각형을 분류 기준에 따라 분류해 보기 2

- 삼각형을 이루는 각의 크기에 따라 분류해 보기

  (세 각의 크기가 모두 90°보다 작은지에 따라, 혹은 한 각만 90°보다 큰지에 따라 분류할 수 있음을 알기)
- 삼각형을 이루는 세 각이 모두 90°보다 작은 삼각형을 부르는 말을 교과서에서 찾기
- 삼각형을 이루는 세 각 중 한 각이 90°보다 큰 각이 있을 때 이 삼각형을 부르는 말을 교과서에서 찾기
- 삼각형을 이루는 세 각 중 한 각이 90°이면 이 삼각형을 무엇이라고 부르는지 교과서에서 찾기

▷ 궁금한 내용 확인하기

- 이등변 삼각형을 삼각형의 각을 기준으로 분류하면 어디에 속하는지 이야기를 나누기

- 정삼각형을 삼각형의 각을 기준으로 분류하면 어디에 속하는지 이야기를 나누기

▷ 삼각형 만들기

- 자와 각도기를 이용하여 이등변 삼각형, 정삼각형, 둔각 삼각형, 예각 삼각형을 만들어 보기

도움이 되는 안내!

이 활동은 학습자의 탐구로는 수행할 수 없습니다. 교사가 먼저 삼각형을 만드는 방법을 알려 주어야 합니다.

6~10차시 사각형 분류하기

↳ 여러 종류의 사각형에 대해 알기
문제 1) 사각형에는 어떤 종류가 있을까?
문제 2) 각 사각형은 어떤 특징이 있을까?

▷ 여러 사각형 분류하기

도움이 되는 안내!

사다리꼴, 평행 사변형, 마름모, 직사각형, 정사각형을 4개 이상 미리 준비하여 설명용으로 활용합니다. 학생들이 조작할 수 있도록 개별 학습 자료도 준비하여야 합니다.

- 여러 사각형을 살펴보고 기준을 정해 분류해 보기
- 자신이 분류한 기준과 그렇게 분류된 사각형에 대해 이야기를 나누기

▷ 사각형 분류 기준 정하기
- 분류한 기준 중 분류 기준으로 삼기에 적절하다고 생각되는 것에 대해 이야기를 나누기

> **도움이 되는 안내!**
>
> 분류 기준으로 적절하지 않은 것이 나올 수 있습니다. 이 활동에서 중요한 것은 사각형이 어떠한 기준에 의해 분류되었다는 사실을 아는 것입니다. 따라서 분류 기준이 명확하게 나오지 않을 때에는 교사가 안내해 주어야 합니다.

▷ 사각형을 분류 기준에 따라 분류해 보기 1
- 사각형을 이루는 선분의 길이에 따라 분류해 보기
  (네 변의 길이가 같은가에 따라, 혹은 마주 보는 두 변의 길이가 모두 같은가에 따라 사각형을 분류할 수 있음을 알기)
- 사각형을 이루는 네 변 중 마주 보는 두 변의 길이가 같은 사각형을 부르는 말을 교과서에서 찾기
  [예] '평행사변형', '직사각형' 등.
- 사각형을 이루는 네 변의 길이가 모두 같은 사각형을 부르는 말을 교과서에서 찾기
  [예] '정사각형', '마름모' 등.

▷ 분류된 사각형의 성질 알기
- 평행 사변형을 접어 보거나 각을 재어 보는 활동을 통해 평행 사변형의 성질 찾기
- 마름모를 접어 보거나 각을 재어 보는 활동을 통해 마름모의 성질 찾기

▷ 사각형을 분류 기준에 따라 분류해 보기 2

- 사다리꼴, 평행 사변형을 보면서 마주 보는 한 변과 마주 보는 두 변이 서로 어떤 관계인지 생각하기

- 위의 도형에서 알게 된 점을 바탕으로 한 직선에 수직인 두 직선을 그어 두 직선이 서로 만나지 않는 상태를 '평행'이라고 함을 알기

- 사각형을 이루는 선분 중 마주 보는 선분이 어떤 상태로 놓여 있는가에 따라 분류해 보기

  (네 변 중 마주 보는 한 쌍의 변이 평행한가, 혹은 네 변 중 마주 보는 두 쌍의 변이 각각 평행한가로 분류할 수 있음을 알기)

- 사각형을 이루는 네 변 중 마주 보는 한 쌍의 변이 평행하는 사각형을 부르는 말을 교과서에서 찾기

  예 '사다리꼴' 등.

- 사각형을 이루는 네 변 중 마주 보는 두 쌍의 변이 평행하는 사각형을 부르는 말을 교과서에서 찾기

  예 '정사각형', '직사각형', '마름모' 등.

▷ 분류된 사각형의 성질 알기

- 사다리꼴, 정사각형, 직사각형을 접어 보거나 각을 재어 보는 활동을 통해 사각형의 성질 찾기

▷ 사각형 만들기

- 자와 각도기를 이용하여 사다리꼴, 마름모, 평행 사변형, 정사각형, 직사각형을 만들어 보기

도움이 되는 안내!

이 활동은 학습자의 탐구로는 수행할 수 없습니다. 교사가 사각형을 만드는 방법을 알려 주어야 합니다.

탈 만들기

> ↳ PBL 문제 해결하기
> 복면 가왕 탈 만들기

▷ 주변의 자연물과 인공물을 관찰하고 대상의 특징을 파악하기

  - 주변의 자연물을 관찰하고 대상의 특징을 파악하기

  - 주변의 인공물을 관찰하고 대상의 특징을 파악하기

  - 복면 가왕의 가면으로 만들기에 적절하다고 생각되는 사물이 무엇인지 떠올려 보기

  - 떠올린 사물의 특징을 생각하기

  - 떠올린 사물의 특징을 잘 표현할 수 있는 도형을 생각하기

▷ 가면 만들기

  - 떠올린 사물의 특징을 표현할 수 있는 도형을 여러 개 만들어서 가면으로 만들기

도움이 되는 안내!

한 가지 도형만으로 표현해야 하나, 그 도형의 크기가 같아야 하는 것은 아니므로 도형의 크기를 달리하여 다양하게 표현할 수 있도록 합니다.

  - 만든 가면에 이름 붙이기

▷ 가면 발표하기

  - 어떤 도형을 이용하여 만들었는지, 가면의 이름은 무엇인지 등을 발표하기

이 PBL 학습은 수학과 학습에서 배운 내용을 미술과로 표현하도록 구성하였습니다. 사진에서 보는 바와 같이, 사다리꼴로 오징어를 표현할 때에도 사다리꼴의 크기를 다양하게 할 수 있고 사다리꼴을 다양한 각도로 붙일 수 있다는 점을 미술과 수업이 시작되기 전에 미리 안내하여 사고가 확장될 수 있도록 하는 것이 필요합니다.

되짚기

삼각형의 종류와 각 삼각형의 특징을 이해하고 있나요?
각 삼각형의 특징에 따라 삼각형을 그릴 수 있나요?
사각형의 종류와 각 사각형의 특징을 이해하고 있나요?
각 사각형의 특징에 따라 사각형을 그릴 수 있나요?

이 수업의 포인트

세 변의 길이와 각의 크기에 따라 삼각형은 이등변 삼각형, 정삼각형, 예각 삼각형, 둔각 삼각형, 직각 삼각형으로 나눌 수 있습니다.
네 변의 길이와 각의 크기가 같은가와 마주 보는 두 변이 평행한가에 따라 사각형은 사다리꼴, 평행 사변형, 마름모, 직사각형, 정사각형으로 나눌 수 있습니다.

추억을 팝니다

생산 활동과 소비 활동의 관계 알기 + 글쓴이의 의견 평가하기 = 추억을 팝니다

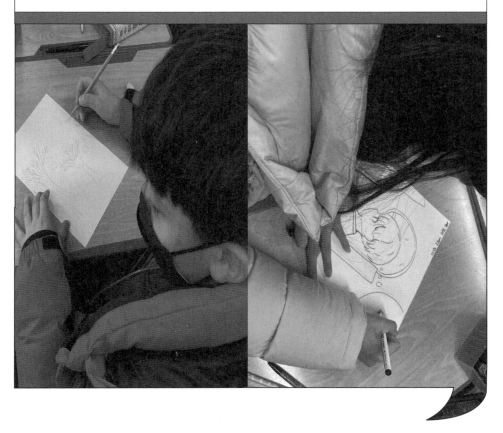

수업 흐름 ✕   관련 교과 ✕   관련 교과서 내용 ✕

생산 활동과 소비 활동을 체험하기

소비와 생산의 관계 알기   의견 평가하기

수업 흐름 ⊗ / **관련 교과** ⊗ / 관련 교과서 내용 ⊗

관련 교과	성취기준
국어	[4국02-04] 글을 읽고 사실과 의견을 구별한다.
사회	[4사04-03] 자원의 희소성으로 경제 활동에서 선택의 문제가 발생함을 파악하고, 시장을 중심으로 이루어지는 생산, 소비 등 경제 활동을 설명한다.

수업 흐름 ⊗ 관련 교과 ⊗ **관련 교과서 내용** ⊗

교과	학습 목표	쪽
국어	글쓴이의 의견이 적절한지 평가하기	254~265
사회	선택의 문제가 일어나는 이유를 알고 현명한 선택하기 생산과 소비의 모습 알기	54~62 63~67

PBL 문제

이제는 영원히 보지 못할 것 같은 내 친구들에게

친구들아, 안녕?

이렇게 편지를 쓰는 것이 처음이자 마지막이 될 것 같아. 그동안 너희들과 함께했던 1년의 생활이 무척 즐거웠어.

나는 이제 부모님을 따라 머나먼 나라로 가. 낯설고 많이 어색한 그곳에서 내가 잘 지낼 수 있을까 많이 걱정이 돼. 그래서 너희들에게 한 가지 부탁을 하고 싶어.

우리가 함께 지냈던 1년의 시간 동안 가장 행복했던 추억 하나만 팔겠니? 아, 물론 나도 많은 추억을 가지고 있어. 하지만 그것이 시간이 지나면 점점 사라지지 않을까? 그래서 나는 영원히 간직하고 싶은 기억 하나를 사고 싶은 거야. 너희들이 우리가 함께했던 추억 중 하나를 선택해서 그것을 왜 내가 기억하면 좋을지와 함께 알려 주면 좋겠어. 그러면 나는 그 기억만큼은 절대 잊지 않고 간직할 수 있을 것 같아.

그동안 고마웠고 행복했어. 먼 곳에서도 너희들이 행복하기 바랄게. 안녕.

> ↳ PBL 문제 분석하기
> 전학 가는 친구가 사고 싶어 할 만한 추억 팔기

▷ PBL 문제를 읽고 어린이의 상황을 파악하기

  - PBL 문제 속 어린이가 처한 상황에 대해 아는 대로 찾기

    예 '부모님을 따라 먼 나라로 가게 되었다.' '낯선 곳으로 떠나게 되었다.' 등.

  - PBL 문제 속 어린이가 가지고 싶은 것은 무엇인지 찾기

    예 '1년 동안 친구들과 함께하면서 행복했던 추억 한 가지.'

  - PBL 문제 속 어린이가 그것을 가지고 싶은 이유 짐작하기

    예 '우리나라의 다른 곳으로 전학을 가는 것이 아니라 다른 나라로 가기 때
      문에, 연락도 하기 어려운 낯선 곳에서 잘 지내기 위해서 친구들의 추억
      을 가져가고 싶은 것이다.' 등.

▷ 우리가 해결해야 할 문제가 무엇인지 찾기

  - PBL 문제를 해결하기 위해서 우리가 해야 할 일이 무엇인지 정리하기

    예 지난 1년 동안의 추억 중 가장 기억에 남기고 싶은 것 하나를 선택하여 팔기

▷ 문제를 해결하기 위해 우리가 알아야 할 내용에 대해 생각하기

  - 친구에게 팔고 싶은 추억과 그 이유를 떠올리기

  - 내가 팔려는 추억을 친구가 선택할 수 있도록 하기

▷ 우리가 알아야 할 것을 알기 위해 공부해야 할 교과가 무엇인지 찾기

  - 『사회』, 『국어』 등.

소비와 생산과의 관계에서 파악하기

> ↳ 소비와 생산과의 관계 알기
> 과연 친구는 어떤 추억을 사고 싶어 할까?

▷ 소비와 생산과의 관계 알기

- 내가 만약 PBL 문제 속 어린이라면 어떤 추억을 사고 싶을지 생각하기

- 내가 생각한 것과 친구가 생각한 것 비교하기

도움이 되는 안내!

이때의 비교는 서로의 차이점을 찾기보다 공통점을 찾기 위해서입니다. 가령 나는 친구와 재미있게 운동했던 일을 사고 싶다고 생각했고, 친구는 어렵던 문제를 모둠 친구들과 협력해서 풀었던 일을 사고 싶다고 하였을 때 나와 친구가 사고 싶다고 했던 추억은 어떤 공통점이 있는지 생각해 보는 것입니다.

- 우리가 계속 '친구의 입장에서' 생각을 떠올리는 이유가 무엇인지에 대해 자유롭게 이야기를 나누기
  예 '추억을 사려는 사람은 친구이기 때문에 그 친구가 선택할 수 있는 추억을 팔아야 하기 때문이다.' 등.
- PBL 문제 속 친구는 경제 활동에서 어떤 역할을 하는지 생각하기
  예 'PBL 문제 속 친구는 경제 활동에서 소비자의 역할을 함.'
- 우리는 경제 활동에서 어떤 역할을 하는지 생각하기
  예 '우리는 경제 활동에서 생산자의 역할을 함.'

▷ 경제 활동에서 소비와 생산과의 관계 알기

- 경제 활동에서 생산 활동과 소비 활동이 무엇인지 알기

예 '생산 활동은 소비자가 원하는 물건이나 서비스를 만들어 내어 소비자가 그것을 선택하도록 하는 것', '소비 활동은 생산자가 만든 물건이나 서비스 중에서 자신이 원하는 것을 구입하는 것' 등.
- 경제 활동에서 이 둘의 관계가 어떻게 형성되어 있는지 알기
예 '생산자는 소비자가 무엇을 원하는지 파악한 후 물건이나 서비스를 만들어 냄.', '소비자는 자신이 원하는 것을 끊임없이 생산자에게 주문하여 만들어 내게 함.' 등.

▷ PBL 문제 해결의 단서 찾기
- 친구가 사고 싶은 추억은 어떤 것일지 짐작해 보기
예 '행복했던 추억', '힘들었지만 짜릿함을 느꼈던 추억', '우리가 함께 있었던 추억' 등.
- 친구가 사고 싶을 것이라고 생각하는 추억과 관련된 기억 떠올리기
예 행복했던 추억: '친구들과 함께 공 2개를 이용한 피구를 하면서 많이 웃었던 일', '친구들과 함께 떡볶이를 만들어 먹었던 일', '이어달리기에서 우리 반이 이겼던 일' 등.
- 떠올린 추억을 다시 한번 살펴보고 친구의 입장에서 어떤 추억을 살 것인지 예측하기

↳ 설득하기
어떻게 설득하면 내가 생각한 추억을 살까?

▷ 내가 생각한 추억을 PBL 문제 속 친구가 사게 하는 방법 떠올리기
- 내가 생각한 추억을 PBL 문제 속 친구가 사도록 설득하는 방법에는 어떤 것이 있을지 생각나는 대로 떠올리기
예 '이 추억이 얼마나 오래 갈 수 있는지 설명하기', '이 추억이 다른 추억보다 더 좋은 이유에 대해 말하기', '이 추억을 사면 좋은 점에 대해 말하기' 등.

▷ 광고의 설득 전략에 대해 알기

- 여러 가지 광고를 보고 소비자에게 어떤 설득을 하는지에 대해 이야기를 나누기

도움이 되는 안내!

상업 광고는 여러 가지 설득 전략을 사용하는데, 그 제품의 효과라든지 그 제품을 구입하면 다른 사람에게 좋은 이미지를 얻을 수 있다는 것 등이 그러합니다. 또한 상업 광고는 사람들의 기억에 오래 남도록 하기 위해 광고송을 만들기도 합니다.

▷ 내가 팔려는 추억을 친구가 살 수 있는 설득 전략 만들기

- 이 추억을 사면 좋은 점 마련하기

  예 '이 추억을 사면 우리가 즐겨 했던 피구라는 놀이를 잊지 않을 수 있다.', '함께했던 친구들의 얼굴을 더 자세히 기억할 수 있다.', '가장 인상적으로 아웃되거나 경기가 이루어졌던 부분들은 절대 잊지 않는다.' 등.

- 앞에서 마련한 추억을 사면 좋은 점이 추억을 살 친구의 입장에서 의미 있는 것일지 생각하기

4~5차시 | **광고 만들기**

↳ PBL 문제 해결하기 1
친구에게 팔 추억에 대한 광고 만들기

▷ 친구에게 팔 추억 상품을 위한 광고지 만들기

- 팔기로 한 추억을 어떻게 포장하면 친구가 사려고 마음을 먹을지 생각하기
- 도화지를 이용하여 자신이 팔 추억과 그 내용을 광고하는 광고지 만들기

▷ 시장 놀이하기

- 만든 광고지를 교실 벽면에 부착하기

- 친구들이 만든 광고지를 살펴보면서 내가 만약 추억을 사는 입장이라면 나는 어떤 추억을 살 것인지 정하기
- 반 친구들 앞에서 내가 팔 추억을 1분 광고하기

6차시 평가하기

↳ **적절성 평가하기**
친구가 만든 광고는 믿을 수 있을까?

▷ 글쓴이의 의견을 평가하는 방법 알기
  - 『국어』 교과서 254쪽을 읽고 의견과 뒷받침 내용을 정리하기
  - 의견이 적절한지, 다른 사람도 공감할 만한 의견인지 등을 평가하기
  - 근거가 적절한지, 믿을 만한지 등을 평가하기

▷ 광고 평가하기
  - 친구들이 만든 광고지를 보고 친구의 발표를 들으면서 친구의 의견과 뒷받침 내용을 평가하기

▷ 살 추억 정하기
  - 내가 만약 추억을 산다면 나는 어떤 추억을 살 것인지 결정하기
  - 투표를 통해 가장 많은 선택을 받은 추억을 뽑기

이 PBL 학습은 시장 경제를 이해하는 사회과 학습이 주입니다. 국어과 학습 내용인 '글쓴이의 의견 평가하기'는 어떻게 보면 사회과 학습 내용과 완전히 일치하지는 않습니다. 시장 경제에서 생산 활동을 하는 모든 이가 원하는 것은 '내 물건, 혹은 내 상품을 사 달라'이기 때문입니다. 하지만 여기에서는 '추억'이라는 감성적인 소재를 팔도록 설정되어 있기 때문에 학습자가 얼마나 좋은 의견을 개진하는가에 따라 그 결과가 달라질 수 있다는 점을 고려하여 학습을 설계하였습니다.

되짚기

경제 활동에서 소비와 생산의 관계를 이해하고 있나요?
글쓴이의 의견의 적절성을 평가할 수 있나요?

이 수업의 포인트

경제 활동에서 소비와 생산은 밀접한 관계를 가지고 있습니다. 생산은 소비에 영향을 주고 소비는 생산에 영향을 줍니다.
주장하는 글을 읽고 글쓴이의 의견을 평가할 때에는 과장한 부분은 없는지, 잘못 생각한 부분은 없는지 등을 따져야 합니다.

5장

5학년 **PBL 프로젝트 수업 레시피**

친구들과 친해지고 싶어요

약분과 통분을 이용해 분수의 크기 비교하기 + 감정과 욕구를 조절하고 알맞은 방법으로 표현하기
+ 경험을 이야기로 표현하기 = 친구와 친해지고 싶어요

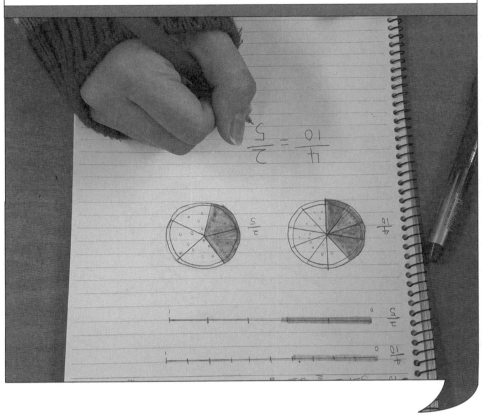

수업 흐름 ⊗	관련 교과 ⊗	관련 교과서 내용 ⊗

감정과 욕구를 조절하기

분수의 크기 비교하기   경험을 이야기로 표현하기

관련 교과	성취기준
도덕	[6도01-01] 감정과 욕구를 조절하지 못해 나타날 수 있는 결과를 도덕적으로 상상해 보고, 올바르게 자신의 감정을 조절하고 표현할 수 있는 방법을 습관화한다.
국어	[6국05-04] 일상생활의 경험을 이야기나 극의 형식으로 표현한다.
수학	[6수01-05] 분수의 성질을 이용하여 크기가 같은 분수를 만들 수 있다. [6수01-06] 분수를 약분, 통분할 수 있다. [6수01-07] 분모가 다른 분수의 크기를 비교할 수 있다.

교과	학습 목표	쪽
도덕	감정과 욕구가 무엇인지 알고 감정과 욕구를 조절하고 표현하는 방법 알기	24~33
국어	일상생활의 경험을 이야기로 표현하기	302~324
수학	크기가 같은 분수 알기 약분과 통분을 알기	66~73

PBL 문제

나의 비밀 친구에게

친구야. 잘 지냈니? 나는 잘 지내지 못했어. 오랜만에 너를 찾은 것도 그 이유 때문이야.

나의 비밀 친구야. 나는 친구들이 자꾸 나를 따돌리는 것 같아 기분이 별로야. 얼마 전에 친구들과 같이 꾸미기를 하기 위해 재료를 나누는데 한 친구가 나에게는 찰흙을 $\frac{4}{10}$ 만큼이나 가져오라고 하였는데 다른 친구에게는 $\frac{2}{5}$ 만큼만 가져오라고 했어. 왜 나한테만 더 가져오라고 하는지 너무 화가 났어.

또 나한테는 $\frac{1}{4}$ 만큼만 색 테이프를 쓰라고 하고서는 다른 친구에게는 $\frac{5}{20}$ 나 쓰라고 했어. 정말 너무하지 않니? 내가 너무 화가 나서 친구에게 똑바로 행동하라고 따졌더니 다른 친구들이 오히려 나보고 그렇게 말하면 안 된다고 하더라. 나를 무시하지 말아 달라고 한 게 잘못된 일이니?

나의 비밀 친구야. 이제 나는 어떻게 하면 좋을까?

> ↳ PBL 문제 분석하기
> 문제 1) 찰흙과 색 테이프의 양이 나한테만 많았던 것인지 알려면 무엇을 알아야 할까?
> 문제 2) 나의 마음을 표현할 때 내가 꼭 생각해야 하는 것은 무엇일까?

▷ 편지를 쓴 친구가 무엇 때문에 속상해 하는지 찾기

- 친구가 불공평하게 자신에게는 찰흙을 $\frac{4}{10}$ 만큼 가져오라고 하였는데 다른 친구에게는 $\frac{2}{5}$ 만큼 가져오라고 한 것이나 자신한테는 $\frac{1}{4}$ 만큼 색 테이프를 쓰라고 하고서 다른 친구에게는 $\frac{5}{20}$ 만큼 쓰라고 한 것. 자신이 이 일에 대해 화를 내었을 때 다른 친구들이 자신의 마음을 몰라주고 오히려 화를 낸 일

▷ 이 문제를 해결하기 위해 우리가 알아야 할 것 분석하기

- 찰흙을 가져오라고 한 친구가 정말 불공평하게 찰흙을 가져오라고 하였는지 확인하기
- 친구를 차별하면서 색 테이프를 쓰라고 하였는지 확인하기
- 친구에게 속상함을 표현한 일이 적절한 것이었는지 확인하기

▷ 우리가 알아야 할 것을 알기 위해 공부해야 할 교과가 무엇인지 찾기

- 『수학』, 『도덕』, 『국어』 등.

> ↳ 분수의 크기 비교하기
> 분모의 크기가 다를 때 분수의 크기 비교가 어려운 이유는 무엇일까?

▷ PBL 문제에서 친구가 찰흙이나 색 테이프의 양에 대해 어떤 생각을 하고 있는지 확인하기

- $\frac{4}{10} \rangle \frac{2}{5}$, $\frac{1}{4} \rangle \frac{5}{20}$

▷ 이 문제를 해결하는 데 어떤 어려움이 있는지 찾기

　- 분모가 다르기 때문에 어떤 분수가 더 큰지 알 수 없음

▷ 이 문제를 해결하기 위해 우리가 알아야 하는 수학적 원리가 무엇인지 찾기

　- 분모가 서로 다를 때 분모를 똑같이 만드는 방법에 대해 알아야 함

2~6차시 **분수의 크기 비교하기**

> ↳ 분수의 크기 비교하기
>
> 　분모의 크기가 다를 때 분수의 크기는 어떻게 비교할까?

▷ 그림이나 수직선 등 자신이 활용할 수 있는 다양한 생각을 이용해 $\frac{4}{10}$ 와 $\frac{2}{5}$ 의 크기 비교하기

▷ 자신이 해결한 방법을 모둠 친구들과 공유하기

▷ 친구가 떠올린 방법이 타당한지 생각하며 친구의 해결 방법을 듣기

▷ 그림이나 수직선 등 자신이 활용할 수 있는 다양한 생각을 이용해 $\frac{1}{4}$ 과 $\frac{5}{20}$ 의 크기 비교하기

▷ 자신이 해결한 방법을 모둠 친구들끼리 공유하기

▷ 친구가 떠올린 방법이 타당한지 생각하며 친구의 해결 방법을 듣기

▷ 『수학』 교과서 70쪽 1번을 보면서 크기가 같은 색 띠를 찾기

- 파란색 띠 2개 = 초록색 띠 1개, 초록색 띠 2개 = 노란색 띠 1개, 노란색 띠 3개 = 빨간색 띠 1개

▷ 왜 그렇게 되었는지 수학적으로 다시 확인하기

▷ 분모와 분자에 0이 아닌 같은 수로 나누어 간단한 분수로 만드는 방법이 약분이라는 것을 알고 『수학』 교과서 71쪽 2번, 3번 해결하기

▷ $\frac{2}{12}$ 와 $\frac{1}{6}$ 이 같다는 것은 $\frac{1}{6}$ 을 $\frac{2}{12}$ 로도 만들 수 있다는 것인데 어떻게 하면 $\frac{1}{6}$ 을 $\frac{2}{12}$ 로 만들 수 있는지 생각하기

- 분자와 분모에 0이 아닌 같은 수로 곱하여 크기를 비교하여 볼 수 있음을 알기

▷ 분수의 크기를 비교하기 위해 그림을 그리거나 종이를 잘라 크기를 비교하는 방법의 불편한 점 찾기

▷ 분수의 크기를 비교하기 위해 반드시 비교하려는 분수의 분모 크기를 동일하게 맞추어 주어야 하는 이유 알기
- 분수의 분모를 맞추지 않으면 같은 크기가 아니므로 비교하기 어렵기 때문에 분수의 분모를 같게 하는 '통분'이라는 방법을 사용해야 함

▷ 약분, 통분 연습하기

  - 약분, 통분을 이용하여 여러 가지 분수의 크기를 비교하는 연습하기

감정과 욕구 조절하기

> ↳ 감정과 욕구 표현하는 방법 알기
> 감정과 욕구는 나의 것인데 내가 원하는 대로 표현하는 것은 왜 안 되는 걸까?

▷ PBL 문제 속 인물이 느끼는 마음을 모두 찾아보기

  예 '나는 잘 지내지 못한다.', '나의 이야기를 들어 줄 사람이 필요하다.', '친구들이 나를 따돌리는 것 같다.', '나를 다른 친구들과 다르게 대하는 것 같아 화가 난다.', '나를 무시하는 것 같다.', '내가 무엇을 잘못하였는지 모르겠다.' 등.

▷ 도덕 교과서에서 감정과 욕구에 대한 부분을 찾아보고 감정과 욕구가 어떻게 다른지 알아보기

▷ 감정과 욕구가 어떠한 관계에 있는지 이해하기

  - 감정은 일이 일어났을 때 드는 기분인데, 스스로에게 만족스럽지 못할 때에는 이 기분을 해소하기 위해 바라는 것이 생깁니다. 그러니까 감정을 통하여 욕구가 생긴다고 할 수 있습니다.

▷ 『도덕』 교과서 30쪽을 보고 어떠한 점에서 감정과 욕구를 적절하게 표현하지 못하였는지를 모둠별로 찾아보기

  예 '친구가 물을 쏟아서 그림을 망쳤습니다. 그것을 본 나의 감정은 화가 난

다거나 다시 그림을 그려야 해서 속상하다든가 하는 것입니다. 이 감정으로 인해 친구가 조심해 주면 좋겠다는 욕구가 생깁니다. 하지만 여자 어린이의 말은 속상한 감정만 드러내고 있고 자신이 원하는 욕구는 감추어 두고 있습니다.' 등.

▷ 『도덕』 교과서 32~33쪽의 마음 신호등을 살펴보며 감정과 욕구를 적절하게 표현하는 방법 알기

▷ PBL 문제 속 인물이 되어 감정이나 욕구를 적절하게 표현하기

　예 "너희들이 나한테만 준비물을 더 많이 가져오게 하거나 더 적게 사용하도록 한다고 생각했어. 내가 계산을 잘못해서 오해했던 거야. 그래서 네가 상처가 될 만한 말을 했어. 정말 미안해. 앞으로는 한 번 더 생각해 보고 말을 하도록 할게." 등.

9차시 　경험을 이야기로 표현하기

↳ 내 경험을 이야기로 만들기
나의 경험이 이야기가 되려면 어떤 것들을 생각해야 할까?

▷ 겪은 일을 이야기로 만들려면 어떤 요소가 반드시 필요한지 생각하기

　- 인물, 인물 간의 갈등, 사건 등.

▷ 있었던 일 중 어떤 일을 사건으로 할 것인지 정하기

도움이 되는 안내!

경험과 달리 이야기는 좀 더 허구성이 포함될 수 있으므로 겪은 일에 재미를 더하는 여러 가지 요소가 포함될 수 있음을 이해할 수 있도록 해 주세요.

▷ 겪은 일을 이야기로 쓰는 방법 알기

- 겪은 일을 이야기로 쓰기 위해서는 주제가 드러나고, 사건의 흐름이 명확하게 나타나도록 해야 하며, 대화나 비유적 표현과 같은 방법을 활용하여 이야기에 좀 더 재미를 주어야 함을 알기

▷ 겪은 일을 이야기로 표현하기

▷ 자신이 쓴 글을 그림을 넣어 책으로 만들기

▷ 친구들과 돌려 읽기

더하기

이 PBL 문제에서는 국어과 학습 내용이 담겨 있지 않습니다. 그래서 학생들은 우리가 공부해야 할 교과목으로 『국어』를 떠올리지 못할 수도 있습니다. 교사는 학생들이 떠올리지 못한 교과를 굳이 알려 줄 필요는 없습니다. 다만 이 PBL 문제를 해결하는 과정에서 욕구와 감정을 제대로 표현하지 못하여 겪은 일을 다른 친구들에게 소개하는 방법을 통해 욕구와 감정에 대해 더 자세히 이해할 수 있도록 하자는 설명 등을 통해 자연스럽게 국어과 교과 학습을 유도할 수 있도록 해야 합니다.

되짚기

분모의 크기가 서로 다른 분수의 계산을 스스로 잘하나요?
자신의 감정과 욕구를 표현할 때에도 예의를 지켜야 함을 알고 있나요?

이 수업의 포인트

분모의 크기가 서로 다른 분수는 '통분'을 하여 계산합니다.
감정과 욕구를 표현할 때에는 듣는 이의 기분을 상하지 않게 해야 합니다.

발명왕 선발 대회

우리나라에서 일어나는 자연재해 알기 + 과학자의 탐구 방법 알기 = 자연재해의 피해를 줄이는 도구 발명하기

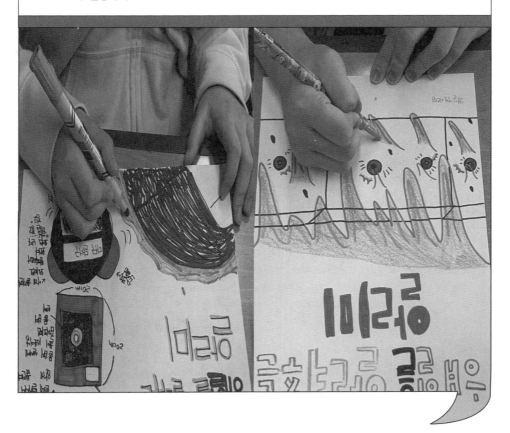

수업 흐름 ⊗   관련 교과 ⊗   관련 교과서 내용 ⊗

과학자의 탐구 방법 알기

우리나라에서 일어나는
자연재해에 대하여 자세히 알기

자연재해의 피해를 줄일 수 있는
도구 개발하기

관련 교과	성취기준
사회	[6사01-04] 우리나라에서 일어나는 자연재해의 종류 및 대책을 탐색하고, 그와 관련한 생활 안전 수칙을 실천하는 태도를 지닌다.
과학	[탐구활동] 통합 과학 탐구 기능의 의미를 이해하고 익힐 수 있다.

교과	학습 목표	쪽
사회	우리나라에서 일어나는 자연재해를 알고 자연재해의 피해를 줄이기 위한 노력 알기	47~57
과학	과학자의 탐구 방법 알기	8~21

PBL 문제

"본부장님, 이번에도 피해가 컸습니다."

부하 직원의 말에 저는 한숨부터 나옵니다. 올해도 어김없이 우리나라를 찾아온 자연재해로 인해 벌써 수천억 원의 피해가 발생하였기 때문입니다. 봄에는 황사와 미세먼지가, 여름이면 폭염이나 태풍이 우리나라에 큰 피해를 줍니다. 올해는 비가 억수같이 쏟아지는 장마가 10일 이상 지속되면서 비 피해도 심각하였고, 비로 인해 대규모 산사태도 발생하였습니다. 겨울이 되면 한파와 폭설이 몰아쳐 피해를 남깁니다. 그뿐 아니라 지진도 막대한 피해를 끼칩니다.

해마다 우리나라에서 일어나는 자연재해로 인해 우리는 셀 수 없는 금액의 재산상 피해를 입습니다. 하지만 그보다 우리의 소중한 목숨이 사라지는 안타까운 일이 자꾸 발생합니다.

이제는 자연재해로 더 이상 피해를 보는 일이 없어야 하지 않을까요? 그래서 저 재난관리본부장은 국민 여러분께 '자연재해의 피해를 줄이는 도구'를 발명하여 주시기를 요청드립니다. 자연재해를 예측할 수 있도록 하는 도구도 좋고, 재해가 일어났을 때 안전하게 대피할 수 있는 도구도 괜찮습니다. 이번 발명대회에서 1등이 되신 분께는 큰 혜택을 드릴 것을 약속합니다.

PBL 문제 분석하기

> ↳ PBL 문제 분석하기
> 자연재해의 피해를 줄이는 도구 발명하기

▷ 문제 읽어 보기

▷ 우리가 해결해야 할 문제가 무엇인지 찾기
  - 자연재해의 피해를 줄이는 도구를 발명하기

▷ 이 문제를 해결하기 위해 우리가 알아야 할 것 분석하기
  - 우리나라에 영향을 끼치는 자연재해가 무엇인지 알기
  - 자연재해가 생기는 원인 알기
  - 자연재해로 인한 피해 알기
  - 과학자처럼 탐구하는 방법 알기
  - 자연재해의 피해를 줄이기 위해 현재 사용하는 방법 알기
  - 자연재해의 피해를 줄이기 위해 현재 개발된 도구에 대해 알기

▷ 우리가 알아야 할 것을 알기 위해 공부해야 할 교과가 무엇인지 찾기
  -『사회』,『과학』등.

우리나라에 영향을 미치는 자연재해 조사하기

> ↳ 조사하기
> 우리나라에 계절별로 영향을 미치는 자연재해 조사하기

▷ 우리나라에 영향을 미치는 자연재해를 조사하기

- 조사할 내용에 대하여 떠올리기

  예 '자연재해의 뜻(각각의 자연재해를 나타내는 말의 뜻)', '자연재해가 일어나는 원인과 자연재해로 인한 피해가 발생하는 원인', '자연재해의 피해를 줄이기 위해 현재 사용하는 방법', '자연재해의 피해를 줄이기 위해 현재 개발된 도구' 등.

- 조사할 내용에 따라 조사하기

도움이 되는 안내!

한 모둠이 하나의 자연재해에 대해 조사해도 좋고, 우리나라에 영향을 미치는 자연재해를 모두 조사해도 좋습니다. 한 모둠이 하나의 자연재해에 대해 조사한다면 좀 더 깊이 있는 조사가 이루어져야 합니다. 이 경우 모든 모둠이 자신들이 조사한 자연재해에 대해서만 알기 때문에 우리나라에 영향을 미치는 자연재해에 대해 서로 깊이 있게 이해할 수 있는 시간이 좀 더 필요합니다. 여기에서는 모든 모둠이 우리나라에 영향을 미치는 모든 자연재해에 대해 각각 조사하는 방식을 취하였습니다.

- 조사한 내용 발표하기

  예 산사태:

    뜻 – 산의 일부인 돌이나 흙이 흘러내리는 현상.

    원인 – 폭우 등으로 인하여 물이 많이 흡수되면서 산의 흙 속에 물이 흐르는 길이 생기기 시작함. 물이 많이 흡수될수록 그 길이 점점 넓어져서 그 위에 있던 흙이 흘러내림. 경사가 급할수록 산사태가 일어나기 쉬움.

    피해가 발생하는 원인 – 산의 흙이 갑자기 흘러내리기 때문에 사람들이 피하기 어려움. 흙만 흘러내리는 것이 아니라 돌이나 나무도 흙과 함께 흘러내리기 때문에 피해가 더 커짐.

    산사태를 막기 위해 현재 사용하는 방법 – 나무를 심거나 떨어지는 돌을 막는 시설을 설치

    산사태 피해를 줄이기 위해 현재 개발된 도구 – 발생 피해를 미리 예측

하는 산사태 정보 시스템 구축, 사방댐과 같은 사방 구조물 설치 등.

▷ 조사한 내용 공유하기
 - 조사한 내용을 갤러리 워크를 통해 자유롭게 공유하기

▷ 더 자세히 조사하기
 - 모둠별 조사 내용을 토대로 더 자세히 조사하고 싶은 자연재해를 골라 상
   세하게 조사하기
   예 '나무를 심으면 왜 산사태를 줄일 수 있는가? 나무의 굵은 뿌리가 흙 속
      에 깊이 들어가면 나무의 가는 뿌리가 서로 얽혀 그물망을 형성하면서
      흙이 쉽게 흘러내리지 못함.' 등.

4~8차시 자연재해를 줄일 수 있는 도구 개발하기

↳ 아이디어 생성하기
자연재해가 일어나는 원인을 이해하여 자연재해의 피해나 자연재해를 줄일 수 있는 도구 개발하기

▷ 자연재해를 줄일 수 있는 도구 개발하기
 - 모둠별로 조사한 자연재해의 피해를 줄일 수 있는 방법 떠올리기
   예 '실험을 통해 산사태가 가장 잘 일어나면서 산사태로 인한 피해가 가장
      심한 경사도를 찾아내기', '산사태가 자주 발생하는 곳에 산사태가 일어
      나는 것을 감지하는 기계(산의 흔들림을 측정하는 기계)를 설치하기',
      '산 아래에 집을 지을 경우 산사태를 막을 수 있는 방지망을 설치한 후
      집을 짓기' 등.
 - 떠올린 방법에 대한 장단점 파악하기
   예 산사태로 인한 피해가 가장 심한 경사도를 찾아내기

장점: 산사태가 많이 일어나는 곳을 통계적으로 찾을 수 있다.

단점: 흙의 성분이나 나무가 어느 정도 있는가에 따라 산사태가 일어나는 정도가 달라질 수 있기 때문에 실험한 내용이 정확하지 않을 수도 있다.

- 장단점 파악의 결과 가장 효과적인 도구라고 생각되는 것을 선택하기
- 자연재해를 줄일 수 있다고 생각한 도구를 설계하기

도움이 되는 안내!

이 PBL 활동에서 학생들에게 요구하는 것은 자연재해가 일어나는 원인을 이해하고 그 원인을 제거하여 자연재해가 일어나는 것을 막도록 하는 것입니다. 그러므로 실제로 그것을 개발할 수 있을 만큼의 상세한 설명이 필요한 것은 아닙니다. 다만, '로봇을 개발하여 산사태가 일어날 때 미리 예측하도록 한다.'와 같이 학생들의 논리적인 사고를 유도할 수 없는 방법이나 과학적 사실에 기반하지 못한 도구를 설계하지 않도록 해야 합니다.

▷ 자연재해를 줄일 수 있는 도구의 성능 실험하기

- 『과학』교과서 10~11쪽을 보고 탐구 문제 정하는 방법을 알고 탐구 문제 정하기
- 『과학』교과서 12~13쪽을 보고 실험 계획을 세우는 방법을 알고 실험 계획 세우기
- 실험 계획이 타당한지 짝모둠(2개의 모둠이 짝이 됨)과 토의하기
- 자연재해를 줄일 수 있다고 생각한 도구 만들기
- 『과학』교과서 16~17쪽을 보고 실험 결과를 정리하고 해석하는 방법을 알기
- 실험하기
- 실험 결과를 정리하고 해석하기
- 『과학』교과서 20~21쪽을 보고 결론을 내리는 방법을 알고 우리 모둠에서 한 실험에 대한 결론 내리기

결과물 공유하기

내가 개발한 자연재해를 줄이는 도구에 대해 발표하기

▷ 자연재해를 줄이기 위해 개발한 도구를 소개하고 도구의 성능을 실험한 결과 발표하기

- 여러 사람 앞에서 모둠에서 개발한 도구에 대한 설명과 성능에 대해 발표하기
- 다른 친구의 발표를 들으며 더 보완해야 할 점 생각하기
- 자유롭게 의견을 교환하며 도구의 단점을 보완하는 아이디어 생성하기

더하기

자연재해의 피해를 줄일 수 있는 도구라고 해서 거창하게 접근하면 안 됩니다. 쉽게 해결할 수 없는 문제라는 생각이 들면 아이들은 문제를 해결할 의지를 잃어버리고 깊이 있는 생각을 하지 않으려고 합니다. 이 PBL은 자연재해의 피해를 줄이는 도구를 과학적인 방법으로 개발하는 것에 초점을 두었습니다. 이때 자연재해의 피해를 줄인다는 것은 여러 가지 다양한 관점에서 생각해 볼 수 있습니다. 자연재해가 일어나는 순간을 포착할 수 있는 기술도 자연재해의 피해를 줄일 수 있는 도구가 되지만 자연재해가 일어날 때 안전하게 대피하도록 하는 장치도 자연재해의 피해를 줄일 수 있는 도구가 됩니다. 지진의 피해를 줄이기 위해 건물 외벽에 흔들림을 느끼는 장치를 부착하고, 건물이 일정 강도 이상 흔들리면 큰 소리가 울리는 장치를 연결하여 지진이 발생하였을 때 사람들에게 알릴 수 있도록 하는 것도 자연재해의 피해를 줄일 수 있는 도구라고 할 수 있습니다.

되짚기

우리나라에서 많이 발생하는 자연재해가 무엇인지 알고 있나요?
우리나라에서 일어나는 자연재해를 예방할 수 있는 방법이 무엇인지 설명할 수 있나요?

이 수업의 포인트

우리나라에서 일어나는 계절별 자연재해의 종류를 이해하고, 각각의 자연재해로 일어나는 피해를 줄이기 위해 우리가 노력해야 할 부분을 이해해야 합니다.

수학이 어려워요

분수의 덧셈과 뺄셈의 원리 이해하기 + 쓸 내용을 떠올려 한 편의 글을 쓰는 과정 이해하기 + 호응 관계가 알맞은 문장 구성하기 = 내 친구를 위한 수학책 만들기

수업 흐름 ⊗　　관련 교과 ⊗　　관련 교과서 내용 ⊗

한 편의 글쓰기 과정 이해하기

분수의 덧셈과 뺄셈하기　　　　　　　　　　　　이야기책 쓰기

수업 흐름 ⊗   관련 교과 ⊗   관련 교과서 내용 ⊗

관련 교과	성취기준
수학	[6수01-08] 분모가 다른 분수의 덧셈과 뺄셈의 계산 원리를 이해하고 그 계산을 할 수 있다.
국어	[6국03-01] 쓰기는 절차에 따라 의미를 구성하고 표현하는 과정임을 이해하고 글을 쓴다. [6국04-05] 국어의 문장 성분을 이해하고 호응 관계가 올바른 문장을 구성한다.

수업 흐름 ⊗   관련 교과 ⊗   관련 교과서 내용 ⊗

교과	학습 목표	쪽
수학	분수의 덧셈하기 분수의 뺄셈하기	86~101
국어	쓸 내용을 떠올리고 조직하여 한 편의 글쓰기 호응 관계가 알맞은 문장 쓰기	128~141

PBL 문제

내 친구 수멍이는 성격이 참 좋습니다. 적절한 때에 적절하게 말을 잘하기 때문에 친구들이 아주 좋아합니다. 수멍이는 활발하고 운동도 잘해서 수멍이 옆에만 가면 웃음이 절로 납니다.

하지만 수멍이에게도 고민이 있습니다. 수멍이는 수학을 너무 어려워합니다. 수학 시간만 되면 활짝 웃던 수멍이 얼굴이 바위보다 더 딱딱해집니다.

나는 수멍이를 도와주고 싶었습니다. 그래서 책을 좋아하는 수멍이에게 수학을 쉽고 재미있게 설명해 놓은 책을 선물하려고 하였습니다. 하지만 그런 책은 찾기가 어려웠습니다. 그래서 나는 수멍이가 어려워하는 분수의 덧셈과 뺄셈을 쉽고 재미있게 할 수 있도록 직접 책을 만들어 보기로 하였습니다. 재미있는 이야기도 함께 곁들여 수학은 어렵고 힘들다는 생각을 수멍이가 안 하게 만들 것입니다. 그런데 어떤 이야기를 곁들이면 좋을까요? 분수의 덧셈과 뺄셈은 어떻게 설명하면 좋을까요? 여러분이 저를 좀 도와주세요.

PBL 문제 분석하기

> ↳ PBL 문제 분석하기
> 수멍이를 위한 분수의 덧셈과 뺄셈을 쉽게 할 수 있는 이야기책 만들기

▷ 우리가 해결해야 할 문제가 무엇인지 찾기

  - 분수의 덧셈과 뺄셈을 쉽고 재미있게 이해할 수 있도록 책 만들기

▷ 이 문제를 해결하기 위해 우리가 알아야 할 것 분석하기

  - 분수의 덧셈을 하는 방법 알기
  - 분수의 뺄셈을 하는 방법 알기
  - 분수의 덧셈과 뺄셈을 쉽게 이해할 수 있도록 하는 이야기 떠올리기
  - 한 편의 이야기 만들기

▷ 우리가 알아야 할 것을 알기 위해 공부해야 할 교과가 무엇인지 찾기

  - 『국어』, 『수학』 등.

0.5~8차시 **분수의 덧셈과 뺄셈하기**

> ↳ 진분수끼리 덧셈하기
> 진분수끼리의 덧셈은 어떻게 해야 할까?

▷ 진분수끼리 덧셈하는 방법 알기

- 그림이나 수직선 등 다양한 방법을 떠올려서 $\frac{1}{2}+\frac{1}{4}$을 자신만의 방법으로 해결하기
- 자신이 해결한 방법을 모둠 친구들끼리 공유하기

- 친구가 떠올린 방법이 타당한지 생각하며 친구의 해결 방법을 듣기

▷ $\frac{1}{2}+\frac{1}{4}$과 같이 진분수끼리의 덧셈을 쉽고 빠르게 하는 방법 알기

- 친구가 떠올린 방법 중 가장 간단하면서 빠르게 계산할 수 있는 방법이 무엇인지 찾기
- 서로의 의견을 교환하여 가장 쉽고 빠르게 계산하는 방법을 선택하기
- 다른 모둠에서는 어떤 방법을 선택하였는지 공유하기

▷ 진분수끼리의 덧셈을 쉽고 빠르게 하는 방법을 정리하기
- 우리 반에서 선택한 계산 방법을 이해하기 쉽게 정리하기
  예 '분모를 통분하여 동일한 분모가 되게 한 다음 분자끼리 더하기(분모를 8로 하여 계산)', '최소공배수로 분모를 통분한 다음 분자끼리 더하기(분모를 4로 하여 계산)' 등.

> ↳ 대분수끼리 덧셈하기
> 대분수끼리의 덧셈은 어떻게 해야 할까?

▷ 대분수끼리 덧셈하는 방법 알기

- 그림이나 수직선 등 다양한 방법을 떠올려 $1\frac{3}{5}+1\frac{1}{2}$을 자신만의 방법으로 해결하기
- 자신이 해결한 방법을 모둠 친구들끼리 공유하기
- 친구가 떠올린 방법이 타당한지 생각하며 친구의 해결 방법을 듣기

▷ $1\frac{3}{5}+1\frac{1}{2}$과 같이 대분수끼리의 덧셈을 쉽고 빠르게 하는 방법을 알기
- 친구가 떠올린 방법 중 가장 간단하면서 빠르게 계산할 수 있는 방법이 무엇인지 찾기

- 서로의 의견을 교환하여 가장 쉽고 빠르게 계산하는 방법을 선택하기
- 다른 모둠에서는 어떤 방법을 선택하였는지 공유하기

▷ 대분수끼리의 덧셈을 쉽고 빠르게 하는 방법 정리하기
  - 우리 반에서 선택한 계산 방법을 이해하기 쉽게 정리하기
    예 '자연수는 그대로 두고 분수에서 분모만 통분한 다음 분자는 분자끼리 자연
    수는 자연수끼리 더하기', '대분수를 가분수로 만든 다음 통분하여 분자끼리
    더하기' 등.

↳ 진분수끼리 뺄셈하기
진분수끼리의 뺄셈은 어떻게 해야 할까?

▷ 진분수끼리 뺄셈하는 방법 알기
  - 그림이나 수직선 등 다양한 방법을 떠올려 $\frac{3}{4} - \frac{1}{2}$ 을 자신만의 방법으로 해
    결하기
  - 자신이 해결한 방법을 모둠 친구들끼리 공유하기
  - 친구가 떠올린 방법이 타당한지 생각하며 친구의 해결 방법을 듣기

▷ $\frac{3}{4} - \frac{1}{2}$ 과 같이 진분수끼리의 뺄셈을 쉽고 빠르게 하는 방법 알기
  - 친구가 떠올린 방법 중 가장 간단하면서 빠르게 계산할 수 있는 방법이 무
    엇인지 찾기
  - 서로의 의견을 교환하여 가장 쉽고 빠르게 계산하는 방법을 선택하기
  - 다른 모둠에서는 어떤 방법을 선택하였는지 공유하기

▷ 진분수끼리의 뺄셈을 쉽고 빠르게 하는 방법을 정리하기
  - 우리 반에서 선택한 계산 방법을 이해하기 쉽게 정리하기

例 '분모를 통분하여 동일한 분모가 되게 한 다음 분자끼리 빼기(분모를 8로 하여 계산)', '최소공배수로 분모를 통분한 다음 분자끼리 빼기(분모를 4로 하여 계산)' 등.

▷ 진분수끼리의 뺄셈을 쉽고 빠르게 하는 방법을 정리하기

- 우리 반에서 선택한 계산 방법을 이해하기 쉽게 정리하기

例 '분모를 통분하여 동일한 분모가 되게 한 다음 분자끼리 빼기(분모를 8로 하여 계산)', '최소공배수로 분모를 통분한 다음 분자끼리 빼기(분모를 4로 하여 계산)' 등.

↳ 대분수끼리 뺄셈하기
대분수끼리의 뺄셈은 어떻게 해야 할까?

▷ 대분수끼리 뺄셈하는 방법 알기

- 그림이나 수직선 등 다양한 방법을 떠올려 $1\frac{1}{3}-1\frac{1}{4}$ 을 자신만의 방법으로 해결하기
- 자신이 해결한 방법을 모둠 친구들끼리 공유하기
- 친구가 떠올린 방법이 타당한지 생각하며 친구의 해결 방법을 듣기

▷ $1\frac{1}{3}-1\frac{1}{4}$ 과 같이 대분수끼리의 뺄셈을 쉽고 빠르게 하는 방법 알기

- 친구가 떠올린 방법 중 가장 간단하면서 빠르게 계산할 수 있는 방법이 무엇인지 찾기
- 서로의 의견을 교환하여 가장 쉽고 빠르게 계산하는 방법을 선택하기
- 다른 모둠에서는 어떤 방법을 선택하였는지 공유하기

▷ 대분수끼리의 뺄셈을 쉽고 빠르게 하는 방법 정리하기

- 우리 반에서 선택한 계산 방법을 이해하기 쉽게 정리하기

例 '자연수는 그대로 두고 분수에서 분모만 통분한 다음 분자는 분자끼리 자연수는 자연수끼리 빼기', '대분수를 가분수로 만든 다음 통분하여 분자끼리 빼기' 등.

9~11차시 이야기책 만들기

↳ 글 쓰는 방법 알기
이야기책을 만들기 위해서 어떤 순서에 따라 글을 써야 할까?

▷ 한 편의 글을 쓰는 과정 이해하기
- 한 편의 글을 쓰기 위해서 어떤 과정을 거쳐야 하는지 교과서를 통해 이해하기

예 '어떤 주제로 글을 쓸 것인지 생각하기 → 정한 주제에 따라 쓸 내용 떠올리기 → 떠올린 내용을 바탕으로 쓸 이야기 엮기 → 엮은 내용을 바탕으로 초고 쓰기 → 다 쓴 내용을 읽고 고쳐 쓰기' 등.
- 글을 정해진 과정에 따라 써야 하는 이유 생각하기

예 '쓸 내용을 떠올리지 않거나 조직하지 않고 글을 쓰면 머릿속에 떠오르는 생각을 그대로 글로 쓰게 되어 말하고 싶은 내용이 잘 드러나지 않을 수 있음.', '머릿속에 떠오르는 생각을 그대로 쓰게 되어 이야기 내용이 뒤죽박죽 섞이게 됨' 등.

▷ 한 편의 글을 쓰는 과정을 좀 더 자세히 알기
- 글을 쓰기 전 가장 먼저 생각해야 할 것이 무엇인지 알기

예 '글의 종류가 무엇인지 생각하기', '그 글을 읽을 사람이 누구인지 생각하기', '무엇에 대해 쓸 것인지 생각하기', '글을 쓰는 목적이 무엇인지 생각하기' 등.

- 위와 같은 것들을 떠올리고 나서 생각해야 할 것이 무엇인지 알기

  (글의 주제를 정하고 그 주제와 관련한 생각들을 떠올려 보기)

  예 '부모님께 효도하자'는 주제를 정하였다면 '부모님께 효도하자'와 관련한 생각들을 떠올려 보는 것', '부모님께 정성을 다해 효도하였던 옛 조상들의 이야기', '부모님께 효를 다하자는 주제와 관련한 글', '부모님을 기쁘게 해 드렸던 여러 가지 일' 등.

- 떠올린 내용에 대해 쓸 이야기를 엮는 방법 알기

  (떠올린 생각들 중에서 글로 쓸 수 있는 생각과 그렇지 않은 생각을 나누고 글로 쓸 수 있는 생각들 중에서 어떤 순서로 쓸 것인지 차례를 정하기)

- 초고 쓰는 방법 알기

  (엮은 이야기를 순서에 따라 쓰면서 글의 중간중간에 생기는 빈 부분을 메워 글을 좀 더 탄탄하게 만들기)

- 고쳐 쓰는 방법 알기

  (다 쓴 글을 읽고 내용의 연결이 어색하거나 잘못 쓴 낱말 등이 있다면 바르게 고쳐 쓰기)

> ↳ PBL 문제 해결하기
> 이야기책을 만들기

▷ 한 편의 글을 쓰기 위해 쓸 내용 떠올리기

- 어떤 이야기로 글을 쓸 것인지 정하기

  예 '실과 시간에 한 끼 식사를 마련하는 공부를 한 후 집에서 라면을 끓여 부모님과 맛있게 먹은 이야기', '동생과 함께 떡볶이를 만들어 본 이야기', '물통에 물을 채워 문제를 해결한 이야기' 등.

- 쓰기로 한 이야기에 등장하는 인물과 있었던 일(사건)을 정리하기

  등장인물: 동생, 나

  있었던 일: 어머니가 해 주신 떡볶이가 떠올라 떡볶이를 해 먹기로 함. 떡볶

이를 만들기 위해 필요한 재료를 준비할 때 동생이 분수의 계산을 잘하지 못해 동생에게 분수의 계산을 알려 주면서 재료를 준비함. 떡볶이가 완성되어 맛을 보았는데 너무 달아서 놀람. 동생이 대분수끼리의 뺄셈을 잘못하여 덧셈으로 계산하고 설탕을 너무 많이 넣었다는 것을 앎. 집에 오신 부모님께서 실망하고 있는 우리를 보심. 어머니께서 물을 더 붓고 다시 양념을 하여 맛있는 떡볶이를 만들어 주심.

- 일어난 일에 생각과 느낌 넣기

어머니가 해 주신 떡볶이가 떠올라 떡볶이를 해 먹기로 함. 맛있는 떡볶이가 생각나 침이 고임. - 어머니가 하시던 것을 본 적이 있어서 자신이 있었음.

떡볶이를 만들기 위해 필요한 재료를 준비할 때 동생이 분수의 계산을 잘하지 못해 동생에게 분수의 계산을 알려 주면서 재료를 준비함. 양배추를 준비하지 못하는 동생을 보며 처음에는 화가 남. 동생이 분수의 덧셈과 뺄셈을 잘하지 못한다는 것을 알고 당황스러움. - 동생의 이야기도 들어 보지 않고 화부터 낸 나 자신이 부끄러움.

떡볶이가 완성되어 맛을 보았는데 너무 달짝지근함. - 깜짝 놀람.

동생이 대분수끼리의 뺄셈을 잘못하여 덧셈으로 계산하여 설탕의 양을 많이 넣었다는 것을 앎. - 동생의 실수가 우습기도 하고 화가 나기도 하였음.

집에 오신 부모님께서 실망하고 있는 우리를 보심

어머니께서 물을 더 붓고 다시 양념을 하여 맛있는 떡볶이를 만들어 주심. - 어머니가 다시 해 주신 떡볶이가 맛있었지만 동생과 함께 요리를 한 추억이 쌓여서 좋음.

▷ 정리한 내용을 바탕으로 한 편의 글쓰기

▷ 쓴 글의 내용을 다시 읽고 문장의 호응이 바른지 확인하기

▷ 책 전시회 하기

- 만든 책을 전시하기

- 친구가 만든 책을 읽어 보고 분수의 덧셈과 뺄셈을 계산해 보기

더하기

이 PBL 학습은 수학과 내용을 재미있고 알기 쉽게 하기 위해 이야기 형식을 빌려 책을 만들어 보는 활동이었습니다. 책에는 그림과 글이 적절하게 섞여 있습니다. 이 PBL 학습에는 그림을 삽입하는 활동이 제시되어 있지 않으나, 미술의 적당한 차시가 있다면 글의 내용에 어울리는 삽화를 제작해 보는 활동도 함께 구성할 수 있습니다.

되짚기

진분수와 대분수의 덧셈과 뺄셈을 정해진 시간 안에 정확하게 할 수 있나요?
글을 쓰는 과정을 설명할 수 있나요?
글쓰기 과정에 따라 주어진 주제에 알맞게 한 편의 글을 쓸 수 있나요?

이 수업의 포인트

진분수와 대분수의 덧셈을 하거나 뺄셈을 할 때에는 반드시 분모를 통분해서 계산해야 합니다.
글쓰기 과정을 거치며 한 편의 글을 주제에 알맞은 내용으로 쓸 수 있습니다.

04

샛별이를 도와주세요

법의 개념과 역할 알기 + 읽기의 여러 가지 방법을 알고 목적에 따라 달리 읽기 = '법을 개정하자'는 주제로 토의하기

수업 흐름

관련 교과 관련 교과서 내용

법이 무엇인지 알고 일상생활에서
법이 필요한 이유 알기

여러 가지 읽기 방법 알기   토의하기

관련 교과	성취기준
사회	[6사02-05] 우리 생활 속에서 법이 적용되는 다양한 사례를 제시하고, 법의 의미와 성격을 설명한다. [6사02-06] 법의 역할을 권리 보호와 질서 유지의 측면에서 설명하고, 법을 준수하는 태도를 기른다.
국어	[6국02-05] 매체에 따른 다양한 읽기 방법을 이해하고 적절하게 적용하며 읽는다.

교과	학습 목표	쪽
사회	법이 무엇인지 알고 우리 생활 속의 법에 대해 알기 법의 역할과 법을 준수해야 하는 까닭 알기	111~128
국어	글의 종류에 따른 읽기 방법 알기 필요한 글을 찾아 정리하기	276~291

PBL 문제

중학교 3학년인 샛별이는 가장이다. 샛별이네 부모님이 일찍 돌아가셨기 때문이다. 샛별이가 가장 힘든 것은 생활하는 데 필요한 돈이 넉넉하지 않다는 것이다. 아르바이트를 해도 샛별이의 살림이 어려운 이유는 우리나라 「근로기준법」 때문이다. 이 법은 15~18세 미만의 청소년은 1일 7시간까지만 일할 수 있도록 한다. 그래서 샛별이는 더 일하고 싶어도 일을 할 수 없다.

샛별이와 같은 청소년을 보호하기 위해서 나는 이런 법은 개정되어야 한다고 생각한다. 그래서 나는 이 법을 개정해 달라는 의견을 모아 국회에 제출하기로 하였다. 그런데 나의 생각을 들은 친구가 나의 의견에 반대를 하였다. 나와 그 친구는 서로의 생각이 옳다는 것을 보여 주기 위해 각자의 의견을 뒷받침하는 자료를 찾아본 후 다시 대화하기로 하였다.

우리는 누구의 생각이 더 바른지를 판단해 줄 사람이 필요하였다. 그래서 여러분들께 부탁드린다. 여러분들이 여러 가지 자료를 읽어 본 후 누구의 생각이 더 옳은지 현명하게 판단해 주면 좋겠다.

PBL 문제 분석하기/ 글을 읽는 여러 가지 방법 알기

> ↳ PBL 문제 분석하기
>
> 문제 1) 「근로기준법」을 개정해야 하는가에 대한 내 생각 정하기
> 문제 2) 「근로기준법」 개정에 대한 자료를 읽고 올바르게 판단하기

▷ 문제를 읽고 샛별이가 처한 상황 이해하기

- 샛별이에 대해 알 수 있는 정보 확인하기

  예 '중학교 3학년 학생이지만 가장이다.', '샛별이가 돈을 벌어 생활비를 마련해야 한다.', '샛별이는 15~18세 미만의 청소년이다.', '샛별이는 1일 7시간까지만 일할 수 있다.' 등.

- 샛별이가 겪는 어려움에 대해 이해하기

  예 '샛별이가 일을 더 해야 돈을 더 벌 수 있는데, 샛별이는 「근로기준법」에 영향을 받는 청소년이어서 일을 더 할 수 없다.' 등.

▷ 우리가 해결해야 할 문제가 무엇인지 찾기

- 샛별이를 위해 법을 개정할 것인지를 결정하기
- 각자의 생각이 바른 것인지 관련한 자료를 찾아 읽기

▷ 이 문제를 해결하기 위해 우리가 알아야 할 것 분석하기

- 법이란 무엇인지 알기
- 「근로기준법」에 대해 알기
- 법을 제정하고 개정하는 기준이 무엇인지 알기
- 관련한 자료를 찾아 읽을 때 내용을 정리하는 방법 알기

▷ 우리가 알아야 할 것을 알기 위해 공부해야 할 교과가 무엇인지 찾기

- 『국어』, 『사회』 등.

▷ 글을 읽는 목적에 따라 글을 읽는 방법 알기

- 전단지와 같은 광고지를 읽을 때 어떻게 읽었는지 이야기 나누기

예 "종이에 적혀 있는 모든 것을 다 읽지 않고 필요한 부분만 읽었다.", "꼼꼼히 하나하나 읽지 않고 눈으로 한 번 훑은 다음 필요한 물건이 있는지 찾고 찾은 후에 그 부분을 다시 꼼꼼하게 읽었다.", "눈으로 훑었을 때 필요한 것이 없어서 읽지 않았다.", "사려는 물건이 다른 마트에 비해서 더 싼지 확인하기 위해 다른 마트의 전단지를 놓고 비교해 가며 읽었다." 등.

- 위의 전단지 읽기에서 우리가 사용한 읽기 방법에 대해 이야기하기

예 '눈으로 훑어 읽기', '꼼꼼히(자세히) 읽기', '알고 있는 정보와 비교하며 읽기' 등.

- 같은 글을 읽을 때에도 읽기의 방법이 다른 이유에 대해 이야기 나누기

예 "눈으로 훑어 광고지를 볼 때에는 이 광고지에서 나에게 필요한 것이 있는지를 확인하기 위해서이고 꼼꼼하게 읽을 때에는 이 광고지에서 나에게 필요한 것을 찾아 그것에서 정보를 얻기 위해서임. 이처럼 같은 글이라고 하더라도 내가 어떤 목적으로 읽는가에 따라서 읽기 방법은 바뀔 수 있음." 등

도움이 되는 안내!

읽기의 다양한 방법이 있다는 것을 알려 주기 위해 만화책도 활용할 수 있습니다. 만화책의 경우 꼼꼼히 읽는 경우는 거의 없고 대부분 눈으로 그림만 훑어 읽습니다. 왜냐하면 만화책을 읽는 이유가 거의 대부분 '재미'를 위해서이기 때문입니다. 정보를 얻으려는 목적이 아니기 때문에 꼼꼼히 읽지 않게 됩니다. 이와 같은 이유로 만화책만 많이 본 학생들은 줄글을 꼼꼼히 읽는 습관이 형성되지 않아 줄글 읽기에 어려움을 느끼게 됩니다.

여러 가지 읽기 방법을 사용하여 읽기

> ↳ 여러 가지 읽기 방법 알기
> 다양한 자료를 다양한 방법으로 읽기

▷ 여러 가지 읽기 방법 알기

- 훑어 읽기를 하는 방법 알기: 훑어 읽기는 처음부터 꼼꼼히 글을 읽는 것이 아니라 눈으로 대충 훑어서 필요한 정보가 있는지 살펴보는 것임. 제목이나 그림, 글 안에서 내가 찾는 낱말이 있는지 등을 생각하며 읽는 방법임. 한 권의 책을 읽을 때는 주로 목차나 색인과 같은 부분을 훑어 읽으면서 필요한 낱말이 있는지 확인하는 방법임.
- 꼼꼼하게 읽기를 하는 방법 알기: 글에서 나에게 필요한 정보가 있다는 것을 알게 된 이후 하게 되는 읽기 방법임. 처음부터 꼼꼼히 읽으면서 내가 찾는 정보가 있는지 확인하고 만약 그러한 정보가 있다면 밑줄을 긋거나 메모를 하면서 읽음.
- 훑어 읽기와 꼼꼼하게 읽기를 섞어서 읽기를 하는 방법 알기: 처음에는 훑어 읽기를 하다가 내가 찾는 낱말이나 정보가 나오면 그 부분부터 꼼꼼하게 읽는 방법임. 꼼꼼하게 읽다가 다시 필요 없는 정보라는 생각이 들면 훑어 읽기를 하면서 필요한 정보를 찾음.
- 꼼꼼하게 읽기를 할 때 읽기를 더 잘하는 방법 알기: 필요한 정보를 얻기 위해 읽기를 한다면 꼼꼼하게 읽으면서 무엇에 대한 설명인지, 설명하는 내용은 무엇인지, 내가 이미 알고 있는 정보이거나 내가 기존에 알고 있던 정보와 어떻게 다른지, 새롭게 알게 된 정보는 무엇인지 등을 생각하며 읽어야 함.

  글쓴이의 생각과 자신의 생각을 비교하면서 읽기를 한다면 글쓴이의 주장은 무엇인지, 그것에 대한 근거는 무엇인지, 그 근거를 뒷받침하는 근거 자료는 무엇이며, 그것은 타당한지 등을 생각하며 읽어야 함.

▷ 여러 가지 방법으로 읽기

- 도서관 등을 활용하여 「근로기준법」에 대한 자료 찾기
- 필요한 내용의 자료를 찾기 위해 여러 가지 방법으로 읽기

도움이 되는 질문!

만약 포털사이트에서 '근로기준법'을 검색창에 넣고 검색을 해 보았다고 할 때, 나타난 결과에서 내가 찾는 자료가 있는지 확인하기 위해 어떤 방법의 읽기를 해야 하나요?
내가 선택한 자료에 내가 원하는 정보가 있는지 확인하기 위해 어떤 방법의 읽기를 해야 하나요?

5~7차시 내 생각 말하기

↳ PBL 문제 해결하기
샛별이를 위해 법을 바꾸어야 하는가에 대한 내 생각 말하기

▷ 우리 일상 속의 법을 찾아보고 법이 무엇인지 알기

- 뉴스나 신문, 어른과의 대화를 통해 알게 된 법에 대해 조사하기

도움이 되는 안내!

법의 정확한 명칭을 조사하기보다 그러한 내용의 법이 있다는 것을 아는 것이 더 중요합니다. 가령 '민식이법'(「특정범죄 가중처벌 등에 관한 법률」)과 같이 우리에게 더 잘 알려진 이름으로 조사를 해도 됩니다.

- 조사한 법의 이름과 그 법이 만들어진 이유, 그 법을 통해 얻고자 하는 것이 무엇인지 반 전체와 공유하기
- 조사한 법을 통해 사람들이 법을 만드는 이유에 대해 모둠별로 토의하기
  예 "법을 통해 최소한의 권리나 안전을 보장받기 위해", "법을 통해 여러 가지

면에서 소외되는 사람이 없도록 하기 위해", "법을 통해 약자를 보호하기

위해" 등.

- 법이 무엇인지 모둠별로 토의하기

▷ 샛별이를 위해 법을 개정하는 것이 필요한지에 대해 자신의 생각 말하기

- 『국어』 교과서 276~283쪽에서 배운 여러 가지 읽기 방법을 활용하여 샛별

이를 어렵게 하는 법에 대해 조사하기

- 조사한 법이 왜 만들어졌는지에 대해 모둠별로 토의하기

- 샛별이를 어렵게 하는 법을 개정하는 것에 동의하는지 자신의 생각과 그

까닭을 쓰기

- 모둠 친구들과 함께 자신의 생각을 이야기하고 하나의 의견으로 모으기

- 반 전체 친구들과 토의를 하고 샛별이를 위해 법 개정이 필요한지에 대하

여 의견 모으기

도움이 되는 안내!

실제 수업에서 아이들은 샛별이가 불쌍하기는 하나 그렇다고 해도 법을 개정해서는 안 된다는
의견을 보였습니다. 그 이유는 샛별이와 같이 생활이 어려운 청소년의 경우 어쩔 수 없이 일을
하는 것이 필요하지만 오히려 그 일을 함으로써 더 큰 위험에 노출될 수 있고(밤늦게까지 일을
하는 것. 늦은 시각에 일을 하기 때문에 신체적으로 더 피곤하고 늦은 시각에 오히려 범죄에 노
출될 수 있고, 밤늦게까지 일을 할 수 있는 곳은 청소년이 드나들기에는 좋지 않은 곳이라는
것) 그 법을 악용하는 어른들이 생겨 지금보다 더 어렵고 힘든 상황에 처해질 수 있기 때문이라
고 하였습니다. 아이들은 샛별이와 같은 아이들이 일을 해서 생계를 유지하기보다 스스로 자립
할 때까지 국가가 도와주는 시스템을 제도적으로 마련하는 법을 '더' 만들어야 하며, 지금 당장
샛별이의 삶이 어렵다고 「근로기준법」을 개정하는 것은 더 큰 문제를 일으킬 수 있다고 하였
습니다. 이와 같은 결론에 도달할 경우 교사는 다음 단계의 학습활동을 무난히 진행할 수 있으
나 만약 그렇지 않을 경우에는 법 개정에 반대하는 학생들의 의견을 토대로 다음 활동과 연계
될 수 있도록 해야 할 것입니다.

- 샛별이의 사례를 통해 법을 준수해야 하는 까닭을 모둠별로 토의하기

예 "법은 우리 사회에 나타난 여러 가지 문제점을 막기 위한 최소한의 장치이

므로 법을 준수하지 않으면 이러한 문제점에 노출될 수 있음.", "법은 해당 사회의 사람들이 반드시 지키도록 한 최소한의 약속이므로 법을 지키지 않으면 이 약속이 깨어져 사회 구성원들 간에 서로 믿음을 주지 못하는 결과를 초래함." 등.

▷ 우리 생활 속 경험을 통해 만들고 싶은 법에 대해 생각하기
- 우리 생활 속에서 불편했던 경험이나 어려움을 느꼈던 경험을 통해 만들면 좋겠다고 생각하는 법을 떠올리기
  예 '학교 운동장 필수 확보법' – 학생 1인당 활용하는 평균 넓이를 구한 뒤 학교가 개교할 때 예상 학생 수만큼 운동장을 반드시 만들도록 하는 법안(학생이 100명인 학교의 경우 학생 1명당 10㎡가 필요하다고 하면 1000㎡의 땅을 운동장으로 만들어야 학교 개교를 허가해 주는 법).
  예 '약자 보호법' – 어린이, 노인, 여자 등을 대상으로 한 범죄의 경우 일반적인 처벌보다 2배 이상 높게 처벌을 하도록 하는 법.
- 만들면 좋겠다고 생각한 법이 실제로 만들어지고 시행된다면 어떤 문제점이 생길지 모둠별로 토의하기
- 법을 제정하거나 개정하는 데에 신중해야 함을 이해하기

이 PBL 학습은 수학과 교육과 연계해서 활용할 수도 있습니다. 마지막 수업 내용 중 우리 일상생활에서 필요하다고 생각하는 법을 떠올린 후 다른 학급이나 학년의 학생들에게 어떤 법이 제정되었으면 좋겠는지를 조사하여 그 결과를 통계 자료로 만들 수 있습니다. 학생들이 떠올린 법안을 실제로 건의할 때 이 통계 자료는 하나의 근거 자료가 될 수 있습니다.

되짚기

법이 무엇인지 알고 있나요?

우리 생활 속에서 적용되는 법에 대해 몇 가지 소개할 수 있나요?

필요한 자료를 찾아 읽을 때 다양한 읽기 방법을 적용할 수 있나요?

이 수업의 포인트

우리 생활에서 꼭 지켜야 할 내용을 법으로 지정해 두었습니다. 법을 지키지 않으면 소외되는 사람이 생기거나 혼란스러운 일이 생길 수도 있음을 알아야 합니다.

글을 읽을 때에는 읽는 목적에 따라 훑어 읽거나 뛰어넘으며 읽거나 꼼꼼히 읽는 등의 방법을 선택할 수 있습니다.

실험을 망쳐 버린 친구

세균의 특징과 다양한 생물에 대해 이해하기 + 정직한 생활에 대해 알고 실천하기 + 공감하며
대화하기 = 실험을 망쳐 버린 친구

(학생 활동지 — 손글씨)

수업 흐름 ⊗ · 관련 교과 ⊗ · 관련 교과서 내용 ⊗

정직의 의미와 정직한 삶을
살기 위해 노력하기

세균의 특징과 세균이 우리 생활
에 미치는 영향 알기

공감하며 대화하는 방법을 알고
공감하며 대화하기

수업 흐름 ✕ | 관련 교과 ✕ | 관련 교과서 내용 ✕

관련 교과	성취기준
과학	[6과04-01] 동물과 식물 이외의 생물을 조사하여 생물의 종류와 특징을 설명할 수 있다. [6과04-02] 다양한 생물이 우리 생활에 미치는 긍정적인 영향과 부정적인 영향에 대해 토의할 수 있다. [6과04-03] 우리 생활에 첨단 생명과학이 이용된 사례를 조사하여 발표할 수 있다.
국어	[6국01-07] 상대가 처한 상황을 이해하고 공감하며 듣는 태도를 지닌다.
도덕	[6도01-03] 정직의 의미와 정직하게 살아가는 것의 중요성을 탐구하고, 정직과 관련한 갈등 상황에서 정직하게 판단하고 실천하는 방법을 익힌다.

수업 흐름 ✕ | 관련 교과 ✕ | 관련 교과서 내용 ✕

교과	학습 목표	쪽
과학	세균의 특징 알기	106~111
국어	대화의 특성을 알고 칭찬하거나 조언하는 대화하기	36~54
도덕	정직이 무엇이며 정직하게 생활하는 것이 왜 중요한지 알기	8~17

PBL 문제

내 친구 척척이는 우리나라에서 주목받는 과학자이다. 척척이는 요즘 새로운 세균에 대해 연구 중이다. 척척이는 이 세균에 대한 모든 것이 밝혀지면 인간은 더 이상 병을 앓는 일이 없을 것이라고 하였다.

하! 하지만 이제 어쩌지? 어쩌다 이런 일이….

나는 오늘 척척이 연구실에 놀러 갔다. 척척이가 연구한다는 세균이 무척 궁금하여 배양 중인 샬레를 꺼내 보았다. 그러다가 그만 샬레를 모두 깨뜨리고 말았다. 척척이가 연구하던 세균은 이제 모두 사라졌을 것이다. 이 일을 어떻게 한단 말인가? 아무도 본 사람이 없으니 그냥 아무 말도 하지 말까? 어떻게 마음을 전하면 척척이가 나를 용서해 줄까? 정말 걱정이다.

한숨만 내쉬던 나는 척척이가 연구하던 세균이 무엇인지 알면 내가 척척이를 도와줄 수 있지 않을까 하는 생각이 들었다. 척척이는 자신이 연구하던 세균의 모든 것이 밝혀지면 인간은 더 이상 병을 앓는 일이 없게 될 것이라고 하였는데, 과연 그 세균은 무엇이었을까?

PBL 문제 분석하기/ 세균에 대해 알기

> ↳ PBL 문제 분석하기
>
> 문제 1) 척척이에게 사실대로 말해야 하는가?
> 문제 2) 만약 척척이에게 사실대로 말한다면 어떻게 마음을 전해야 할까?
> 문제 3) 척척이가 연구하던 세균은 무엇이었을까?

▷ 문제 읽어 보기

▷ 우리가 해결해야 할 문제가 무엇인지 찾기

　예 '척척이가 연구하던 세균이 무엇인지 알기', '척척이에게 정직하게 말할 것인지 생각하기', '화가 나 있을 척척이에게 어떻게 말을 하면 될지 생각하기' 등.

　- 문제를 해결하기 위해 우리가 알아야 할 내용에 대해 생각하기

　예 '세균이 무엇인지 알기', '척척이가 연구하던 세균과 비슷한 세균이 무엇인지 알기', '정직하게 말한다는 것이 무엇인지 알기', '화가 난 척척이에게 용서를 바라는 마음을 담아 말하는 방법 알기' 등.

▷ 우리가 알아야 할 것을 알기 위해 공부해야 할 교과가 무엇인지 찾기

　- 『과학』, 『국어』, 『도덕』 등.

> ↳ 세균에 대해 알기
>
> 세균에 대해 조사하기

▷ 세균이 무엇인지 알기

　- 『과학』 교과서를 활용해 세균이 무엇인지 알기

　　(생물체 가운데 가장 미세하고 하등에 속하는 생물체)

　- 세균에 대해 설명하는 내용을 바탕으로 세균의 특징 생각해 보기

　　'눈에 보이지 않음', '크기가 작고 생김새가 단순함' 등.

세균은 생물체 가운데에서 가장 미세하다고 하였습니다. 미세하다는 것은 무슨 뜻일까요? 그 말을 토대로 생각해 볼 때 세균은 어떠하다는 것을 알 수 있나요?
'사람', '물고기', '플라나리아', '세균'에서 하등한 순서대로 나열해 보세요. 그렇다면 세균에는 어떤 특징이 있을까요?

2~4차시 | 우리 생활과 관련 있는 세균에 대해 알기

↳ PBL 문제 해결하기 1
　우리 생활에 영향을 미치는 세균에 대해 조사하기

▷ 우리 생활에 영향을 미치는 세균에 대해 알기

- 우리 생활에 영향을 미치는 세균에 대해 조사하기

  예 '헬리코박터', '살모넬라', '결핵균', '대장균', '탄저균', '유산균', '파상풍균' 등.

▷ 척척이가 연구 중이었던 세균에 대해 조사하기

- 여러 가지 자료를 참고해 '인간은 더 이상 병을 앓는 일이 없게' 할 것이라는 척척이의 말에 따라 척척이가 연구 중인 세균이 어떤 것인지 짐작하기

다양한 자료를 활용해 세균에 대해 알아보고 하나의 세균을 정해 그것에 대해 더 깊이 있게 조사할 수 있도록 해야 합니다. 학생들은 대부분 '유산균'과 같이 우리에게 잘 알려진 세균에 대해 조사하는 경향이 많았습니다. 교사가 이미 잘 알려진 세균 이외의 다른 세균에 대해 알 수 있도록 다양한 자료를 안내해 주는 것이 필요합니다.

　예 '방선균: 항생 물질을 생산

- 포털사이트에서 짐작한 내용을 검색어로 활용해 척척이가 연구하였을 것

으로 추정되는 세균을 찾고, 그 세균에 대해 조사하기

> **도움이 되는 안내!**
>
> 이 활동은 특히 국어과에서 배운 '조사하기 전략'을 활용해야 합니다. 세균을 소개하는 자료들은 대체로 과학적 용어가 많아 학생들이 이해하기에 매우 어렵습니다. 자신이 아는 말로 바꾸고 읽는 이의 이해 수준을 고려하여 발표 자료를 만들 수 있도록 해야 합니다.

5차시   정직에 대해 알기

> ↳ PBL 문제 해결하기 2
> 척척이에게 사실대로 말할 것인가에 대한 자신의 생각 말하기

▷ 어떻게 행동할 것인지 생각하기

- 나는 척척이에게 사실대로 말을 할 것인지, 그냥 모른 척할 것인지 생각하기
- 생각한 내용을 바탕으로 모둠 친구들과 함께 토의하기

▷ 정직이 무엇인지 알기

- 모둠 친구들과 토의하여 '정직'이 무엇인지 정의 내리기
- 각 모둠별로 내린 정의를 서로 이야기하고 '정직'에 대해 공통적으로 생각한 것은 무엇인지 찾기

> **도움이 되는 안내!**
>
> 정직이 무엇인가에 대해 물으면 학생들 대부분은 '거짓이 없는 것'이라고 답합니다. 그럴 때에 교사는 하얀 거짓말과 같은, 가치 불일치의 상황을 만들거나 거짓이 없다는 것이 어떤 것인지 구체적인 예를 들어 달라고 하는 등의 질문을 통해 정직의 개념을 좀 더 구체적으로 이해할 수 있도록 해야 합니다.

▷ 정직한 생활이 필요한 이유 알기

- 척척이에게 사실대로 말하였을 때와 그렇지 않았을 때 가질 수 있는 장점과 단점에 대해 모둠별로 이야기 나누기

도움이 되는 안내!

이때의 장점과 단점이란 이 상황에 대하여 +라고 볼 수 있는지, -라고 볼 수 있는지를 따져 보는 것입니다.

- 모둠별로 생각한 내용을 공유하고 사실대로 말하였을 때의 장점이 더 많은지, 또는 가치가 더 큰지 등에 대해 생각해 보기

도움이 되는 안내!

이때 따지는 기준은 '정직'의 개념과 관련이 있습니다. 예를 들어, 학생들이 정직은 '나와 다른 이의 양심을 속이지 않는 것'이라고 하였다면 이 기준에 따라 척척이에게 사실대로 이야기하지 않았을 때와 사실대로 이야기하였을 때를 비교해 볼 수 있습니다. 만약 사실대로 이야기하지 않는다면 자신도 속이고 다른 사람도 속이기 때문에 모두 - 상황이 됩니다. 하지만 사실대로 이야기한다면 자신도 속이지 않고, 다른 사람도 속이지 않게 되므로 + 상황이 됩니다. 각각의 상황에서 얻을 수 있는 이점을 다시 한번 따져 보는 활동을 통해 어떤 행동을 하는 것이 더 이익인지 생각해 보도록 합니다.

▷ 나의 생활에서 정직한 행동을 하였는지 반성하기

- 나는 나 자신에게, 주변 사람들에게 얼마나 정직하였는지 스스로 생각해 보기
- 정직한 생활을 하기 위한 자기 다짐하기

공감하며 대화하기

> ↳ PBL 문제 해결하기 3
> 듣는 사람의 기분을 짐작하며 공감하며 대화하기

▷ 다른 사람과 대화를 하였던 경험에 대해 이야기하기

- 친구나 가족, 혹은 선생님과 대화를 하다가 기분이 상하였던 경험이 있다면 발표해 보기
- 친구나 가족, 혹은 선생님과 대화를 하다가 나빴던 기분이 좋아졌거나 좋았던 기분이 더 좋아진 경험이 있다면 발표해 보기
- 두 경우에서 상대방이 나에게 어떤 말과 행동을 하였기에 그러한 느낌을 받았는지 이야기하기
- 다른 사람에게 공감한다는 것은 어떻게 한다는 것을 의미하는지 모둠별로 토의하기

▷ 공감하며 대화할 때의 주의할 점 알기

- 상대의 잘한 일이나 장점에 대해 칭찬할 때 어떤 점에 주의해야 하는지 모둠별로 이야기 나누기

> **도움이 되는 안내!**
>
> 상대를 칭찬할 때는 주변의 다른 사람과 비교하며 칭찬해서는 안 됩니다. 또한 칭찬의 내용이 진실하지 않으면 칭찬이 아닌 것처럼 느껴집니다.

- 상대에게 조언할 때 어떤 점에 주의해야 하는지 모둠별로 이야기 나누기

▷ 척척이에게 용서를 바라는 내용의 대화하기

- 척척이의 기분을 짐작하기
- 내가 척척이라면 어떤 내용이나 어떤 표정과 말투로 용서를 빌기를 바라는지 생각해 보기
- 거울을 보며 척척이에게 용서를 바라는 대화하기
- 만약 척척이가 계속 화를 낸다면 나는 어떻게 사과해야 하는지 생각해 보기

더하기

이 PBL 문제해결 과정에서는 교과서를 매우 중요하게 활용하고 있습니다. 세균의 개념을 알거나 정직의 개념을 파악할 때 가장 먼저 교과서를 활용하도록 하였습니다. 학생들이 개념을 탐구해서 아는 것은 매우 어려우므로 어려운 개념을 지도해야 할 때에는 교과서를 활용하는 것이 좋습니다.

되짚기

세균이 무엇인지 알고 우리 생활에 영향을 미치는 세균의 특징을 소개할 수 있나요?
공감하며 대화하는 것의 중요성을 이해하고 듣는 이를 고려하여 공감하며 대화할 수 있나요?
정직의 의미를 이해하고 있나요?

이 수업의 포인트

눈에 보이지 않는 세균도 우리 생활에 긍정적이거나 부정적인 영향을 끼친다는 것을 이해해야 합니다.
듣는 이가 처한 상황 등을 고려하고 공감하며 대화하기를 할 수 있어야 합니다.
정직하다는 것은 다른 사람뿐 아니라 자신을 속이지 않는 것을 의미합니다.

문화재의 이름은 왜 이렇게 어려운 걸까?

문화재의 이름 알기 + 발표 주제를 생각하며 자료 조사하기 + 여러 사람 앞에서 발표하기 = 문화재의 이름은 왜 어려운 걸까?

수업 흐름 ✕　　관련 교과 ✕　　관련 교과서 내용 ✕

문화재 이름에 대해 알기

유형에 따라 문화재 나누기　　　　　　　　　　　발표하는 방법을 알고 발표하기

관련 교과	성취기준
국어	[6국01-04] 자료를 정리해 말할 내용을 체계적으로 구성한다.
사회	[6사03-02] 불국사와 석굴암, 미륵사 등 대표적인 문화유산을 통해 고대 사람들이 이룩한 문화의 우수성을 탐색한다. [6사03-04] 고려청자와 금속활자, 팔만대장경 등의 문화유산을 통해 고려 시대 과학 기술과 문화의 우수성을 탐색한다.

교과	학습 목표	쪽
국어	발표할 주제를 생각해 자료를 조사하고 발표하기	278~285
사회	문화재의 이름과 특징 알기	10~153

PBL 문제

청자 상감 운학무늬 매병
이 도자기는 우리나라에서 뛰어나다고 손꼽히는 문화재 중 하나입니다. 여러분은 이 문화재의 이름만 듣고 그것이 어떤 것인지 짐작이 되시나요? 아마 친구들 대부분은 이 문화재의 모양이나 만들어진 시기 등을 짐작할 수 없을 것입니다.

그럼 이 문화재의 사진을 보면 이해하기가 쉬울까요?
왼쪽에 보이는 사진이 바로 '청자 상감 운학무늬 매병'입니다. 앞으로는 이 사진만 보고도 문화재의 이름이 금방 떠오를 수 있을까요? 그렇다면 다음 사진을 한 번 보세요.

이 문화재의 이름은 무엇일까요? 앞서 본 문화재의 이름과 어떻게 다를까요?
문화재의 이름에는 사실 많은 것이 숨겨져 있습니다. 그래서 문화재의 이름에 담긴 의미만 잘 알아도 문화재의 거의 모든 것을 알 수 있습니다.

지금부터 여러분은 문화재 중 하나의 유형을 선택해서 그 문화재에 이름을 붙이는 방법을 조사하고 그 내용을 다른 사람들 앞에서 발표해 보세요.

PBL 문제 분석하기/ 문화재의 유형 알기

> ↳ PBL 문제 분석하기
>
> 문제 1) 문화재 중 하나의 유형을 선택하기
> 문제 2) 문화재에 이름 붙이는 방법을 조사하고 내가 선택한 문화재에 이름 붙이기

▷ 우리가 해결해야 할 문제가 무엇인지 찾기

  - 문화재에 이름을 붙이는 방법 조사하기

  - 조사한 내용을 여러 사람 앞에서 발표하기

▷ 이 문제를 해결하기 위해 우리가 알아야 할 것 분석하기

  - 문화재의 유형이나 종류 알기

  - 문화재의 유형에 따라 이름 붙이는 방법 알기

  - 해당하는 유형의 여러 문화재를 살펴보고 이름 붙이는 방법 적용하기

  - 조사한 내용을 여러 사람 앞에서 발표하기

▷ 우리가 알아야 할 것을 알기 위해 공부해야 할 교과가 무엇인지 찾기

  - 『국어』, 『사회』 등.

▷ 문화재 유형 알기

  - 자신이 알고 있는 문화재 말하기

  - 떠올린 문화재를 비슷한 것끼리 묶어 보기

  - 여러 교과서에서 문화재를 찾아 앞서 분류한 것에 넣어 보기

  - 분류 기준이나 방법에 대해 이야기 나누기

▷ 조사할 문화재 유형 정하기

  - 모둠별로 각자 조사할 문화재 유형 정하기

유형 문화재를 분류하는 기준이나 방법은 여러 가지가 있습니다. 그러나 대체로 교과서에서는 유형 문화재를 '건축', '공예', '책이나 출판', '기타' 분야로 나누고 있습니다.

이 활동에서는 무형 문화재는 다루지 않습니다. 무형 문화재는 전해 내려오는 곳과 문화재의 유형에 따라 이름을 붙이는 경우가 많기 때문에 유형 문화재에 비해 이름이 어렵거나 까다롭게 느껴지지는 않기 때문입니다.

2~5차시 | 문화재 이름의 의미 알기

> ↳ PBL 문제 해결하기 1
> 문화재의 이름은 어떻게 붙이는 것일까?

▷ 조사할 문화재 유형에 해당하는 문화재 조사하기

- 조사할 문화재 유형에 해당하는 문화재를 교과서에서 찾기

　예 문화재 중 책:

　　『훈민정음해례본』, 『삼강행실도』, 『구당서』, 『무구정광대다라니경』,

　　『초조대장경』, 『팔만대장경』, 『직지심체요절』, 『농사직설』, 『칠정산』,

　　『세종실록지리지』, 『훈민정음』, 『목민심서』, 『영조정순왕후가례도감

　　의궤』 등.

　　('표준국어대사전'과 포털사이트의 '지식백과' 등 여러 가지 사전을 이용

　　해 문화재의 각 글자에 대해 조사하기)

각 문화재에 대한 내용을 조사하는 것이 아니라 문화재의 이름을 이루는 글자들에 대해서 조사해야 합니다. 조사의 초점이 문화재에 대한 이해로 가지 않도록 해야 합니다.

예 『삼강행실도』

삼: 3개 / 강: 사물을 총괄해 규제하는 것 / 행: 다니다 / 실: 내용·바탕 / 도: 그림

- 문화재의 이름을 이루는 글자들에 대해 찾고, 이 내용을 바탕으로 문화재를 설명하기(『삼강행실도』: 사람이 꼭 지켜야 하는 내용 중 큰 세 가지에 대해 그림으로 표현한 책)

- 문화재의 이름에 쓰인 글자의 의미와 함께 문화재에 대한 내용을 조사하면서 이름과 관련지어 이해하기

예 포털사이트에서 찾은 내용:

1434년(세종 16) 직제학(直提學) 설순(偰循) 등이 왕명에 의해 우리나라와 중국의 서적에서 군신·부자·부부의 삼강에 모범이 될 만한 충신·효자·열녀의 행실을 모아 만든 책…. 그 속에서 효자·충신·열녀로서 특출한 사람 각 110명씩을 뽑아 그림을 앞에 놓고 행적을 뒤에 적되…."

- 위 내용을 보고 각 글자와 관련지어 이해한 내용

예 "'삼'은 3개라고 하였는데 군신, 부자, 부부의 관계를 말하는 것이구나. 그리고 '강'은 이들 관계에서 꼭 지켜야 하는 모범적인 내용을 말하는구나. '행실도'는 충신, 효자, 열녀의 행동을 모아서 앞에 그림을 두고 뒤에 설명을 적었기 때문에 붙여졌구나." 등.

▷ 조사한 문화재 유형에 이름을 붙이는 방식 이해하기

- 조사한 문화재 유형에 어떤 방식으로 이름을 붙였는지 대략적으로 정리하기

예 '문화재 중 책은 대체로 만든 사람+책의 내용+책의 형태' 등.

경험을 이야기로 표현하기

> ↳ PBL 문제 해결하기 2
> 내가 선택한 문화재에 이름 붙이기

▷ 발표할 원고 구성하기

- 『국어』 교과서 282쪽을 보면서 발표 원고에서 시작하는 말과 전달하려는 말, 끝맺는 말을 어떻게 구성하였는지 살펴보기
- 듣는 이를 고려하여 발표를 할 때, 주의를 집중하고 관심을 유지하기 위한 내용이 들어가도록 발표를 시작하는 말과 전달하려는 말, 끝맺는 말로 구성하기
- 내가 선택한 문화재를 다른 사람에게 소개하기 위해 시작하는 말과 전달하려는 말, 끝맺는 말을 구성하기

▷ 효과적인 발표 방법 알기

- 적절한 몸짓은 듣는 이의 관심을 끌 수 있는 요소가 된다는 것을 알고 적절한 몸짓이 무엇인지 생각하기
- 『국어』 교과서 282쪽의 원고를 보면서 적절한 몸짓을 넣어 발표 연습하기
- 모둠별로 모여 다른 친구들 앞에서 발표하기
- 내가 선택한 문화재를 다른 사람에게 소개할 때 효과적인 발표 방법이 무엇인지 생각하기
- 적절한 몸짓을 넣어 발표 연습하기

▷ 발표하기

- 내용을 생각하며 발표하기

친구가 발표를 하면 이를 듣는 학생들은 새로 알게 된 점이나 중요한 내용을 메모해야 합니다.

- 알게 된 내용 정리하기

▷ 문화재 이름 맞히기 놀이하기
 - 문화재의 이름을 보고 어떤 문화재인지 추측해서 말하기

5학년 교과서에 나오거나 교사용 지도서를 참고해 학생들이 알아야 하는 문화재를 선별해 제시하도록 합니다.

더하기

이 PBL의 문제는 5학년 2학기 사회과에 나오는 모든 문화재를 이해하는 데 중점을 두어 설계하였습니다. 문화재의 이름에 대한 이해는 문화재가 만들어진 시기와 문화재의 가치를 대략적으로 이해할 수 있는 기반이 됩니다. 단순히 문화재의 이름을 외우기보다 문화재의 의미를 생각하며 문화재의 이름을 이해할 수 있도록 하고, 이를 통해 우리나라의 소중한 문화재를 사랑하고 아끼는 마음을 기를 수 있도록 지도하는 것이 필요합니다.

되짚기

우리나라의 뛰어난 문화를 보여 주는 문화유산을 설명할 수 있나요?
발표 주제에 알맞은 자료를 정리해 효과적으로 발표할 수 있나요?

이 수업의 포인트

문화재의 이름이 어떻게 붙여졌는지 알면 그 문화재에 대한 이해를 높일 수 있습니다.
발표를 할 때에는 듣는 이의 관심을 끌 수 있도록 원고를 작성해야 합니다.

급식 메뉴 구성하기

일이 일어날 가능성에 대해 알기 + 의견을 조정하는 방법을 알기 + 사이버 예절 지키기 = 급식 메뉴 정하기

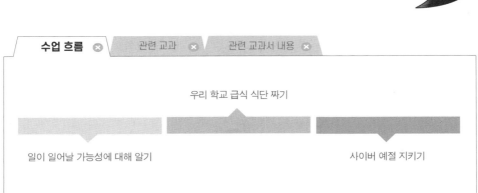

우리 학교 급식 식단 짜기

일이 일어날 가능성에 대해 알기

사이버 예절 지키기

관련 교과	성취기준
국어	[6국01-02] 의견을 제시하고 함께 조정하며 토의한다.
수학	[6수05-05] 실생활에서 일이 일어날 가능성과 관련된 상황을 '불가능하다', '~아닐 것 같다', '반반이다', '~일 것 같다', '확실하다' 등으로 나타낼 수 있다. [6수05-06] 가능성을 수나 말로 나타낸 예를 찾아보고, 가능성을 비교할 수 있다.
도덕	[6도02-01] 사이버 공간에서 발생하는 여러 문제에 대한 도덕적 민감성을 기르며, 사이버 공간에서 지켜야 할 예절과 법을 알고 습관화한다.

교과	학습 목표	쪽
국어	토의 과정에서 의견 조정하기	100~105
수학	일이 일어날 가능성을 표현하기	132~135
도덕	사이버 예절 지키기	80~87

PBL 문제

영양 선생님께서 화가 많이 나셨다. 우리 학교는 급식 메뉴를 사진으로 찍어 매일 학교 SNS에 올리는데 거기에 누군가가 '음식물 쓰레기'라는 댓글을 달았고 그 말을 이어받은 다른 누군가가 'ㅋㅋㅋ 개도 못 먹겠다'라며 대댓글을 달았기 때문이다. 영양 선생님께서는 선생님으로서의 명예와 권위가 실추되었다고 하시면서 전교어린이회장단에게

  1. 앞으로는 이런 일이 일어나지 않도록 학생회에서 자체적으로 사이버 예절을 교육할 것
  2. 학생회에서 우리 학교 학생들이 좋아할 만한 음식으로 메뉴를 구성할 것. 단 인스턴트식품이나 반조리 식품은 안 됨. 김치를 제외하고 채소가 메뉴에 반드시 구성되어야 하며 고기류는 한 번만 제공할 것. 열량이나 성분도 고려할 것

  등을 요청하셨다.

  우리는 우리 학교 전교 학생 220명을 모두 조사하기에는 어려움이 있다고 생각하고 각 반 회장을 모아 다음의 메뉴에 대한 학생들의 호응도를 조사해 달라고 부탁하였고, 다음과 같은 결과를 받았다.

메뉴	호응한 학생 수	메뉴	호응한 학생 수
소불고기	132	두부양념조림	35
치킨	151	떡볶이	149
카레	102	만둣국	151
송편	121	물김치	30
치킨마요덮밥	154	쫄면	52
연탄불고기	147	깻잎김치	68
오이무침	21	멸치볶음	84
감자채볶음	88	부추겉절이	29
콩나물무침	46	연근튀김	9
미역국	51	근대된장국	5
어묵국	65	고구마튀김	66
오징어두부국	84	콩비지찌개	9
달걀찜	71	시금치나물	28

영양 선생님의 말씀에 따라 식단을 구성하되 우리 학교 학생들이 좋아할 만한 식단으로 구성하려면 어떻게 짜야 할까를 고민하던 끝에, 우리는 위 조사표를 보고 각자 식단을 짜 보기로 하였다. 그리고 그중에서 하나를 선택하기로 하였다.

여러분이 나라면 어떤 식단을 짜겠는가?

0.5차시 ## PBL 문제 분석하기

↳ PBL 문제 분석하기
  문제 1) 사이버 예절에 대한 교육 내용을 마련하기
  문제 2) 선생님의 말씀에 따라 식단 구성하기
  문제 3) 각자 구성한 식단 중 하나를 선택하기

▷ 문제를 읽고 내용 파악하기

  - 영양 선생님이 화가 나신 이유에 대해 생각하기

  - 영양 선생님께서 사이버 예절 교육을 하도록 한 이유에 대해 생각하기

  - 영양 선생님께서 식단을 짤 때 고려해야 한다고 하신 것이 무엇인지 정리하기

- 우리가 전교 학생 220명을 조사하기에 어려움이 있다고 생각한 이유는 무엇인지 찾기
- 우리가 메뉴에 대한 학생들의 호응도를 조사한 이유는 무엇인지 생각하기

▷ 우리가 해결해야 할 문제가 무엇인지 찾기

  - 균형 잡힌 식사가 되면서 학생들이 좋아할 만한 식단 짜기

▷ 이 문제를 해결하기 위해 우리가 알아야 할 것 분석하기

  - 균형 잡힌 식사에 대해 알기

  - 사이버 예절을 지키는 방법 알기

  - 내가 짠 식단이 아이들에게 높은 호응을 불러일으킬지 예상하기

  - 의견이 서로 일치하지 않을 때 조정하는 방법 알기

▷ 우리가 알아야 할 것을 알기 위해 공부해야 할 교과가 무엇인지 찾기

  - 『국어』, 『실과』, 『수학』 등.

0.5~3차시   식단 짜기

↳ 균형 잡힌 식사에 대해 알기
영양소가 골고루 들어간 식단 짜기

▷ 교과서를 이용해 균형 잡힌 식사의 의미 찾기

  - 균형 잡힌 식사에 대해 알기 위해서 어떤 교과서의 내용을 참고할 수 있을지 떠올리기

  - 실과 교과서를 이용해 균형 잡힌 식사의 의미 파악하기

  - 균형 잡힌 식사가 되기 위해 갖추어야 할 영양소에 대해 알기

- 영양소가 골고루 들어간 음식 찾기

　　예 탄수화물: 밥, 빵, 국수, 떡 등.

　　　　단백질: 육고기류, 생선류, 두부, 달걀, 콩 등.

　　　　무기질: 멸치, 뱅어포, 우유, 치즈, 해조류 등.

　　　　비타민: 과일이나 채소류 등.

　　　　지방: 기름류, 견과류 등.

▷ 식단 짜기

- 학생들의 음식 호응도에 대한 표를 보면서 균형 잡힌 식사가 될 수 있는 요리끼리 묶어 보기

　　예 '밥, 콩비지찌개, 소불고기, 깻잎김치, 멸치볶음' 등.

> **도움이 되는 안내!**
>
> 밥을 제외하고 국과 반찬을 합해 4개가 되도록 해야 합니다.

4~7차시 　예상하기

> ↳ **내가 짠 식단을 다른 친구들이 좋아할지 예상하는 방법 알기**
> 내가 구성한 식단을 친구들이 좋아할지 어떨지를 미리 알아보려면 어떻게 해야 할까?

▷ 내가 짠 식단이 학생들에게 호응도가 높을지 예상하기

- 내가 짠 식단이 학생들에게 호응도가 높을지 예상하는 방법에 대해 자유롭게 이야기하기

내가 짠 식단을 다른 학생들에게 직접 보여 주고 좋은지 물어 보지 않고 내가 짠 식단의 음식들에 대한 호응도를 살펴보고 예상할 수 있도록 해야 합니다.

- 왜 그렇게 생각하였는지 이유를 말하기
- 그 이유가 타당한지 친구들과 이야기 나누기

▷ 내가 짠 식단이 학생들에게 호응도가 높을지를 수학적으로 추측하는 방법에 대해 알아보기

- 『수학』 교과서 132쪽의 일기예보를 보고 내일 오전에 눈이 올 가능성과 모레 오전에 눈이 올 가능성에 대해 자신의 생각 말하기

- 『수학』 교과서 132쪽 2번을 보면서 일이 일어날 가능성을 표시하고 일이 일어날 가능성을 판단하는 기준에 대해 이야기 나누기

(어떠한 경우에라도 반드시 일어난다면 그 일은 확실한 일이 되고, 어떤 경우에라도 반드시 일어나지 않는다면 그 일은 불가능한 일이 된다. 하지만 경우에 따라서 그 일이 일어날 수도 있고 그렇지 않을 수도 있을 때에는 가능성이 반반이라고 할 수 있다.)

- 내가 짠 식단이 학생들에게 호응도가 높을지를 일이 일어날 가능성을 토대로 예상하기

예 '우리 학교 학생 220명을 세 그룹으로 나누어 55명 이하가 좋아하면 좋아하지 않을 음식, 56명에서 165명 정도가 좋아하면 보통인 음식, 166명 이상이 좋아하면 매우 좋아하는 음식이라고 하였을 때 콩비지찌개를 제외한 나머지 음식은 학생들이 보통 좋아하는 음식이기 때문에 내가 짠 식단은 호응도가 낮지 않을 것이라고 예상할 수 있습니다.' 등.

- 모둠 친구들과 함께 자신이 짠 식단이 학생들에게 호응도가 높을지를 일이 일어날 가능성을 토대로 평가하기

의견 조정하기

> ↳ **의견을 조정하는 방법 알기**
> 누구의 식단을 선택해야 할까?

▷ 의견을 조정해야 하는 이유 알기

- 의견을 조정하면 어떤 점이 좋은지 생각하며 의견 조정이 필요한 이유 알기
  예 '의견을 조정하지 않으면 좀 더 나은 결론에 도달할 수 없기 때문이다.', '의견을 조정하지 않으면 토의를 하는 데 많은 시간이 걸리기 때문이다.' 등.

▷ 의견을 조정하는 방법 알기

- 『국어』 교과서 100~101쪽을 보면서 보면서 의견을 조정하는 방법 알고 연습하기

  도움이 되는 안내!

  의견을 조정하기 위해서는 각 의견대로 실현되었을 때의 장점과 단점을 찾아보고 각각을 비용 등 여러 가지 면에서 환산해 본 다음 어떤 선택을 하는 것이 가장 효과적인지를 판단할 수 있어야 합니다.

▷ 문제 해결을 위한 식단 선택하기

- 모둠 친구들이 짠 식단을 보면서 어떤 식단이 더 좋은지 각자의 생각 나누기
- 의견을 조정하며 모둠 친구들이 짠 식단 중에서 하나를 선택하기

  도움이 되는 안내!

  모둠 친구들이 짠 식단을 보며 이야기를 나누는 과정에서 서로의 의견을 존중하고 그 의견이 타당하다고 느껴서 하나의 식단을 선택하였다면 이때는 의견 조정하기 활동이 일어나지 않습니다. 의견 조정하기는 의논을 하는 매순간에 필요한 것이 아니라 각자의 생각이 팽팽하게 맞설 때 합리적인 결론에 도달하기 위해 사용하는 방법임을 학생들이 이해할 수 있도록 해야 합니다.

사이버 예절에 대해 알기

↳ PBL 문제 해결하기
학교 친구들에게 알려 주기 위해 사이버 예절 교육 내용 마련하기

▷ 영양 선생님이 화가 났던 이유에 대해 살피기

- 영양 선생님이 화가 났던 이유 분석하기

도움이 되는 질문!

- 학교 SNS에 올린 '음식물 쓰레기' 혹은 'ㅋㅋㅋ 개도 못 먹겠다'라는 말을 영양 선생님의 얼굴을 보면서 할 수 있을까요?
- 학생들이 이러한 말을 학교 SNS에 올릴 수 있었던 이유는 무엇일까요?
- 이 두 가지 내용으로 보아 영양 선생님이 아주 화가 많이 나신 이유는 무엇이라고 짐작하나요?

▷ 사이버 공간의 특징 알기

- 포털사이트 등을 검색해 보고 사이버 공간의 특징에 대해 이야기 나누기

도움이 되는 안내!

사이버 공간의 특징 중 중요한 점은, 사이버 공간에서는 서로가 누구인지 알지 못하는 익명성이 강하다는 것입니다. 이 점이 어떤 때에는 긍정적인 면으로 나타나지만, 다른 측면으로는 부정적인 면이 되기도 한다는 것을 이해할 필요가 있습니다.

- 사이버 공간에서 사람들이 함부로 행동하는 이유를 사이버 공간의 특징과 관련지어 이야기를 나누기

▷ 사이버 공간을 바르게 이용하는 방법에 대해 알기

- 사이버 공간을 바르게 이용하기 위해서 지켜야 할 행동을 생각나는 대로 떠올리기

- 사이버 공간에서 일어난 폭력이 더 무서운 이유에 대해 생각하기
- 영양 선생님이 기분 나빴던 이유에 대해 공감하기

▷ 사이버 예절을 지키는 동영상 만들기
- 사이버 예절을 지키자는 내용으로 원고 쓰기
- 원고를 바탕으로 동영상 만들기
- 동영상 시청 후 자신의 소감 말하기

더하기

요즘 아이들은 '건의'와 '민원'을 구별하지 못합니다. 자신의 의견을 피력하는 것을 '건의'라고 생각하는 경우가 많습니다. 제가 근무하는 학교에서도 이런 일이 있었는데, 6학년 학생들이 자신들은 곧 졸업하니 2월에는 자신들의 입맛에 따라 급식을 해 달라는 요구를 '건의'의 이름으로 하기도 하였습니다. 건의는 우리 모두에게 혜택이 돌아가기 위한 목적인 반면, 민원은 나의 불만에 대한 해소 목적이 강합니다.

이 PBL 학습은 학생들이 많은 관심을 가지고 있으면서 항상 불만이 많은 급식에 대한 내용을 담고 있습니다. 급식은 여러 가지 요소(영양소, 열량, 음식 알레르기, 가격 등)를 고려해 이루어진다는 점을 알려 주는 데 목적을 두고 이 수업을 구성하였습니다.

되짚기

우리 주변에서 일어날 일에 대한 가능성을 확률적으로 따져 평가할 수 있나요?
의견을 조정하는 이유를 알고 의견 조정의 방법을 이해하고 있나요?
사이버상에서도 예절을 지켜야 하는 이유를 알고 있나요?

이 수업의 포인트

어떤 일이 일어날 가능성이 반 이상 될 경우와 그렇지 않을 경우를 비교해 '불가능하다.', '~아닐 것 같다.', '반반이다.', '~일 것 같다.', '확실하다.' 등으로 표현할 수 있습니다.
의견을 조정할 때는 그 의견의 장점과 단점을 경제적, 사회적 측면 등에서 따져야 가장 높은 이익을 얻을 수 있는 의견을 최종적으로 결정할 수 있습니다.

전봉준

여러 가지 분수의 곱셈 원리 알기 + 조선 후기의 서민 문화 알기 + 동학 농민 운동 알기 = 전봉준

수업 흐름 ✕ 　관련 교과 ✕ 　관련 교과서 내용 ✕

동학 농민 운동에 대해 알기

여러 가지 분수의 곱셈 알기　　　　　　　　　　　　조선 후기 서민 문화에 대해 알기

| 수업 흐름 ✕ | 관련 교과 ✕ | 관련 교과서 내용 ✕ |

관련 교과	성취기준
수학	[6수01-09] 분수의 곱셈 계산 원리를 이해하고 그 계산을 할 수 있다.
사회	[6사04-01] 영조·정조 시기의 개혁 정치와 서민 문화의 발달을 중심으로 조선 후기 사회와 문화의 변화 모습을 탐색한다. [6사04-02] 조선 사회의 모순을 극복하기 위해 개혁을 시도한 인물(정약용, 흥선 대원군, 김옥균과 전봉준 등)의 활동을 중심으로 사회 변화를 위한 옛사람들의 노력을 탐색한다.

| 수업 흐름 ✕ | 관련 교과 ✕ | 관련 교과서 내용 ✕ |

교과	학습 목표	쪽
수학	여러 가지 분수의 곱셈 알기	44~45
사회	조선 후기 서민 문화에 나타난 사람들의 생활 모습 알기 동학 농민 운동 알기	95~97 106~107

PBL 문제

고창 고부 군수는 관아를 수리한다며 마을 원로들에게 필요한 철 $4\frac{2}{3}$ m의 $\frac{1}{2}$ 를 구해 내라고 하였다. 마을 원로들은 그만큼 긴 철을 구할 수 없다고 제발 살펴 달라고 부탁하였다. 그랬더니 고부 군수는 화를 내며 철을 구할 수 없다면 필요한 동 $2\frac{5}{6}$ kg의 $\frac{3}{2}$ 만큼을 구해 오라고 하였다. 마을 원로들은 철을 구하는 것이 더 나을지 동을 구하는 것이 더 나을지 알 수 없어 전봉준에게 도움을 요청하였다. 전봉준은 고부 군수의 행태를 참고 볼 수 없다고 생각하였다. 전봉준은 일단 마을 원로들에게 해답을 알려 준 후 고부 군수의 행태를 고발하기로 하였다.
    전봉준인 나는 어떻게 할 것인가?

PBL 문제 분석하기

> ↳ PBL 문제 분석하기
> 문제 1) 철과 동 중 어떤 것을 구하는 것이 더 나을지 결정하기
> 문제 2) 조선 후기 서민 문화를 살펴보고 고부 군수의 행태 고발하기

▷ 문제를 읽고 내용 파악하기

　- 나는 누구인지 문제에서 찾기

　- 나에 대해 알고 있는 것에 대해 이야기를 나누기

　　예 "동학 농민 운동을 일으켰다.", "'새야 새야 파랑새야'의 노래 주인공이
　　다.", "동학 농민 운동을 일으켰지만 결국 실패하였다." 등.

도움이 되는 안내!

아이들은 대부분 전봉준이 누구인지 잘 모릅니다. 전봉준과 관련한 드라마의 일부를 시청하게
하거나 민요 '새야 새야 파랑새야'를 들려주는 것도 방법이 됩니다.

　- 나와 갈등을 일으키는 인물이 누구인지 찾기

　- 나와 그 사람이 왜 갈등을 일으키는지 생각해 보기

　- 나는 어떤 인물일지 짐작하기

　　예 '고창 고부 군수가 마을 원로들에게 동이나 철을 구해 내라고 하는 것을
　　'행태'라고 표현한 것으로 보아 관리를 싫어하는 인물일 것이다.' 등.

▷ 우리가 해결해야 할 문제가 무엇인지 찾기

　- 철을 구하는 것이 더 유리한지 동을 구하는 것이 더 유리한지 계산하기

　- 조선 후기 서민 문화를 살펴보고 고창 고부 군수의 행태 고발하기

▷ 이 문제를 해결하기 위해 우리가 알아야 할 것 분석하기

-분수의 곱셈을 하는 방법 알기

-조선 후기 서민 문화에 대해 알기

-전봉준이라는 인물에 대해 알기

▷ 우리가 알아야 할 것을 알기 위해 공부해야 할 교과가 무엇인지 찾기

-『사회』,『수학』등.

0.5~2차시 분수의 곱셈하기

> ↳ PBL 문제 해결하기 1
> 여러 가지 분수의 곱셈을 하는 방법 알기

▷ PBL 문제를 다시 읽고 문제를 어떻게 해결해야 하는지 생각하기

- 고창 고부 군수가 마을 원로들에게 구해 오라고 한 것은 무엇인지, 얼마나 구해 오라고 하였는지 찾기

  철 $4\frac{2}{3}$m의 $\frac{1}{2}$, 혹은 동 $2\frac{5}{6}$kg의 $\frac{1}{2}$

- 이 문제를 해결하려면 우리가 알아야 하는 것이 무엇인지 생각하기

(어떤 것의 얼마를 어떻게 계산해야 하는지 알기)

- 6의 $\frac{1}{2}$은 얼마인지 여러 가지 방법으로 계산하기

- 6의 $\frac{1}{2}$이 3이 되는 과정을 수학식으로 풀기

▷ 여러 가지 분수의 곱셈을 하는 방법 알기

- $4\frac{2}{3}$의 $\frac{1}{2}$ 계산을 자신만의 방법으로 해결하기

(그림으로 그리기, 수직선으로 표현하기 등 다양한 방법으로 문제를 해결)

-『수학』교과서 44쪽의 1번을 보면서 분수의 곱셈을 계산하는 방법 익히기

- $4\frac{2}{3}$의 $\frac{1}{2}$ 계산식 세우기

- $4\frac{2}{3}$의 $\frac{1}{2}$ 계산하기

- $2\frac{5}{6}$의 $\frac{3}{2}$ 계산을 자신만의 방법으로 해결하기

- $2\frac{5}{6}$의 $\frac{3}{2}$ 계산식 세우기

- $2\frac{5}{6}$의 $\frac{3}{2}$ 계산하기

- 『수학』교과서 45쪽 2번을 해결하면서 분수의 곱셈을 하는 방법 더 연습하기

▷ 철을 구하는 것이 나은지, 동을 구하는 것이 나은지 판단하기

- 철을 구하는 것이 나은지, 동을 구하는 것이 나은지 자신의 생각 말하기

도움이 되는 안내!

이 수업을 실제로 학생들과 같이하였을 때 제가 예상한 바와 달리 "답을 구할 수 없다"는 의견이 2개의 모둠에서 나왔습니다. 이 아이들은 계산된 결과의 수로만 따졌을 때는 동을 구하는 것이 더 쉬울 수 있다고 생각할 수 있으나 당시 동과 철의 가격을 알 수 없고, 문제에서 제시된 동과 철의 단위가 다르므로(동은 무게/ 철은 길이) 사실상 어떤 것이 더 유리하다고 말하기가 어렵다고 답하였습니다. 아이들이 내린 결론이 매우 타당하였으므로 저는 아이들에게 그 부분은 예상하지 못하였다는 것과 문제에서 오류가 있었다고 이야기해 주었습니다.

3~4차시 전봉준에 대해 알기

↳ 동학 농민 운동에 대해 알기
전봉준은 어떤 인물일까?

▷ 전봉준에 대해 알기

- 전봉준에 대해 알려면 어떤 교과서를 참고할 수 있는지 생각하기

- 사회 교과서에서 전봉준과 관련한 부분 찾기
- 『사회』 교과서 106~107쪽의 내용을 토대로 전봉준에 대해 알 수 있는 부분 찾기
  예 '동학 농민 운동의 지도자', '군사를 일으켰다.', '고부에서 시작해 전라도 일대로 세력을 넓혔다.', '처형을 당하였다.' 등.
- 위에서 찾은 내용을 바탕으로 전봉준에 대해 추측하기
  예 '전봉준은 동학 농민 운동을 이끌었다. 하지만 전봉준이 동학 농민 운동을 시작하였는지는 알 수 없다', '전봉준이 일으킨 군사를 농학 농민군이라고 부른다.', '전봉준은 당시 전라도 일대에 살았던 인물이다.', '전봉준은 농민을 위한(농민이 관리들에게 수탈당하지 않도록 하기 위해) 군사를 일으켰다.', '동학 농민 운동은 결국 실패하였다.' 등.
- 인터넷을 활용하여 전봉준에 대해 더 자세히 조사하기
- 조사한 내용을 친구들과 공유하기

▷ 동학 농민 운동에 대해 평가하기
- 동학 농민 운동이 시작된 원인에 대해 이야기 나누기
  예 "그 당시 양반들의 횡포가 너무 심해 농민들은 어쩔 수 없이 자신을 보호하기 위해 노력해야 하였다.", "조선 정부는 조선의 근간이 되는 농민을 보호하기 위해 노력해야 하였다." 등.
- 동학 농민군이 외국 군대의 개입을 막으려고 하였던 이유에 대해 이야기 나누기
  예 "나라를 사랑하는 마음이 있었으므로 외국 군대가 우리나라에 와서 주둔하고 철수하지 않을 것을 걱정하였다." 등.

조선 후기 서민 문화 이해하기

> ↳ PBL 문제 해결하기 2
> 고창 고부 군수의 만행을 조선 후기 서민 문화를 이용하여 알리기

▷ 조선 후기를 대표하는 서민 문화에 대해 알기

- 조선 후기 서민을 대표하는 문화가 무엇인지 교과서에서 찾기

  예 한글 소설, 풍속화, 탈놀이, 판소리 등.

도움이 되는 질문!

당시 유행하였던 한글 소설, 탈놀이 등은 풍자와 해학이 강하였는데 이는 조선 후기의 양반 문화를 서민의 눈으로 비꼬았기 때문이며, 이를 통해 서민들은 후련함을 느꼈습니다. 또한 풍속화는 양반의 전유물이었던 산수화가 아닌 자신들의 삶의 모습을 표현한 그림으로 문화적 향유를 느끼도록 하였다는 점에서 널리 퍼졌습니다. 위와 같은 서민 대표 문화가 널리 퍼지게 된 이유를 외우기보다는 양주 별산대놀이를 바탕으로 추론할 수 있도록 해야 합니다.
- 탈놀이란 무엇일까요?
- 양주 별산대놀이에 등장하는 인물은 누구인가요?
- 말뚝이가 양반들을 대하는 태도는 어떠한가요?
- 말뚝이의 말에 양반들은 어떻게 대응하고 있나요?
- 당시 하인들은 정말 양반들을 이렇게 대할 수 있었을까요?
- 이런 탈놀이를 보면서 서민들은 어떤 생각을 하였을까요?

- 우리 모둠에서 더 조사하고 싶은 서민 문화 선택하기
- 선택한 서민 문화를 다음과 같은 내용이 포함될 수 있도록 자세히 조사하기
  ① 이것이 당시 사람들에게 인기가 있었던 이유는 무엇일까?
  ② 이것은 주로 어떤 내용을 담고 있는가?
  ③ 이것들 중 현재 전해 내려오는 것은 무엇이며, 대표적인 작품이나 작가는 누구인가?
- 조사한 내용을 이젤 패드에 정리하기
- 갤러리 워크를 통해 다른 모둠에서 조사한 내용을 살펴보기

▷ 서민 문화 체험하기

- 조선 후기를 대표하는 서민 문화 중 하나를 선택해 고창 고부 군수의 만행을 알리는 자료 만들기
- 다른 친구들 앞에서 발표하기

도움이 되는 안내!

풍속화를 선택한 경우는 작품 전시회로 대체합니다. 그 외 한글 소설이나 탈놀이, 판소리는 다른 친구들 앞에서 시연하도록 합니다. 풍속화의 경우 풍속화의 의미를 제대로 알고 있다 하더라도 당시 사람들의 생활 모습을 표현하기가 쉽지 않았습니다. 풍속화를 선택한 경우 여러 가지 자료를 많이 찾아보도록 하는 것이 필요해 보입니다.

도움이 되는 안내!

탈놀이만 모둠별로 준비하도록 하고 나머지는 모두 개별 학습으로 참여해야 합니다. 한글 소설 같은 경우는 작품을 쓰고, 판소리의 경우는 가사를 씁니다. 판소리나 탈놀이는 공연을 하도록 하였습니다.

이 PBL 학습은 학생들이 유독 재미있게 참여하였던 수업 중 하나입니다. 특히 한글 소설이나 탈놀이와 같이 풍자가 많이 포함될 수 있었던 문화를 소개하였던 모둠에서는 교사가 생각한 수준 이상의 작품이 나오기도 하였습니다.

조선 후기 서민 문화의 특징을 이해하고 있나요?
동학 농민 운동과 전봉준에 대해 알고 있나요?
여러 가지 분수의 곱셈을 하는 방법을 알고 있나요?

과도한 세금 징수와 강제 부역 등으로 서민들, 특히 농민들의 생활이 말도 할 수 없을 만큼 비참해지자 전봉준은 동학 농민 운동을 일으킵니다. 동학 농민 운동은 결국 실패로 끝이 나지만 우리 국민이 자주적으로 봉건 시대에 대응한 운동으로 기록됩니다.

09

독립운동가를 위한 상징 탑 만들기

독립운동을 위해 노력한 인물 알기 + 정육면체에 대해 알기 = 독립운동가를 위한 상징 탑 만들기

> 〈해결해야할 문제〉
> 독립운동가 전시회!
>
> 〈알게 되어야 할 것〉
> 독립운동을 한 인물.
> 독립운동과 관련된 인물.
> 독립운동을 한 이유
> 독립운동과 관련이 있는가?
> 독립운동은 어디에서 일어났는가?
>
> 〈연구1〉인물에 대해 조사하기
> 1 〈내가 인물에 대해 알고있는 것〉
> 안중근은 독립운동에 온몸을 다하신 것을
> 보려하기위해서 손가락 하나를 잘랐다.
> 안중근은 하얼빈역에서 이토 히로부미
> 를 저격했다. 그리고, 러시아어로
> "대한독립 만세!" 라고 외쳤다.
> 그리고 일본군에게 붙잡혀서 저민은
> 범죄되는데 안중근은 홍정한 재판은
> 아니라고 안중근은 사형에 처한다 라고
> 판결을 내린다. 결국 사형되 안중근은
> 감옥에서 생을 마감하여 근처 묘지에
>
> 2.〈내가 인물에 대해서 알고 싶은 것〉
> 안중근이 법정에서 어떤 말을 했는지
> 궁금하다.
> 권총과 러시아어로 "대한독립 만세!"
> 라고 했는지 궁금하다.
> 1909년 동지 11명과 손가락을 절단하여
> 맹세하고 동의단지회를 결성.
> 10월, 블라디보스토크 가서 하얼빈역
> 잠입, 이토히로부미를 사살하고
> 법정에서 러시아 검찰에게 제목,
> "내가 이토를 죽인것은 나 한사람의 원한
> 때문이 아니오 대한제국의 독립과 아가서동양의
> 평화를 기반 사람이기 때문이오, 또 내가 이토
> 비로부미를 죽인것은 한국 독립전쟁의 한 부분
> 이요, 또 내가 일본 법정에 서게 된것은 전쟁에
> 패배하여 포로가되어 있어요 그러니 나를
> 한국 공법에 근거 처리해 주시오, 나는 한국
> 묘인뿐이니 범죄자가 아님을 양성하시오!"

수업 흐름 ✕ 관련 교과 ✕ 관련 교과서 내용 ✕

정육면체와 정육면체의
전개도 알기

우리나라의 독립을 위해 애쓴 분들 알기

독립운동가의 업적을 기리는
상징물 만들기

관련 교과	성취기준
사회	[6사04-03] 일제의 침략에 맞서 나라를 지키고자 노력한 인물(명성황후, 안중근, 신돌석 등)의 활동에 대해 조사한다. [6사04-04] 광복을 위해 힘쓴 인물(이회영, 김구, 유관순, 신채호 등)의 활동을 파악하고, 나라를 되찾기 위한 노력을 소중히 여기는 태도를 기른다.
수학	[6수02-04] 직육면체와 정육면체를 알고, 구성 요소와 성질을 이해한다. [6수02-05] 직육면체와 정육면체의 겨냥도와 전개도를 그릴 수 있다.
미술	여러 가지 재료를 활용해 조형 원리의 특징 표현하기

교과	학습 목표	쪽
사회	나라를 지키기 위한 노력 알기 (신돌석, 안중근, 안창호, 이회영, 유관순, 윤봉길, 김구, 홍범도, 김좌진, 이육사, 신채호)	113~132
수학	정육면체와 정육면체의 전개도에 대해 알기	102~103 108~110

PBL 문제

드림초등학교 5학년 학생들은 국립박물관에서 열리는 '우리나라 독립을 위해 애쓴 분들 알리기' 마당에 참가하기로 하였다. 이 행사는 우리나라 독립을 위해 애쓴 분들에 대해 더 자세히 알기 위해 마련되었다.

이 행사에 참여하려면 먼저 우리나라의 독립을 위해 애쓴 분들 중 한 분을 정해 이분이 한 일을 자세히 소개하고, 이분의 독립운동 정신을 기리기 위한 상징 탑을 제작해야 하는데, 상징 탑은 정육면체 위에 그분의 업적을 나타내는 상징물을 올려 두는 것으로 표현할 수 있다.

나도 이 행사에 참여하기로 하였다. 나는 어떤 분을 소개할 것이며, 또 그분의 정신을 기리기 위하여 어떤 상징물을 만들 것인가?

PBL 문제 분석하기/ 우리나라 독립을 위해 애쓴 인물 소개하기

> ↳ PBL 문제 분석하기
> 문제 1) 우리나라 독립을 위해 애쓴 분들 중 한 분을 정해 한 일을 자세히 소개하기
> 문제 2) 소개하려는 인물의 업적을 나타내는 상징물 만들기
> 문제 3) 정육면체의 전개도 알기

▷ 문제를 읽고 내용 파악하기

- 내가 참여하려는 행사는 무엇인지 찾기
- 국립박물관에서 위와 같은 행사를 여는 이유가 무엇일지 생각하기
  예 '우리에게 익숙하지 않은 인물을 찾아 소개하기 위해서', '우리에게 익숙한 인물이라 하더라도 그 인물에 대해 더 자세히 알려 주기 위해서' 등.
- 이 행사에 참여하기 위해 해야 할 일이 무엇인지 정리하기

▷ 우리가 해결해야 할 문제가 무엇인지 찾기

- 우리나라의 독립을 위해 애쓴 분들의 업적을 소개하고 그분을 기리기 위한 상징탑 만들기

▷ 이 문제를 해결하기 위해 우리가 알아야 할 것 분석하기

- 우리나라 독립을 위해 애쓴 분들이 누구인지 알기
- 그중 한 분을 정해 더 자세한 업적 알기
- 정육면체 만들기
- 독립운동가의 업적을 기리기 위한 상징물 만들기

▷ 우리가 알아야 할 것을 알기 위해 공부해야 할 교과가 무엇인지 찾기

- 『사회』, 『수학』 등.

▷ 우리나라의 독립을 위해 애쓴 분들에 대해 이야기 나누기

- 내가 알고 있는 독립운동가의 이름과 그분이 한 일을 간단하게 친구들에게 소개하기

> **도움이 되는 안내!**
>
> 이 PBL 활동은 독립운동가들 중에서 교과서에 한두 줄로 소개되었거나 이름만 언급된 인물에 대해 좀 더 자세히 알아보기 위해 설계하였습니다. 우리나라의 독립운동은 다양한 형태로 이루어졌습니다. 군사적으로 독립운동을 시도한 경우도 있고, 교육을 통해 독립운동을 한 경우도 있었으며, 우리말과 글 등 우리의 얼을 지키기 위한 방법으로 독립운동을 한 경우도 있었습니다. 학생들이 주로 아는 인물은 군사적으로 독립운동을 한 인물들입니다. 우리나라를 위해 애쓴 인물들을 보다 폭넓게 알기 위해 설계한 PBL이므로 다양한 인물을 교사가 소개해 주어도 됩니다.

0.5~5차시 | 우리나라 독립을 위해 애쓴 인물에 대해 알기

> ↳ PBL 문제 해결하기 1
> 우리나라의 독립을 위해 애쓴 인물에는 누가 있을까?

▷ 교과서에 소개된 독립운동가에 대해 알기

- 『사회』 교과서를 활용해 우리나라의 독립을 위해 애쓴 분들을 찾기

  예 신돌석, 안중근, 안창호, 이회영, 유관순, 윤봉길, 김구, 홍범도, 김좌진, 이육사, 신채호 등.

- 교과서에 나온 내용이나 자료를 활용해 위 분들에 대해 알게 된 점 정리하기

▷ 독립운동가에 대해 더 자세히 조사 계획 세우기

- 모둠별로 독립운동가들 중 더 자세히 조사할 한 분을 선택하기

- 어떤 점에 대해 조사할지 의논하기

  예 '독립운동가의 생애', '그분이 독립운동을 결심하게 된 계기', '그분이 한 독립운동', '그분의 독립운동으로 얻은 결과', '현대 사회의 평가' 등.

▷ 독립운동가에 대해 더 자세히 조사하기

- 여러 가지 매체 자료를 활용해 독립운동가에 대해 더 자세히 조사하기

- 조사한 내용을 다른 사람이 이해하기 쉽게 정리하기

▷ 조사한 독립운동가의 업적을 소개할 자료 만들기

- 독립운동가를 더 자세히 조사한 소개할 자료 만들기

- 소개할 자료를 교실에 게시하기

도움이 되는 안내!

저는 각각의 모둠이 소개할 자료를 반 전체가 공유하는 시간은 따로 마련하지 않았습니다. 추후 상징 탑을 만들고 나서 그 상징 탑을 발표할 때 조사한 인물이 한 일에 대한 내용이 소개될 가능성이 높기 때문입니다. 단지 교실에 게시하였고, 쉬는 시간을 이용해서 자유롭게 보도록 하였습니다. 우리 반 학생들은 물론 다른 반 학생들까지 제 허락을 받아 우리 반 교실로 와서 각 모둠이 게시한 자료들을 살펴보았습니다.

6~9차시 | 정육면체에 대해 알기

↳ PBL 문제 해결하기 2
정육면체 만들기

▷ 정육면체가 무엇인지 알기

- 교과서에서 정육면체가 무엇인지에 대해 알려 주는 부분을 찾기
- 정육면체의 정의를 읽고 정육면체에 대해 알 수 있는 사실 찾기

  예 '모든 면이 정사각형입니다.', '상자 모양입니다.', '면이 6개 있습니다.',
  '꼭짓점이 8개 있습니다.', '모서리가 12개 있습니다.' 등.

- 정육면체의 특징 알기

도움이 되는 질문!

정육면체의 모서리 길이는 모두 같은가요?
정육면체의 면은 모두 같은가요?
정육면체의 각 면은 서로 어떤 관계에 있나요?

- 일상생활에서 정육면체의 모양으로 된 물건 찾기

▷ 정육면체의 전개도 알기
  - 정육면체의 전개도를 그리고 정육면체를 만들려고 할 때 어떤 조건을 만족
    시켜야 하는지 찾기
    예 '6개의 면이 모두 합동이어야 한다.', '밑면이 2개여야 하고 옆면이 4개
       여야 한다.', '밑면과 옆면은 서로 수직이어야 한다.' 등.
  - 모서리의 길이가 5㎝인 정육면체의 전개도 그리기
  - 전개도를 잘라 정육면체 만들기

10~11차시 상징물에 대해 알기

↳ PBL 문제 해결하기 3
   상징물로 표현하기

▷ 조형 원리에 대해 알기
  - 조형 원리가 무슨 뜻인지 짐작하기
  - 조형 원리에는 어떤 것들이 있는지 교과서를 보고 확인하기

▷ 유명한 상징물 살펴보기
  - 상징물을 보았을 때 어떤 느낌이 들었는지 친구들과 이야기를 나누기
  - 상징물을 보면서 어떤 조형 원리를 사용하였는지, 어떤 재료를 활용하였는
    지 생각하기
  - 상징물을 보면서 어떤 의미를 담고 있는지 추측하기

▷ 독립운동가의 업적을 기리는 상징물 구안하기

- 내가 조사한 독립운동가의 업적이 무엇인지 다시 한번 생각해 보고 그 인물을 가장 잘 드러낼 수 있는 것이 무엇인지 떠올리기
- 떠올린 것을 독립운동가의 업적이 잘 드러나게 간략화하기
- 조형 원리의 특징이 드러나게 상징물로 만들기

12차시 | 공유하기

↳ 감상하기
작품 전시회 열기

▷ 상징물 전시회 열기
  - 어떤 인물을 표현한 상징물인지 생각하기
  - 인물의 어떤 점을 부각되게 표현하였는지 생각하기
  - 상징물을 보고 어떤 느낌이 들었는지 메모하기
  - 상징물에 나타난 조형 원리가 무엇인지 알기

▷ 만든 상징물 발표하기
  - 작가가 자신이 만든 상징물을 발표하기
  - 작가에게 궁금한 점 질문하기

더하기

이 PBL 학습은 우리나라의 독립을 위해 애쓰신 분들을 더 잘 이해할 수 있도록 설계하였습니다. 교과서에는 실려 있지 않으나 수많은 분이 우리나라의 독립을 위해 애쓰고 희생하셨습니다. 교과서에 실린 분들 외에 다른 분들을 찾아 이를 소개하는 것도 이 PBL의 목적 중 하나이므로, 될 수 있으면 모둠원의 수를 적게 해 많은 독립운동가에 대해 조사하고 이분들에 대해 이해할 수 있는 시간으로 운영하면 좋을 것 같습니다.

되짚기

우리나라의 독립을 위해 애쓴 인물과 그 인물이 한 일을 알고 있나요?
정육면체의 특징을 이해하고 정육면체의 전개도를 그릴 수 있나요?
상징물의 조형 원리를 이해하고 있나요?

이 수업의 포인트

6개의 면이 모두 합동인 정육면체의 특징을 이용해 정육면체의 전개도를 그릴 수 있습니다.

친환경 동물원 만들기

생태계의 구성 요소 알기 + 생태계 보전을 위한 노력 알기 + 근거 자료의 적절성과 타당성 평가하기 + 토론 절차와 방법에 따라 토론하기 = 친환경 동물원 만들기

수업 흐름 ⊗   관련 교과 ⊗   관련 교과서 내용 ⊗

토론 절차와 방법을 알고
토론하기

생태계의 의미를 알고 생물과
환경과의 관계 알기

친환경 동물원 만들기

관련 교과	성취기준
국어	[6국01-03] 절차와 규칙을 지키고 근거를 제시하며 토론한다.
과학	[6과05-01] 생태계가 생물 요소와 비생물 요소로 이루어졌음을 알고 생태계 구성 요소들이 서로 영향을 주고받음을 설명할 수 있다. [6과05-02] 비생물 환경 요인이 생물에 미치는 영향을 이해하여 환경과 생물 사이의 관계를 설명할 수 있다. [6과05-03] 생태계를 보전할 필요성을 인식하고 생태계를 보전하기 위해 우리가 할 수 있는 일에 대해 토의할 수 있다.

교과	학습 목표	쪽
국어	근거 자료의 적절성과 타당성을 평가하며 절차에 따라 토론하기	216~228
과학	생태계의 구성 요소를 알고 생태계를 보전하기 위한 노력 알기	22~37

PBL 문제

여러분은 동물원이 필요하다고 생각하는가?

동물원은 어린이들이 가장 좋아하는 곳 가운데 하나이다. 책으로만 보던 동물을 실제로 보는 것은 아이들에게는 매우 신기하고 신비롭기 때문이다. 그래서 아이들에게는 동물원이 신나는 체험 장소가 된다.

하지만 동물원에 살고 있는 동물들이 행복할까에 대해 우리는 답을 하기 어렵다. 동물원은 동물들이 살고 있는 환경과는 전혀 맞지 않는 콘크리트로 이루어진 곳이다. 그래서 동물들은 동물원에서 비참하게 생을 마감하기도 한다.

처음에 던진 질문은 결국 '어린이들의 즐거움을 위해서 동물들이 희생되어도 되는가?'나 '어린이들에게 체험의 장소가 되는 동물원이 꼭 나쁜 것이라고 할 수 있는가?'로 바뀌었고, 많은 사람은 현재까지도 이 문제에 대해 토론 중이다.

나는 동물들이 살기 좋은 친환경 동물원을 설계해 볼까 한다. 아이들의 즐거움을 그대로 지키면서 동물들이 살기 좋은 동물원이 만들어진다면 우리가 하고 있는 이런 고민들은 불필요한 것이 아닐까? 만약 여러분이 나라면 어떻게 친환경 동물원을 설계할 것인가?

PBL 문제 분석하기/ 토론을 하는 이유 알기

> ↳ PBL 문제 분석하기
> 문제 1) 동물원은 필요한가에 대해 토론하기
> 문제 2) 친환경 동물원 설계하기

▷ 문제를 읽고 내용 확인하기

  - 글쓴이가 아이들이 동물원을 좋아하는 이유라고 생각하는 것들 찾기

  - 글쓴이가 생각하는 동물원의 문제점에 대해 찾기

▷ 글쓴이의 생각에 대한 나의 의견 정하기

  - 글쓴이가 말한 '어린이들의 즐거움을 위해서 동물이 희생되어야 하는가?'
    나 '어린이들에게 동물원이 체험 장소로 적당한가?'에 대해 자신의 생각은
    어떠한지 공책에 정리하기

▷ 우리가 해결해야 할 문제가 무엇인지 찾기

  - 동물원이 필요한가에 대한 내 생각 말하기

  - 동물들이 행복할 수 있는 친환경 동물원 만들기

▷ 이 문제를 해결하기 위해 우리가 알고 있어야 하는 것들 분석하기

  - 동물원이 필요한가에 대한 내 생각을 뒷받침해 줄 수 있는 자료 찾기

  - 동물원이 필요한가에 대한 다른 사람 생각 알기

  - 친환경의 의미 알기

  - 동물이 살기에 적합한 환경이 무엇인지 알기

▷ 이 활동을 통해 우리가 얻고자 하는 것이 무엇인지 정하기

  - 토론을 통해 우리가 얻고자 하는 것이 무엇인지 생각하기

- 친환경 동물원 설계를 통해 우리가 얻고자 하는 것이 무엇인지 생각하기

  예 '현재의 동물원에 대한 생각을 달리할 수 있을 것이다.', '동물과 인간이 함께 어울려 사는 것이 무엇인지 알게 될 것이다.', '자연과 평화롭게 공존하는 것이 무엇인지 이해하게 될 것이다.' 등.

▷ 우리가 알아야 할 것을 알기 위해 공부해야 할 교과가 무엇인지 찾기

 -『과학』,『국어』등.

2~4차시 | 토론 준비하기

> ↳ 주장에 알맞은 근거 찾는 방법 알기
> 토론 주제에 알맞은 근거 찾기

▷ 토론 주제 결정하기

 - 이 PBL 문제와 관련한 토론 주제로 적합한 것이 무엇인지 생각하기

 - 반 친구들과 토론 주제 정하기

▷ 토론 주제에 대한 근거 자료 찾기

 - 토론 주제에 대한 나의 생각 정하기

  예 '동물원은 필요하다.' 등.

 - 나의 생각을 뒷받침하는 근거 자료 찾기

▷ 찾은 근거 자료의 타당성 평가하기

- 내가 찾은 근거 자료가 근거 자료로서 활용될 수 있는지 따지기

> **도움이 되는 안내!**
>
> 근거 자료로 활용될 수 있다는 의미는 내가 주장하는 내용을 뒷받침하고 있으며, 그것이 실제 적이고 믿을 수 있는 수치로 표현되었다는 것을 의미합니다.

▷ 다른 관점에서 생각하기

- 동물원이 필요한가 필요하지 않은가의 문제로 한정하기보다, 동물들이 살기 좋은 동물원을 만들면 어떠한가의 문제로 생각하고 서로 이야기를 나누기

5~9차시   생태계에 대해 알기

↳ 자연과 인간이 공존하는 방법 알기
친환경 동물원이란 어떤 곳일까?

▷ 동물원의 환경에 대해 살펴보기

- 우리나라 동물원들의 사진을 찾아보고 대체로 우리나라에 있는 동물원들은 어떤 환경으로 조성되었는지 이야기를 나누기
- 동물원의 환경이 동물이 살기에 부적합하다고 말하는 이유에 대해 자신의 생각을 말하기

▷ 동물이 살기에 적합한 환경이 무엇인지 알기

- 동물이 살기에 꼭 필요하다고 생각되는 요소가 무엇인지 떠올려 보고 포스트잇에 생각나는 대로 쓰기

- 각자 쓴 포스트잇을 칠판에 붙인 후 관련한 내용끼리 묶어 보기
- 묶은 것이 동물이 살기에 어떤 영향을 미친다고 생각하였는지 자유롭게 이야기 나누기

> **도움이 되는 안내!**
>
> '바위나 돌은 동물이 살아가는 데 꼭 필요하다. 뱀 같은 동물은 바위나 돌 위에서 햇볕을 쬐기도 하고 작은 곤충은 바위나 돌 아래에 숨어 자신의 생명을 보호하기도 하기 때문이다.' 등.

- 묶은 것이 내가 생각한 것과 같은 이유로 동물이 살기에 영향을 미치는지 교과서에서 찾아보기
  - 예 '공기, 물과 같은 것은 비생물 요소로 이는 동물이 숨을 쉬거나 살아가는 데 꼭 필요하다.', '햇빛은 식물이 자라는 데 영향을 끼치기 때문에 그 식물을 먹고 사는 동물에도 영향을 미친다.', '세균과 같은 생물 요소는 동물이 죽으면 썩어 유기물이 되게 하는 데 영향을 미친다.', '적당한 풀은 동물이 숨거나 동물의 먹이가 될 수 있다.' 등.
- 묶은 것을 과학적 용어로 어떻게 부르는지 교과서에서 찾기

▷ 생태계의 의미 알기
- 과학 교과서를 통해 생태계의 의미 찾기
- 생물 요소와 비생물 요소가 서로에게 어떤 영향을 미치는지 추측하기
- 생태계가 균형을 이루려면 동물들 사이에 어떤 균형이 이루어져야 하는지 생각하기
  - 예 '하위 단계에 있는 포식자가 상위 단계의 포식자보다 수가 많아야 한다. 그렇지 않으면 상위 단계의 포식자로 인해 하위 단계의 포식자가 없어질 수도 있다.' 등.
- 『과학』 교과서 32쪽의 그림을 보면서 생태 피라미드의 의미를 이해하기

▷ 동물들이 살기에 적합한 환경 구성하기

- 동물원의 동물들이 살기에 적합한 환경을 모둠 구성원끼리 협의하기

> **도움이 되는 안내!**
>
> 동물원의 동물들 중에는 기온에 따라 사는 곳을 달리하는 동물도 있습니다. 이 점을 반드시 고려하여 낮은 기온에서 사는 동물들이 불편하지 않도록 환경을 적합하게 구성하는 등 활동을 재분류할 필요가 있습니다.

- 동물들이 살기에 적당한 온도나 환경을 고려해 모둠원끼리 각각 동물의 종류를 분류하고 그 동물이 살기에 적합한 환경을 조사하기
  예 '원숭이는 땅이나 나무 위에서 사는 등 두 가지 형태로 생활한다.', '원숭이는 주로 잡식을 하는데 곤충을 먹거나 나뭇잎이나 과일을 먹기도 한다.', '원숭이는 꼬리가 있거나 없기도 하는데 꼬리가 있는 원숭이는 꼬리를 이용해 이동하기도 한다.' 등.
- 조사한 내용을 바탕으로 내가 조사한 동물이 살기에 적합한 환경을 그림으로 표현하기

▷ PBL 결과물 분석하기

- 내가 그린 그림에서 생태계의 요소가 균형적이며 생물의 먹이 사슬이나 생태 피라미드가 제대로 구성되었는지 살피기

> **도움이 되는 안내!**
>
> 중요한 것은 우리가 현재 활동의 목표로 삼은 것은 '동물원'이라는 점입니다. 동물원은 자연적인 생태계를 그대로 두는 사파리와 달리 인공적인 장치를 둔다는 점을 감안할 필요가 있습니다.

토론하기

> ↳ PBL 문제 해결하기 1
> 절차에 따라 토론하기

▷ 동물원은 필요한가에 대한 주제로 토론 준비하기

- 동물원을 친환경적으로 바꾼다고 하여도 '동물원은 필요하지 않다'에 대한 자신의 생각 마련하기
- 주장에 대한 근거 마련하기

예 '친환경적인 동물원도 필요하지 않다. 친환경적으로 바꾸었다 하더라도 여전히 동물들을 가두고 있다. 어떤 생물도 인간에 의해 자유롭게 살아갈 권리를 빼앗길 수는 없다.' 등.

- 내 주장을 타당하게 보이기 위해 어떤 근거 자료를 찾아야 하는지 생각하기

예 '친환경 동물원의 동물 건강을 조사한 사례나 표', '생명 존중에 대한 인식 조사 결과', '동물 보호 단체에서 말하는 동물 보호의 내용' 등.

- 찾으려는 근거 자료가 타당한지 모둠별로 의논하기
- 다양한 매체 자료를 활용해 나에게 필요한 근거 자료 찾기
- 상대편의 주장을 반박할 내용 생각하기

예 '동물에 대한 이해와 관심을 기르기 위해서는 동물원이 필요하다.', '동물을 쉽게 접하지 못하는 환경으로 인해 동물에 대한 이해와 관심이 떨어진다고 말하기는 어렵다.' 등.

- 상대편의 주장을 반박할 근거 자료 마련하기

▷ 절차에 따라 토론하기

- 주장 펼치기 단계에 따라 주장과 근거를 말하기
- 반론하기 단계에 따라 상대편의 주장에 대해 반론하기
- 반론하기 단계에 따라 상대편의 반론에 대해 반박하기

- 주장 다지기 단계에 따라 자신의 주장을 효율적으로 마무리하기

▷ 토론 반성하기

- 토론에 대해 좀 더 노력해야 할 점에 대해 이야기 나누기

더하기

이 PBL 학습은 우리가 문제를 해결하는 방식에 대한 고민을 담고 있습니다. 국어과의 '동물원이 필요한가?'에 대한 토론은 언제나 필요하지 않거나 필요하다는 결론으로 마무리됩니다. 하지만 동물원 자체를 친환경적으로 바꾼다든지, 현재 나라에서 운영하고 있는 '국립백두대간수목원'과 같이 자연환경을 있는 그대로 이용하여 동물들이 보다 편안한 환경에서 살 수 있도록 하는 방법으로 문제를 해결하는 경우도 많습니다.

우리의 토론 수업도 마찬가지입니다. 토론은 거대한 의미에서 토의의 한 부분입니다. 우리가 토론을 하는 이유는 누가 옳고 그르다, 혹은 어떤 것이 더 가치롭다는 문제를 해결함도 있겠지만 궁극적으로는 우리의 사회를 더 발전시키는 것에 목적이 있습니다. 그러므로 단지 옳고 그름, 가치와 무가치의 문제가 아니라 더 옳게, 더 가치롭게 만드는 장치로 토론이 활용되어야 할 것입니다.

되짚기

토론을 할 때에는 자신의 주장을 뒷받침하는 타당한 근거와 그 근거를 뒷받침하는 근거 자료를 준비해야 함을 알고 있나요?

생태계의 균형이 파괴되면 그 영향을 우리 모두가 받게 된다는 사실을 알고 생태계를 보존하기 위해 노력하고 있나요?

이 수업의 포인트

비생물적 요소와 생물적 요소가 조화롭게 공존을 하는 상태를 생태계라고 합니다. 자신의 의견을 뒷받침하는 근거 자료로는 전문가의 의견, 표나 그래프 등을 활용할 수 있습니다.

6장

6학년 **PBL
프로젝트
수업 레시피**

공평하게? 공정하게?

(자연수)÷(자연수)를 하는 방법 알기 + 공정과 공평의 의미에 대해 알기
= 공정하게? 공평하게?

수업 흐름 ✕ 　관련 교과 ✕ 　관련 교과서 내용 ✕

도시락과 딸기팩을
공평하게 나누기

(자연수)÷(자연수)의 몫을 분수로
나타내는 방법 알기

공정과 공평의 의미 알기

수업 흐름 ⊗   **관련 교과** ⊗   관련 교과서 내용 ⊗

관련 교과	성취기준
수학	[6수01-1이] '(자연수)÷(자연수)'에서 나눗셈의 몫을 분수로 나타낼 수 있다.
도덕	[6도03-02] 공정함의 의미와 공정한 사회의 필요성을 이해하고, 일상생활에서 공정하게 생활하려는 실천 의지를 기른다.

수업 흐름 ⊗   관련 교과 ⊗   **관련 교과서 내용** ⊗

교과	학습 목표	쪽
수학	(자연수)÷(자연수)를 하고 몫을 나타내는 방법 알기	10~13
도덕	공정의 의미 알기	78~92

PBL 문제

드림초등학교 6학년 학생들은 혼자 사시는 어르신들을 위한 작은 선물을 준비하였다. 주민자치센터에 문의한 결과 마음동에 혼자 사시는 어르신은 6명이었다. 그래서 학생들은 도시락 6개와 딸기 팩 6개를 준비하였다.

약속한 날이 되어 준비한 선물을 들고 주민자치센터에 갔더니, 직원이 이렇게 말하였다.

"아! 얼마 전에 우리가 혼자 사시는 어르신 세 분을 더 찾았어요. 이 일을 어떻게 하면 좋지요?"

준비한 도시락과 딸기 팩은 각각 6개인데, 드려야 하는 어르신은 모두 9명이라니! 직접 만든 도시락이어서 따로 살 수도 없는데….

내가 만약 드림초등학교 학생들이라면 어떻게 이 일을 해결할 것인가?

PBL 문제 분석하기

> ↳ PBL 문제 분석하기
> 도시락과 딸기 팩 각 6개씩을 9명의 어르신에게 나누어 드리기

▷ 문제 읽어 보기

▷ 우리가 해결해야 할 문제가 무엇인지 찾기

  - 준비한 도시락과 딸기 팩 각 6개를 9명의 어르신께 나누어 드리기

▷ 나라면 이 문제를 어떻게 해결할 것인지 이야기를 나누기

  - 준비한 도시락과 딸기 팩을 똑같이 나누어 어르신들에게 드린다.

▷ 이 문제를 해결하기 위해 우리가 알아야 할 것 분석하기

  - 도시락 6개를 9명의 어르신에게 나누어 드리는 방법 알기
  - 딸기 팩 6개를 9명의 어르신에게 나누어 드리는 방법 알기
  - 도시락과 딸기 팩을 공평하게 나누어 드리는 방법 알기

▷ 우리가 알아야 할 것을 알기 위해 공부해야 할 교과가 무엇인지 찾기

  -『수학』,『도덕』등.

자연수끼리 나눗셈하는 방법 알기

> ↳ (자연수)÷(자연수) 계산하기
> 도시락과 딸기 팩 각 6개씩을 9명의 어르신에게 나누어 드리려면 어떻게 나누어야 할까?

▷ (자연수)÷(자연수)의 몫을 분수로 나타내는 방법 알기

- 도시락 6팩을 9명의 어르신에게 나누어 줄 수 있는 방법을 그림이나 수직선 등을 이용하여 각자 자신의 공책에 정리하기
- 모둠별 친구들끼리 공책에 정리한 자신의 생각을 말하기
- 각자의 의견을 토대로 모둠에서 의논하여 어떻게 나눌 것인지 하나의 생각으로 표현하기

도움이 되는 안내!

모둠에서 하나의 생각을 표현할 때에도 계산식을 이용하지 않고 그림이나 수직선 등을 이용하여 표현할 수 있도록 해야 합니다.

예 '도시락 6개를 각각 9등분하여 그중 1개씩을 가지는 방법', '도시락 6개를 2개씩 나눈 후 그것을 다시 3명씩 나누어 가지도록 하는 방법' 등.
- 모둠별로 표현한 내용을 발표하고 공유하기

▷ (자연수)÷(자연수)를 계산식으로 계산하는 방법 알기

- 『수학』 교과서에 제시된 활동을 토대로 (자연수)÷(자연수)를 계산하는 방법 알기
- 『수학』 교과서 10~13쪽을 참고하여 (자연수)÷(자연수)의 몫을 분수로 나타내는 방법 알기

▷ (자연수)÷(자연수)를 연습하기

- 『수학』 교과서 및 『수학익힘책』을 이용하여 (자연수)÷(자연수)를 연습하기
- 자신의 계산이 맞는지 확인하기

▷ PBL 문제 해결하기

- 도시락 6개와 딸기 팩 6개를 9명의 어르신에게 공평하게 나누어 드리려면 어떻

게 해야 하는지 이야기를 나누기

㉠ "도시락과 딸기 팩을 각각 $\frac{2}{3}$씩 나누기" 등.

3~4차시 　공정과 공평의 차이 알기

> ↳ PBL 문제 해결하기
> 우리가 나눈 방식은 공평하다고 할 수 있을까?

▷ 공평에 대해 생각하기

- 어르신 한 명에게 도시락과 딸기 팩을 각각 $\frac{2}{3}$씩 나누어 주는 것이 공평한가에 대해 생각해 보기

  ㉠ '공평하다. 왜냐하면 똑같이 나누었기 때문이다.', '공평하지 않다. 어떤 어르 신은 다른 분들에 비해 밥은 많이 드시고 딸기는 안 드실 수 있는데 도시락 의 양이 같다는 것은 그 사람이 가지고 있는 특징을 고려하지 못하였기 때문 이다.' 등.

- 공평이란 무엇인가에 대해 자신만의 생각을 정리하여 공책에 쓰기

  ㉠ '누구에게나 똑같이 대하는 것', '다른 사람을 차별하지 않고 모두 동일 한 대접을 받도록 하는 것' 등.

- 공평에 대한 자신의 생각을 모둠 친구들과 공유하고 모둠에서 공평에 대한 정의를 토의하여 내리기

- 모둠별로 정리한 내용을 발표하고, 다른 모둠의 발표를 들으면서 공통적으 로 나오는 중요한 낱말을 추출하기

  ㉠ '똑같이' 등.

- '똑같이' 한다는 것이 의미하는 바에 대해 자신의 생각을 말하기

이 활동은 교사와의 문답을 통해 이루어지는 것이 좋습니다.

교사: '똑같이' 한다는 것은 무엇을 말하나요?

학생: 양이나 개수를 같은 수로 나누는 것입니다.

교사: 딸기 한 알을 똑같이 나누려면 어떻게 해야 할까요?

학생: 크기를 같게 해서 나눕니다.

교사: 무게는?

학생: 무게도 똑같이 해서 나눕니다.

교사: 만약 딸기 알레르기가 있어서(이런 것이 있는지는 잘 모르겠지만) 딸기를 못 먹는 분이 계신다면 이 어르신에게 딸기를 똑같이 나누어 드리는 것은 공평한가요?

교사: 만약 어르신들 중 몸이 너무 안 좋아서 혹은 며칠 잘 드시지 못한 분에게도 같은 양의 도시락을 나누어 드린다면 이것은 공평한가요?

- 공평에 대해 정의 내리기

  예 '그 사람이 가지고 있는 환경 등을 고려하여 동일하게 대접받도록 하는 것' 등.

▷ 공정에 대해 생각하기

- 공평의 개념에서 다음의 경우에 대해 자신의 생각 말하기

신인 가수와 인기 가수가 무대에서 자신의 공연 순서를 기다리고 있었다. 그때 갑자기 비가 쏟아지기 시작하였다. 방송 관계자들은 인기 가수의 옷이 젖을까 봐 커다란 우산도 가져오고 추울까 봐 핫팩도 챙겨다 주었다. 하지만 신인 가수에게는 아무것도 주지 않았다. 인기 가수는 자신의 인기와 신인 가수의 인기는 다르기 때문에 서로 다른 대접을 받는 것은 당연하다고 생각하였다.

이 활동은 교사와의 문답을 통해 이루어지는 것이 좋습니다.

교사: 위의 사례는 공평한가요?

학생: 공평하지 않습니다.

교사: 왜 공평하지 않나요?

학생: 인기 가수에게는 우산도 주고 핫팩도 주면서 신인 가수는 그냥 비를 맞도록 하였기 때문입니다.

교사: 우리는 아까 모든 사람을 '똑같이' 대하는 것이 결코 공평하지 않다고 생각하였습니다. 그래서 그 사람이 처한 환경을 생각하며 달리 대해야 한다고 하였습니다. 그렇게 본다면 서로 다른 인기를 가진 두 가수가 서로 다른 대접을 받는 것은 공평한 것이 아닌가요?

학생: 그 사람의 환경을 고려한다는 것은 그 사람의 재산이나 인기, 혹은 권력을 고려한다는 것이 아닙니다. 사람들이 가지고 있는 평균적인 환경에 미치지 못하는 사람을 평균적 환경으로 만들어 준다는 것이 그 사람의 환경을 고려한다는 것입니다.

교사: 그러니까 비가 와서 모두 비를 맞는 환경은 평균적인 환경에 미치지 못하는군요.

학생: 네. 그래서 신인 가수든 인기 가수든 비가 오는 환경에서는 똑같이 우산을 받고 똑같이 핫팩을 받을 권리가 있습니다.

- 공정에 대해 정의 내리기

  예 '그 사람이 가지고 있는 환경 등을 고려하여 동일하게 대접받도록 하는 것' 등.

▷ 공정과 공평에 대해 정리하기

- 배운 내용을 바탕으로 공정과 공평에 대해 정리하기

  예 '공평이란, 동일한 조건을 가지지 못하여 도움이 필요한 사람에게는 더 많은 도움을 주는 것을 말함.', '공정이란, 더 많은 것을 가진 사람을 더 특별하게 대하지 않는 것을 말함' 등.

- 우리 생활에서 공평의 예를 찾아보기

  예 '생활이 어려운 가족들에게는 나라에서 여러 가지 혜택을 주는 것', '거동이 불편하거나 많은 도움이 필요한 장애인들에게는 더 많은 도움을 주는 것' 등.

- 우리 생활에서 공정의 예를 찾아보기

예 '돈이 많은 사람도 죄를 지으면 재판을 받고 재판 결과에 따라 죄를 뉘우치는 것', '돈이 많아도 똑같은 기준으로 평가를 받고 대학에 들어가야 하는 것' 등.

더하기

교육과정에서는 '공정'의 문제만 다루고 있습니다. 하지만 공정의 문제는 결국 공평의 문제와 연관되기 때문에 저는 이 두 가지를 모두 다루어야 한다고 생각하였습니다. 학생들은 '공정'과 '공평'을 헷갈려 합니다. 교사가 자신들을 공평하게 대하지 않았다고 합니다. 하지만 교사는 학생들을 '공정'하게 대해야 하며 '공평'하게 대해서는 안 된다고 생각합니다. 이 PBL 수업을 통해 학생들은 평소 교사가 누구를 차별한다고 생각하였던 태도에 대해서 생각해 보기도 하였습니다.

되짚기

(자연수)÷(자연수)를 계산하고 몫을 표현할 수 있나요?
공정과 공평의 의미를 알고 내 생활에서 공정과 공평의 의미를 이해하려고 노력하고 있나요?

이 수업의 포인트

(자연수)÷(자연수)를 할 때에는 나누기를 곱하기로 바꾸어 계산하거나 몫의 위치를 소수점을 활용하여 정확하게 계산할 수 있습니다.
모든 사람을 똑같이 대하는 것이 언제나 올바른 것은 아니라는 것을 이해하여야 합니다.

서서 가는 비행기

직육면체의 부피 구하기 + 가계와 기업의 입장에서 합리적인 선택이 무엇인지 알기 + 주장과
근거의 타당성과 표현의 적절성을 판단하기 = 서서 가는 비행기

수업 흐름 ✕   관련 교과 ✕   관련 교과서 내용 ✕

합리적인 선택하기

부피 구하기   자신의 생각을 타당하게 전하기

관련 교과	성취기준
수학	[6수03-10] 부피를 이해하고, 1cm³, 1m³의 단위를 알며, 그 관계를 이해한다. [6수03-11] 직육면체와 정육면체의 부피를 구하는 방법을 이해하고, 이를 구할 수 있다.
국어	[6사06-01] 다양한 경제활동의 사례를 보며 가계와 기업의 경제적 역할을 파악하고, 가계와 기업의 합리적 선택 방법을 탐색한다.
사회	[6국02-04] 글을 읽고 내용의 타당성과 표현의 적절성을 판단한다. [6국03-04] 적절한 근거와 알맞은 표현을 사용하여 주장하는 글을 쓴다.

교과	학습 목표	쪽
수학	직육면체의 부피 구하기	116~125
사회	가계와 기업이 하는 일 알기 가계와 기업의 합리적 선택 알기 가계와 기업이 만나는 시장 알기	82~94
국어	주장과 근거가 무엇인지 알고 내용의 타당성과 표현의 적절성 판단하기	118~142

PBL 문제

초등학교 마지막 여름방학이 다가온다. 우리 가족은 나의 초등학교 마지막 여름방학을 추억하기 위해 여행을 가기로 하였다. 그래서 이번 여행 계획은 내가 세우기로 하였다.

나는 가격이 매우 저렴한 비행기 표를 찾게 되었는데 그 이유는 그림처럼 이 비행기의 좌석을 거의 선 채로 이용하기 때문이다. 이 비행기 표의 가격을 보고 나는 위와 같은 좌석 배치가 가격 인하에 도움이 되는 이유는 무엇일지 궁금해졌다.

그리고 이런 비행기의 표를 구하는 것이 좋을지에 대하여 고민이 생겼다. 여러분이라면 어떻게 하겠는가?

PBL 문제 분석하기/ 비행기 표가 싼 이유 예측하기

> ↳ PBL 문제 분석하기
> 문제 1) 서서 가는 비행기 표는 왜 쌀까?
> 문제 2) 서서 가는 비행기 표로 여행을 가도 좋을까?

▷ 문제 읽어 보기

▷ 우리가 해결해야 할 문제가 무엇인지 찾기

  - 서서 가는 좌석이 있는 비행기 표는 왜 싼 걸까?

  - 서서 가는 좌석이 있는 비행기 표로 여행을 하는 것이 맞을까?

▷ 이 문제를 해결하기 위해 우리가 알아야 할 것 분석하기

  - 서서 가는 좌석이 있는 비행기 표가 싼 이유

  - 서서 가는 좌석과 앉아서 가는 좌석의 공간 차이

  - 좌석의 공간을 계산하는 방법

  - 서서 가는 좌석의 비행기 표를 구입한다면 그 이유

  - 서서 가는 좌석의 비행기 표를 구입하지 않는다면 그 이유

▷ 우리가 알아야 할 것을 알기 위해 공부해야 할 교과가 무엇인지 찾기

  -『사회』,『수학』등.

▷ 서서 가는 비행기 좌석의 표가 싼 이유 추측하기

  - 서서 가는 비행기 좌석의 표가 기존의 앉아서 가는 비행기 좌석의 표보다
싼 이유 추측하기

   예 '서서 가는 비행기에는 앉아서 가는 비행기보다 손님을 더 많이 태울 수
있을 것이다.', '손님이 더 많이 타기 때문에 비행기 표가 쌀 것이다.' 등.

- 이 추측이 맞는지 검증하기 위해 우리가 알아야 할 것 생각하기

  (같은 크기의 비행기 안에 사람을 더 태울 수 있는지 알아야 한다.)

2~5차시 | 부피에 대해 알기

↳ PBL 문제 해결하기
부피의 개념 알기

▷ 이 문제를 해결하기 위해 우리가 도움을 받을 수 있는 교과서 찾기

> **도움이 되는 안내!**
>
> 학생들이 교과서를 찬찬히 살펴볼 수 있는 시간적 여유를 주어야 합니다. 또 부피가 아닌 다른 수학적 개념이나 원리로부터 도움을 받을 수 있다고 하여도 그 이유를 물어 보고 그것에 대해 다시 생각해 볼 수 있도록 하기 위해 '맞다', '틀리다'의 답을 하지 않는 것이 좋습니다.

▷ 부피의 개념 알기

- 『수학』 교과서의 내용을 참고하여 부피가 무엇인지 생각한 후 공책에 정리하기

> **도움이 되는 안내!**
>
> 교과서에 제시된 부피의 개념을 그대로 옮기거나 말을 바꾸는 것을 허용해서는 안 됩니다. 이 활동에서 중요한 것은 수학적 개념을 스스로 재구조화할 수 있는가입니다. 개인이든 모둠별이든 개념에 대한 정의를 할 때에는 교과서에 제시된 내용을 참고하되 스스로 재정리할 수 있어야 합니다.

- 모둠별로 모여 각자가 생각한 부피가 무엇인지 이야기를 나누고 부피의 개념을 정리하기

- 모둠별로 생각한 부피의 개념을 발표하기
- 모둠별로 발표한 내용을 살펴보고 모둠 발표 내용에 공통적으로 들어가거나 모둠별로 중요하게 생각하고 있는 요소가 무엇인지 추출하기

  예 '공간' 등.
- 추출한 요소를 바탕으로 부피의 개념을 더 명확하게 정리하기

  예 '공간은 평면이 아니라 입체의 개념임. 입체라는 것은 가로, 세로뿐 아니라 높이를 가지는 것이므로 부피는 넓이에서 높이를 고려한 개념이라는 점을 알 수 있음' 등.

▷ 부피 구하는 방법 알기
- 가로 5개, 세로 4개, 높이 3줄을 쌓은 쌓기 나무의 부피 구하기

  예 '높이가 3줄이므로 한 줄씩 부피를 구하면 첫 번째 줄 20개, 두 번째 줄 20개, 세 번째 줄 20개이므로 모두 60개임.', '20개가 넓이가 되는데 이것이 3줄 있으므로 60개임.' 등.
- 위 활동을 식으로 만들기
- 『수학』 교과서 118~121쪽을 보면서 만든 식을 다시 한번 이해하기
- 『수학』 교과서의 문제 해결하기

> ↳ PBL 문제 해결하기
> 서서 가는 비행기의 표는 왜 쌀까?

▷ 서서 가는 비행기와 앉아서 가는 비행기에 사람이 얼마나 탈 수 있는가를 부피를 이용하여 계산하기
- 앉아서 가는 비행기의 좌석 부피를 구하기 위해 가로, 세로, 높이의 수치를 알 수 있는 방법이 무엇인지 생각하기

  예 '사람들의 신체 사이즈에 대한 통계 자료를 활용한다.', '일반 비행기 좌석의 크기를 알아낸다.' 등.

- 서서 가는 비행기의 좌석 부피를 구하기 위해 가로, 세로, 높이를 정하는 방법에 대해 이야기를 나누기

  예 "서서 갈 때 가장 큰 문제가 배가 나온 사람들이 앞좌석에 배가 걸리는 것이므로 성인의 평균 허리둘레에 약간의 여유를 더 둔 길이로 정한다.", "서서 갈 때 사람의 키를 어느 정도로 정할 것인가는 성인의 평균 키로 정한다.", "비행기를 많이 이용하는 국가의 성인 평균 키에서 평균을 구한다.", "문의 높이로 성인의 키를 정한다. 대부분의 문은 웬만한 성인은 지나갈 수 있도록 설계하였기 때문이다." 등.

도움이 되는 안내!

서서 가는 비행기 좌석의 부피를 구하기 위해 가로, 세로, 높이를 어떻게 할 것인가에 대한 예시 답은 실제로 이 PBL을 수업한 학생들이 낸 생각입니다. 학생들에게 다양하게 질문하여 좀 더 많은 생각을 이끌어 내도록 해야 합니다.

- 모둠별로 가로, 세로, 높이를 어떻게 정할 것인지 의논하고, 부피로 나타내기
- 계산한 결과를 발표하기

  (단위를 ㎝로 하였기 때문에 수의 단위가 몹시 커질 수 있다.)
- 위와 같은 계산이 불편한 이유에 대해 이야기를 나누기
- 위와 같은 계산이 불편하지 않게 하려면 어떻게 해야 하는지 그 방법에 대해 이야기를 나누기

  예 "단위를 바꾼다.", "수를 어림하여 계산한다." 등.
- 좌석의 부피를 구하기 위한 가로, 세로, 높이의 단위를 ㎝로 하지 않고 다른 단위로 바꾼다면 어떤 단위가 좋을지 생각하기
- 만약 단위를 m로 바꾼다면 어떻게 계산해야 할지 자신의 공책에 정리하기

  (1m=100㎝이므로 이를 이용하여 계산함)

▷ 부피의 단위를 알고 단위를 달리하여 부피 구하기

  - 부피의 단위는 어떻게 표현하는지 넓이의 단위를 이용하여 생각해 보기

  - 한 모서리의 길이가 1㎝인 정육면체일 경우 가로, 세로, 높이의 곱으로 부
    피를 나타내므로 부피의 단위가 ㎤가 됨을 알기

  - 한 모서리의 길이가 1m인 정육면체일 경우 부피의 단위가 ㎥가 됨을 알기

  - 가로와 세로가 200㎝이고 높이가 100㎝인 직육면체의 부피가 얼마인지 계
    산하기

  - 서서 가는 비행기와 앉아서 가는 비행기 좌석의 부피를 단위를 달리하여
    구하기

  - 어떤 비행기에 더 많은 손님을 태울 수 있는지 발표하기

도움이 되는 안내!

부피의 개념으로 보면 서서 가는 비행기의 좌석 부피가 훨씬 더 큽니다. 하지만 짐을 넣어 두는
선반을 없앤다는 가정을 하면 실제로 사람을 더 많이 태울 수 있는 것은 서서 가는 비행기입니다.

6~10차시 | 합리적 선택에 대해 알기

↳ PBL 문제 해결하기
합리적 선택이 무엇인지 알기

▷ 합리적 선택의 기준 정하기

  - 나라면 서서 가는 비행기와 앉아서 가는 비행기 중 어느 비행기의 좌석을
    선택할 것인지 이야기를 나누기

  - 우리가 이 두 가지 비행기 좌석을 가지고 고민하는 이유가 무엇인지 이야
    기를 나누기

예 "여행은 자주 갈 수 있는 것이 아니기 때문이다", "쓸 수 있는 돈은 정해져 있기 때문이다.", "여행은 즐거움을 얻기 위해 가는 것이기 때문이다." 등.

- 우리가 이 두 가지를 가지고 고민하는 이유는 우리가 가진 것들 중에서 한계가 있는 것들이 있기 때문입니다. 그것은 무엇일까요?

예 '시간', '돈' 등.

- 합리적 선택이 무엇인지 알기

예 '우리가 가지고 있는 돈은 정해져 있음. 하지만 우리는 소비를 통해 최고의 만족감을 얻고 싶어 함. 그래서 우리는 적은 비용으로 가장 큰 만족을 얻기 위해 '선택'을 하게 되는데 이것이 '합리적 선택'임.' 등.

- 합리적 선택을 하기 위한 기준 생각하기

예 '가격이 싼가?', '품질이 좋은가?', '디자인이 멋진가?', '최신 유행하는 것인가?', '고장이 없는가?', '유명 브랜드의 것인가?', '기능이 다양한가?' 등.

- 내가 만약 휴대폰을 구입한다면 나에게 더 큰 만족감을 주는 기준이 무엇일지에 대해 이야기를 나누기

도움이 되는 안내!

이 활동을 통해 사람마다 좀 더 중요하게 생각하는 기준이 다를 수 있음을 이해하며, 이 기준이 다르기 때문에 합리적 선택은 사람마다 다르다는 것을 알 수 있습니다.

↳ PBL 문제 해결하기
기업의 합리적 선택에 대해 이해하기

▷ 기업의 합리적 선택은 무엇인지 알기

- 비행기 회사가 서서 가는 비행기를 만든 이유에 대해 발표하기

예 '더 많은 손님을 태우기 위해서', '더 많은 돈을 벌기 위해서' 등.

- 회사가 돈을 더 많이 벌어야 하는 이유에 대해 발표하기

예 기업도 가지고 있는 돈이 한정되어 있기 때문에', '기업은 현재 가지고 있는 돈을 활용해 더 많은 돈을 벌고 싶어 하기 때문에' 등.

> **도움이 되는 안내!**
>
> 기업이 합리적 선택을 하는 이유에 대해 '더 많은 돈을 벌고 싶다'고 표현하는 경우가 많습니다. 이때에는 교사가 '이윤을 더 많이 남기고 싶어 한다'라고 자연스레 고쳐 주어야 합니다.

- 기업이 더 많은 이윤을 남기기 위해서 어떻게 할지 이야기를 나누기
  예 "서비스를 좋게 한다.", "더 좋은 제품을 생산한다.", "여러 가지 새로운 기능이 들어간 제품을 생산한다.", "광고를 한다.", "적은 돈을 들여 생산한다." 등.
- 기업이 더 많은 이윤을 남기기 위해 어떤 물건을 생산할지에 대해 이야기를 나누기
  예 '튼튼한 물건', '디자인이 좋은 물건', '새로운 기능이 들어간 물건', '건강에 좋은 물건' 등.

> ↳ PBL 문제 해결하기
> 가계와 기업의 합리적 선택이 어떤 관련이 있는지 알기

▷ 가계와 기업이 합리적 선택을 하는 이유에 대해 알기
  - 가계와 기업이 돈이 한정되어 있는 이유에 대해 생각하기

> **도움이 되는 질문!**
>
> 가계는 돈이 한정되어 있으므로 적은 돈을 들여 가장 큰 만족감을 얻기 위해 노력하고, 기업은 돈이 한정되어 있으므로 적은 돈을 들여 소비자를 만족시킬 수 있는 물건을 생산하기 위해 노력합니다. 그런데 왜 기업과 가계는 돈이 한정되어 있을까요?

ⓔ '회사에서 정해진 돈만 주기 때문', '회사에서 월급을 받기 때문' 등.

- 회사가 가계에 정해진 돈만 주는 이유 알기

  ⓔ '회사 역시 적은 비용으로 많은 이윤을 얻는 것이 목표이므로' 등.

- 기업이 더 많은 이윤을 얻으려면 어떻게 해야 하는지 알기

  ⓔ '사람들이 그 회사 물건을 많이 사 주어야 한다.' 등.

- 가계가 더 많은 돈을 벌려면 어떻게 해야 하는지 알기

  ⓔ '회사가 더 잘되어야 한다.', '더 많은 일을 해야 한다.' 등.

- 가계와 기업은 서로 어떤 관계인지 그림으로 나타내기

  (기업의 소비가 가계에는 소득으로, 가계의 소비가 기업에는 이윤으로 관
  계 맺음)

> ↳ PBL 문제 해결하기
>
> 합리적 선택하기

▷ 합리적 선택하기

  - 나라면 서서 가는 비행기와 앉아서 가는 비행기 중 어떤 비행기의 좌석을
    선택할 것인지 합리적인 기준을 정해 선택하기
  - 선택한 이유가 잘 나타나게 글로 쓰기

11~13차시　자신의 생각을 주장하기

> ↳ 토론하기
>
> 주장과 근거의 타당성 판단하기

▷ 자신의 선택에 대해 의견 교환하기

  - 자신은 서서 가는 비행기와 앉아서 가는 비행기 중 어떤 비행기의 좌석을

선택하였는지 그 이유와 함께 발표하기

- 서서 가는 비행기를 선택한 학생들과 앉아서 가는 비행기를 선택한 학생들
끼리 서로 팀을 구성하여 상대측을 설득하기

▷ 누구의 생각이 더 타당한지 판단하는 방법에 대해 알기

- 누구의 생각이 더 타당한지 알려면 어떤 것을 살펴야 하는지 이야기를 나누기
(이때는 근거가 타당한지, 주장이 적절한지 살핀다.)

- 다음의 주장과 근거를 살펴보고 타당하다고 할 수 있는지 자신의 생각 말하기

> 주장: 나무를 보호해야 한다.
> 근거: 한 해에 베이거나 불에 타는 나무는 우리나라 산 면적의 30분의 1이나 되기 때문이다.

예 "타당하다. 왜냐하면 주장과 근거가 알맞기 때문이다.", "타당하지 않
다. 왜냐하면 근거를 믿을 수 있는지 알 수 없기 때문이다.". "타당하지
않다. 왜냐하면 나무를 보호하는 것이 사용하기 위해 베거나 병으로 인
해 당연히 베어야 하는 나무까지 말하는 것은 아니기 때문이다.", "나무
를 보호한다는 것이 멸종 위기의 나무를 보호하는 것인지, 아니면 산림
을 보호한다는 이야기인지 명확하지 않기 때문에 타당하지 않다." 등.

- 주장과 근거가 타당한지를 판단하기 위해 고려해야 할 점 정리하기
- 『국어』교과서 124~126쪽의 글을 읽고 주장과 근거가 적절한지 판단하기

↳ 토론하기
누가 더 합리적인 판단을 하였을까?

▷ 주장과 근거가 타당하고 적절한 표현을 사용하여 자신의 생각을 표현하기

- 서서 가는 비행기와 앉아서 가는 비행기 중 자신의 선택과 그 이유가 잘 드
러나게 쓴 글을 이용하여 토론하기

- 서서 가는 비행기를 선택하는 쪽을 찬성편, 그렇지 않은 쪽을 반대편으로 하여 토론하기
- 토론에 적극적으로 참여하며 의견을 나누기

▷ 주장과 근거가 타당하고 적절한지 평가하기
 - 다른 친구가 쓴 글을 보고 주장과 근거가 타당하고 적절한 표현을 사용하였는지 평가하기

더하기

이 PBL의 문제에서 다루는, 서서 가는 비행기는 최근 이탈리아의 한 회사가 선보인 실제 서서 가는 비행기를 모델로 하였습니다. 서서 가는 비행기는 승객의 짐을 올려 두는 선반을 없앤 후 촘촘하게 서서 가기 때문에 승객이 많이 탈 수 있다는 이점이 있습니다. 인터넷을 이용하여 실제의 모습을 보여 준다면 좀 더 이해하기가 빠를 것입니다.

되짚기

부피의 개념을 이해하고 있으며 부피를 구하는 식을 알고 부피를 정확하게 구할 수 있나요?
기업과 가계가 합리적인 선택을 하는 이유를 정해진 자원과 관련지어 이해하고 있나요?
주장과 근거의 적절성과 타당성을 평가하고, 주장과 근거가 적절하고 타당하게 하여 글을 쓸 수 있나요?

이 수업의 포인트

가로, 세로, 높이의 곱을 하여 물체가 차지하는 공간의 크기인 '부피'를 구할 수 있습니다.
가계와 기업은 한정된 자원을 가지고 가장 높은 만족의 결과를 얻기 위해 노력하는데 이것을 '합리적 선택'이라고 부릅니다.
내 주장을 표현할 때에는 주장과 근거가 적절하고 타당해야 합니다.
다른 사람의 주장을 평가할 때에는 주장과 근거가 적절하고 타당한지를 생각해야 합니다.

흥부와 놀부, 누가 잘못 알고 있는 걸까요?

비와 비율을 이해하고 바르게 계산하기 + 일상생활에 쓰이는 속담의 뜻 알기 + 연극으로 표현하기 = 흥부와 놀부에게 바르게 가르쳐 주세요.

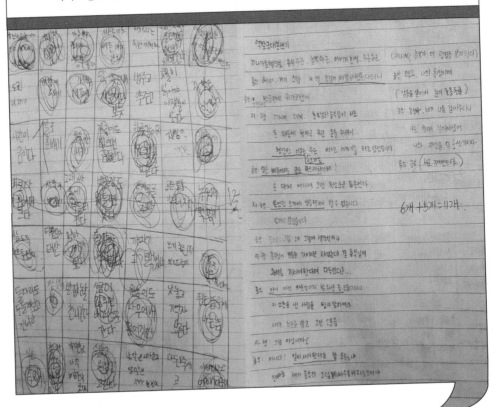

수업 흐름 ⊗ 　관련 교과 ⊗　 관련 교과서 내용 ⊗

속담의 바른 뜻 알기

비와 비율에 대해 알기　　　　　　　　　　연극 꾸미기

관련 교과	성취기준
수학	[6수04-02] 두 양의 크기를 비교하는 상황을 통해 비의 개념을 이해하고, 그 관계를 비로 나타낼 수 있다. [6수04-03] 비율을 이해하고, 비율을 분수, 소수, 백분율로 나타낼 수 있다.
국어	[6국04-04] 관용 표현을 이해하고 적절하게 활용한다.

교과	학습 목표	쪽
수학	비와 비율 알기	76~81
국어	속담이 무엇인지 알고 일상생활에서 사용하는 속담의 뜻 알기	144~155

PBL 문제

흥부와 놀부의 아버지가 돌아가셨습니다. 놀부는 이번 기회에 아버지의 땅을 모두 가지고 싶었습니다. 놀부는 흥부에게 말하였습니다.

"너도 알다시피 내가 너에게 얼마나 많은 것을 베풀고 살았느냐? 그러니 이제는 개구리 올챙이 적 생각을 해야지. 그래서 말인데 아버지의 땅을 너와 내가 1:2로 나누면 어떻겠느냐?"

흥부는 무슨 뜻인지 몰라 다시 물었습니다.

"그럼 제가 2개를 가지고 형님이 한 개를 가진다는 뜻인가요?"

그러자 놀부가 혀를 끌끌 차며 말하였습니다.

"아니지. 너는 $\frac{2}{1}$만큼 가진다는 것이고, 나는 $\frac{1}{2}$만큼 가진다는 뜻이야. 이러니 백짓장도 맞들면 낫다고 사람들이 그러는 게야."

놀부가 큰 소리로 화를 내니 흥부는 그저 자신이 잘못하였다는 생각만 들었습니다. 흥부는 무엇을 잘못한 걸까요?

> ↳ PBL 문제 분석하기
> 문제 1) 땅을 1:2로 나눈다는 것은 어떻게 나눈다는 의미일까?
> 문제 2) 놀부가 말한 속담의 뜻은 무엇일까?

▷ 문제 읽고 내용 파악하기

 - 1:2로 나눈다는 것을 흥부와 놀부는 각각 어떻게 생각하고 있는지 확인하기

  흥부-자신이 2를 가지고 놀부가 1를 가지는 것

  놀부-자신이 $\frac{1}{2}$ 만큼 가지고 흥부가 $\frac{2}{1}$ 만큼 가지는 것

 - 놀부가 사용한 속담은 무엇인지 찾기

  예 "개구리 올챙이 적 생각한다(못 한다).", "백짓장도 맞들면 낫다."

▷ 우리가 해결해야 할 문제가 무엇인지 찾기

 - 1:2의 의미 알기, 놀부가 사용한 속담이 알맞은지 알기

▷ 이 문제를 해결하기 위해 우리가 알아야 할 것 분석하기

 - 1:2가 의미하는 것이 무엇인지 알기

 - 1:2로 나눈다는 것은 어떻게 나눈다는 것인지 알기

 - "개구리 올챙이 적 생각 못 한다.", "백짓장도 맞들면 낫다."의 속담 뜻 알기

▷ 우리가 알아야 할 것을 알기 위해 공부해야 할 교과가 무엇인지 찾기

 - 『국어』, 『수학』 등.

▷ 교과서에서 필요한 내용 찾기

 - 우리에게 1:2에 대한 공부를 할 수 있게 도와줄 수 있는 교과가 무엇인지
  생각하기

- 수학 교과서에서 이 부분에 대해 알려 주는 내용 찾기

2~4차시	비의 개념 알기

> ↳ PBL 문제 해결하기 1
> 1:2가 무슨 뜻일까?

▷ 비에 대해 알기

 - 『수학』교과서 76쪽을 읽고 설명한 비가 무엇인지 읽어 보기

 - 1:2를 어떻게 읽는지 알기

 - 기준량과 비교하는 양에 대해 알기

 - 우리 생활에서 비로 표현하는 경우 찾아보기

   예 '운동 경기에서 점수나 골을 표현할 때', '요리할 때 재료의 양을 나타내는 경우', '사진의 크기를 조정할 때' 등.

 - 일상생활에서 겪은 경험을 비로 표현하기

▷ 비율에 대해 알기

 - 『수학』교과서 78쪽에서 설명하는 비율이 무엇인지 읽어 보기

 - 비율과 비가 어떻게 다른지 알기

   (비는 두 양의 상대적인 비교 관계를 나타낸 것/ 비율은 그 관계를 수로 표현한 것)

 - 비율로 표현하는 방법에 대해 알기

 - 우리 생활에서 비율로 표현하는 경우 찾아보기

   예 '은행에서 대출 이자를 표현할 때', '컴퓨터나 휴대폰의 밝기나 소리의 크기를 표현할 때', '야구 경기에서 타자의 타율을 표현할 때', '음료수에 들어간 성분을 표시할 때' 등.

- 『수학』 교과서 80~81쪽의 문제 해결을 통해 비율을 정확하게 계산하기

↳ PBL 문제 해결하기 1

1:2는 어떻게 나눈다는 뜻일까?

▷ 흥부와 놀부가 말한 비의 개념에 대해 이야기를 나누기

- 1:2를 흥부가 2개 가지고 놀부가 1개 가진다고 생각한 흥부는 바르게 알고 있는 건지 이야기를 나누기

  예 "1:2에서 기준량은 1이 아니라 2가 됨. 그렇게 보면 2만큼 가질 때 비교하는 양은 그 반인 1이 되어야 함. 따라서 욕심 많은 놀부가 분명히 자신보다 많이 가지려고 하였을 것이라는 점을 생각해 볼 때 이렇게 해석하는 것은 잘못된 것임." 등.

- 1:2를 흥부가 $\frac{2}{1}$만큼 가지고 놀부가 $\frac{1}{2}$만큼 가진다고 생각한 놀부는 바르게 알고 있는 건지 이야기를 나누기

  예 "1:2를 분수로 나타내면 기준량인 2가 분모로, 비교하는 양이 1이 분자가 되어야 함. 따라서 1:2는 $\frac{1}{2}$로 표현할 수 있음. $\frac{2}{1}$는 비교하는 양과 기준량을 반대로 표현하였으므로 바르지 않음." 등.

▷ 놀부는 1:2를 어떻게 나누려고 한 것인지 자신의 생각 말하기

- 놀부가 욕심이 많다는 것을 고려하여, 놀부가 의도한 1:2는 어떤 것인지 자신의 생각 말하기

  예 "욕심 많은 놀부가 분명 흥부보다 더 많이 가지기를 원하므로 1:2에서 기준량만큼은 놀부가, 비교하는 양만큼은 흥부가 가지게 하려는 것 같음." 등.

▷ 비나 비율로 표현할 때 주의해야 할 점에 대해 발표하기

속담에 대해 알기

┗▸ PBL 문제 해결하기 2
　　속담의 뜻 짐작하기

▷ 놀부가 사용한 속담의 뜻 짐작하기

- 놀부가 말한 속담의 뜻을 짐작하여 공책에 정리하기

- 모둠별로 놀부가 말한 속담의 바른 뜻을 친구와의 대화를 통해 추측하기

  예 개구리 올챙이 적 생각 못 한다: "개구리와 올챙이는 모습이 많이 달라. 올
  챙이 때에는 뛰지도 못하고 오로지 물에서만 살아야 하지만 개구리가
  되면 뛰어오를 수도 있고, 물과 육지를 자유롭게 다닐 수 있어. 개구리
  가 되었을 때 올챙이 때의 어려움이나 불편함을 잘 기억하지 못한다는
  뜻인 것 같아." 등.

- 『국어』 교과서에 나오는 속담을 살펴보고 그 뜻을 짐작하기

- 생활하면서 자주 들었던 속담에 대해 이야기하기

- 『국어』 사전이나 속담 사전 등에서 속담 찾아보기

- 속담 빙고하기

도움이 되는 안내!

속담 빙고 게임을 하면 아주 어려운 속담만 일부러 찾는 경우가 있습니다. 빙고 게임을 할 때
그 속담의 뜻과 속담이 활용되는 예를 말할 수 있어야 한다는 점을 알려 주면 학습 효과가 좀
더 높아집니다.

연극으로 표현하기

> ↳ 연극하기
> 흥부와 놀부의 이야기를 연극으로 표현하기

▷ 교과서를 보고 극본에 대해 다시 한 번 살펴보기

- 『국어』 교과서 188쪽을 보고 극본이 어떻게 구성되어 있는지 다시 한 번 살펴보기

> **도움이 되는 안내!**
>
> '복순이'라고 되어 있는 부분은 어떻게 하라는 말인가요?
> 복순이 "할아버지!"라고 하는 부분은 어떻게 하라는 말인가요?와 같이 발문을 통해 극본의 해설, 대사, 지문을 이해하도록 합니다.

> **도움이 되는 안내!**
>
> 이 PBL 문제에서는 극본에 대해 이미 배웠다고 가정하고 내용을 설계하였습니다. 6학년 때에는 배우지 않았더라도 지금까지 『국어』 교과서의 연극 단원에서 배운 내용을 활용하여도 됩니다.

▷ 흥부와 놀부의 한 장면을 극본으로 꾸미기

- 흥부와 놀부의 이야기를 떠올려 한 장면을 극본으로 꾸미되, 각 상황에 맞는 속담을 5개 이상 넣기
- 각자 쓴 극본을 모둠별로 공유하기
- 모둠에서 하나의 극본을 정하고 그 극본을 모둠원의 의견을 모아 수정하기

▷ 흥부와 놀부 연극하기

- 연극을 관람하는 학생들은 어떤 속담이 쓰였는지 메모하기

- 연극이 끝나면 어떤 속담이 쓰였는지 발표하고, 그 속담의 뜻에 대해 서로
  이야기를 나누기

더하기

『국어』 교과서는 대부분 학생들이 익히 들어 온 속담만 제시되어 있는 경우가 많습니다. 속담에 대한 학습을 6학년 때 처음 하는 것이 아니기 때문입니다. 6학년 학생들은 좀 더 많은 속담을 알고 싶어 하는데 교과서에 제시된 속담은 지나치게 한정적이므로 속담을 스스로 찾아보는 활동을 통해 다양한 속담을 이해할 수 있도록 하는 것이 필요합니다. 기사문에는 속담이 자주 인용되므로 기사문을 활용할 수도 있습니다.

되짚기

비의 개념을 이해하고 비를 이용한 계산을 할 수 있나요?
속담의 뜻을 짐작하며 상황에 알맞은 속담을 사용할 수 있나요?
극본이 무엇인지 알고 생활에서 있었던 일을 극본으로 쓸 수 있나요?

이 수업의 포인트

비는 비교하는 양과 기준량으로 나타냅니다.
극본은 지문, 대사, 해설로 이루어집니다.

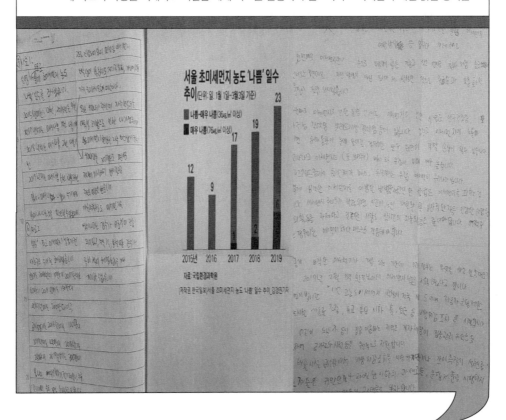

04

미세먼지

산소를 발생시키고 산소의 성질 확인하기 + 국회, 정부, 법원에서 하는 일 이해하기 + 다양한 매체 자료의 특성을 이해하고 적절한 매체 자료를 활용하여 발표하기 = 미세먼지 대신 맑은 공기를

수업 흐름 ✕ 관련 교과 ✕ 관련 교과서 내용 ✕

산소를 발생시키기

효과적으로 발표하기 위해 발표할
내용 준비하기

국가 기관의 역할 이해하기

수업 흐름 ❌　관련 교과 ❌　관련 교과서 내용 ❌

관련 교과	성취기준
과학	[6과10-01] 산소, 이산화탄소를 실험을 통해 발생시키고 성질을 확인한 후, 각 기체의 성질을 설명할 수 있다.
사회	[6사05-06] 국회, 행정부, 법원의 기능을 이해하고, 그것이 국민 생활에 미치는 영향을 다양한 사례를 통해 탐구한다.
국어	[6국01-05] 매체 자료를 활용하여 내용을 효과적으로 발표한다.

수업 흐름 ❌　관련 교과 ❌　관련 교과서 내용 ❌

교과	학습 목표	쪽
과학	산소의 성질 알기	50~53
사회	국회에서 하는 일 알기 정부에서 하는 일 알기 법원에서 하는 일 알기	54~57 58~61 62~64
국어	매체 자료를 활용하여 효과적으로 발표하기	96~116

PBL 문제

　2060년, 미세먼지로 대한민국의 하늘은 이미 그 색을 잃은 지 오래이다. 사람들은 매일 깨끗한 산소를 사서 그것으로 숨을 쉬어야만 하였다. 산소를 찾는 사람들이 늘어나자 산소를 만드는 기업들이 앞다투어 산소의 가격을 높이기 시작하였다. 하루하루 높아지는 산소의 가격에 사람들은 크게 분노하며 "산소를 직접 생산하자.", "국가가 기업을 처벌하라."와 같은 주장을 펼치기 시작하였다. 많은 사람의 지지를 받아 나는 이 문제를 해결할 '지도자'로 뽑혔다.

　나는 우리나라 미세먼지의 심각성을 알려 줄 여러 가지 자료를 찾아보기로 하였다. 또, 산소를 직접 생산할 수 있는 방법을 알아보기로 하였으며 국가의 각 기관에 대해 조사하고 각 기관에 어떤 의견을 제시해야 이 문제가 해결될 수 있는지 생각해 보기로 하였다. 마지막으로 나는 나를 지도자로 뽑아 준 사람들 앞에서 내가 조사한 내용과 자료를 발표도 해야 할 것이다. 자! 나를 도와줄 그대, 이제 무엇부터 시작하면 좋을까?

PBL 문제 분석하기

> ↳ PBL 문제 분석하기
> 문제 1) 미세먼지의 심각성을 알아보는 자료 찾기
> 문제 2) 산소를 직접 생산하는 방법 알기
> 문제 3) 국가 기관에 나의 의견을 전달하기

▷ 문제 읽어 보기

▷ 우리가 해결해야 할 문제가 무엇인지 찾기

  - 미세먼지의 심각성을 알리는 자료 찾기

  - 산소를 직접 생산할 수 있는 방법 알기

  - 산소의 가격을 높이지 않도록 하는 방법을 국가의 기관에서 하는 일을 바
    탕으로 제안하기

  - 나의 제안과 조사한 내용을 효과적으로 발표하기

▷ 이 문제를 해결하기 위해 우리가 알아야 할 것 분석하기

  - 미세먼지가 얼마나 심각한지 보여 주는 자료 찾기

  - 산소를 직접 생산하는 방법 알기 / 생산한 산소가 산소인지 확인하기

  - 국가의 각 기관에는 어떤 것이 있는지 알기 / 국가의 각 기관별로 하는 일 알기

  - 효과적으로 발표하는 방법 알기 / 효과적으로 발표하기 위해 사용하는 도구 알기

▷ 이 문제를 해결하는 순서를 정리해 보기

  - ① 미세먼지가 얼마나 심각한지 알리는 자료를 조사하기

   ② 조사한 내용을 효과적으로 발표하는 방법 알기

   ③ 산소를 직접 생산하는 방법을 알기

   ④ 국가의 각 기관과 그 기관의 하는 일 알기

   ⑤ 국가 기관에 어떤 내용을 제안할 것인지 생각하기

⑥ 조사한 내용을 효과적으로 발표하기

▷ 우리가 알아야 할 것을 알기 위해 공부해야 할 교과가 무엇인지 찾기

　예 『국어』, 『사회』, 『과학』 등.

0.5~4차시 효과적인 발표 자료에 대해 알기

↳ PBL 문제 해결하기 1
나의 의견을 효과적으로 발표하기 위해서 어떻게 해야 할까?

▷ 발표 계획 세우기

- 미세먼지가 심각하다는 것을 보여 주어야 하는 이유에 대해 생각하기

　예 '미세먼지가 아주 심각해졌기 때문에 산소 없이는 살기 어렵고, 그러므
　　로 산소의 가격을 올리는 것은 나쁘다는 것을 드러내야 하기 때문에' 등.

- 미세먼지가 심각하다는 것을 드러내는 자료에는 어떤 것이 있는지 생각나
　는 대로 공책에 정리하기

　예 '우리나라에 해마다 들어오는 미세먼지의 양', '미세먼지가 우리 건강에
　　미치는 영향', '미세먼지가 다른 먼지보다 더 위험한 이유', '미세먼지로
　　인한 피해가 증가하는 사례' 등.

▷ 효과적으로 발표하는 방법 알기

- 『국어』 교과서 99쪽 4번 활동을 보면서 효과적인 발표 방법으로 교과서가
　제안하는 것은 무엇인지 이야기 나누기

- 왜 교과서는 자료를 활용하여 발표하는 것이 효과적인 발표라고 보았을지
　에 대한 자신의 생각 나누기

　예 '눈으로 보는 것이 있다면 좀 더 집중할 수 있기 때문이다.', '귀로 듣기

만 하면 쉽게 집중이 흐트러질 수 있는데 눈으로 보는 것이 있다면 좀 더 쉽게 집중을 유지할 수 있다.' 등.

- 효과적으로 발표하기 위한 방법 중 하나가 '시각 자료'를 활용하는 것이라면, 시각 자료에는 어떤 것이 있는지 생각나는 대로 말하기
  예 '도표', '그래프', '사진', '그림', '동영상' 등.

- 각각의 시각 자료가 가지는 효과를 평가하는 기준을 세우고, 그 기준에 따라 각각의 시각 자료가 가진 효과에 대해 모둠별로 생각 나누기

> **도움이 되는 안내!**
>
> 시각 자료는 전달하려는 내용과 전달하려는 목적에 따라 그 효과 정도가 달리 판단될 수 있습니다. 가령 음식 만들기에서 동영상은 사진보다 더 효과적이라고 할 수 있지만, 음식에 들어가는 정확한 양을 알아보기 위해서라면 동영상보다 사진 자료가 더 효과적입니다.

- 모둠별로 나눈 생각을 전체 반 친구들 앞에서 발표하고 모둠별로 다르게 생각한 부분에 대해 생각 나누기

> **도움이 되는 안내!**
>
> 어떤 모둠의 경우 동영상은 움직임을 보여 주기 때문에 사실적('진실을 담고 있다.', '조작하기 어렵다.')이라고 생각하였지만 동영상 역시 편집이 가능하기 때문에 사실 여부를 판단하는 것은 어렵다고 생각할 수도 있습니다.

- 시각 자료의 효과를 쉽게 판정하기 어려운 이유에 대해 자신의 생각 말하기
  (시각 자료는 그 자료를 통해 알리고자 하는 것이 무엇인가에 대해 달라지기 때문에 시각 자료만으로 어떤 것이 더 효과적이라고 말하기는 어려움)

▷ 『국어』 교과서 103쪽 4번 활동을 보면서 여행지 소개에 알맞은 자료와 그 이유를 정리하기

산소 발생 실험하기

▷ 교과서에서 필요한 내용 찾기

- 우리에게 산소를 발생시키는 방법에 대해 공부할 수 있도록 도와줄 만한 교과가 무엇인지 생각하기
- 『과학』 교과서에서 산소 발생에 대해 알려 주는 부분 찾기

▷ 산소의 성질 알기

- 『과학』 교과서 53쪽의 내용을 바탕으로 산소의 성질에 대해 말하기
- 교과서를 통해 알게 된 산소의 성질을 바탕으로 우리가 실험을 통해 산소를 만들었다면 그것이 산소인지를 알 수 있는 방법은 무엇인지에 대해 이야기를 나누기

  예 산소는 다른 물질을 타게 한다: 성냥이나 초 같은 것을 넣어서 그것이 더 타는지를 살펴본다.

  산소는 금속을 녹슬게 한다: 산소를 모은 통 안에 클립을 넣어 관찰한다.

▷ 과학 교과서의 산소 발생 장치를 살펴보고 다음 물음에 답하기

- 고무관에 핀치 집게를 끼우는 이유는 무엇인가?
- 집기병에 물을 가득 채우는 이유는 무엇인가?(집기병에 물을 가득 채우는 것은 공기의 어떤 성질과 관련이 있는가?)
- 일자 유리관을 쓰지 않고 ㄱ자 유리관을 사용하는 이유는 무엇인가?
- 물속에서 집기병에 유리관을 덮은 후 뒤집어서 물 밖으로 꺼내는 이유는 무엇인가?

도움이 되는 안내!

위와 같은 질문을 통해 교과서에 제시된 실험을 보다 정확하게 이해할 수 있습니다. 또한 이것을 바탕으로 정확한 실험을 설계할 수 있습니다.

▷ 알게 된 사실을 바탕으로 실험하기

- 앞서 우리가 알게 된 사실을 바탕으로 주의해야 할 점을 생각하며 실험하기

　예 '한꺼번에 반응이 일어나 안전에 문제가 생기는 일이 없도록 주의하며 핀치 집게를 사용할 것', '집기병에 물을 가득 채워 눈에 보이지 않는 공기가 들어가 실험에 방해가 되지 않도록 할 것', '집기병을 물 밖에서 빼내지 않도록 하여 순수한 산소만 모이도록 할 것', '일자 유리관이 아닌 ㄱ자 유리관을 사용하여 집기병 안에 산소가 잘 모이도록 할 것', '집기병 안에 모인 것이 산소라는 것을 알기 위해 향불을 넣을 것' 등.

▷ 실험 결과 공유하기

- 각 모둠별로 실험한 결과에 대해 이야기를 나누기

8~12차시　**우리나라 국가 기관에 대해 알기**

↳ **국가 기관에 대해 알기**
　우리나라 국가 기관은 어떻게 조직되어 있을까?

▷ PBL 문제 해결을 위한 방법 떠올리기

- PBL 상황에서 문제가 되는 일은 무엇인지 말해 보기

　예 '높은 가격에 산소를 파는 것', '산소가 꼭 필요하다는 것을 알면서도 오히려 산소의 가격을 높이는 것', '여러 기업이 합의해서 산소의 가격을

낮추지 않은 것', '국가가 국민에게 꼭 필요한 산소의 가격이 높아짐에도 이를 제재하지 않는 것', '국가가 국민에게 꼭 필요한 산소를 공적으로 공급하지 않는 것' 등.

- 이 문제를 해결하는 데 큰 역할을 해야 할 주체를 떠올리기
  예 '국가', '국민', '기업' 등.

▷ 교과서에서 필요한 내용 찾기

- 우리에게 국가적 측면에서 이 문제를 해결할 수 있게 도와줄 수 있는 교과가 무엇인지 생각하기
- 『사회』 교과서에서 이 문제를 해결하는 데 도움이 되는 내용을 담고 있는 부분을 찾기

▷ 국가의 각 기관에 대해 알기

- 교과서의 도움을 받아 우리나라 국가 기관을 크게 어떻게 나누는지 찾기
- 국회에서 하는 일이 무엇인지 교과서에서 찾아 정리하기
- 찾은 내용을 바탕으로 다음 물음에 답하기
  법을 국회에서만 만든다는 것이 의미하는 것은 무엇인가? / 정부가 필요한 예산을 국회에서 심의하도록 하는 것이 의미하는 것은 무엇인가? / 국회가 정부가 사용한 예산을 검토하는 이유는 무엇일까? / 국회에서 국정감사를 하는 이유는 무엇인가?
- 정부에서 하는 일이 무엇인지 교과서에서 찾아 정리하기
- 찾은 내용을 바탕으로 다음 물음에 답하기
  국민의 안전과 행복을 위해 정부가 하는 일은 무엇인가? / 만약 정부가 필요한 예산을 스스로 정한다면 어떤 문제가 생길까? / 정부의 하위 기관이 모두 정부에 속하지 않고 일부를 국회로 보내면 어떤 문제가 생길까?
- 법원에서 하는 일이 무엇인지 교과서에서 찾아 정리하기
- 찾은 내용을 바탕으로 다음 물음에 답하기

법원에서 재판으로 문제를 해결하지 않는다면 어떤 문제가 생길까? / 법원을 없애고 국회나 정부에서 재판을 하도록 하면 어떤 문제가 생길까?

> ↳ PBL 문제 해결하기 3
> 미세먼지를 줄이고 산소를 독점하지 않도록 하기 위해서 어떤 기관에 의견을 개진해야 할까?

▷ 국가적 측면에서 해결하기

- 국회, 정부, 법원의 입장에서 PBL 문제를 해결할 수 있는 방안을 떠올리기
  예 국회: '산소에 대한 가격을 담합하지 않는 법률을 만든다.', '산소를 만드는 회사를 감시할 수 있는 기구를 만든다.'
  정부: '산소를 만드는 회사를 많이 만들도록 한다.', '산소를 만드는 회사에 정기적인 세무 감사나 국정감사를 실시한다.'
  법원: '산소의 가격을 담합하는 등의 문제가 발생하였을 때 가장 먼저 재판을 받도록 한다.'
- 모둠별로 자유롭게 논의를 하여, 이 문제를 해결할 수 있는 방법을 국가의 각 기관별로 마련하기

13~15차시 효과적으로 발표하기

> ↳ PBL 문제 해결하기 4
> 나의 생각을 다른 사람들 앞에서 발표하기

▷ 발표 내용 정리하기

- 발표를 할 때 주의해야 할 점에 대해 이야기하기
  예 "듣는 사람의 흥미를 끌 수 있는 것이어야 한다.", "발표 내용이 장황하여 지루함을 주어서는 안 된다.", "한눈에 볼 수 있도록 자료를 배치해야

한다.", "자료의 출처를 밝혀야 한다.", "듣는 사람의 수준을 고려하여 발표 내용을 마련해야 한다." 등.

- 주의해야 할 점을 고려하며 발표 내용 정리하기
- 정리한 발표 내용에 따라 발표를 시작하는 말 구성하기
- 정리한 발표 내용에 따라 발표를 마무리하는 말 구성하기

▷ 발표 연습하기
- 거울을 보면서 알맞은 표정이나 몸짓을 연습하여 발표 효과 높이기
- 듣는 이에게 효과적으로 전달하기 위한 발표 연습하기

▷ 발표하기
- 준비한 자료를 활용하여 발표하기
- 듣는 사람은 발표 내용을 들으면서 미세먼지에 대한 자료가 적절한지, 해결 방법이 타당한지 등을 평가하기

더하기

이 PBL 학습은 탐구를 통해 원리를 파악하는 연역적 형태의 학습이 아니라 교과서에 제공된 원리를 바탕으로 실제로 적용해 보는 귀납적 형태의 학습이 주를 이루고 있습니다. 이 PBL에서는 국가 기관에 대한 이해나 산소의 발생과 같은 원리나 개념에 대한 학습이 주를 이루기 때문입니다. 학급의 적절한 상황을 고려하여 연역적 형태의 학습이 되게끔 할 수도 있습니다.

산소 발생 실험 장치를 정확하게 꾸미고 그렇게 꾸민 이유를 설명할 수 있나요?

우리나라의 각 기관을 어떻게 나누는지 알고 각 기관에서 하는 일을 설명할 수 있나요?

다른 사람 앞에서 내 생각을 효과적으로 전달하기 위해 어떻게 발표 자료를 준비하는지 알고 있나요?

이산화 망가니즈와 묽은 과산화 수소수를 결합시키면 산소를 발생시킬 수 있습니다. 산소를 모을 집기병에 물을 가득 채우는 이유는 산소가 무색무취하여 산소가 모이고 있는지를 눈으로 확인하기 어렵기 때문입니다.

우리나라의 국가 기관은 입법부, 사법부, 행정부로 나뉘는데 입법부는 국회, 사법부는 법원, 행정부는 정부라고 부릅니다. 각각의 기관은 서로를 견제하며 우리나라가 올바르게 나아갈 수 있는 방향으로 일을 합니다.

다른 사람 앞에서 내 생각을 효과적으로 드러내기 위해서는 표, 그림, 그래프, 동영상, 사진과 같은 자료를 활용해야 합니다.

정글에서 살아남기

각기둥의 성질을 알고 전개도 그리기 + 볼록 렌즈의 특징을 이해하기 = 정글에서 살아남기

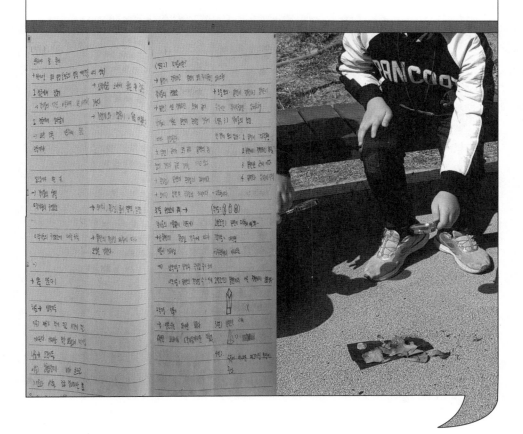

볼록 렌즈의 성질 알기

각기둥의 특징을 알고 전개도
그리기

정글 생활에 어울리는 집을 만들고
그 이유 발표하기

수업 흐름 ✖ | 관련 교과 ✖ | 관련 교과서 내용 ✖

관련 교과	성취기준
과학	[6과11-03] 볼록 렌즈를 이용하여 물체의 모습을 관찰하고 볼록 렌즈의 쓰임새를 조사할 수 있다.
수학	[6수02-06] 각기둥과 각뿔을 알고, 구성 요소와 성질을 이해한다. [6수02-07] 각기둥의 전개도를 그릴 수 있다.

수업 흐름 ✖ | 관련 교과 ✖ | 관련 교과서 내용 ✖

교과	학습 목표	쪽
과학	볼록 렌즈의 특징을 알고 볼록 렌즈를 통과한 햇빛이 어떻게 되는지 알기	104~107
수학	각기둥이 무엇인지 알고 각기둥의 전개도 이해하기	28~37

PBL 문제

드림이는 방송 프로그램인 「정글의 법칙」을 즐겨 본다. 어느 날 드림이는 「정글의 법칙」에서 특별한 촬영을 한다는 것을 알게 되었다. 그것은 초등학생들을 출연시켜 정글을 직접 체험할 수 있는 기회를 준다는 것이었다.

　「정글의 법칙」은 워낙 인기가 있기 때문에 특별한 촬영에 참여하려면 예선전을 통과해야 한다. 드림이가 통과해야 하는 예선전 내용은 다음과 같았다.

> '각각의 미션을 수행하고 그 결과를 설명하시오.'
> 1. 정글에서 집 짓기
> - 각기둥의 성질을 이용하여 집을 지어라!
> - 왜 그 각기둥으로 집을 지었는지 설명하시오.
> 2. 정글에서 살아남기
> - 과학 도구를 이용하여 불을 만들어라!
> - 어떤 성질을 이용하여 불을 만든 것인지 설명하시오.

PBL 문제 분석하기

> ↳ PBL 문제 분석하기
> 문제 1) 각기둥의 성질을 이용하여 집 짓기
> 문제 2) 과학 도구를 이용하여 불 만들기

▷ 문제 읽어 보기

▷ 우리가 해결해야 할 문제가 무엇인지 찾기

  예 '각기둥의 성질을 이용하여 집을 짓기', '과학 도구를 이용하여 불 붙이기' 등.
 - 문제를 해결하기 위해 우리가 알아야 할 내용에 대해 생각하기

  예 '각기둥이 무엇인지 알기', '각기둥의 종류 알기', '각기둥의 종류에 따른
   특징 알기', '각기둥의 종류에 따른 전개도 알기', '과학 도구 중 불을 일
   으킬 수 있는 도구 알기', '볼록 렌즈의 특징 알기', '불이 좀 더 잘 일어나
   게 하는 방법 알기' 등.

▷ 우리가 알아야 할 것을 알기 위해 공부해야 할 교과가 무엇인지 찾기

 -『과학』,『수학』등.

▷ 교과서에서 필요한 내용 찾기

 - 각기둥에 대한 공부를 할 수 있게 도와줄 수 있는 교과가 무엇인지 생각하기
 -『수학』교과서에서 각기둥에 대해 알 수 있는 부분 찾기

각기둥에 대해 알기

> ↳ PBL 문제 해결하기 1
> 각기둥에 대해 알기

▷ 각기둥이 무엇인지 알기

- 『수학』교과서 29쪽에 제시된 각기둥의 정의를 읽기
- 『수학』교과서의 설명을 바탕으로 각기둥이 무엇인지 자신의 말로 정의하기
- 각기둥이 무엇인지에 대해 모둠별로 각자 생각한 정의에 대해 이야기를 나누고 하나의 정의로 표현하기

   예 '밑면 2개가 서로 평행하고, 밑면과 옆면이 서로 수직으로 만나는 입체도형' 등.

- 모둠별로 각기둥에 대해 생각한 내용을 정리하고 정리한 결과를 칠판에 붙이기
- 모둠별 발표 내용에서 반복적으로 나오는 내용끼리 모으기
- 모은 내용에서 오류가 없는지 찾기

도움이 되는 안내!

이 활동을 하였을 때 처음 학생들이 가져온 정의는 위와 같은 '밑면 2개가 서로 평행하고 밑면과 옆면이 수직으로 만나는 입체 도형'이었습니다. 여기에 교사가 만약 한쪽 밑면은 정사각형이고 다른 한쪽 밑면은 정삼각형이지만 2개는 평행 상태일 때 이것도 각기둥이 될 수 있는지 물었습니다. 그래서 학생들은 2개의 밑면은 반드시 합동이 되어야 한다고 결론을 내렸습니다. 여기에 교사는 만약 2개의 밑면이 합동이면서 평행인 원이라면 이것도 각기둥이 될 수 있는지 물었습니다. 그래서 학생들은 각기둥의 밑면은 반드시 다각형이어야 하며 합동·평행이 되어야 한다고 찾았습니다. 이처럼 학생들이 내린 정의에 위배되는 다른 예를 들어 각기둥에 대한 정의가 명확해질 수 있도록 도와주어야 합니다.

- 위의 내용을 바탕으로 각기둥이 무엇인지 정의 내리기

   예 '밑면이 서로 평행', '옆면이 반드시 직사각형', '밑면과 옆면은 수직', '밑면의 모양은 다각형', '밑면은 2개' 등.

▷ 각기둥의 성질 알기

- 알고 있는 각기둥 이름 말하기
- 각기둥의 이름은 어떻게 붙은 것인지 자신의 생각을 나누기
- 십이각기둥, 십팔각기둥, 이십사각기둥은 있을지에 대한 자신의 생각을 말하기

- 각기둥에서 모서리, 꼭짓점, 높이는 어떤 것인지 이해하기

↳ **PBL 문제 해결하기 2**
각기둥의 전개도 그리기

▷ 각기둥의 전개도 그리기

- 모둠별로 각각 삼각기둥, 사각기둥, 오각기둥, 육각기둥의 전개도를 그리기

↳ **PBL 문제 해결하기 3**
정글에서는 어떤 각기둥의 집을 지어야 할까?

▷ 어떤 각기둥으로 집을 지어야 하는지 의견 제시하기

- 만든 전개도로 각기둥 만들기
- 만든 각기둥으로 집을 짓는다고 생각하였을 때 어떤 장점과 단점이 있는지 생각하고 그 결과를 공책에 정리하기
- 모둠별로 생각을 공유하기
- 우리 모둠은 어떤 각기둥으로 집을 지을 것인지 결정하기

예 '삼각기둥이나 오각기둥은 비가 오거나 눈이 내려도 지붕이 기울어져 있어서 무게를 지탱할 수 있다.', '삼각기둥은 만들기가 쉽다.', '삼각기둥은 공간 활용도가 낮다.', '사각기둥은 공간 활동도가 높고 만들기가 쉽다.', '사각기둥은 비나 눈이 오면 무게를 이기지 못할 수도 있다.', '육각기둥은 가장 튼튼하지만 짓는 데 시간이 많이 걸릴 것이다.' 등.

<table>
<tr><td>6~7차시</td><td>**볼록 렌즈의 성질 알기**</td></tr>
</table>

> ↳ PBL 문제 해결하기 2
> 어떤 과학적 도구를 이용하여 불을 만들까?

▷ PBL 문제를 해결하는 도구 생각하기

- 과학 도구 중 불을 일으킬 수 있는 도구를 자유롭게 떠올리고 자신의 공책에 정리하기
- 생각한 내용을 공유하기

  예 '둥근 수조에 담긴 물', '돋보기', '알코올램프', '황(성냥의 머리에 붙어 있는 것)', '렌즈', '건전지', '유리 막대' 등.

도움이 되는 안내!

알코올램프나 황처럼 직접 불을 일으키는 물질은 제외할 수 있도록 해야 합니다. 위의 예시로 든 것은 모두 볼록 렌즈와 비슷한 성질을 가진 것들입니다.

▷ 불을 일으키기

- 떠올린 과학 도구 중 빨리 불을 일으킬 만한 도구를 모둠별로 선택하기
- 선택한 도구를 이용하여 불을 빨리 피울 수 있는 다른 재료 선택하기

예 '검은색 색종이', '마른 낙엽', '껌 종이(은박지)' 등.

- 재료와 도구를 활용하여 불 피우기

▷ 볼록 렌즈의 성질 알기

- 돋보기가 불을 빨리 일으키는 이유가 무엇인지 짐작하기

- 볼록 렌즈의 모양을 탐색하기

- 교과서의 내용을 참고하여 볼록 렌즈의 성질을 정리하기

더하기

학생들은 불을 일으킬 수 있는 과학 도구를 매우 다양하게 떠올렸으나, 교사가 '빨리' 불을 일으켜야 한다는 조건을 내걸자 모두 볼록 렌즈를 선택하였습니다. 다만 모둠별로 불을 붙일 재료는 다양하게 선택하였는데, 실제로 불 붙이기에서 검은색 색종이는 돋보기를 가져다 대자 바로 불이 붙었습니다. 마른 낙엽도 바로 불이 붙었습니다. 대체로 흰색 종이를 가져온 경우는 그보다 조금 늦게 불이 붙었습니다.

되짚기

- 각기둥이 무엇인지 알고 각기둥의 전개도를 그릴 수 있나요?
- 볼록 렌즈의 성질을 이해하고 있나요?

이 수업의 포인트

각기둥의 전개도를 정확하게 그릴 수 있어야 합니다.
볼록 렌즈의 성질을 이해하여야 합니다.

나는 초등 래퍼!

지구촌에 나타나는 여러 가지 환경 문제 알기 + 지속 가능한 미래를 만들기 위해 환경을 보존하는 방법 알기 + 주요 3화음 이해하기 = 나는 초등 래퍼!

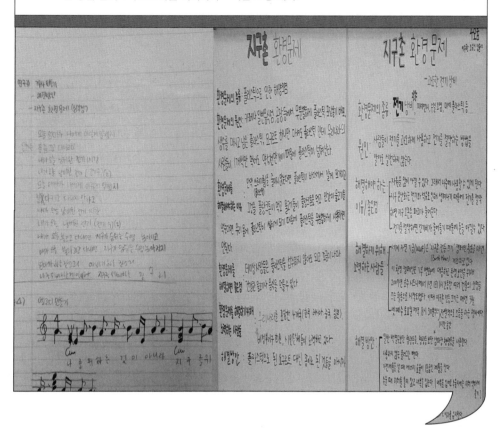

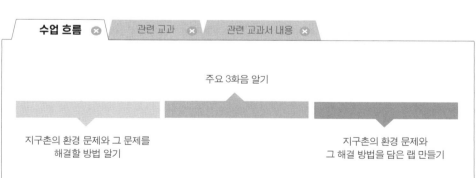

수업 흐름 ✕   관련 교과 ✕   관련 교과서 내용 ✕

주요 3화음 알기

지구촌의 환경 문제와 그 문제를 해결할 방법 알기

지구촌의 환경 문제와 그 해결 방법을 담은 랩 만들기

관련 교과	성취기준
사회	[6사08-05] 지구촌의 주요 환경 문제를 조사하여 해결 방안을 탐색하고, 환경 문제를 해결할 수 있도록 협력하는 세계 시민의 자세를 기른다.
음악	[6음02-01] 5~6학년 수준의 음악 요소와 개념을 구별하여 표현한다.

교과	학습 목표	쪽
사회	지구촌에서 나타나는 다양한 환경 문제 알기	138~149

PBL 문제

지금부터 초등 래퍼를 시작하겠습니다. 이번 경합은 '지구촌 환경 문제'를 주제로 곡을 만드는 것이었죠? 이번 경합은 사실 상당히 까다로웠어요. 지구촌 환경 문제를 주제로 하되, 주요 3화음이 들어가는 멜로디로 지구촌 환경 문제를 해결할 방안을 가사로 하는 곡을 만들 것. 이 고난도 경합이 어떻게 펼쳐질지 벌써부터 기대가 됩니다.

첫 번째 순서, 내가 초등 래퍼다! 당당히 출사표를 던진 드림 군입니다.

Hey Yo! 나는 래퍼. 초등 래퍼.
나는 지구촌 환경에 관심이 많지.
우리가 살아가는 지구. 우리가 오염시키고 있지.
우리가 만든 여러 가지 물건. 우리의 살 곳을 멍들게 하지.
이제부터 달라져야 해. 이제부터 바뀌어야 해.

멋진 무대였습니다. 다음 순서가 기대되네요. 다음 참가자 앞으로 나와 주세요.

PBL 문제 분석하기/ 지구촌에 대해 이해하기

> ↳ PBL 문제 분석하기
> 문제 1) 지구촌 환경 문제를 주제로 한 랩 만들기
> 문제 2) 주요 3화음이 들어가는 멜로디 넣기

▷ 문제를 읽고 내용 확인하기

- 문제 속 상황이 일어나는 장소가 어디인지 짐작하기
- 나는 문제 상황 속에 누구일지 짐작하기
  (다음 참가자/ 참가를 기다리고 있는 사람 등)
- 드림 군이 한 랩에서 지구촌 환경 문제는 무엇이고, 그 해결책은 무엇인지 밑줄 긋기

  예 '물건들이 우리 환경을 오염시키고 있다.', '지금부터 바뀌어야 한다.' 등.
- 드림 군의 랩은 높은 점수를 받을 수 있는지 예상하기

  예 '받기 어렵다. 환경 문제 중 어떤 문제인지 구체적으로 드러나지 않았고, 그 문제를 해결할 방법 역시 뚜렷하지 않기 때문이다.' 등.

▷ 우리가 해결해야 할 문제가 무엇인지 찾기

- 지구촌 환경 문제를 주제로 한 곡 만들기

▷ 이 문제를 해결하기 위해 우리가 알아야 할 것 분석하기

- 지구촌 환경 문제에 대해 알기
- 지구촌 환경 문제를 해결할 방법에 대해 알기
- 주요 3화음이 무엇인지 알기

▷ 우리가 알아야 할 것을 알기 위해 공부해야 할 교과가 무엇인지 찾기

- 『사회』, 『음악』 등.

▷ 지구촌이 무엇인지 생각하기

- 지구와 지구촌은 어떻게 개념이 다를지 자신의 생각 말하기

  예 "지구는 우리가 살고 있는 이 지구, 그러니까 행성을 이야기하는 것이고, 지구촌은 사람들이 사는 곳을 말하는 것이다.", "사람들끼리의 친분이나 가깝다는 것을 드러내기 위해서 지구촌이라는 말을 쓰는 것 같다." 등.

- 지구촌에 대해 어떻게 배웠는지 기억 떠올리기

  예 '우리가 사는 지구가 하나의 마을 같다고 해서 붙여진 이름이다.'

- 왜 지구가 하나의 마을 같다고 하였을지 그 이유 생각하기

  예 '교통이 발달해서 어디든 하루 만에 갈 수 있기 때문이다.', '지구가 하나의 마을처럼 서로가 서로에게 긴밀하게 연결되어 있기 때문이다.' 등.

▷ 지구촌의 문제가 어떤 영향을 미칠지 생각하기

- 한 나라에서 일어난 문제가 다른 나라에 어떤 영향을 끼치는지 예를 들어 생각하기

  예 '코로나19로 인해 모두 힘들 때 전 세계가 이 문제를 해결하기 위해 서로 노력하고, 가난한 나라에도 백신을 공급하기 위해 서로 협약을 맺기도 하였다.', '중동에서 전쟁이나 여러 가지 불안한 요소가 있으면 그로 인해 전 세계의 석유 가격이 변동한다.' 등.

- 위와 같은 영향을 고려하여 지구촌의 문제에 우리가 적극 나서야 하는 이유 생각하기

  예 '지구가 하나로 연결되어 있어서 한 나라의 문제가 단지 그 나라의 문제로 끝나지 않고 다른 나라에 영향을 줄 수 있기 때문에, 지구촌에서 일어나는 문제에 우리 모두 관심을 가지고 적극 대응해야 한다.' 등.

지구촌 환경 문제 조사하기

↳ 조사하기
지구촌에는 어떤 환경 문제가 있을까?

▷ 지구촌 환경 문제 조사 계획 세우기

- 어떤 내용에 대해 조사할지 발표하기

  예 '지구촌 환경 문제', '그 문제가 일어난 이유', '그 문제가 끼치는 피해', '그 문제를 해결할 수 있는 방안' 등.

- 지구촌 환경 문제에 영향을 끼치는 것이 무엇인지 교과서에서 살펴보기

- 살펴본 내용과 내가 이미 알고 있는 내용을 바탕으로 무엇에 대해 조사할지 모둠별로 나누기

  예 '비닐봉지, 빨대와 같은 플라스틱', '초미세먼지' 등.

▷ 지구촌 환경 문제 조사하기

- 휴대폰, 태블릿 PC, 책 등을 이용하여 요즘 가장 심각하게 대두되고 있는 지구촌 환경 문제에 대해 조사하기

> **도움이 되는 안내!**
>
> 조사 학습을 할 때에는 조사해야 할 내용이나 범위가 체계적으로 정리되어야 합니다. 비닐봉지가 지구촌 환경 문제에 영향을 끼치고 있다면 왜 비닐봉지가 문제가 되는지(단순히 비닐봉지가 많아서가 아니라 1초에 전 세계적으로 사용되는 비닐봉지의 양은 어느 정도이지만, 이것이 썩는 데에는 어느 정도의 시간이 걸려 실제로 비닐봉지의 처치가 곤란하다는 것), 어떠한 점에서 비닐봉지가 지구촌 환경에 큰 문제를 일으키는지 등에 대해 조사할 수 있도록 사전에 어떤 부분을 조사해야 할지 수업 시간에 의논해야 합니다.

- 조사한 내용 정리하기
- 조사한 내용 발표하기

주요 3화음 알기

> ↳ 주요 3화음에 대해 알기
> 주요 3화음은 무엇일까?

▷ 3화음이 무엇인지 알기

- 『음악』교과서에서 3화음에 대해 알려 주는 부분을 찾아보고 3화음에 대해 자신이 이해한 바를 발표하기(3화음이란 어떤 한 음을 기준으로 그 음 위로 간격이 3칸씩 벌어지게 음을 두 번 쌓아 만든 화음을 말한다.)
- 3화음이 되게 화음 만들어 보기

▷ 주요 3화음이 무엇인지 알기

- 음악 교과서에서 주요 3화음에 대해 알려 주는 부분을 찾아보고 주요 3화음에 대해 자신이 이해한 바를 발표하기
   예 "주요 3화음이란 어떤 조성이든 상관없이 음계의 첫 번째, 네 번째, 다섯 번째 음이 기본음이 되고 그 위로 3도씩 음을 2개 쌓아 만든 화음이다."
- 각 조성에서 주요 3화음이 되게 화음 만들어 보기

▷ 주요 3화음으로 소리 내기

- 모둠별로 주요 3화음의 음을 나누어 소리 내어 화음 만드는 연습하기

랩 만들기

> ↳ PBL 문제 해결하기
> 지구촌 환경 문제와 그 해결 방안을 가사로 담고 주요 3화음을 넣은 가락을 만들어 랩 만들기

▷ 랩의 특징 알기

   - 우리가 흔히 듣는 랩에는 어떤 것이 있는지 소개하기

   - 그 랩의 공통적인 요소를 찾기

   (반복되는 가사가 있거나 반복되는 음절이 있도록 하는 것)

▷ 지구촌의 환경 문제와 그 문제를 해결할 수 있는 방안을 랩으로 만들기

   - 지구촌 환경 문제와 해결 방안이 드러나게 가사 짓기

   - 각자 지은 가사를 모둠별로 소개하고, 그중에 하나를 선택하기

   - 선택한 가사를 랩의 특징이 드러나게 바꾸기

   - 지은 가사에 리듬을 붙이기

   - 지은 가사 중 주요 3화음을 붙일 부분을 찾아보고, 그 부분에 주요 3화음을 붙이기

▷ 랩 연습하기

   - 정확한 리듬과 발음으로 노래할 수 있도록 연습하기

도움이 되는 안내!

실제 수업에서 아이들은 처음에는 몹시 부끄러워하였으나 연습 시간이 많아질수록 자신감이 붙었고, 좀 더 랩답게 표현하려고 노력하였습니다.

▷ 심사 기준 정하기

   - 내가 만약 PBL 문제 속 심사위원이라면 나는 어떤 팀에게 높은 점수를 줄 것인지 기준 정하기

   - 자신이 만든 기준 발표하기

   - 반 전체 토의를 통해 발표한 기준 중에서 기준으로서 알맞은 것과 그렇지 않은 것을 구별하기

   - 기준 확정하기

심사 기준을 각자 정해 보게 하였을 때, '모둠원끼리 조화로운지', '적극적으로 잘 발표하는지', '독창적인지' 등 여러 가지 기준이 나왔습니다. 그 기준 가운데에 PBL 문제와는 부합하지만 심사에 어려움이 있을 것 같은('모둠원들과의 조화' 등) 기준은 제외하였습니다. 그 결과 심사 기준으로 '적극적으로 발표하는지', '주요 3화음의 어울림이 잘 드러나는지', '지구촌 환경 문제가 잘 드러나고 그것의 해결 방안이 우리가 실천할 수 있는 것인지' 등이 선정되었습니다.

▷ 만든 랩 발표하기

- 주요 3화음이 잘 드러나는지 생각하며 연습하기
- 다른 친구들 앞에서 발표하기, 발표를 듣는 친구들은 심사 기준을 생각하며 평가하기
- 최우수 래퍼 팀 뽑기

더하기

이 PBL에서 다루는 음악과의 교육 내용은 '주요 3화음'입니다. 교육과정에서는 주요 3화음을 초등학교 5~6학년군에서 다루는 음악 요소와 개념이라고 보았습니다. 그러므로 출판사에 따라서는 이 내용을 5학년에서 다루기도 합니다. 만약 학교에서 채택한 음악 검인정 교과서가 주요 3화음을 5학년에서 다룰 경우, 이 PBL에서는 다른 음악적 요소를 활용하여 재구성해도 됩니다.

되짚기

지구촌의 환경 문제에 대해 알고 있나요?
지구촌 환경 문제를 해결하기 위해 내가 노력할 부분을 말할 수 있나요?
주요 3화음을 설명할 수 있나요?

이 수업의 포인트

일회용품과 화석 연료의 지나친 사용 등으로 지구촌에 다양한 환경 문제가 발생하고 있습니다.
음계의 첫번째, 네 번째, 다섯번째 음이 기본음이 되고 그 위로 3도씩 음을 두 개 쌓아 만든 화음을 주요 3화음이라고 합니다.

07

광고는 왜 그래?

비례식의 성질 알기 + 비례식을 활용하여 실생활의 문제 해결하기 + 광고에 나타난 표현의 적절성 판단하기 = 광고는 왜 그래?

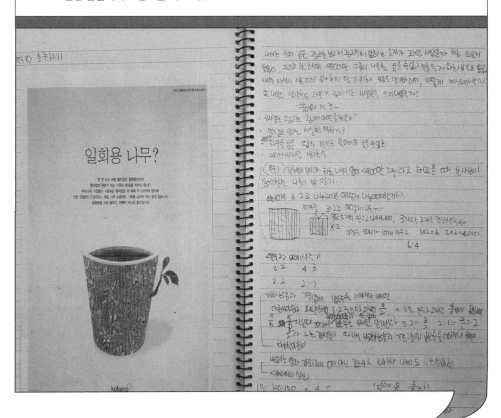

| 수업 흐름 | 관련 교과 | 관련 교과서 내용 |

광고의 표현 특성 이해하기

비례식의 성질 알기

광고에 나타난 표현의 적절성 파악하기

관련 교과	성취기준
수학	[6수04-04] 비례식을 알고, 그 성질을 이해하며, 이를 활용하여 간단한 비례식을 풀 수 있다.
국어	[6국02-04] 글을 읽고 내용의 타당성과 표현의 적절성을 판단한다.

교과	학습 목표	쪽
수학	비례식의 성질을 알고 비례식 활용하기	72~81
국어	광고에 나타난 표현의 적절성 살펴보기	252~257

PBL 문제

드림이는 왼쪽의 광고에서 말하는 숫자가 너무 커서 깜짝 놀랐다. 도대체 우리 국민 한 사람이 어느 정도의 나무를 심어야 한 해에 4800만 그루의 나무를 심을 수 있을까 하는 걱정도 들었다. 하지만 드림이의 언니는 드림이의 생각을 비웃으며, 이 정도는 한 해 동안 충분히 심는다고 말하였다.

드림이는 언니의 말을 믿을 수 없었다. 언니의 말이 틀렸다는 것을 증명하려면 무엇을 알아야 하며, 어떻게 계산해야 할까? 만약 언니의 말이 사실이라면 저 광고는 왜 저렇게 표현한 것일까?

PBL 문제 분석하기

▷ 광고 파악하기

- 광고를 글과 그림으로 나누어 보기

- 광고에서 표현한 그림은 무엇을 나타낸 것인지 찾기

  예 '커피가 종이컵에 담긴 모습을 표현하고 있음.'

- 종이컵이라는 것을 어떻게 알 수 있었는지 설명하기

  예 "컵 안쪽 부분이 흰색이고 컵 테두리가 둥글게 말려 있는 것으로 보아 종이컵임을 알 수 있음."

- 광고에서 표현한 그림의 겉모습은 무엇을 나타낸 것인지 생각하기

  예 '한 그루의 나무를 표현한 것임.' 등.

- 광고의 그림이 표현한 것이 무엇인지 자신의 생각 말하기

  예 "나무로 종이컵을 만든다는 것을 표현한 것이다.", "우리가 쓰는 종이컵은 나무를 베어 만든 것이라는 점을 드러내고 있다.", "우리가 종이컵을 쓰지 않으면 나무가 더 자랄 수 있다는 것을 의미한다." 등.

- 광고의 제목이 의미하는 것이 무엇인지 자신의 생각 말하기

  예 "우리가 쓰는 종이컵은 나무로 만든 것인데, 한 번 쓰고 종이컵을 버림으로써 우리가 애써 키운 나무를 일회용으로 만들어 버리고 있다는 것이다." 등.

- 우리나라의 종이컵 사용량에 대해 정리하기

  예 '한 해에 약 120억 개 정도 사용함.'

- 우리나라에서 한 해 동안 사용하는 종이컵을 생산하기 위해 얼마만큼의 자원이 필요한지 정리하기

예 '나무 4800만 그루를 20년 동안 자라게 해야 한다.' 등.

▷ PBL 문제를 읽고 내용 확인하기

　- 드림이가 광고를 보고 놀란 이유 찾기

　- 드림이의 언니와 드림이의 생각이 어떻게 다른지 찾기

▷ 우리가 해결해야 할 문제가 무엇인지 찾기

　- 광고에 제시된 수가 정말 우리가 해결할 수 없을 정도로 많은 양인지 확인
　　하기

▷ 이 문제를 해결하기 위해 우리가 알아야 할 것 분석하기

　- 우리나라 전체 국민을 대상으로 하였을 때 광고에서 말하는 우리나라 사람
　　들이 쓰는 종이컵의 양과 이산화탄소 배출 양, 그리고 심어야 하는 나무의
　　수는 얼마나 되는지 알기

　- 만약 많은 양이 아니라면 이 광고는 왜 이렇게 표현한 것인지 알기

▷ 우리가 알아야 할 것을 알기 위해 공부해야 할 교과가 무엇인지 찾기

　-『수학』,『국어』등.

2~8차시　광고에 나타난 숫자 확인하기

↳ 비의 성질 알기
　비례식의 성질 알기

▷ 제시된 문제를 통해서 비의 성질을 추측하기

> 철수와 민수가 각각 돈을 투자하여 공장을 차렸다. 철수는 300만 원을 투자하였고, 민수는 700만 원을 투자하였다. 공장을 차린 후 첫 해 100만 원의 이익이 생겼다. 철수와 민수가 어떻게 나누어 가져야 공정하게 가지는 것일까?

- 위 문제를 보고 각자 자신의 생각을 공책에 정리하기
- 자신은 철수와 민수가 이익금을 어떻게 나누어 가져야 한다고 생각하였는지 발표하기

  예 "똑같이 나누어 가져야 한다. 왜냐하면 둘이 공동으로 투자하였기 때문이다.", "철수가 30만 원, 민수가 70만 원을 가져야 한다. 왜냐하면 투자 금액이 다르기 때문이다." 등.

- 철수가 30만원, 민수가 70만원을 나누어 가져야 한다고 하였을 때, 이것을 식으로 나타내기

  예 '300:700=30:70' 등.

- 위의 식과 동일한 식을 또 만들 수 있는지 생각해 보고, 같은 식을 만들 수 있다면 만들어 보기

  예 '300:700=3:7' 등.

- 위의 식에 나타난 숫자가 어떻게 바뀌었는지 살펴보고 이를 통해 알 수 있는 비의 성질 추측하기

  예 '300:700=30:70', '300:700=3:7' 등.
  ('앞에 있는 두 수를 각각 10으로 나누면 뒤에 있는 두 수가 나온다.' 등.)

▷ 개념 익히기
- 비로 나타내었을 때 기호 ':' 앞에 있는 것을 '전항'이라고 하고, 뒤에 있는 것을 '후항'이라고 함을 알기
- 비례식으로 나타내었을 때 바깥쪽에 있는 항을 외항, 안쪽에 있는 항을 내항이라고 함을 알기
- 전항과 후항의 개념을 이용하여 비의 성질 정리하기

(전항과 후항에 0이 아닌 같은 수를 곱하거나 나누어도 비율은 같다.)

▷ 비례식의 성질 알기

- 내항과 외항 사이의 관계 알기

(내항끼리의 곱과 외항끼리의 곱은 같다.)

- 내항끼리의 곱이 외항끼리의 곱과 같은 이유 찾기

A:B=C:D라고 하였을 때, A:B를 비율로 나타내면 $\frac{A}{B}$이고 C:D를 비율로 나타내면 $\frac{C}{D}$가 된다. 따라서 A:B=C:D는

$\frac{A}{B} = \frac{C}{D}$가 되는데

분모를 없애기 위해 양변에 B와 D를 곱하면

$\frac{A}{B} \times B \times D = \frac{C}{D} \times B \times D$

A×D=C×B 가 된다.

↳ PBL 문제 해결하기
비례식의 성질을 이용하여 광고 속의 수치 계산하기

▷ 광고 속의 수치에 대해 평가하기

- 광고에 나타난 우리나라 사람들이 한 해 동안 사용하는 종이컵의 양을 한 사람이 한 해 동안 사용하는 종이컵의 양으로 계산하기 위해 비례식 세우기

> **도움이 되는 안내!**
>
> '국가통계포털'을 TV 화면으로 보여 주고 현재 우리나라 인구가 얼마인지 확인해 보도록 하였습니다. 우리나라 인구수는 5178만 명 정도이나 계산의 원활성을 위해 5000만 명으로 하는 것이 적당하다는 의견을 수렴하여 계산하였습니다.

120억 개:5000만=□:1

- 계산 결과 발표하기

  예 "한 사람이 한 해 동안 사용하는 종이컵은 240개이다."

- 위에 나온 계산을 이용해 우리나라 사람들이 한 달에 쓰는 종이컵의 양은 얼마인지 계산하기

  예 '우리나라 사람들은 한 사람당 한 달에 종이컵 20개를 사용한다.'

- 광고에 나타난 우리나라 사람들이 한 해 동안 심어야 하는 나무의 양을 한 사람이 한 해 동안 심어야 하는 나무의 양으로 계산하기 위해 비례식 세우기

  예 4800만 그루:5000만=□:1

- 계산 결과 발표하기

  예 "한 사람이 한 해 동안 0.96그루의 나무를 심어야 한다."

▷ 계산 결과에 대하여 이야기를 나누기

- 한 사람이 한 달에 종이컵 20개를 사용하는 것이 과할 정도로 종이컵을 많이 사용하는 것인지 자신의 의견 말하기

- 우리나라 사람이 1년에 나무 한 그루를 심는 것이 과할 정도로 힘든 일인지 자신의 의견 말하기

- 이 광고를 처음 보았을 때의 120억 개, 13만 2000톤, 4800만 그루의 느낌

과 계산을 하고 나서의 지금의 느낌이 어떻게 다른지 발표하기

> 예 "처음에는 수가 너무 커서 정말 우리가 종이컵을 많이 사용하고 있고 그래서 나무의 소비가 엄청나다고 느꼈는데, 막상 우리나라 전체 국민의 수로 나누어 계산해 보니 내가 처음 느꼈던 것만큼 많이 쓰고 있다는 느낌은 들지 않았습니다." 등.

9~10차시 광고의 표현 특성 알기

> ↳ PBL 문제 해결하기
> 광고는 왜 저렇게 표현하는 것일까?

▷ 광고의 표현 특성에 대해 알기

- 광고에서 수를 크게 표현한 이유에 대해 자신의 생각을 말하기

  > 예 "수를 크게 표현함으로써 대단히 많은 나무가 쓰이고 있고 대단히 많은 양의 종이컵이 사용되고 있다는 것을 강조하여 우리에게 경각심을 불러일으키려고 합니다." 등.

- 광고가 그러한 표현을 하는 이유에 대해 자신의 생각을 말하기

  > 예 "지면 광고는 종이의 면적이 한정되어 있고 영상 광고는 방송되는 시간이 한정되어 있기 때문에 짧은 시간에 사람들의 관심을 끌려면 강한 인상을 남길 수밖에 없기 때문입니다." 등.

- 『국어』 교과서 252쪽 광고를 보면서 보는 사람에게 깊은 인상을 남기기 위해 사용한 방법 찾기

▷ 광고에 나타난 표현이 적절한지를 파악해야 하는 이유 알기

- 『국어』 교과서 254~255쪽에 제시된 광고를 보면서 보는 사람에게 깊은 인상을 남기기 위해 사용한 방법이 무엇인지 찾기

- 이 광고에 나타난 표현이 적절한지 파악하기
- 위와 같은 공부가 필요한 이유 알기

더하기

이 PBL 문제는 광고에 나타난 표현의 적절성을 수학적 사실 확인을 통해 이해하는 과정으로 설계하였습니다. 교과서에서는 광고를 살펴보면서 과장하거나 감추는 내용이 있는지를 찾아보는 활동이 제시되어 있습니다. 그러나 제가 다루었던 이 PBL에서는 이 부분을 중점적으로 다루지 않았습니다.

모든 광고는 내용을 과장하거나 감추는 경향이 있습니다. 왜냐하면 광고는 지면상, 시간상 제약을 받기 때문입니다. 중요한 것은 우리에게 광고가 어떤 의미를 가지는가 하는 점을 이해해야 한다는 것입니다. 광고는 우리에게 어떠한 생각, 물건, 서비스를 가지거나 사도록 유도하는 목적으로 만들어졌습니다. 그러므로 우리는 광고에서 말하는 생각, 물건, 서비스와 같은 것들을 '사겠는가?'(혹은 '가지겠는가?'), 아니면 '사지 않겠는가?'를 결정해야 합니다. 그것은 이 광고에 과장이 있는가 없는가를 살피는 것보다 더 중요합니다. 앞서 언급한 것처럼 모든 광고에는 과장이 있고 감추는 사실이 있기 때문입니다. 이 PBL은 그러한 교육 목적을 전달하기 위해 설계하였으므로, 이 수업을 진행하실 때에는 이 점을 고려하여야 합니다.

되짚기

비례식의 성질을 이해하고 있나요?
광고의 표현 특성에 대해 설명할 수 있나요?

이 수업의 포인트

비례식에서 내항과 외항의 곱은 서로 같기 때문에 비례식을 이용한 문제를 해결하기 위해서는 이와 같은 성질을 이용해야 합니다.
광고는 짧은 시간에 상대방을 설득하는 것이 목적이므로 상대방이 쉽게 설득당할 수 있는 장치를 마련하는데, 그것을 표현 특성이라고 부릅니다.

08

외계인이 살고 싶은 곳은 지구의 어느 나라일까요?

세계 여러 나라의 위치, 기후, 생활 모습 알기 + 태양의 남중 고도 알기 = 외계인이 살고 싶은 곳은 지구의 어느 나라일까?

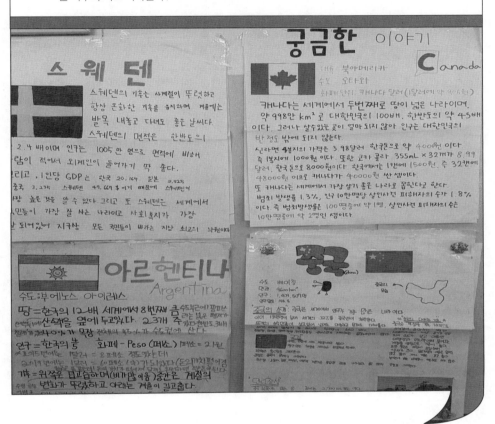

수업 흐름 ✕   관련 교과 ✕   관련 교과서 내용 ✕

세계 여러 나라에 대해 조사하기

태양의 남중 고도 알기   외계인이 살 만한 나라 추천하기

관련 교과	성취기준
사회	[6사07-03] 세계 주요 기후의 분포와 특성을 파악하고, 이를 바탕으로 기후 환경과 인간 생활 간의 관계를 탐색한다. [6사07-04] 의식주 생활에 특색이 있는 나라나 지역의 사례를 조사하고, 이를 바탕으로 인간 생활에 영향을 미치는 여러 자연적·인문적 요인을 탐구한다.
과학	[6과14-01] 하루 동안 태양의 고도, 그림자 길이, 기온을 측정하여 이들 사이의 관계를 찾을 수 있다. [6과14-02] 계절에 따른 태양의 남중 고도, 낮과 밤의 길이, 기온 변화를 설명할 수 있다.

교과	학습 목표	쪽
사회	세계 여러 나라의 위치, 기후, 생활 모습 알기	21~76
과학	태양의 남중 고도, 그림자 길이, 기온의 관계 알기	38~45

PBL 문제

어느 날 드림이에게 외계인 대표가 찾아와 우주가 더러워서 더 이상 살 수 없다며, 지구에서 외계인이 살 만한 나라가 어디인지 알려 달라고 하였다. 외계인 대표는 외계인마다 성향이 다르다고 하면서, 외계인이 지구에 정착하기 위해서는 각 나라별 기후와 자연환경, 생활 모습 등과 같은 정보가 꼭 필요하기 때문에 이를 알려 달라고 부탁하였다. 외계인 대표가 특별히 더 부탁한 것이 하나 더 있었다. 바로 태양의 남중 고도를 알려 달라고 하였는데 이는 태양 주변의 행성에 살았던 외계인을 위해서라고 하였다.

드림이가 조사한 내용을 외계인 회의실로 보내면 같은 행성에 사는 외계인끼리 토론을 거쳐 살 곳을 최종적으로 정한다고 하였다. 드림이는 과연 어떤 나라가 외계인이 살기에 적합하다고 생각하였을까?

▷ 은하에 대해 알기

　- 은하가 무엇인지 알고 있는 지식을 활용하여 발표하기

　　예 '우주에 있는 것', '우리 은하라는 말이 있음', '여러 개의 별이 모여 있음' 등.

　- 은하에 대해 조사하기

　　예 '우주를 이루는 기본 단위', '우리 은하 속에 태양과 지구가 있음', '우리가 알지 못하는 은하가 더 많음' 등.

▷ 문제를 읽고 내용 확인하기

　- 외계인 대표가 더 이상 외계에서 살 수 없다고 한 이유 찾기

　- 외계인 대표가 외계인에게 꼭 필요한 정보가 무엇이라고 하였는지 찾기

▷ 우리가 해결해야 할 문제가 무엇인지 찾기

　- 외계인이 살기에 적합한 나라를 정하고 그 나라에 대해 자세히 소개하기

▷ 이 문제를 해결하기 위해 우리가 알아야 할 것 분석하기

　- 세계 여러 나라의 위치, 기후, 생활 모습 알기

　- 태양의 남중 고도가 무엇인지 알기

　- 나라마다 태양의 남중 고도가 어떻게 다른지 알기

▷ 우리가 알아야 할 것을 알기 위해 공부해야 할 교과가 무엇인지 찾기

　- 『사회』, 『과학』 등.

남중 고도에 대해 알기

↳ 남중 고도가 무엇인지 알기
각 나라별 기후를 알려면 무엇을 알아야 할까?

▷ 나라별 기후를 알기 위해 알아야 할 것 찾기

- 외계인에게 필요한 것들 중 기후에 대해 알려 주려면 무엇에 대해 알아야
  하는지 생각하기
  예 '나라별 기후를 소개해 놓은 자료를 활용한다.' 등.
- 해외여행을 하면서 알려진 기후와 실제의 기온이 달랐던 경험 이야기하기
  예 "블라디보스토크에 갔었는데, 거기는 우리나라의 한여름에 엄청 시원
  하다고 하였는데 우리가 여행을 간 날은 비가 온 뒤여서 엄청 추웠다.
  초겨울 같은 날씨였기 때문에 한여름의 시원하다는 말은 너무 맞지 않
  았다.", "한겨울에 대만에 갔었는데 거기는 한겨울에 포근하다고 하였
  지만 우리가 여행을 간 날은 날씨가 너무 좋아 한여름 같은 날씨였다."
  등.
- 해외여행을 갈 때 날씨에 대한 어떤 정보가 도움이 될지 이야기하기
  예 "'따뜻하다', 혹은 '시원하다' 보다는 '평균 기온이 얼마'이고, '날씨가 좋
  을 때는 몇 ℃, 날씨가 나쁠 때는 대체로 몇 ℃ 정도이다'와 같은 온도
  수치가 있으면 도움이 될 것 같다." 등.

▷ 교과서에서 필요한 내용 찾기
- 나라별 기후를 짐작할 수 있는 개념에 대해 찾기

학생들에게 찾아보라고 한 후 10분 정도 시간을 부여해도 제대로 알지 못한다면 『과학』교과서에서 찾아보라고 바로 지시할 수 있습니다.

- 『과학』 교과서에서 이 부분에 대해 알려 주는 내용 찾기

▷ 태양의 고도가 무엇인지 알기

- 『과학』 교과서 44쪽 그림을 보면서 태양의 높이에 따라 그림자의 길이와 온도가 어떻게 달라지는지 추측하기

  예 "전등의 높이가 높으면 전등의 빛이 넓은 면적으로 흩어지지 않기 때문에 기온이 올라갑니다. 전등의 높이가 높기 때문에 그림자의 길이는 짧습니다. 반면 전등의 높이가 낮아지면 넓은 면적을 비추기 때문에 온도가 그만큼 낮아지고 그림자의 길이는 길어집니다." 등.

- 태양의 고도와 전등의 높이의 관계 이해하기

  예 "전등이 태양을 의미하므로 전등의 높이는 곧 태양의 높이를 의미합니다."

- 태양의 고도가 무엇인지 이해하기

  예 "태양의 고도는 태양의 높이를 의미합니다."

▷ 태양의 고도를 재는 방법 이해하기

- 『과학』 교과서 38쪽 실험을 보면서 태양의 고도를 어떤 방법으로 측정하는지 이해하기

  예 "태양은 너무 멀리 있기 때문에 태양의 높이를 정확하게 측정할 수 없습니다. 하지만 태양의 높이에 따라 그림자의 길이가 달라진다는 점을 이용하면 태양의 고도를 짐작할 수 있습니다. 『과학』 교과서 38쪽에는 막대기를 세워 놓고 그 막대기의 그림자가 지표면과 이루는 각을 재어 태양의 고도를 잽니다."

- 시간대별로 태양의 고도 측정하기

  (운동장이나 마당 등 햇빛이 잘 드는 곳을 골라 시간대별로 막대기 그림자 길이와 그림자와 지표면이 이루는 각 재기)

- 실험의 결과로 태양의 고도가 시간대별로 어떻게 달라졌는지 발표하기

  예 "오전 9시보다 낮 12시에 그림자의 길이가 훨씬 짧고, 지표면과 이루는 각도 큽니다. 온도도 훨씬 높습니다." 등.

> ↳ 남중 고도가 무엇인지 알기
> 태양의 남중 고도를 통해 알 수 있는 점은 무엇일까?

▷ 태양의 남중 고도에 대해 알기

- '남중'의 의미 짐작하기

- 『과학』 교과서를 참고하여 태양의 남중 고도의 의미를 이해하기

  (태양이 정남쪽에 위치하였을 때 태양의 높이를 태양의 남중 고도라고 합니다.)

- 태양이 남중하였을 때의 그림자 길이, 태양의 고도, 온도에 대해 이야기하기

  예 "태양이 남중하였을 때 그림자 길이는 가장 짧고, 태양의 고도는 가장 높습니다. 온도도 가장 높습니다."

- 태양이 남중하였을 때와 기온이 가장 높을 때의 시간 차이가 나는 이유 설명하기

  예 "태양이 남중하였을 때 가장 많은 빛이 들어오기 때문에 온도가 높아지는 것은 사실이나 지구라는 큰 덩어리가 달구어지는 데에는 시간이 필요하기 때문에 태양이 남중하였을 때보다 약 2시간 정도가 지난 오후 2시 30분쯤 온도가 가장 높습니다."

▷ 각 나라의 태양의 남중 고도 짐작하기

- 지구본을 보면서 태양의 남중 고도가 높은 지역이 어디일지 짐작하기

예 "적도 부근일수록 태양의 남중 고도가 높고 극지방일수록 태양의 남중 고도가 낮습니다."

- 태양의 남중 고도에 따라 지구 각 나라의 기온에 대해 이야기를 나누기

예 "적도로 갈수록 덥고 극지방으로 갈수록 춥다." 등.

4~10차시 | 세계 여러 나라에 대해 알기

↳ **대륙별 나라 알기**
각 대륙에는 어떤 나라가 있을까?

▷ 세계에는 어떤 나라가 있는지 살펴보기

- 세계 지도를 보면서 각 대륙별로 어떤 나라가 있는지 살펴보기
- 러시아는 유럽과 아시아 중 어느 대륙에 속한 나라로 분류되는지 이야기를 나누기

▷ 세계 여러 나라에 대해 알고 있는 사실을 이야기하기

- 학습지를 이용하여 내가 잘 알고 있다고 생각되는 나라에 대해 소개 자료 만들기

도움이 되는 안내!

나라의 위치와 크기, 문화, 민족, 유명한 문화유산, 자연환경 등 여러 가지 범주를 미리 제시해 주거나 일부만 제시하고 나머지 일부의 범주는 학생들이 채우도록 하는 학습지를 이용하면, 앞으로 세계 여러 나라에 대해 조사할 때 어떤 범주로 나누어 조사해야 하는지 짐작할 수 있습니다.

▷ 조사해야 할 대상과 내용에 대해 알기

- 세계 여러 나라 중 어떤 나라에 대해 조사할 것인지 정하기

> **도움이 되는 안내!**
>
> 모둠별로 한 나라를 정하기보다 각자 한 나라를 정해 그 나라에 대해 조사하면 더 많은 나라에 대해 알 수 있습니다. 실제 수업에서 저는 한 사람이 한 나라를 조사하도록 하였는데, 분단별로 대륙을 정해 주고 그 대륙에서 한 나라를 정하도록 하였습니다. 그래서 서로 조사 나라가 겹치지 않도록 하였습니다.

- 조사할 나라의 어떤 부분을 조사해야 하는지 이야기를 나누기
- 조사할 때 유의점 알기

  (조사한 내용을 그대로 옮기지 않고 내가 이미 알고 있는 내용이나 사실과 비교하여 설명하면 읽는 이가 더 잘 이해할 수 있음. 가령 나라의 크기는 우리나라의 몇 배, 우리나라 제주도의 몇 배와 같이 우리가 이미 알고 있는 내용과 관련지어 설명할 것.)

▷ 도서관에서 필요한 자료 찾기

- 학교 도서관에서 내가 조사하려는 나라에 대해 소개한 책을 찾아 필요한 정보를 정리하기

학교 도서관에서 자료를 찾을 시간을 주는 이유는 조사하기 활동과 관련이 있습니다. 수업 중엔 대체로 인터넷 자료를 많이 활용하지만 기본적인 자료 조사 활동은 도서를 전제로 합니다. 도서관에서 필요한 자료를 찾는 활동은 2~3시간 정도의 시간을 주어야 하며, 관련한 도서를 찾기 전 책의 제목, 목차, 색인 등을 이용하여 원하는 자료가 있는지 확인하는 방법을 안내해야 합니다.

- 찾은 정보 중에서 더 찾아야 하거나 내용에 대한 이해가 잘되지 않는 부분을 메모해 두기

▷ 인터넷에서 필요한 자료 찾기
 - 학교 도서관에서 찾은 내용 중 더 보충해야 할 내용을 찾기
 - 내가 조사하려는 나라에 대해 더 자세히 알고 싶은 것이 무엇인지 생각하며 인터넷에서 필요한 자료 찾기

▷ 찾은 정보를 비판적으로 검토하기
 - 자신이 찾은 자료를 모둠 친구들과 돌려 읽기를 한 후 더 필요하다고 생각되는 자료나 궁금한 점이 있다면 공책에 메모하기

▷ 인터넷에서 필요한 정보를 추가하여 찾기
 - 모둠 친구들이 더 알고 싶다고 하였거나 내가 살펴보았을 때 더 필요하다고 생각되는 내용을 중심으로 다시 정보 찾기

▷ 찾은 정보 정리하기
 - 이젤 패드를 이용하여 내가 찾은 나라에 대해 알게 된 점이나 소개하고 싶은 내용을 정리하기

찾은 자료가 우리의 배경 지식을 활성화시키지 못하는데도 학생들은 찾은 자료를 그대로 정리하는 경향이 있습니다. 그래서 저는 다음과 같은 질문을 통해 우리가 이해하기 쉽게 자료를 정리하라고 하였습니다.

(아르헨티나의 소고기 값이 싸다고 조사한 학생에게)
-소고기 값이 얼마나 싸다는 거지? 가령 우리나라에서 등심 600g에 3만 원 정도 한다면 아르헨티나에서는 얼마 정도 한다는 거지?

(나라의 크기가 여의도만 하다고 조사한 학생에게)
-여의도는 어느 정도의 크기지? 우리가 살고 있는 도시의 어떤 것과 비교하면 그 크기를 짐작할 수 있지?

(연평균 기온이 25℃로 포근하다고 조사한 학생에게)
-연평균 기온은 1년 동안의 평균 기온을 말하는 것인데, 한겨울에는 영하 20℃고 한여름에는 45℃이면 연평균 기온이 25℃가 되는데 이래도 포근한 건지?)

- 정리한 내용을 교실 벽에 게시하기

▷ 친구가 찾은 나라에 대해 자세히 공부하기
  - 교실 벽에 게시된 자료를 읽으면서 그 나라에 대해 알게 된 점을 메모하기
  - 교실 벽에 게시된 자료를 읽으면서 궁금하거나 이상한 점을 메모하기

조사한 나라에 대해 별도의 발표 시간을 제공하지는 않았습니다. 쉬는 시간이나 점심시간, 아침 시간을 이용하여 자유롭게 살펴보면서 궁금한 점이나 이상한 점을 메모하도록 하였습니다.

외계인이 살기에 적합한 나라 추천하기

> ↳ PBL 문제 분석하기
> 외계인이 살기에 적합한 나라는 어디일까?

▷ 외계인이 살기에 적합한 나라 추천하기

- 내가 만약 외계인이라면 어떤 나라에서 살고 싶은지 이야기를 나누기
- 내가 만약 우리나라를 떠나 여행을 한다면 어떤 나라에 가장 가 보고 싶은지 이야기를 나누기

> **도움이 되는 안내!**
>
> 이 수업을 계획할 때 학생들이 조사한 자료에 대해 평가할 대상이 직접 평가를 해 보도록 설계하였습니다. 1학년 학생이나 6학년 담임 선생님, 교과 선생님들과 같이 도움을 주실 수 있는 분들을 찾다가 결국 평가를 하지 못하고 수업을 마무리하였습니다. 방과 후 시간을 이용하여 여러분들에게 도움을 요청하고 평가를 하는 것도 학생들의 학습 흥미를 높이는 방법이 될 것입니다.

더하기

이 PBL 수업은 여기에서 계획한 것보다 훨씬 많은 시간이 필요할지도 모릅니다. 학습 시간을 줄이기 위해 교사는 학생들이 조사한 내용을 검토하고 어떤 내용을 수정하여야 하는지 일러 주어야 합니다. 이때 고쳐야 할 것을 하나하나 말해 주기보다 아이들 스스로 자신이 조사한 내용이 어떠한 점에서 문제가 될 수 있는지를 이해할 수 있도록 해야 합니다. 이 학습은 학생들에게 많은 노력을 필요로 하는 만큼 교사의 수고로움도 필요로 합니다.

세계 여러 나라의 특징을 제각각 소개할 수 있나요?
태양의 남중 고도와 태양의 고도를 측정하는 방법을 알고 있나요?

이 수업의 포인트

태양이 정남쪽에 위치하였을 때 태양의 높이를 태양의 남중 고도라고 하며, 그림자가 지표면과 이루는 각을 재어 태양의 고도를 측정할 수 있습니다.

09

어두운 우리 집

전구의 연결 방법에 따른 밝기 변화 이해하기 + 인권이 무엇인지 이해하기 + 관심 있는 내용으로 뉴스 만들기 = 어두운 우리 집

수업 흐름

| 관련 교과 | 관련 교과서 내용 |

인권에 대해 알기

전구의 밝기를 달리하는 방법 알기

뉴스 만들기

관련 교과	성취기준
국어	[6국01-05] 매체 자료를 활용하여 내용을 효과적으로 발표한다.
과학	[6과13-01] 전지와 전구, 전선을 연결하여 전구에 불이 켜지는 조건을 찾아 설명할 수 있다. [6과13-02] 전구를 직렬연결 할 때와 병렬연결 할 때의 전구의 밝기 차이를 비교할 수 있다.

교과	학습 목표	쪽
국어	관심 있는 내용으로 뉴스 만들기	264~270
과학	전구의 밝기를 조절하는 방법 알기	14~17

PBL 문제

대구로 전학 온 맘이는 이사할 집에 대한 기대가 컸다. 새로 이사 온 집은 기대한 것 이상으로 좋았다. 앞집에 새 이웃이 오기 전까지는 말이다.

맘이가 이사 온 지 얼마 되지 않아 새로 집을 짓기 시작한 앞집은 아침마다 쇠기둥을 던지는 쾅쾅 소리를 냈다. 그 소리 때문에 맘이는 깜짝 놀라 잠에서 깬 일도 많았다. 하지만 맘이는 곧 공사가 끝날 것이라고 생각하며 참았다.

그런데 공사가 끝난 앞집 때문에 맘이는 일상생활이 더 불편해졌다. 맘이네 집보다 더 높이 올라간 앞집 때문에 맘이네는 대낮에도 집에 불을 켤 수밖에 없었기 때문이다. 참다못한 맘이는 앞집을 찾아갔다. 그러자 앞집 주인은 "전구의 밝기가 약한가 봐요. 밝기를 강하게 해 봐요." 하며 대수롭지 않게 말하였다. 맘이는 이것은 전구의 밝기 문제가 아니라 자신이 인간답게 살 권리에 대해 피해를 입었다고 생각하였다. 맘이는 자신과 같은 피해를 입은 사람을 위해 이 문제를 뉴스로 제작해 주기를 방송사에 요청하였다. PD인 나는 이 사건을 어떻게 뉴스로 만들어야 할까?

PBL 문제 분석하기

> ↳ PBL 문제 분석하기
> 문제 1) 전구의 밝기를 어떻게 조절할 것인가?
> 문제 2) 인간답게 살 권리는 무엇인가?
> 문제 3) PD로서 이 사건을 뉴스로 만들기

▷ 문제를 읽고 내용 파악하기

- 맘이가 불편함을 느꼈던 부분이 무엇인지 찾기

  예 '이웃집에서 공사를 한다고 아침부터 큰 소리를 내는 것', '앞집에 가려 낮에도 태양빛이 들어오지 않는 것', '앞집 주인이 맘이 집의 피해를 대수롭지 않게 생각하는 것' 등.

- 맘이와 같은 경험을 떠올려 보기

  예 '아파트에 사는데 윗집의 아이들이 밤에도 문을 큰소리로 쾅 하고 닫는 것' 등.

▷ 우리가 해결해야 할 문제가 무엇인지 찾기

- 전구의 밝기를 달리할 수 있는 방법이 있는지 알기

- 인간답게 살 수 있는 권리에 대해 알기

- 다른 사람에게 알릴 수 있는 뉴스로 만들기

▷ 이 문제를 해결하기 위해 우리가 알아야 할 것 분석하기

- 전구의 밝기를 조절하는 방법에 대해 알기

- 인간답게 살 수 있는 권리와 그 권리를 지켜야 하는 이유 알기

- 다른 사람에게 알릴 수 있게 뉴스 원고를 쓰는 방법 알기

- 뉴스를 만드는 방법 알기

▷ 우리가 알아야 할 것을 알기 위해 공부해야 할 교과가 무엇인지 찾기

- 『국어』, 『사회』, 『과학』 등.

전구의 밝기를 조절하는 방법 알기

> ↳ PBL 문제 해결하기 1
> 어떻게 하면 전구의 밝기를 조절할 수 있을까?

▷ 예상하기

 - 전구의 밝기를 더 밝게 하려면 어떻게 해야 하는지 자신의 생각을 말하기

   예 "전력을 많이 끌어 온다.", "전구를 여러 개 단다." 등.

 - 『과학』 교과서 14쪽의 그림을 보면서 전구의 밝기에 영향을 주는 변인을 짐작하기

▷ 실험 계획 세우기

 - 전구의 밝기에 영향을 준다고 생각하였던 각각의 변인이 정말 전구의 밝기에 영향을 주는지 실험 계획 세우기

   예 '전선의 개수가 전구의 밝기에 영향을 미친다고 생각하는 경우―전선을 1개, 전선을 2개, 전선을 3개로 하고 나머지는 동일하게 하여 실험하기' 등.

 - 각자 세운 실험 계획을 모둠에서 검토하기

▷ 실험하기

 - 각자 세운 실험 준비물 준비하기

 - 계획에 따라 실험하기

 - 실험 결과 기록하기

▷ 실험 결과에 대해 토의하기

 - 실험 결과 공유하기

   예 '전지의 개수는 전구의 밝기에 영향을 주었다.', '전지의 연결 방법은 전구의 밝기에 영향을 주었다.', '전구의 개수는 전구의 밝기에 영향을 주었다.', '전구의 연결 방법은 전구의 밝기에 영향을 주었다.' 등.

- 전구의 밝기에 영향을 준 변인에 대해 정리하기
  - 예 '전지의 개수가 동일할 때에는 전지의 연결 방법, 전구의 개수가 동일할 때에는 전구의 연결 방법' 등.

▷ 맘이네 집의 전구를 밝게 하기 위한 방법을 정리하기
- 맘이네 집의 전구를 밝게 하기 위하여 취할 수 있는 방법을 정리하기

3~6차시 **뉴스 만들기**

> └ PBL 문제 해결하기 2
> 뉴스 제작하기

▷ 뉴스를 보고 뉴스의 짜임 알기
- 각 방송사별 메인 뉴스 프로그램에서 뉴스 중 한두 가지를 찾아보기
- 뉴스가 어떻게 구성되어 있는지 찾기
  - 예 '앵커가 뉴스의 핵심적인 내용을 소개하고 나서 기자가 뉴스를 자세히 소개하는 것으로 이루어짐.' 등.

▷ 뉴스 만들 계획 세우기
- 어떤 주제로 뉴스를 만들 것인지 모둠별로 토의하기
  - 예 '건물을 세울 때에는 앞뒤 건물의 높이를 감안하여 건물을 세우도록 하는 법안이 마련되어야 한다.', '인권이 지켜지지 않는 사례가 갈수록 늘어나고 있다.' 등.
- 이미 배운 『국어』 교과서 262쪽을 참고하여 뉴스의 원고 구성에 대해 다시 살펴보기

- 『국어』 교과서 266~267쪽을 참고하여 우리 모둠에서 정한 주제가 잘 나타나게 뉴스 원고 쓰기
- 작성한 뉴스 원고가 타당한지 『국어』 교과서 261쪽을 참고하여 검토하기

▷ 뉴스 촬영하기
- 필요한 소품, 뉴스에서 전달하려는 의도가 잘 드러나는 배경 등을 고려하여 뉴스 연습하기
- 뉴스 촬영하고 편집하기

▷ 촬영한 뉴스 살펴보기
- 촬영한 뉴스를 반 전체가 같이 보기
- 뉴스의 주제가 잘 전달되고 타당성 있게 뉴스를 쓴 모둠 선정하기

도움이 되는 안내!

촬영한 뉴스 영상에서 어떤 모둠에서는 시그널 음악을 사용하였고, 어떤 모둠에서는 눈을 가리고 인터뷰하거나 인물의 얼굴을 모자이크 처리하는 방법을 사용하기도 하였습니다. 또 어떤 모둠에서는 자막을 활용하였고 또 다른 모둠에서는 음성 변조를 하기도 하였습니다. 실제 뉴스와 비슷하게 촬영하고 편집하도록 한 결과 학생들은 매우 다양하면서 최대한 뉴스에 근접한 영상을 만들려고 노력하였습니다.

이 PBL 학습은 참 재미있었던 것으로 기억합니다. 제가 근무하는 학교는 유달리 화장실이 어두운 편인데, 학생들 중 일부는 그러한 점을 전부터 인식하고 있었던 모양입니다. 이 모둠은 화장실 문 앞에서 영상을 촬영하면서 마치 집 안인 것처럼 보여 주어, 영상을 보면서 '정말 어둡구나' 하는 생각을 하였습니다. 또 맘이네 가족과 인터뷰한 내용을 보여 주면서 음성을 변조한 팀도 있었는데 진짜 뉴스 한 편을 보는 듯한 느낌이 들기도 하였습니다.

인간답게 살 권리인 인권이 중요한 이유를 말할 수 있나요?
전구의 밝기를 조절하는 방법에 대해 설명할 수 있나요?
뉴스 대본을 만들고 뉴스를 제작할 수 있나요?

인권은 누구에게나 지켜져야 하는, 인간으로서 누려야 하는 최소한의 권리를 말합니다.
전구의 밝기는 전력의 양, 전지의 연결 방법, 전구의 연결 방법에 따라 달라질 수 있습니다.

10

독도는 우리 땅

우리 땅 독도에 대해 알고 독도를 지키려는 사람들의 노력 알기 + 타당한 근거로 자신의 생각을 표현하는 학습 + (자연수)÷(소수)의 계산 원리 알기 = 독도는 우리 땅

수업 흐름 ⊗ 　　관련 교과 ⊗ 　　관련 교과서 내용 ⊗

(자연수)÷(소수)의 계산 원리를
이해하고 계산하기

독도에 대해 바르게 알기　　　　　　　　　　　　　근거를 들어 주장하는 글쓰기

관련 교과	성취기준
국어	[6국03-04] 적절한 근거와 알맞은 표현을 사용하여 주장하는 글을 쓴다.
사회	[6사08-01] 독도를 지키려는 조상들의 노력을 역사적 자료를 통하여 살펴보고, 독도의 위치 등 지리적 특성에 대한 이해를 바탕으로 하여 영토 주권 의식을 기른다.
수학	[6수01-15] 나누는 수가 소수인 나눗셈의 계산 원리를 이해한다.

교과	학습 목표	쪽
국어	타당한 근거를 들어 자신의 생각을 표현하기	127~142
사회	독도에 대해 알고 독도를 지키려는 노력 알기	92~102
수학	(자연수)÷(소수)의 계산하기	38~39

PBL 문제

일본 정부가 펼치는 '독도는 일본 땅'이라는 주장에 대해 일본 국민의 대다수가 그렇다고 생각한다는 결과가 나왔다. 이를 바탕으로 한 어떤 연구에 따르면 일본 정부의 이러한 주장을 어느 정도 믿는 사람의 생각을 바르게 바꾸는 데에는 1.4명당 1183시간이 걸린다고 한다. 특히 일본 정부의 이러한 주장을 절대적으로 믿는 사람의 생각을 바꾸는 데에는 0.9명당 828시간이 걸린다고 한다.

이 연구는 일본 정부의 '독도는 일본 땅'이라는 주장을 믿는 사람들의 생각을 바꾸기 위해 얼마나 많은 시간이 걸리는지를 알려 준다.

'어느 정도 믿는 사람들'과 '절대적으로 믿는 사람들' 중 어떤 쪽 사람들의 생각을 바꾸는 데 더 적은 시간이 걸리는지 계산하고 얼마나 더 적은지도 계산해 보자. 그리고 타당한 근거를 들어 독도가 우리 땅임을 알리는 글을 써 보자.

PBL 문제 분석하기/ 독도에 대해 알기

> ↳ PBL 문제 분석하기
> 문제 1) 독도를 일본 땅이라고 생각하는 사람의 생각을 바꾸는 데 걸리는 시간 계산하기
> 문제 2) 타당한 근거를 들어 독도가 우리 땅임을 알리는 글쓰기

▷ 문제를 읽고 내용 파악하기

- 일본 정부가 '독도는 일본 땅'이라는 주장에 대해 일본 국민들의 생각은 어떠한지 찾기
- 일본 정부의 이런 잘못된 주장을 어느 정도 믿는 사람의 생각을 바꾸는 데 걸리는 시간은 얼마인지 찾기
- 일본 정부의 이런 잘못된 주장을 절대적으로 믿는 사람의 생각을 바꾸는 데 걸리는 시간은 얼마인지 찾기
- 일본 정부의 잘못된 주장을 바르게 잡는 데 걸리는 시간이 중요한 이유에 대해 생각하기

  예 '독도가 우리 땅이라는 주장을 오랫동안 하더라도 그들의 생각이 바뀌지 않는 것에 실망하지 말고 지속적으로 노력해야 하기 때문에' 등.

▷ 우리가 해결해야 할 문제가 무엇인지 찾기

- 독도에 대해 잘못된 인식을 하는 일본 사람들의 생각을 바꾸는 데 걸리는 시간 알기
- 독도가 우리 땅임을 알리는 글쓰기

▷ 우리가 알아야 할 것을 알기 위해 공부해야 할 교과가 무엇인지 찾기

- 『사회』, 『수학』 등.

▷ 독도에 대해 어느 정도 알고 있는지 평가하기

- 포스트잇에 독도에 대해 알고 있는 점을 써서 칠판에 붙이기

- 서로 비슷한 내용끼리 묶어 보기

- 우리가 독도에 대해 어느 정도 알고 있다고 생각하는지 자신의 생각 말하기

2~4차시 | **독도에 대해 조사하기**

↳ 조사하기
독도에 대해 더 자세히 조사하기

▷ 독도에 대해 더 자세히 조사하기

- 교과서를 활용하여 독도에 대해 알 수 있는 정보 찾기

  예 '독도에 강치가 살았다.', '독도는 북위 37°, 동경 131°에 위치한다.', '우리나라 동쪽 끝에 있는 섬이다.', '동도와 서도의 큰 2개의 섬과 그 주위의 크고 작은 바위섬 89개로 이루어졌다.', '동해의 한가운데에 자리 잡고 있다.', '「팔도총도」에 독도가 표기되어 있다.' 등.

- 독도에 대해 알게 된 사실을 기준을 정해 분류하기

  예 '독도의 위치', '독도의 자연환경', '독도에 관한 역사적 사실' 등.

▷ 독도에 대해 더 자세히 알아보기

- 독도에 대해 더 자세히 알기 위하여 관련한 책, 인터넷 등에서 자료를 찾아보고 앞서 분류한 내용 중에 더 첨가할 수 있는 내용을 보충하기

- 조사한 내용을 학급 전체와 공유하기

▷ 독도를 지키려고 노력한 사람들에 대해 알기

- 독도를 지키려고 하였던 사람들을 개인, 단체, 정부로 나누어 분류해 보고 이들이 한 일을 정리하기

- 독도를 지키기 위해 노력한 사람들에 대해 더 자세히 알기 위하여 관련한 책, 인터넷 등에서 자료를 찾아보고 앞서 분류한 내용 중에 더 첨가할 수 있는 내용이 있으면 보충하기

▷ 독도를 보호해야 하는 이유에 대해 알기
 - 독도는 외부인의 출입을 금지하고 있는데, 외부인의 출입을 금지하는 이유에 대해 생각해 보기
 - 독도를 다른 나라의 위협으로부터 지켜야 하는 이유에 대해 생각해 보기

▷ 독도를 지키기 위해 우리가 어떤 노력을 할 수 있는지 생각해 보기
 - 독도를 지키기 위해 우리가 어떤 노력을 해야 하는지 모둠 친구들과 의논하기

5~7차시 (자연수)÷(소수) 알기

> ↳ PBL 문제 해결하기 1
> 독도에 대해 잘못된 생각을 하는 사람의 생각을 바꾸는 데는 얼마나 시간이 걸릴까?

▷ 여러 가지 계산 방법 떠올리기
 - 독도와 한국에 대해 잘못 생각하고 있는 사람들의 생각을 바르게 바꾸는 데에 걸리는 시간을 계산하는 다양한 방법 떠올리기
 - 자신만의 해결 방법을 발표하고 서로의 생각을 공유하기

▷ (자연수)÷(소수)의 계산 원리 이해하기
 - 일본 정부의 생각을 어느 정도 믿는 사람의 생각을 바꾸는 데에 1.4명당 1183시간이 걸린다면 한 사람의 생각을 바꾸는 데에는 얼마의 시간이 걸리는지 식을 세우기

- 식을 맞게 세웠는지 검토하기
- 일본 정부의 생각을 절대적으로 믿는 사람의 생각을 바꾸는 데에 0.9명당 828시간이 걸린다면 한 사람의 생각을 바꾸는 데에는 얼마의 시간이 걸리는지 식을 세우기
- 식을 맞게 세웠는지 검토하기
- (자연수)÷(소수)를 할 때에는 소수를 자연수로 바꾸어 계산을 해야 함을 알기
- 학습한 계산 원리에 따라 교과서에 제시된 간단한 문제 해결하기

▷ (자연수)÷(소수)의 계산 연습하기

- 『수학』 교과서에 제시된 연습 문제를 해결하면서 (자연수)÷(소수)의 계산 연습하기
- 각자 3개씩 문제를 내고 친구들에게 그 문제를 풀어 보라고 하기

도움이 되는 안내!

위 활동은 제가 '선생님 놀이'라고 이름 붙인 활동입니다. A4 용지 한 장씩을 받은 후 각자 교사의 입장에서 자신이 가르치는 학생들이 (자연수)÷(소수)를 잘 이해하였는지를 확인하기 위해 꼭 필요하다고 생각되는 문제를 3개씩 내라고 합니다. 이때 종이의 맨 위쪽에는 '선생님: ○○○'과 같이 자기 이름을 쓰게 합니다. 그리고 그 시험지를 무작위로 다른 친구에게 보냅니다. 그 시험지를 받은 학생은 '선생님: ○○○' 옆에 '학생: △△△'과 같이 자기 이름을 써야 합니다. 문제를 다 풀고 나면 원래 문제를 출제하였던 선생님(학생)에게 가서 정답을 확인해 보도록 합니다.
이 활동은 학생들이 각자 처음 문제를 만들 때 답이 무엇인지 미리 계산을 하기 때문에 실제로 학생들은 6개의 문제를 해결한다는 점과, 모두들 매우 흥미를 가지고 참여한다는 점, 또한 계산 원리를 제대로 이해하지 못한 학생을 빨리 찾을 수 있다는 점에서 의미가 있다고 생각합니다.

▷ PBL 문제 해결하기

- (자연수)÷(소수)의 계산 원리에 따라 PBL 문제 해결하기
  예 '일본 정부의 말을 어느 정도 믿는 사람 중 한 사람의 생각을 바꾸는 데에는 845시간(1183÷1.4)이 걸리며 일본 정부의 말을 절대적으로 믿는 사람 중 한

사람의 생각을 바꾸는 데에는 920시간(828÷1.9)이 걸리므로, 일본 정부의 말을 어느 정도 믿는 사람의 생각을 바꾸는 데 시간이 더 적게 걸린다.' 등.

8~11차시	**주장하는 글쓰기**

> ↳ PBL 문제 해결하기 2
> 주장문 쓰기

▷ 좋은 주장문의 요건에 대해 알기
- 이미 배운 『국어』 교과서 120~122쪽을 참고하여 좋은 주장문이 갖추어야 할 요건에 대해 이야기를 나누기
  예 '주장이 잘 드러나야 한다.', '주장이 타당해야 한다.', '문제 상황이나 주장의 동기 등이 서론에 잘 드러나야 한다.', '근거가 적절하고 타당해야 한다.', '근거에 대한 뒷받침 자료가 타당해야 한다.', '결론이 앞 내용을 요약하고 정리하는 것이어야 한다.' 등.

▷ 『국어』 교과서 135~136쪽을 참고하여 주장하는 글의 개요 쓰기
- 독도가 우리 땅임을 알리고 주장하기 위한 글의 주제를 정하기
  예 '독도를 더욱 아끼고 사랑하자.', '독도를 보호할 수 있는 다양한 방안을 마련하자.', '독도는 우리 땅임을 잊지 말자.' 등.
- 자신이 정한 주제에 따라 서론, 본론, 결론의 개요 쓰기
- 본론에 제시할 근거 마련하기
- 마련한 근거가 타당한지 모둠 친구들과 이야기를 나누기
- 근거를 뒷받침할 수 있는 자료에는 어떤 것이 있는지 자신의 공책에 쓰기
- 모둠원끼리 공책을 돌려 읽으며 더 추가할 근거 자료가 있으면 보충해 주고, 찾은 근거 자료가 타당하지 않다고 생각되면 그것에 대해 안내하는 말 쓰기

▷ 근거를 뒷받침하는 근거 자료 찾기

- 『국어』 교과서 127~131쪽을 참고하여 근거자료를 찾는 방법에 대해 살펴보기
- 교과서와 같이 근거 자료를 찾을 때에 주의해야 할 점이 무엇인지 알기
- 내가 찾아야 하는 근거 자료가 무엇인지 확인하고 주의할 점에 유의하면서 근거 자료를 찾기

더하기

독도를 지켜야 하는 이유를 논설문으로 쓰기에는 매우 부적절할 수 있습니다. 왜냐하면 독도는 우리 고유의 영토이고 고유의 영토를 지키는 것에는 어떤 특별한 이유가 없기 때문입니다. 말하자면 우리의 영토이기 때문에 당연히 지켜야 하는 것이어서 이것을 논설문으로 쓰기에는 어려움이 많을 수 있습니다. 그러므로 '독도가 우리 땅임을 알리자'와 같이 주제를 조금 변화시켜 타당한 여러 근거와 그에 따른 뒷받침 자료를 찾을 수 있도록 하는 것이 필요합니다.

되짚기

(자연수)÷(소수)의 계산 원리를 이해하고 정확하게 계산할 수 있나요?
주장하는 글의 형식을 이해하고 자신의 주장이 잘 드러나게 글을 조직한 후 한 편의 글을 완성할 수 있나요?
독도가 우리 영토임을 알고 독도를 보호하고 사랑하는 마음을 가질 수 있나요?

이 수업의 포인트

독도는 무수히 많은 역사적 자료들이 증명하고 있듯이 명확하게 우리의 영토입니다. 독도가 지리적, 영토적으로 어떠한 가치가 있는지 잘 이해해야 합니다.
한 편의 논설문을 쓰기 위해서는 논설문의 구조인 서론-본론-결론으로 나누어 쓸 내용을 마련하고 이를 조직하여 표현하도록 해야 합니다.